Kohlhammer

**Reiche der alten Welt: Ethnien, Länder, Dynastien (RAW)**

herausgegeben von Henning Börm, Udo Hartmann, Sitta von Reden, Robert Rollinger, Roland Steinacher und Timo Stickler.

Francis Breyer

# Napata und Meroë

Kulturgeschichte eines nubischen Reiches

Verlag W. Kohlhammer

Dieses Werk einschließlich aller seiner Teile ist urheberrechtlich geschützt. Jede Verwendung außerhalb der engen Grenzen des Urheberrechts ist ohne Zustimmung des Verlags unzulässig und strafbar. Das gilt insbesondere für Vervielfältigungen, Übersetzungen, Mikroverfilmungen und für die Einspeicherung und Verarbeitung in elektronischen Systemen.

Die Wiedergabe von Warenbezeichnungen, Handelsnamen und sonstigen Kennzeichen in diesem Buch berechtigt nicht zu der Annahme, dass diese von jedermann frei benutzt werden dürfen. Vielmehr kann es sich auch dann um eingetragene Warenzeichen oder sonstige geschützte Kennzeichen handeln, wenn sie nicht eigens als solche gekennzeichnet sind.

Es konnten nicht alle Rechtsinhaber von Abbildungen ermittelt werden. Sollte dem Verlag gegenüber der Nachweis der Rechtsinhaberschaft geführt werden, wird das branchenübliche Honorar nachträglich gezahlt.

Dieses Werk enthält Hinweise/Links zu externen Websites Dritter, auf deren Inhalt der Verlag keinen Einfluss hat und die der Haftung der jeweiligen Seitenanbieter oder -betreiber unterliegen. Zum Zeitpunkt der Verlinkung wurden die externen Websites auf mögliche Rechtsverstöße überprüft und dabei keine Rechtsverletzung festgestellt. Ohne konkrete Hinweise auf eine solche Rechtsverletzung ist eine permanente inhaltliche Kontrolle der verlinkten Seiten nicht zumutbar. Sollten jedoch Rechtsverletzungen bekannt werden, werden die betroffenen externen Links soweit möglich unverzüglich entfernt.

Umschlagabbildung: Apedemak-Relief am »Löwentempel« von Naga (Foto: Francis Breyer).

1. Auflage 2022

Alle Rechte vorbehalten
© W. Kohlhammer GmbH, Stuttgart
Gesamtherstellung: W. Kohlhammer GmbH, Stuttgart

Print:
ISBN 978-3-17-037733-2

E-Book-Formate:
pdf:     ISBN 978-3-17-037734-9
epub:    ISBN 978-3-17-037735-6

# Inhaltsverzeichnis

Einführung ................................................... 9

1 Die Grundfaktoren .................................. 13
   Begrifflichkeiten ...................................... 13
   Geographische Faktoren und kulturelle Ökologie ....... 17
   Der zeitliche Rahmen ................................. 21

2 Subsistenz ............................................ 25
   Landwirtschaft ....................................... 25
   Viehzucht, Jagd und Fischfang ........................ 29

3 Die kuschitische Gesellschaft ......................... 31
   Identität und Ethnizität .............................. 33
   Sprachen und Schriften ............................... 35
   Spurensuche im Vielvölkerstaat ....................... 44
   Gesellschaftsstrukturen ............................... 49
   Siedlungsstrukturen .................................. 54
   Verwaltungsstrukturen ............................... 73

4 Die materielle Kultur ................................ 80
   Handwerk ............................................ 80
   Handel ............................................... 87
   Kleidung ............................................. 89

5 Religiöse Vorstellungen .............................. 93
   Der Staatskult ....................................... 95
   Der Volksglaube ..................................... 109

Bestattungssitten .................................................. 111

6 **Macht und Herrschaft im kuschitischen Reich** ........... 123
Die Machtbasis in Nubien ............................. 124
Kuschitenherrschaft .................................. 125
Strukturen des napatanischen und meroitischen
Königtums ............................................ 129

7 **Die politische Geschichte des Königreichs Kusch** ........ 140
Die Zeit vor den Kurru-Königen ....................... 141
Die Herkunft der Kuschitendynastie ................... 142
Alara und Kaschta .................................... 146
Pi(anch)y und die Eroberung Ägyptens ................. 154
Verwerfungen in den Forschungen zur Kuschitenzeit .... 165
Schebitqo ............................................ 169
Schabaqo ............................................. 175
Taharqo .............................................. 178
Tanutamani ........................................... 192
Die napatanische Zeit ................................ 197
Die ersten meroitischen Könige ....................... 202
Krieg und Frieden mit Augustus ....................... 213
Meroës Blütezeit ..................................... 217
Die spätmeroitischen Herrscher ....................... 226
Der Zusammenbruch des meroitischen Reiches ........... 229

**Ausblick** .................................................... 235

**Glossar** ..................................................... 236

**Anmerkungen** ................................................. 239

**Reihen- und Zeitschriftenkürzel** ............................. 260

**Bibliographie** ............................................... 261

**Register** ............................................. **289**
    Ortsregister ........................................... 289
    Personenregister ...................................... 290
    Sachregister .......................................... 292

# Einführung

Meroë gehört zu den klangvollen Namen, die in Vielen Bilder voller Exotik hervorrufen, ähnlich wie Timbuktu und Marrakesch oder Babylon, Lhasa und Samarkand. Meroë steht für malerisch verwehte honigfarbene Pyramiden im Wüstensand, für die »Schwarzen Pharaonen« und ihr Gold, für die einäugige Kandake, eine amazonengleiche Herrscherin, die ihren Truppen in der Schlacht voran ritt. Mit dem Namen der Stadt Meroë wird eine ganze Epoche und ein Reich bezeichnet, das im Nordosten Afrikas etwa ein Jahrtausend lang Bestand hatte. Die meroitische Kultur ist trotzdem eine der weniger bekannten der antiken Welt – und vielleicht gerade deshalb eine der faszinierendsten. Wo hat man schon Texte, deren Schrift man zwar lesen kann, deren Inhalt uns jedoch weitgehend verschlossen bleibt? Wo ist die Verschmelzung mehrere Kulturen so gut zu studieren, wie bei diesem Gemisch aus indigenen nubischen Elementen, ägyptischen Einflüssen und solchen der griechisch-römischen Welt? Welche Kultur liegt schon derart zwischen mehreren Welten, wie die meroitische zwischen dem Herzen Afrikas und der Mittelmeerwelt, zwischen urbaner »Hochkultur« und Pastoralnomaden? Zugleich sind die Dimensionen beachtlich, sowohl in zeitlicher wie auch in räumlicher Hinsicht: Als sich lokale nubische Herrscher anschickten, ein Riesenreich zu schaffen, war die griechische Polis noch lange nicht in Sicht, als es sich dann in der Spätantike auflöste, war das Christentum schon lange ein entscheidender Faktor; das Herrschaftsgebiet seiner Könige reichte zeitweise von Südpalästina bis in die Tropen.

Das vorliegende Buch soll eine Lücke füllen, deren Existenz eigentlich ein Kuriosum darstellt: Während die akademische Disziplin der Meroitistik weitgehend von deutschsprachigen Forschern dominiert wird, gibt es keine neuere Synthese der Forschungsergebnisse in deutscher Sprache. Dabei hat die Erforschung der meroitischen Kultur in den letzten 15–20 Jahren einen beachtlichen Aufschwung erlebt und sich vom Spezialinteresse einiger Weniger zu einer etablierten Fachrichtung entwickelt. Vor Kurzem hatte ich selbst die Gelegenheit, eine *Einführung in die Meroitistik* zu publizieren, die zwar ebenfalls eine Synthese darstellt – nur hatte ich als Leserschaft dieses Werkes vor allem angehende Ägyptologen im Blick, d. h. jenes Buch war als Hilfsmittel für all diejenigen gedacht, die bereits über einen gewissen fachlichen Hintergrund verfügen und sich in die Spezialdebatten einarbeiten wollen. Es war entsprechend stark philologisch-linguistisch dominiert – sollte es doch Ägyptologen das Rüstzeug an die Hand geben, sich selbst fundiert mit meroitistischen Belangen beschäftigen zu können. Entsprechend standen Fragen der Quellenlage, der Texterschließung, der Chronologie, Ikonographie oder auch der Sprachgeographie im Vordergrund und weniger die allgemeinen Aspekte jeder Kultur wie das politische System, die sozialen Strukturen, Grundlagen der Subsistenz, Religion, Bestattungssitten, Handel etc. All dies soll im vorliegenden Buch ausführlicher und zugänglicher beschrieben werden – insofern könnte man dieses Buch als komplementär zu jenem begreifen. Entsprechend habe ich darauf verzichtet, die Forschungsgeschichte oder die Quellenlage erneut ausführlicher darzustellen.

Gerade weil dieses Buchprojekt meine Einführung so gut zu ergänzen scheint, ging ich besonders freudig auf das Angebot der Reihenherausgeber ein, eine Kulturgeschichte Kuschs zu schreiben. Die Komplementarität erstreckt sich noch auf einen weiteren Punkt: Hatte ich damals die Kuschitenzeit aufgrund des meroitistischen Fokus im geschichtlichen Abriss weitgehend ausgeklammert, so soll hier das Umgekehrte geschehen. Dieses Buch ist also gewissermaßen auf Lücke geschrieben. Dies hat mehrere Gründe. Zum einen ist seit 2013 klar, dass die Reihenfolge der Könige bisher falsch rekonstruiert worden war, d. h. hier wird erstmals der Versuch einer neuen historischen Synthese unternommen. Zum anderen hat Claude Rilly 2017 in seiner *Histoire et civilisation du Soudan de la préhistoire à nos jours* eine äußerst fundierte und ausführliche Darstellung der meroitischen Geschichte publiziert.

Schließlich habe ich – mehr noch als in meiner *Einführung* – versucht, die Erkenntnisse aus Philologie und Archäologie miteinander zu verbinden, um zu einer Geschichte der kuschitischen Kultur zu gelangen.

Oberarth, im Frühling 2021

# 1 Die Grundfaktoren

## Begrifflichkeiten

Bevor man sich über ein Thema qualifiziert unterhalten kann, gilt es, sich die terminologischen Grundlagen anzueignen.[1] Beginnen wir daher mit den beiden zentralen Begriffen: Napata und Meroë. Beides sind ursprünglich Ortsnamen, die jedoch eponym für ganze Zeitabschnitte der nubischen Geschichte stehen. Diese Zweiteilung rührt daher, dass die materielle Kultur Nubiens zwischen 700 v. Chr. und 400 n. Chr. relativ deutlich in zwei verschiedenen Phasen unterteilt werden kann. Weil in der jüngeren die Herrscher in Nekropolen um die Stadt Napata, in der jüngeren jedoch bei Meroë, einige hundert Kilometer weiter im Süden, beigesetzt wurden, benannte man diese Phasen nach den Orten. Als Richtwerte: Alles zwischen etwa 650 und 300 v. Chr. kann als napatanisch, alles zwischen etwa 300 v. Chr. und 350 n. Chr. als meroitisch bezeichnet werden.

An dieser Stelle muss betont werden, dass diese Trennung umstritten ist, denn wir wissen einfach zu wenig über die politische Geschichte der beiden Epochen: weder, ob es sich tatsächlich um ein und dieselbe Dynastie handelt, die über die gesamten 1.000 Jahre herrschte (wie meist angenommen wird), noch, ob das politische Zentrum in der früheren Phase tatsächlich bei Napata lag oder ob dies zur ein zeremonieller Brennpunkt des Reiches war. Verschiedentlich wurde daher vorgeschlagen, die Unterscheidung aufzugeben; es liege ein kulturelles Kontinuum vor. Doch das gilt streng genommen für die Zeiten davor und danach ebenfalls. Kulturelle Entwicklungen sind im Allgemeinen selten abrupt, sondern häufig graduell. Die Frage ist weniger, wo man die Grenze setzt – wichtiger ist, als wie beherrschend man sie wahrnimmt. Meist wissen wir derart wenige Details und können lediglich die Unterschiede benennen, so dass eine binäre Beschreibung sogar sehr praktikabel ist. Aber vor allem: Sie ist nun einmal etabliert und es hat keinen Sinn, gegen Windmühlen zu kämpfen.

Meroë ist die griechische Wiedergabe eines Ortsnamens aus meroitischen Inschriften. Die Transkription dieses Toponyms ist *Medewi/Bedewi*, wobei der mittlere Konsonant wohl retroflex war – dieser ungewöhnliche Laut wird von Nicht-Muttersprachlern gerne als *r* oder *l* verstanden. Mit ägyptischen Hieroglyphen wird der Ort *brw3(.t)* geschrieben. Dieses Meroë war das Zentrum eines nubischen Reiches und als solches den griechisch-römischen Autoren bekannt. Dass der Name einer Hauptstadt eponym für das entsprechende politische Gebilde und die dazugehörige Kultur gebraucht wird, ist nicht weiter verwunderlich – man sollte sich lediglich vor Augen führen, dass dies erst durch die moderne Forschung geschah. Zwar nannten die klassischen Autoren die Butana-Steppe »Insel von Meroë«, die antiken Herrscher Nubiens selbst bezeichneten sich jedoch nie als »König von Meroë« o. ä. Erst der Archäologe George Reisner gebrauchte die beiden Ortsnamen »Napata« und »Meroë« als Bezeichnungen für verschiedene Perioden der nubischen Geschichte.[2]

Napata ist ebenfalls eine griechische Form – die hieroglyphisch-ägyptische Schreibung gibt lediglich das entsprechende Konsonantengerüst wieder (*Npyt*); die meroitische Form lautet *Napa(te)*. Napata lag am Fuß eines Tafelberges, der seit jeher die gesamte Umgebung beherrscht: der »Reine Berg« (äg. *ḏw wʿb*; meroit. *tawawibi*). Heute wird er Gebel Barkal genannt und das zu seinen Füßen gelegene Karima ist eine der wichtigsten Städte des Sudan. Obwohl die grobe Lage klar zu sein scheint, rankt sich um Napata eines der großen Rätsel der Nubienkunde: Was genau bezeichnet dieses Napata? Gab es eine Siedlung dieses Namens oder bezieht sich das Toponym lediglich auf die Tempelkomplexe am Gebel Barkal? Liegt die antike Stadt unter dem heutigen Karima begraben oder lag sie vielleicht nicht in unmittelbarer Nähe des Tafelberges? Weder wurde bislang eine signifikante antike Siedlung gefunden noch die entsprechenden Friedhöfe.

Wie steht es mit der Benennung des gesamten Reiches? Wenn überhaupt, dann wurden die nubischen Könige als »Herrscher von Kusch« (ḥḳꜣ Kꜣš) bezeichnet. Damit sind wir endlich bei einer einheimischen Bezeichnung angelangt. Die Geschichte und vor allem das Nachleben dieses Toponyms ist äußerst interessant.[3] Hier nur so viel: Ursprünglich bezeichnete es lediglich ein Teilgebiet Nubiens und wurde um 2000 v. Chr. von den Ägyptern aus einer einheimischen Sprache übernommen und hieroglyphisch durch Kꜣš wiedergegeben. Nach seiner semantischen Ausweitung auf ganz Nubien gelangte es als »Kusch« in die Bibel und wurde über das Alte Testament zum Namen einer ganzen Gruppe afrikanischer Sprachen und letztlich auch eines linguistischen Wissenschaftszweiges, der Kuschitistik. Innerhalb der Ägyptologie wurde jedoch der altägyptische Sprachgebrauch weitergeführt. So kommt es, dass »kuschitisch« je nach Disziplin Unterschiedliches bezeichnet: Für einen Linguisten/Afrikanisten ist »kuschitisch« ein sprachwissenschaftlicher Terminus, für Ägyptologen/Nubienkundler bezeichnet es alles, was mit der Kultur von Kꜣš zusammenhängt. Das Problem ist, dass beide nichts miteinander zu tun haben. So absurd es klingen mag: Die Kuschiten, also die Einwohner von Kusch, sprachen keine kuschitische Sprache!

Zu allem Überfluss schwankt der Gebrauch des Ausdrucks »kuschitisch« sogar innerhalb der Ägyptologie: Als »kuschitisch« im engeren Sinne gilt nämlich dort diejenige Periode der ägyptischen Geschichte, in der nubische Herrscher die Macht in Ägypten an sich rissen. Heute wird diese Epoche meist als »Kuschitenzeit« bezeichnet – früher nannte man sie den griechischen Autoren folgend auch »Äthiopenzeit« (für die Altvorderen war alles südlich von Elephantine »Aithiopia«). Die Herrscher der Kuschitenzeit werden nach dem Werk des antiken Geschichtsschreibers Manetho als »25. Dynastie« gezählt. Vereinzelt wird die Kuschitenzeit auch der napatanischen Periode zugeschlagen, was zusätzliche Verwirrung stiftet.

Im allerweitesten Sinne ist der gesamte nubische Kulturhorizont seit Beginn des 2. Jts. v. Chr. bis zur Christianisierung »kuschitisch«. So weit geht jedoch niemand. Gemeinhin wird das politische Gebilde, das ohne Unterbrechung zwischen ca. 700 v. Chr. und 400 n. Chr. bestand, als »Königreich von Kusch« bezeichnet. Streng genommen müsste man hier vom »zweiten Reich von Kusch« sprechen, denn das Kerma-Reich (ca. 2500–1500 v. Chr.) wurde von den alten Ägyptern ebenfalls *K3š* genannt. Langer Rede kurzer Sinn: Der Leser ist gut beraten, zunächst in Erfahrung zu bringen, was genau der jeweilige Autor unter »kuschitisch« versteht. In dem jüngst erschienenen *Handbook of Ancient Nubia* etwa sind alle Lesarten nebeneinander versammelt. Im vorliegenden Werk wird zwischen Kuschitenzeit und napatanischer Zeit unterschieden, selten »kuschitisch« in Abgrenzung zu »ägyptisch« verwendet.

Nun war mehrfach der Begriff *Nubien* bzw. *nubisch* verwendet worden, ganz so, als sei dieser selbsterklärend. Dabei handelt es sich um einen Neologismus, der auf eine Eigenbezeichnung der Nubier (*nob*) zurückgeht. Diese wanderten wohl im Verlauf des 2. Jts. v. Chr. ins Niltal ein und brachten ihre mit dem Meroitischen verwandten nilo-saharanischen Sprachen mit. Auch hier gibt es einen ganz ähnlichen terminologischen Stolperstein wie bei »kuschitisch«: Afrikanisten und Sprachwissenschaftler meinen mit »nubisch« diese Sprache(n) und Ägyptologen allgemein alles, was sich in der historischen Region Nubien abspielte. Mit dem altägyptisch-koptischen Wort für »Gold« (*nub*) hängt die Bezeichnung nicht zusammen, obwohl man dies häufig lesen kann.[4]

Nun aber zur Definition: Als Nubien wird der Teil Nordost-Afrikas zwischen dem Südende Ägyptens und der äthiopischen Hochebene bezeichnet (▶ Abb. 1 a und 1 b). Geographisch betrachtet ist Nubien die Region zwischen dem ersten Nilkatarakt und dem Zusammenfluss des Blauen und Weißen Nils oder – anders ausgedrückt – zwischen Elephantine (der traditionellen Südgrenze Ägyptens) und Khartum (der Hauptstadt des heutigen Sudan). Diese 1847 km werden auch Mittleres Niltal genannt. Kurioserweise ist das Nubien der Historiker nicht deckungsgleich mit dem Siedlungsgebiet der Nubier. Und das Beschäftigungsfeld der Nubienkunde beschränkt sich auch nicht auf das Niltal, sondern reicht im Westen bis tief in die Libysche Wüste hinein, im Osten bis zum Roten Meer und im Süden weit über Khartum hinaus bis zum abessinischen Hochland.

Ein weiterer terminologischer Fallstrick ist der Umstand, dass Unternubien im Norden liegt und Obernubien im Süden. Entscheidend für die Einteilung sind die sechs Nilkatarakte, die von Norden nach

Süden durchnummeriert werden. Unternubien liegt zwischen dem ersten und zweiten Katarakt, Obernubien südlich des vierten.

## Geographische Faktoren und kulturelle Ökologie

Nubien hat eine Brückenfunktion zwischen dem Mittelmeerraum und Innerafrika inne, und zwar letztlich wegen des Nils. Zwar ist dieser Fluss durch zahlreiche Stromschnellen unterbrochen und daher nicht auf seiner ganzen Länge schiffbar – gleichwohl stellt er die zentrale Lebensader in einer großen Wüste dar, welche die mediterrane Welt von den Regenfeldbau-Gebieten der Tropen trennt.

Will man die Geschichte Nubiens verstehen, ist es unabdingbar, sich über die naturräumlichen Gegebenheiten im Klaren zu sein (▶ Abb. 1 a und 1 b). Das Mittlere Niltal ist geprägt von politischer Fragmentierung, die zu großem Teil aus der geographischen resultiert: Die Katarakte unterteilen Nubien in mehrere größere Siedlungskammern, in denen das Agrarpotenzial besonders hoch ist und die entsprechend ökonomische wie politische Zentren herausbilden.[5] Da wären von Norden nach Süden das Kerma-Becken, das Dongola-Becken und das Letti-Becken sowie das Schendi-Becken. Alle vier sind mit großen Reichen assoziiert: Kerma, Dongola, Napata und Meroë.

Im Folgenden werden einige kulturgeographische Begriffe gebraucht, daher soll hier eine kurze Definition erfolgen: Die Region zwischen dem Weißen und dem Blauen Nil wird Gezira (arab. »Insel«) genannt. Als Butana bzw. Keraba bezeichnet man das Steppengebiet zwischen dem Nil und seinem einzigen südlichen Zufluss, dem Atbara. Innerhalb des Nilknies nahe dessen Mündung erstreckt sich die Bayuda-Wüste. Auch weil man mit ihnen die Stromschnellen und weitere Wege umgehen kann, waren die Abkürzungen zwischen den Nilknien immer bedeutsam, selbst wenn sie durch die Wüste führen. Freilich gerieten durch derartige Umgehungen auch Regionen ins Abseits, wie etwa das Gebiet zwischen der Atbara-Mündung und dem Dongola-Becken.

## 1 Die Grundfaktoren

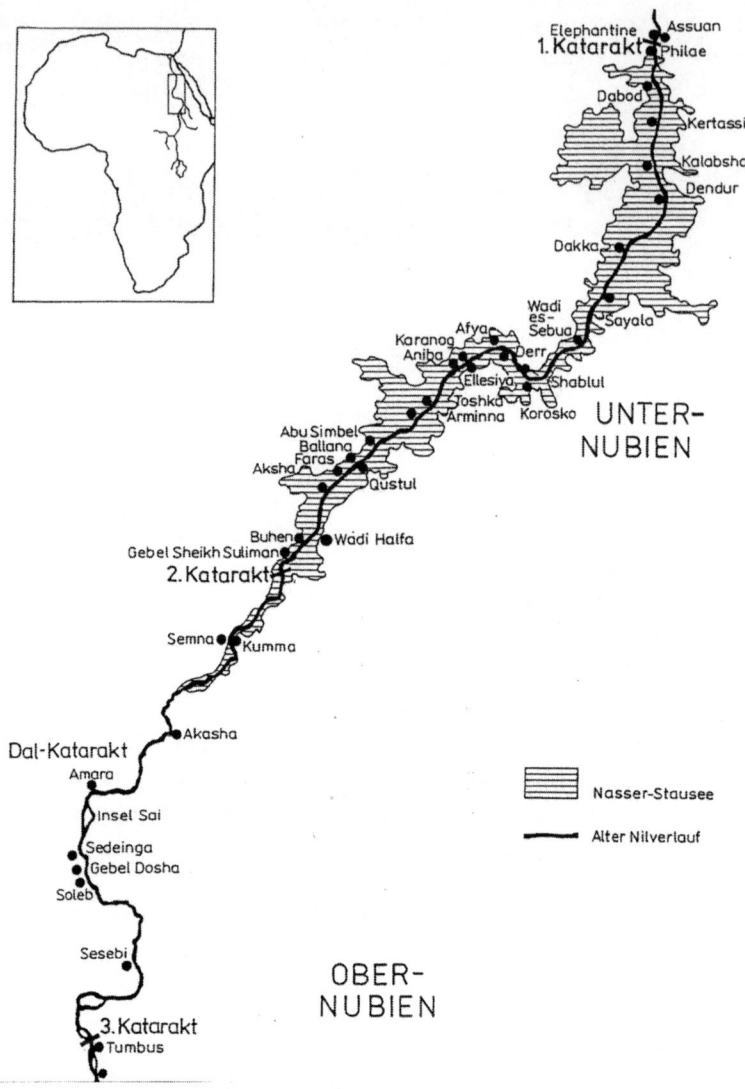

**Abb. 1 a:** Die wichtigsten Fundorte und Regionen im nubischen Niltal bis zum 3. Katarakt (Meroitica 19).

## Geographische Faktoren und kulturelle Ökologie

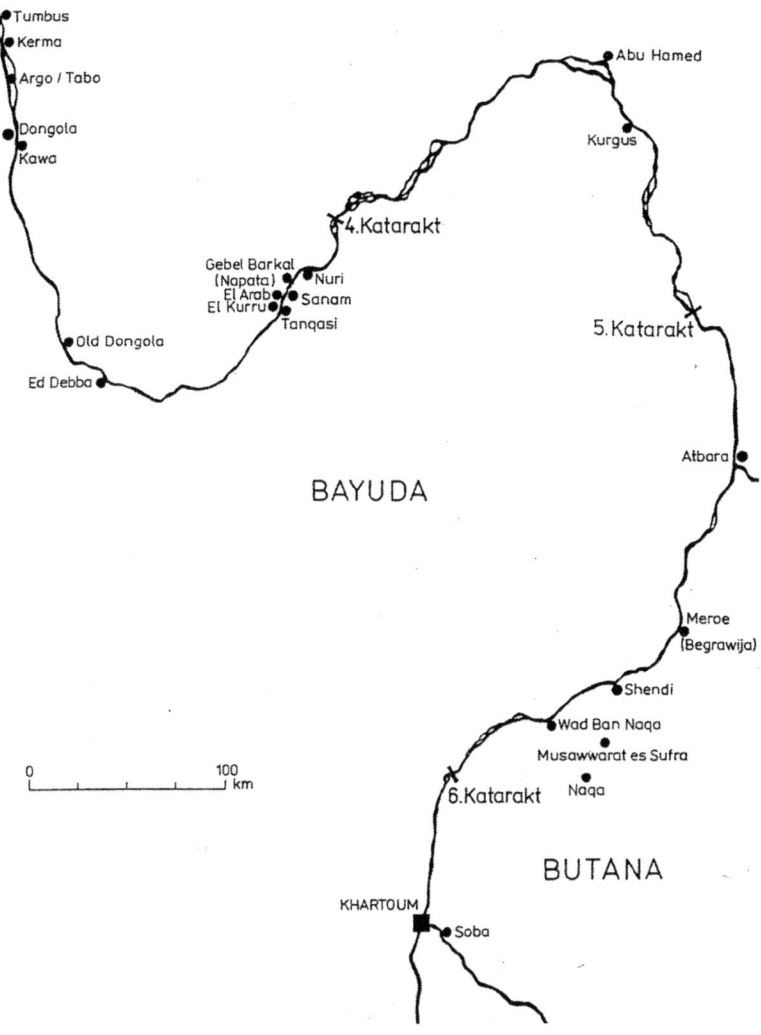

**Abb. 1 b:** Die wichtigsten Fundorte und Regionen im nubischen Niltal jenseits des 3. Katarakts (Meroitica 19).

Vergleichbares gilt übrigens sogar für das gesamte meroitische Reich: Als die Römer herausfanden, wie man gegen den Wind kreuzt, und das Rote Meer so ganzjährig in beide Richtungen schiffbar wurde, verlor Nubien handelspolitisch seine Exklusivität. Der Handel mit Exotica – nun aus Indien – wurde jetzt vornehmlich über das Horn von Afrika abgewickelt. Es ist also kein Zufall, dass der Aufstieg des abessinischen Reiches von Aksum mit dem Niedergang Meroës zusammenfiel.

Ein geologischer Faktor war für die nubische Geschichte von herausragender Bedeutung: die unterschiedlichen Gesteinsformationen im ägyptischen und nubischen Niltal. Während Ägypten grundsätzlich von Kalkstein geprägt ist, herrscht im Sudan Sandstein vor. Die unterschiedliche Härte dieser Gesteine hat Auswirkungen auf die Ausprägung des Nilufers: Im Norden gibt es weite fruchtbare Ebenen, die viele Menschen ernähren können, im Süden treten die Ufer dicht an den Fluss heran und sind steiler. Im sog. Batn el-Hajar, dem »Bauch der Steine«, ist auf einer Strecke von über 160 km praktisch keine Landwirtschaft möglich; der Nil fließt über weite Strecken sogar durch Wüste. Die größeren Bewässerungen im Norden und die daraus resultierenden Nahrungsüberschüsse sind sicherlich ein Grund, weswegen sich in Ägypten sehr viel schneller ein Staat herausbildete.[6] Dies hatte zur Folge, dass die Entwicklung Nubiens von der politischen und militärischen Stärke des nördlichen Nachbarn bestimmt wurde. Nicht umsonst florierten das »erste« und das »zweite« Reich von Kusch jeweils in der sog. zweiten bzw. dritten »Zwischenzeit« in Ägypten. Gebel es-Silsila, wo diese petrologische Grenze liegt, war dann auch in der Frühzeit die eigentliche politisch-kulturelle Südgrenze Ägyptens. Erst in historischer Zeit wurde sie nach Assuan bzw. Elephantine an den ersten Katarakt vorgelagert.

Es kommt nicht von ungefähr, dass frühere Generationen von Ägyptologen »Nubien« mit dem ägyptischen Wort für »Gold« in Zusammenhang brachten. Die dortigen Goldvorkommen waren sicherlich ein Grund, weswegen die Pharaonen immer wieder versuchten, ihre südlichen Nachbarn zu dominieren.[7] Daneben bezog man von dort Exotica wie Elfenbein und Straußeneier, Giraffenschwänze und Leopardenfelle oder Ebenholz und Aromata.

Großwild wie Elefanten, Nashörner oder Giraffen war einst auch in Ägypten heimisch gewesen, hatte sich jedoch weit in den Süden zurückgezogen. Der Grund ist in einer Aridisierung des Klimas zu suchen, die vor ungefähr 10.000 Jahren einsetzte, um gegen 4000 v. Chr. etwa die heutigen Verhältnisse zu erreichen. Dieses erst in den letzten Jahrzehnten intensiv erforschte Phänomen ist für mehrere kulturelle Entwicklungen verantwortlich. Es erklärt nicht nur, warum das Niltal überhaupt besiedelt wurde, sondern auch, weswegen sich noch in historischer Zeit immer wieder unterschiedliche Gruppen auf den Weg ins Niltal machten – als nämlich die umliegenden Wüsten endgültig unbewohnbar wurden.

## Der zeitliche Rahmen

Die angesprochenen Ereignisse aus grauer Vorzeit werfen die Frage auf, in welchem zeitlichen Rahmen wir uns mit dem vorliegenden Buch bewegen.[8] Von der Zweiteilung in napatanisch und meroitisch war bereits die Rede. Grundsätzlich wird die Periodisierung und überhaupt die Chronologie des kuschitischen Reiches mindestens so stark von archäologischen Faktoren bestimmt wie von philologischen. Behandeln wir zunächst ersteres.

Als der amerikanische Archäologe George Reisner vor einem Jahrhundert die großen Nekropolen der Könige von Kusch ausgrub, war deren Datierung fast völlig unbekannt. Alles, was man wusste, war die zeitliche Stellung derjenigen Herrscher, die als Pharaonen der 25. Dynastie auch über Ägypten geherrscht hatten. Sie waren fast alle in el-Kurru bestattet. Dort fand Reisner nun große Grabanlagen, die offenbar älter waren als die kuschitenzeitlichen, d. h. vor dem Eroberer Ägyptens, Pi(anch)y, angesetzt werden können. Warum Reisner sie für älter hielt, führte er nicht näher aus.[9] Nach dieser sogenannten »kurzen Chronologie« regierten vor Pi(anch)y sechs Herrscher. Anhänger der »langen Chronologie« meinen hingegen, dass viel mehr Gräber, die Reisner Mitgliedern der königlichen Familie zugeordnet hatte, als Königsgräber angesehen werden sollten. Die anhaltende Diskussion dreht sich vor allem um die Interpretation einiger ägyptischer Objekte aus jenen Gräbern, die eindeutig spätramessidisch sind. Sind damit die Gräber selbst spätramessidisch, d. h. datieren sie vom Anfang des 1. Jts. v. Chr., oder handelt es sich um »Erbstücke« o. ä.? Die meisten Forscher heute favorisieren wieder Reisners Kurzchronologie. Die Debatte ist deshalb so bedeutsam, weil sie exemplarisch die Schwierigkeiten vor Augen führt, mit der die archäologische Chronologie Nubiens zu kämpfen hat: Die Abhängigkeit von ägyptischem Material und von der Interpretation der Königsgräber.

Reisner hatte nämlich auch die späteren Nekropolen archäologisch datiert, und zwar anhand einer Seriation bei der Entwicklung der Grabformen. Sein grundlegendes Postulat dabei war, dass man von der Größe der Anlage auf die Länge der Regierungszeit schließen könne.[10] Wie unsicher dies ist, muss wohl kaum erörtert werden. Hinzu kommen dieselben Abgrenzungsschwierigkeiten wie in el-Kurru: Welches ist überhaupt das Grab eines Herrschers? Ist die Anzahl der Grabkammern ein sicheres Indiz? Verkompliziert wird die Sache in Nubien, da dort zahlreiche weibliche Herrscher belegt sind, das Geschlecht des Grabinhabers also kein Ausschlusskriterium ist. Wie gehen wir mit wiederverwendeten Blöcken um? So wurde etwa die Pyramide Beg. N. 53 (= Begharawiya Nord, Nr. 53) mit Spolien aus sonst nicht erhaltenen Bauten errichtet.[11] Haben wir es hier mit einer Form der *damnatio memoriae* zu tun? Unklar ist auch das Verhältnis der Nekropolen zueinander. In Napata etwa gibt es Pyramiden von Personen, die ziemlich sicher Herrscher waren, die jedoch zeitlich identisch sind mit Pyramiden in Meroë. Reisner meinte, es handle sich um Nebendynastien. Doch auch der Sohn einer Herrscherin mit Grab in Napata wurde in Meroë bestattet.[12] Fakt ist allerdings, dass wir bisher keine andere Möglichkeit haben, eine Chronologie zu entwickeln, als Reisners Typologie – weswegen sie in den Grundzügen immer noch gültig ist.

Und damit kommen wir von der relativen zur absoluten Chronologie, die von philologischen Ankerpunkten bestimmt ist. Aufgrund ihrer Gräber gilt es als gesichert, dass nach dem letzten Kuschitenpharao Tanutamani ca. 60 Herrscher regierten. Sowohl ihre genaue Anzahl

# Der zeitliche Rahmen

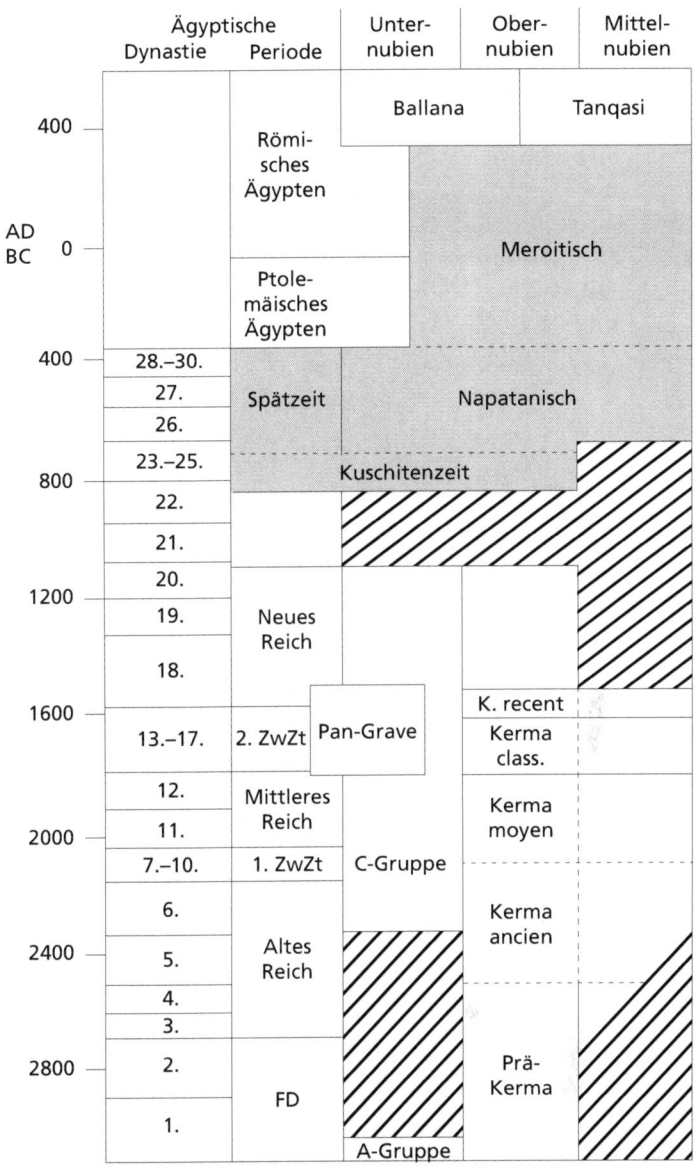

**Abb. 2:** Epochen Nubiens seit der 1. ägyptischen Dynastie. Die Schraffierung kennzeichnet Zeiten, die weitgehend unbekannt sind.

als auch ihre Reihenfolge ist umstritten. Zwar kennen wir viele der Namen, nur von einer Handvoll wissen wir jedoch auch etwas über ihre Taten, da sie uns nur wenige historische Inschriften hinterlassen haben. Darüber hinaus sind diejenigen in meroitischer Sprache bislang praktisch unverständlich geblieben. Die wenigen Punkte, über die wir mehr wissen, ergeben sich aus einer Handvoll von Synchronismen. Das Problem ist nur, dass fast alle umstritten und manche bereits widerlegt sind.[13] Der einzige sichere Synchronismus ist ein Graffito aus Philae vom 10. April 253 n. Chr. Es datiert zugleich ins Jahr 3 des meroitischen Königs Teqoride-amani und lässt uns wissen, dass damals Trebonianus Gallus in Ägypten Präfekt war (251–253 n. Chr.).

# 2 Subsistenz

## Landwirtschaft

Wir besitzen nur sehr wenige Informationen darüber, von was genau sich die Menschen ernährten oder von ihrer Lebensweise. Dies hängt damit zusammen, dass Wohnsiedlungen kaum je archäologisch näher untersucht wurden, d. h. unser Wissen beruht fast ausschließlich aus den Informationen, die uns die Friedhöfe geben.[1] Wie genau das täglich Brot der Lebenden aussah, entzieht sich unserer Kenntnis. Allein, dass man überhaupt Brot aß, lässt sich durch den Nachweis von Bäckereien an manchen napatanischen Tempeln erschließen und an den vielen Brotmodeln, die ein häufiges Fundgut darstellen.[2]

Wie erwähnt, war das agrarische Potenzial in Nubien deutlich geringer als im ägyptischen Niltal, da die Nilflut aufgrund der steilen Ufer das meiste Land überhaupt nicht erreichte. Wo dies der Fall war, sprechen wir mit einem arabischen Terminus von *seluka*-Land, zu dem insbesondere die Nilinseln gehörten. Wirklich substanziell war der Getreideanbau wohl nur im Kerma-, Dongola- und Letti-Becken, wo dann auch die staatlichen Zentren lagen. Ein weiteres Problem der nubischen Landwirtschaft war die große Bandbreite zwischen guten und schlechten Jahren. Ein Beispiel: 1938 konnten im nubischen Niltal 47.000 ha Land bebaut werden, 1949 waren es lediglich 4.500 ha![3]

In der Kuschitenzeit wurde zwar der *schaduf* eingeführt, eine Hebevorrichtung zur Bewässerung, doch hatte dies nur wenig Auswirkungen auf die Ackerflächen. Mit ihm lassen sich nämlich nur Höhenunterschiede bis drei Meter überbrücken und nur kleinere Felder bewässern. Ganz anders war die Wirkung einer ähnlichen Erfindung:

In hellenistischer Zeit verbreitete sich die *saqia*, das Schöpfrad aus Mesopotamien, im Niltal (▶ Abb. 3).[4] Dieses lässt sich archäologisch aufgrund der spezifischen Krugformen gut nachweisen. Mit dem Schöpfrad konnten acht Meter überwunden und dreimal so große Felder bewässert werden – allerdings benötigte man dazu zwei Ochsen. Manche meinen, diese Innovation sei für die Wiederbesiedelung Nubiens nach der Zeitenwende verantwortlich.[5]

Weiter im Süden, in der Butana, fällt genug Niederschlag für Regenfeldbau. Doch auch hier musste der Niederschlag in den Wadis gesammelt werden, etwa im Wadi Awatib bei Naqa. Um dieses Wasser aufzufangen, wurden spezielle Installationen gebaut, die als Hafire bekannt sind.[6] Ein *hafir* ist etwas zwischen einem Damm und einer Zisterne: eine Depression innerhalb eines Wadis, durch das bei Regen das Wasser fließt, wird so verstärkt, dass sich größere Mengen Wasser sammeln. Bauten dieser Art verlangten kollektive Arbeit – für die größten mussten 200.000 m³ Material bewegt werden. Es kann somit davon ausgegangen werden, dass diese Hafire nicht nur der Wasserspeicherung dienten, sondern genauso Machtbeweis wie sozialer Treffpunkt waren. So dürften sie dem Staat als Mittel gedient haben, die Menschen zu bündeln, d.h. vor allem, die Nomaden irgendwie zu kontrollieren. Wie wichtig sie waren, erkennt man schon daran, dass meist die Löwentempel mit ihnen in Beziehung stehen. Ob die Hafire lediglich der Landwirtschaft dienten, ist übrigens alles andere als klar – primär genutzt wurden sie mit Sicherheit von den Hirten für ihre Tiere.[7] Neben den Hafiren sind kaum Belege für Wasserwirtschaft zu finden, nur sehr vereinzelt eine Zisterne oder ein Damm. Der Grund hierfür ist, dass sich Wasserwirtschaft nur für einen große Absatzmarkt lohnte, etwa für Weizen oder Olivenöl im Römischen Reich.

Was genau wurde angebaut? Da im Sudan andere klimatische Bedingungen herrschen als in Ägypten, waren auch ganz andere Kulturpflanzen dominant. So gedeiht etwa die für das Mittelmeer wichtige Olive hier nicht.[8] Es kann davon ausgegangen werden, dass die wichtigsten Getreide Hirse und Gerste waren.[9] In späterer Zeit wurde Sorghum (arabisch *dhura*) das Hauptgetreide. Wie bedeutend es war, zeigt die Felsritzung vom Gebel Qeili ganz im Süden, in der ein Gott

Landwirtschaft

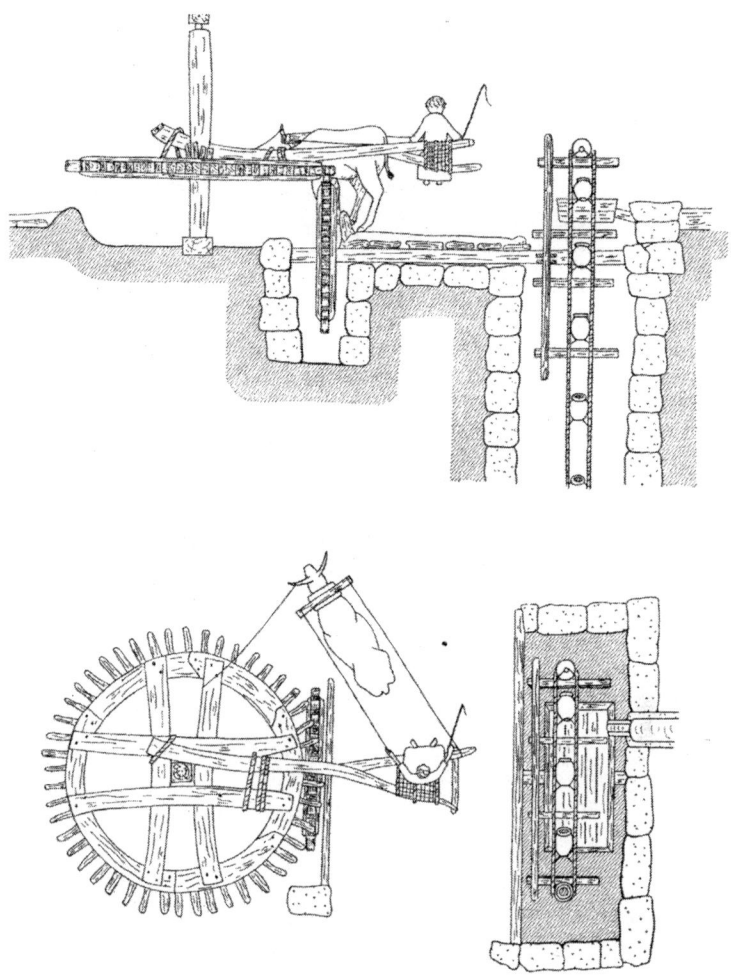

**Abb. 3:** Funktionsweise eines Schöpfrades (Welsby 2000, 184).

dem Prinzen Sorakarora ein Soghumbündel überreicht (▶ Abb. 22). Die kultivierte Form von Sorghum wurde bislang erst in post-meroitischer Zeit sicher nachgewiesen – jedoch wurde im Sudan bislang wenig Siedlungsarchäologie betrieben und daher sind archäobotanische Quellen selten.

Datteln sind heute ökonomisch sehr wichtig – ob dies auch für die Antike galt, ist unklar; jedenfalls gibt es keine Belege hierzu. König Harsiyotef berichtet lediglich, er habe in Meroë für den Gott Amun sechs Palmenhaine gepflanzt. Unser Wissen über sonstige Feldfrüchte ist ziemlich begrenzt. Man kann davon ausgehen, dass Bohnen und Linsen, Zwiebeln und Gemüse angebaut wurden.[10] Zwar schreibt Pharao Taharqo, es habe in Kawa auch Wein gegeben, und in der Tat sind Weinpressen auch archäologisch bezeugt, doch Wein, den man mit den Füßen presste und aus Bassins abschöpfte, war nie ein großer Exportschlager.[11] Möglicherweise beschränkt sich die nubische Weinherstellung auf die Zeit nach dem römischen Rückzug aus dem Dodekaschoinos, als die Verbindungen nach Ägypten gestört waren und folglich die Importe ausblieben. Wenn überhaupt, wurde Wein nur südlich von Kawa lokal produziert. Konsumiert wurde er jedoch überall. So wurde in Qasr Ibrim eine Taverne ausgegraben, was aufgrund der Dekoration (Weintrauben) und der gefundenen Amphoren erschlossen wurde. Ein Graffito aus Musawwarat zeigt zwei Personen, die mit einem Strohhalm aus einem Krug trinken.[12]

Das vielleicht einzige verarbeitete Gut, das die Kuschiten exportierten, war Baumwollstoff – die nubische Baumwolle galt offenbar als besonders hochwertig, ansonsten hätte sie sich nicht auf dem ägyptischen Markt etablieren können. Zudem wurden Stoffe aus Baumwolle nicht nur in kuschitischen Gräbern aus Ballana und Qustul gefunden, sondern sogar in den königlichen Pyramiden.[13] Meist wurden die Kleider wohl in Heimarbeit hergestellt – das jedenfalls legen Funde von Webgewichten und Knochennadeln in Wohnhäusern nahe.[14]

## Viehzucht, Jagd und Fischfang

Bis heute prägen die Hirten das Bild der ländlichen Regionen im Sudan – in der Antike war das nicht anders.[15] Dabei ist Vieh nicht gleich Vieh. Rinder hatten mit Sicherheit den höchsten Stellenwert, gefolgt von Schafen und Ziegen, die als besonders genügsame Tiere die wirtschaftliche Basis vieler Pastoralnomaden darstellten. Archäozoologische Überreste aus Meroë haben jedoch ergeben, dass in der Kuschitenzeit mehr Rinder als Kleinvieh gehalten wurde. Ob dies repräsentativ ist, kann bezweifelt werden: Immerhin waren im Zentrum des Reiches nicht nur die Wohlhabenden versammelt, es gab dort auch einen höheren Bedarf an hochwertigen Opfertieren.[16] Meist wird davon ausgegangen, im Süden des Reiches habe die Viehzucht vorgeherrscht.[17] Ein Argument sind die Hafire, denn Rinder benötigen mehr und regelmäßiger Wasser als etwa Esel oder Ziegen. Im Dongola-Becken waren Rinder jedoch ebenfalls sehr wichtig, man denke nur an die Bukranien (Rinderschädel) in den Kerma-Gräbern des 2. Jts. Die Darstellungen legen nahe, dass die Meroiten die Hörner ihrer Rinder deformierten, wie dies heute noch in manchen afrikanischen Kulturen üblich ist.[18] Wir wissen nicht, wie man die Rinder genau nutzte: Ging es primär um Milchwirtschaft, waren sie vor allem Fleischlieferanten oder wurde auch ihr Blut konsumiert wie bei den Masai? Immerhin zeigen Knochenanalysen frühmeroitischer Skelette, dass die Ernährung eher auf tierischen, als auf pflanzlichen Produkten basierte.[19]

Heute spielt das Kamel im Sudan eine große Rolle, da es am besten von allen Nutztieren an das Wüstenklima angepasst ist. Die Kuschiten kannten das Kamel jedoch noch nicht – es wurde erst relativ spät im Niltal eingeführt, wann genau ist umstritten.[20] In spätmeroitischer Zeit scheint es bekannt gewesen zu sein, wie etwa Funde von Kamelknochen und -sätteln aus Gräbern oder bildliche Darstellungen nahelegen.[21]

Für die Assyrer war Nubien das Land der Pferde.[22] Offenbar verfügten die Kuschiten über besonders hochwertige Tiere, denn sie dienten nicht nur als diplomatische Geschenke, sondern wurden auch bis nach Vorderasien exportiert. Ihr hoher Stellenwert in Nubien selbst zeigt sich darin, dass sich mehrere Kuschitenpharaonen mit ihren Pferden bestatten ließen und dies sogar in den postmeroitischen Tumuli von Ballana/Qustul noch der Fall war.

Im Allgemeinen wird davon ausgegangen, dass die Jagd im Reich von Kusch keine Rolle mehr für die Ernährung spielte.[23] Dies ist sehr fraglich, denn selbst im pharaonischen Ägypten war sie immer noch nicht ganz unbedeutend und die nubische Gesellschaft war deutlich nomadischer geprägt. Zahlreiche Graffiti aus Musawwarat zeigen die Jagd mit Hunden, Pfeil und Bogen sowie Speeren, allerdings könnte man hierin auch Zeugnisse für das Jagdvergnügen einer Elite sehen.[24]

Dass sich Menschen, die an einem Fluss leben, hauptsächlich von Fisch ernähren, scheint selbstverständlich. In der Tat wurden sogar Gruben mit Fischsauce gefunden[25] – vielleicht handelt es sich um ein im heutigen Sudan typisches Gericht, *tirkeen*, bei dem Fisch in Krügen konserviert wird.[26] Man kann sich trotz alledem fragen, ob man nicht eigentlich sehr viel größere Mengen an Fischknochen finden müsste. Eine mögliche Erklärung stellt die Siegesstele des Pi(anch)y bereit: Zumindest bestimmten Personengruppen war der Fischgenuss offenbar aus Gründen der kultischen Reinheit untersagt.

# 3 Die kuschitische Gesellschaft

Da wir nur über vereinzelte Textquellen verfügen, ist unsere Kenntnis der sozialen Strukturen begrenzt, zumal die archäologischen Quellen vornehmlich aus dem funerären Bereich stammen. Diese lassen zwar allgemeine Aussagen etwa zur Stratifizierung zu, erlauben es aber nicht, die Beziehungen im Einzelnen zu fassen. Ethnoarchäologische Analogien sind naturgemäß ebenfalls mit Schwierigkeiten verbunden. Hinzu kommt, dass es immer irgendwie verlockender war, sich mit dem Meroë der Könige zu befassen als mit dem Meroë der einfachen Viehhirten. Gleichwohl lassen sich durchaus grundlegende Aussagen zur meroitischen Gesellschaft treffen.[1]

Viel stärker noch als die ägyptische Gesellschaft hatte die meroitische zwei Standbeine: Ackerbau und Viehzucht. Eine der Grundeigenheiten der nubischen Kultur ist dann auch das Oszillieren zwischen Sesshaftigkeit und Nomadismus. Andererseits darf man sich von der Propaganda der antiken Texte nicht verleiten lassen: Die Grenzen zwischen beiden Lebensweisen waren nie fix – es spricht sogar viel dafür, dass ein Großteil der Menschen in Transhumanz lebten. Und selbst wo dies nicht der Fall war, profitierten beide Seiten von einem Miteinander: Während der Erntezeit gibt es einen erhöhten Bedarf an Arbeitskräften – bei Nomaden war das entsprechende Zubrot sicherlich willkommen; Herden können außerdem die Stoppelfelder noch sehr gut verwerten. Überhaupt bauen Nomaden durchaus Feldfrüchte an und Sesshafte haben meist ebenfalls Vieh: Vor der Flutung des Nilhochdammes in den 1960er Jahren besaßen die 50.000 sesshaften Bewohner Unternubiens 2831 Rinder, 19.335 Schafe und 34.146 Ziegen.[2]

Der wichtigste Unterschied zu heute ist der Bestand an Kamelen, einem typischen Tier der Beduinen. Im Sudan sagt man: Kamele bilden

den Reichtum ab, Schafe dienen als Notgroschen und Fleischlieferant für Feste, und für den täglichen Bedarf hat man die Milch gebenden Ziegen. Dies kann durchaus auf die Antike übertragen werden, nur dass die ökonomische Rolle des Kamels durch das Rind übernommen wurde. Ohne Kamele war Nomadismus über weitere Entfernungen nur während der Regenzeit möglich. Überhaupt denken wir bei Nomaden meist an die Tuareg oder Araber, welche den Handel quer durch die Sahara betreiben – hochspezialisierter Nomadismus dieser Art ist jedoch eher selten; Mischformen sind viel weiter verbreitet. Dass die Libyer bzw. Berber schon sehr lange Nomadismus dieser Art betreiben, ist bekannt,[3] wie genau die Verhältnisse im Niltal waren, entzieht sich unserer Kenntnis.

Neben der Dichotomie »nomadisch versus sesshaft« wird gerne eine weitere gesehen: Im Norden habe der Ackerbau dominiert, im Süden die Pastoralwirtschaft.[4] Diese Vorstellung resultiert jedoch aus einer forschungsgeschichtlichen Verzerrung. Zum einen hat sich die Forschung in der Vergangenheit allzu sehr auf das Niltal beschränkt, zum anderen war Unternubien durch die Rettungsgrabungen, die den Staudammprojekten vorausgingen, lange schlichtweg besser erforscht. So kommt es, dass Unternubien als blühendes Zentrum galt und der Süden als rückständig. Heute hat sich die Perspektive beinahe umgekehrt.

Eine weitere nubische Eigenheit ist der Partikularismus, der letztlich aus der Vielzahl an Lebensräumen resultiert: vom Wüsten- bis zum Tropenklima. Besonders die ariden Landstriche waren immer besonders anfällig, d. h. immer wieder strömten Gruppen bei allzu großer Trockenheit ins Niltal und wurden von dessen Bewohnern als Bedrohung wahrgenommen. Zugleich sind Nomaden staatlichen Gebilden oft suspekt, da sie sich deren Kontrolle zumeist entziehen. So erklärt sich, warum die Könige in ihren Feldzugberichten häufig Konflikte mit nomadischen Gruppen thematisieren. Andererseits hatte der Umstand, dass ein signifikanter Teil der nubischen Gesellschaft nicht ausschließlich sesshaft war, gravierende Auswirkungen auf die Verfasstheit des Staates. Während sich im vornehmlich agrarischen Ägypten ein bürokratisch straff organisierter Zentralstaat etablieren konnte, waren die kuschitischen Könige immer auf die Kooperation lokaler Führer angewiesen. Man spricht folglich hier von einem segmentären Staat.[5]

Allzu oft wurde in der Nubienkunde von Ägypten auf Nubien extrapoliert, dies ist jedoch ausgesprochen irreführend, wahrscheinlich waren schon die Vorstellungen von Landbesitz völlig verschieden.[6] Während der Zugriff auf Ackerland im pharaonischen Niltal die Basis der Wirtschaft darstellte, weil der Staat auf seine Erzeugnisse Steuern erhob, gründete in Nubien die Macht des Königs darauf, dass er über Menschen verfügen konnte. In Ägypten ging es um Landbesitz, in Nubien um Nutzungsrechte. Weil dies lange nicht erkannt wurde, konnten zwei radikal gegensätzliche Thesen nebeneinander entwickelt werden: Manche gehen im Reich von Kusch von einem redistributiven System aus, bei dem der Staat alle Ressourcen einzog und dann wieder verteilte. Andere meinen, es habe in Napata/Meroë nur reine Subsistenzwirtschaft gegeben.[7] Dass Letzteres nicht sein kann, muss jedem einleuchten, der sich die Luxusgüter in den Elitegräbern vor Augen führt. Nur am Rande sei erwähnt, dass es aus jener Zeit Ostraka (Scherben von Tongefäßen) gibt, die wie Quittungen o. ä. aussehen.[8]

# Identität und Ethnizität

Welcher Ethnie fühlten sich die Einwohner von Kusch angehörig? Wie bei jeder Kultur – zumal bei einer antiken – ist dies sehr schwer festzumachen.[9] Wir besitzen jedoch in Nubien einmalige Einblicke, weil nämlich die Kuschitenherrschaft auch im quellenreichen Ägypten Spuren hinterlassen hat.[10] Es geht um die nubischen Höflinge, Priester und Soldaten, welche die kuschitische Oberherrschaft über Ägypten vor Ort sicherstellen sollten und deshalb nicht nur dort lebten, sondern auch dort bestattet wurden. Gerade in der Abgrenzung zum Ägyptischen bzw. in der Akkulturation ist stellenweise recht gut greifbar, wie sich zumindest diese Oberschicht darstellte. Freilich muss betont werden, wie unscharf ein derartiges Bild sein muss und dass es sich lediglich auf einen kleinen Ausschnitt der Gesellschaft in einer besonderen Situation bezieht. Möglicherweise können wir zudem viele dieser Kuschiten im Ägypten der 25. Dynastie gar nicht identifizieren, da sie sich gänzlich ägyptisch gaben.

Die Nubier traten in jener Zeit – im Gegensatz etwa zu den Libyern – nie als Gruppe auf, sondern immer nur als Individuen, die gemeinsame Merkmale aufweisen.[11] Des Weiteren fällt auf, dass fast keine Nubier explizit als Militärs ausgewiesen sind. Wie ist das zu bewerten? Sicherlich dürfte es Militärs in größerer Zahl gegeben haben. Oder verließen sich die Kuschiten allein auf ihren Einfluss auf die lokalen Machthaber? Oder waren Soldaten nur temporär in Ägypten stationiert und wurden daher nicht dort begraben? In jüngster Zeit wurde postuliert, es sei einfach gegen die kuschitischen Traditionen gewesen, militärische Titel im Grab aufzuführen.[12]

Im Allgemeinen lassen sich die Kuschiten jener Zeit anhand mehrerer Merkmale identifizieren.[13] Da wären zum einen ihre nicht-ägyptischen Namen, die – bei aller Vorsicht – sicherlich den deutlichsten Hinweis geben. Daneben fallen die Grabdekorationen durch Besonderheiten auf, die einen bewusst anderen Umgang oder mangelnde Vertrautheit mit den ägyptischen Konventionen nahelegen. So finden sich atypische Schreibungen, aber auch fehlerhafte Graphien, fehlende, falsche oder Pseudo-Hieroglyphen. Wie es scheint, brachten die Kuschiten ihre eigenen Schreiber oder Vorlagen mit nach Ägypten oder gaben selbst bestimmte Elemente vor. Konkreter gibt es ikonographische Abweichungen, sei es bei den Körperproportionen oder bei Frisuren oder Kostümen. Hier ist vor allem der sogenannte »Kuschitische Mantel« zu nennen (▶ Abb. 12).[14] Auf bemalten Stelen aus Abydos werden die Kuschiten teilweise mit dunkler Hautfarbe abgebildet.[15]

Die Grabausstattung verrät ebenfalls einen kuschitischen Ursprung. So finden sich Alltagsgegenstände aus der Heimat, etwa Trinkgefäße, oder bestimmte Objektgattungen in speziellem Kontext, z. B. Spiegel oder Uschebtis. Letzteres hat zu der These geführt, die Uschebtis hätten für die Kuschiten eine gänzlich andere Funktion gehabt als für die Ägypter.[16] Einige der kuschitischen Bräuche könnten sogar auf die ägyptischen eingewirkt haben. So war das Perlennetz, mit dem in der ägyptischen Spätzeit die Mumie bedeckt war, wohl eine kuschitische Entwicklung.[17] Vielleicht sind auch gewisse archaisierende bzw. antiquarische Tendenzen auf die Kuschitenherrschaft zurückzuführen.[18]

Wie schwierig all dies zu interpretieren ist, führen uns die Zeugnisse von Udjarenes vor Augen, der Gemahlin des thebanischen Machthabers Monthemhet. Sie stammte aus dem kuschitischen Königshaus und wird selbst innerhalb ihres eigenen Grabes (TT 34) mal als Ägypterin, mal als Nubierin dargestellt. Damit noch nicht genug: Monthemhet trägt teilweise ebenfalls kuschitische Züge, womit wohl seine politische Nähe zu den Kuschiten ausgedrückt werden soll – ein Paradebeispiel »situativer Ethnizität«.[19]

Wie sind diese Befunde insgesamt zu interpretieren? Es ist nicht unwahrscheinlich, dass es keine gemeinsame Identität im Reich von Kusch gab – die Leute fühlten sich allein ihrer Gruppe, ihrem Clan verpflichtet.

## Sprachen und Schriften

Bekanntlich wird die ethnische Identität aus verschiedenen Faktoren zusammengesetzt. Dazu gehört die materielle Kultur oder die Bestattungssitten, der Lebensraum und die Lebensweise. In Nubien überschreiten letztere soziale-ethnische Grenzen, was die Dinge ungemein komplexer macht. Hinzu kommt, dass wir es in Nubien zumeist mit schriftlosen Gesellschaften zu tun haben – Sprache ist jedoch unbestreitbar einer der wichtigsten Faktoren, wie etwa die Identität der heutigen Nubier zeigt.[20] Daher soll zunächst näher behandelt werden, was wir über die Sprachen wissen, die im napatanischen und meroitischen Nubien gesprochen wurden – eine ausführlichere Darstellung findet sich in meiner *Einführung in die Meroitistik*.[21]

Zunächst haben wir es hier mit drei Arten von Quellen zu tun: den Selbstzeugnissen der Könige in napatanischer und meroitischer Sprache und Schrift, den späteren altnubischen Texten aus dem christlichen

»Mittelalter« sowie der zumeist altägyptischen Nebenüberlieferung. Als »napatanisch« bezeichnet man Inschriften, die zwar in (manchmal etwas eigenwilligen) ägyptischen Hieroglyphen geschrieben sind, sprachlich jedoch von einem deutlich »nubischen« Substrat geprägt sind (▶ Abb. 4).[22] Die meroitische Schrift ist wohl eine radikale Weiterentwicklung der napatanischen, nämlich eine eigene Silbenschrift mit sowohl linearer (»demotischer«) als auch bildhafter (»hieroglyphischer«) Ausprägung (▶ Abb. 5). Die altnubische Schrift wiederum stellt eine Fortschriftung der auf dem Griechischen basierenden koptischen Alphabetschrift dar.

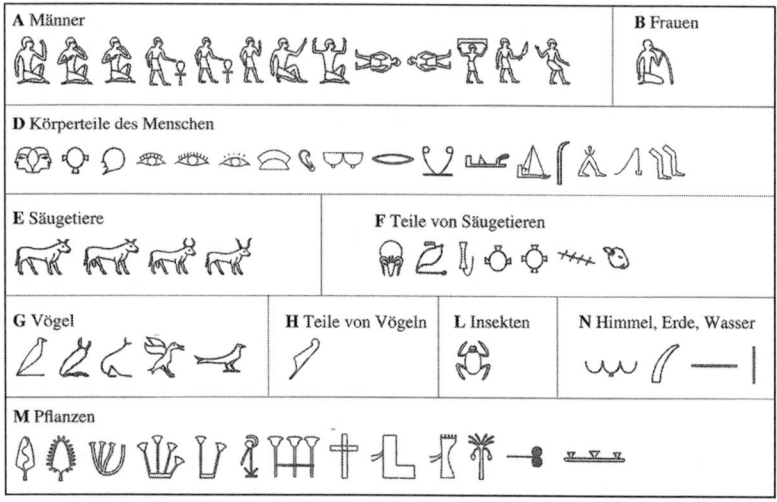

**Abb. 4:** Auswahl speziell napatanischer Zeichen (Schrifttafel des Autors).

Die altnubischen Texte bezeugen, dass der wohl größte Teil der Nubier in christlicher Zeit Nubisch im linguistischen Sinne sprach, d. h. eine nilo-saharanische Sprache, die bis heute in mehreren Dialekten gesprochen wird. Die meroitischen Texte legen nahe, dass zumindest die politische Klasse sich einer eng damit verwandten Schriftsprache bediente, des Meroitischen. Obwohl bereits seit über einem Jahrhundert

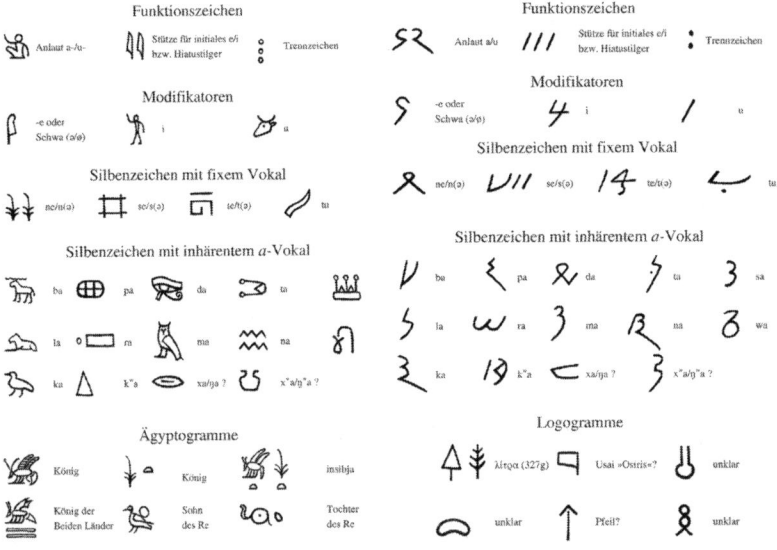

**Abb. 5:** Die meroitische Schrift (Schrifttafeln des Autors).

vermutet wird, dass Meroitisch und Nubisch eng verwandt sind, konnte dies erst in jüngster Zeit stringent nachgewiesen werden.[23] Weil die Verwandtschaft sehr eng ist, lässt sich leider kaum entscheiden, ob das fremde Substrat im Napatanischen dem Meroitischen oder dem Nubischen zugewiesen werden muss. Dasselbe Problem besteht bei der antiken Nebenüberlieferung: Gemeinhin gelten die »nubischen« Namen und Wörter in ägyptischen Texten vor und während der 25. Dynastie als »proto-meroitisch«, doch dies ist alles andere als gesichert.[24]

Aus der Nebenüberlieferung sowie über die historische Sprachwissenschaft lässt sich erschließen, dass neben der napatanischen Kreolsprache, der meroitischen Schriftsprache und den nubischen Dialekten schon seit Jahrtausenden noch zwei weitere Sprachgruppen vertreten waren: das tu-Bedauiye (die Sprache der Beja-Nomaden) sowie libysch-berberische Sprachen.

Zunächst zu zwei der großen Probleme der Nubienkunde: Seit wann siedelten Sprecher des Meroitischen und seit wann solche des

Nubischen im Niltal? Beide Gruppen waren wahrscheinlich ursprünglich nicht in Nubien heimisch, denn wir finden vor dem 1. Jt. v. Chr. keine Spuren nilo-saharanischer Sprachen in ägyptischen Texten über Nubien. Außerdem wurden und werden im gesamten Nordostafrika zwischen dem Maghreb und dem Horn von Afrika Sprachen gesprochen, die zu einer anderen Sprachfamilie gehören: den semitohamitischen Sprachen. Zu diesen zählen nicht nur die Berbersprachen und das Altägyptische, sondern auch die semitischen Sprachen wie Arabisch oder Altäthiopisch und die im sprachwissenschaftlichen Sinne kuschitischen Sprachen.

Wenden wir uns zunächst dem Nubischen zu. Heute sind am Nil noch mehrere nubische Sprachen in Gebrauch (Kenzi, Dongolawi und Nobiin); zu diesen zählen ferner Midob und Birgid im Darfur und verschiedene weitere kleine Sprachinseln westlich des Niltals. Die beherrschende Schriftsprache des christlichen »Mittelalters«, die Schriftsprache des Königreichs Nobattia, wird Altnubisch genannt, obwohl Altnobiin korrekter wäre. Im Reich von Makuria sprach man eine alte Form des Dongolawi[25] und im südlichsten der drei nubischen Reiche, in Alwa, eine etwas spezielle Form, für die sich bislang keine Bezeichnung etabliert hat – ich selbst habe sie einmal als »Alwa-Nubisch« bezeichnet, Claude Rilly spricht von »Soba Nubian«.[26]

Da ich die Forschungsdiskussion an anderer Stelle[27] ausführlicher dargestellt habe, soll sie hier lediglich kurz skizziert werden. Früher meinte man, ein Nilnubisch von einem Bergnubisch unterscheiden zu können, dieses Bild ist jedoch verzerrt – die am Nil gesprochenen Sprachen waren zuerst besser erforscht, die Sprecher der anderen galten als versprengte »Flüchtlinge«, die es nach dem Zusammenbruch des meroitischen Reiches in die Wüste verschlagen hatte. Bemerkenswert ist vor allem die geographische Verteilung der nubischen Sprachen: Nobiin wird zwischen Korosko und Kerma gesprochen, nördlich davon spricht man Kenzi, südlich davon Dongolawi. Dabei sind Kenzi und Dongolawi zwar räumlich separiert, bilden jedoch linguistisch gesehen praktisch eine Einheit. Wie ist das zu erklären? Marianne Bechhaus-Gerst postulierte, die Sprecher des Nobiin seien bereits im 15. Jahrhundert v. Chr. ins Niltal eingewandert und diejenigen des Kenzi-Dongolawi erst ein Jahrtausend später.[28] Rein nach den Methoden der

Dialektgeographie würde man es eher umgekehrt erwarten: die Nobiin-Sprecher kamen später und trieben einen Keil in das einst zusammenhängende Sprachgebiet von Kenzi-Dongolawi.

Von großer Bedeutung für die Klärung derartiger Probleme ist die Interpretation eines Substrats im Grundwortschatz der nubischen Sprachen. Allen gemeinsam sind etwa 70 % des Lexikons, aber viele Wörter stammen offenbar ursprünglich aus anderen Sprachen. Die Frage drängt sich auf: Aus welchen Sprachen? Wenn es etwa viele berberische Lehnwörter in Nubischen gäbe, würde dies bedeuten, dass Berber und Nubier lange in ständigem Kontakt miteinander lebten. Die Meinungen hierüber gehen jedoch auseinander.[29] Möglicherweise gibt das gemeinsame Substrat Hinweise auf die Sprache(n) der Bevölkerung Nubiens im 2. und 3. Jt. Es gibt zwar Indizien darauf, dass in jener Zeit kuschitische Sprachen in Nubien gesprochen wurden, allerdings sind sie nicht sehr belastbar.[30]

Das große »Problem« ist jedoch, dass wir auf archäologischer Ebene ein Kontinuum von der Vorgeschichte bis zur Zeit der ägyptischen Kolonisation Nubiens feststellen können: Die materielle Kultur verändert sich nicht abrupt. Anders formuliert: Es bestehen vonseiten der Archäologie keine Anhaltspunkte für Migrationen. Dies bedeutet jedoch nicht, dass es nicht zu einem Sprachwechsel gekommen sein kann. Schließlich kann man von der materiellen Kultur nicht auf die Sprache ihrer Träger schließen. Eine weitere grundsätzliche Schwierigkeit ist der zeitliche Abstand zwischen den antiken Belegen und den heutigen Sprachen sowie der Umstand, dass sich kaum Forscher mit der Materie befassen, weswegen sich praktisch Einzelmeinungen und -beobachtungen gegenüberstehen.

Wann Sprecher nubischer Sprachen im eigentlichen Niltal erscheinen, ist also sehr umstritten. Aufgrund einiger Fremdwörter sowie Orts- und Personennamen in ägyptischen Texten vermuten mehrere Forscher, es könne bereits im ersten, wenn nicht sogar Mitte des 2. Jts. v. Chr. geschehen sein. Zuletzt wurde auf mehrere nubischen Elemente antiker Ortsnamen wie *arti* (»Insel«) oder *mule* (»Berg«) hingewiesen.[31] Dem könnte man das Toponym *i-s-ṯ* aus Annalen Thutmosis III. (um 1450 v. Chr.) hinzufügen, das mit der Wasserlinie und dem Fremdlandzeichen determiniert wird und folglich mit einem alten nubischen Wort für »Wasser«, *ast-, identifiziert werden kann, das aus anderen Hydronymen gut bekannt ist. Umgekehrt gibt es auch altägyptische Lehnwörter im Nobiin wie die Wörter für »Wein«, und »Gold«, deren Form eine Entlehnung vor 1300 v. Chr. nahelegt.[32] Die Sache bleibt spannend!

Wenden wir uns nun dem Meroitischen zu. Es kann angenommen werden, dass die in el-Kurru bestatteten Herrscher sich des Meroitischen bedienten – zumindest sind ihre Namen (proto-)meroitisch deutbar. Beispielsweise bedeutet Schebitqo wohl »den der Fürst liebt« bzw. »der den Fürsten liebt/verehrt« (*Sb-tko) oder »den der Fürst gegeben hat« (*Sb-t-qo) und Schabaqo entsprechend »der edle Fürst« bzw. »dies ist der Fürst« (*Sb-qo).[33] Die neuesten Erkenntnisse zur Chronologie der Kuschitenzeit[34] lassen vermuten, dass der »Fürst« sich bei Schebitqo auf seinen Vorgänger Pi(anch)y bezieht und bei dem jüngeren Koregenten Schabaqo auf die Tatsache, dass dieser gegen die Ansprüche Taharqos eingesetzt wurde, d. h. ein Legitimationsdefizit hatte – deshalb das emphatische »Dies ist der Fürst«. Wenn wir annehmen, dass sich die Namen nicht auf den Gott Amun beziehen, würde dies jedenfalls sehr guten Sinn ergeben.

Leider ist die sprachliche Zuordnung von Personennamen kein Nachweis dafür, welche Sprache ihre Träger gebrauchten – die meisten Kopten tragen christliche Namen hebräischen oder griechischen Ursprungs und die hethitischen Großkönige hatten luwische oder hurritische Namen. Ein wichtiger Hinweis sind jedoch die sog. *Chapitres supplementaires* im ägyptischen Totenbuch, die fremdsprachige Sentenzen enthalten, welche ebenfalls (proto-)meroitisch sein dürften.[35]

An dieser Stelle sollte betont werden, dass der Name der Sprache uns nicht irreführen darf. Wir sprechen heute, Heinrich Brugsch folgend, von »meroitischen« Texten, weil die Inschriften, die er als erster untersuchte, aus Meroë stammten – aber Meroë war lediglich das spätere politische Zentrum, nicht der Ursprung des Spracharelas. Claude Rilly vertritt die These, man habe bereits im Reich von Kerma, also im 2. Jt. v. Chr., Meroitisch gesprochen.[36] Dies ist reine Spekulation – direkte Anhaltspunkte hierfür gibt es nicht. Es sind uns keine Sprachzeugnisse aus Kerma überliefert und bislang existiert keine Deutung für die wenigen bekannten Namen der Herrscher von Kerma.[37]

Claude Rillys Ansicht basiert zum einen auf seiner These, die zunehmende Aridisierung habe die Vorfahren der Sprecher des Meroitischen aus dem Wadi Howar ins Niltal getrieben, wie wohl auch die Sprecher der verwandten nubischen Sprachen.[38] Zum anderen führt er eine Liste von Namen aus Krokodilopolis an, die angeblich sicher meroitisch seien. Nur hat sie allerdings Thomas Schneider nicht weniger überzeugend libysch bzw. berberisch interpretiert, was angesichts des Fundortes im Fayum vom Kontext her deutlich mehr Sinn ergibt.[39] Das dritte Indiz Rillys betrifft das meroitische Wort für »König« (*qore*), das bereits in ägyptischen Texten des Neuen Reiches belegt ist. Und auch hier gehen die Meinungen auseinander. Während Rilly das Wort aufgrund von Kognaten aus kuschitischen Sprachen als Lehnwort aus dieser Sprachgruppe deutet,[40] dürfte es wohl eher umgekehrt sein. Meines Erachtens ist es sehr viel wahrscheinlicher, dass das meroitische Königtum mit seinen beeindruckenden Monumenten für die Sprecher der benachbarten Kulturen zum Sinnbild der Institution wurde und nicht umgekehrt. Wie das polnische *krol* (»König« < Karl [der Große]) und das deutsche *Kaiser* (< Caesar) zeigen, werden Herrschertitel im Allgemeinen von der politisch dominanten Kultur übernommen.

All dies soll nicht heißen, dass man in Kerma nicht bereits Meroitisch gesprochen haben könnte, nur bewiesen ist das noch lange nicht. Überhaupt wissen wir nicht, inwieweit Meroitisch tatsächlich als Alltagssprache verbreitet war. Möglicherweise war es lediglich die Schriftsprache mit dem höchsten Prestige und die Elite bediente sich im Alltag weiter der napatanischen Kreolsprache. Man denke nur an das angovinische England, wo die Bevölkerung Angelsächsisch sprach und die Oberschicht in anglo-normannischem Französisch parlierte und Lateinisch schrieb.

Schließlich noch ein paar Worte zur schriftlichen Überlieferung. Die Kulturen Nubiens waren jahrtausendelang schriftlos – offenbar sah man schlichtweg keine Notwendigkeit, sich einer Schrift zu bedienen, obwohl man das Prinzip Schrift von den Ägypter gekannt haben muss. Wahrscheinlich benötigte man sie nicht, weil die Machtstrukturen in Nubien völlig anders waren als beim nördlichen Nachbarn. Die Nubier entwickelten keine überbordende Bürokratie, da der Staat nicht auf Agrarfläche und Steuern basierte, sondern auf der Kontrolle über

Menschen und ihre Arbeitskraft. Die Kuschitenpharaonen übernahmen schließlich mit der Macht über Ägypten auch die ägyptische Hieroglyphenschrift und entwickelten bestimmte Prinzipien derselben zur napatanischen Hieroglyphenschrift weiter.[41] Diese ist nur in drei längeren Königsinschriften belegt sowie einem Dutzend kleiner Texte. Les- und datierbar sind die Stelen von Harsiyotef (um 370 v. Chr.) und Nastasen (um 325 v. Chr.), die Stele des Ary ist in fast jeder Hinsicht umstritten. Die Sprache dieser napatanischen Texte (»Napatanisch«) ist sehr besonders, denn es handelt sich um eine auf dem Ägyptischen basierende Kreolsprache mit einem nubischen oder meroitischen Substrat. So erkennt man deutlich, dass es wie im Napatanischen und Meroitischen kein grammatisches Genus mehr gibt und auch einige Rebusschreibungen ergeben nur Sinn, wenn man sie nubisch liest.[42] Bemerkenswert ist ferner, dass die Zeichenanordnungen einer anderen Ästhetik folgen als in Ägypten – alles Trends, die sich bei der meroitischen Schrift fortsetzen.

Diese existieren in zwei Ausprägungen, die ineinander überführbar sind: linear oder »demotisch« und bildhaft oder »hieroglyphisch«. Die Schriftrichtung ist genau umgekehrt wie bei den ägyptischen und napatanischen Hieroglyphen, d. h. tier- oder menschengestaltige Zeichen blicken in Leserichtung und nicht zum Textanfang. Dies war der zentrale Stolperstein bei der Entzifferung. Eine Besonderheit sind auch die zwei bzw. drei Punkte als Worttrenner. Vor allem jedoch ist das Schriftsystem gänzlich verschieden. Wie beim indischen Devanagari steht jedes der 23 Silbenzeichen üblicherweise für die Kombination aus Konsonant und dem Vokal *a*, es sei denn, die anderen Vokale werden explizit dahinter notiert. Isoliert steht die Eule etwa für *ma*; folgt ihr allerdings der Rinderkopf, muss die Kombination *mu* und nicht *ma-u* gelesen werden. Neben den Zeichen, die einen Konsonanten enthalten, gibt es drei reine Vokalzeichen: die Notation des Anlauts (*a/u*), die beiden »Modifikatoren« *i* und *u* sowie ein Zeichen, das für *e*, einen Murmelvokal oder Vokallosigkeit stehen kann. Vier der konsonantischen Zeichen sind auf einen bestimmten Vokal festgelegt: *ne*, *se*, *te* und *to* (*tu*). Trotzdem ist die meroitische Schrift keine reine Silbenschrift, denn es existieren darüber hinaus einige Logogramme. Die »demotischen« erscheinen in den wenigen Wirtschaftstexten und sind daher wahrscheinlich als Wortschreibungen für Güter oder Maße anzusehen. Die hieroglyphischen werden nur in königlich-religiösem Kontext gebraucht; sie dienen zur Schreibung ursprünglich ägyptischer Titel und Epitheta. Die Lesung jener Gruppen, die man mit Fug und Recht als »Ägyptogramme« bezeichnen kann, ist leider völlig unklar – sie weichen teilweise vom ägyptischen Gebrauch stark ab. Da die meroitischen Hieroglyphen ausschließlich auf Tempelwänden o. ä. erscheinen, wurden sie sogar als »Sakralschrift« bezeichnet, zumal bewusst Zeichen ausgewählt wurden, die mit mächtigen Göttern verbunden werden können.[43]

Die älteste (paläographisch) datierbare linear-meroitische Inschrift steht nach Claude Rilly auf einem Sistrum (220 v. Chr.), die jüngste sei ein Graffito aus Philae (452 n. Chr.).[44] Freilich ist eine Völkerliste vom »Sonnentempel« von Meroë wohl älter, da sie in einer Mischform zwischen ägyptischen und meroitischen Hieroglyphen verfasst ist. Dies zeigt deutlich, dass das Schriftsystem auf Basis der hieroglyphischen Zeichen entwickelt wurde und somit direkt mit dem Napatanischen zusammenhängt. Rilly meint jedoch wegen der Anlehnung mehrerer bildhafter an die entsprechenden linearen Zeichen, die lineare Ausprägung sei zuerst aus dem Demotischen entwickelte worden. Meist gilt die Inschrift der Königin Sanakadachete aus Naga (Mitte 2. Jh. v. Chr.) als älteste hieroglyphisch-meroitische Inschrift, doch meint Rilly, diese sei aus paläographischen Gründen später zu datieren.[45] Man sollte sich davor hüten, Rillys Thesen, die an seidenen Fäden hängen, allzu unkritisch zu übernehmen – vorerst sind sie die Meinung eines Einzelnen! Der älteste Beleg für das Proto-Meroitische ist möglicherweise der Name eines nubischen Steinmetzen *Tirk3i3* (*Tarakaye*), der in ägyptischen Hieroglyphen um 1450 v. Chr. in Deir el-Bahari bei Luxor belegt ist.[46]

## Spurensuche im Vielvölkerstaat

Oft ist zu lesen, Meroë sei ein Vielvölkerstaat gewesen. Da wir kaum Genaueres wissen, wird dies jedoch selten näher spezifiziert. Grundsätzlich stehen uns zwei Quellengruppen zur Verfügung: die napatanischen Königsinschriften und die meroitischen Feindesdarstellungen, insbesondere vom sog. »Sonnentempel« (M. 250) in Meroë (▶ Abb. 6).[47] Die meroitischen Inschriften sind leider bislang nur in begrenztem Maße verständlich.[48] Wir können die verschiedenen Gruppierungen, die im Königreich Kusch lebten, praktisch nur identifizieren, sobald sie sich gegen die staatliche Macht auflehnten und daher bekämpft wurden. Sprich: Wir wissen von ihnen aus den Monumenten ihrer königlichen Gegner. Zuletzt hat Anthony Spalinger alle kuschitischen Quellen zu Feldzügen ausgewertet und damit auch zu den innernubischen Feinden;[49] für die Identifizierung derselben ist auf eine Arbeit von Claude Rilly zu verweisen;[50] eine allgemeine Beschreibung stammt aus der Feder von Karl-Heinz Priese.[51]

**Abb. 6** Schlachtrelief vom sog. »Sonnentempel« M. 250 von Meroë (Kendall 1982, Abb. 6).

Priese meint, die »Stammesfürsten von Meroë« seien in Obernubien bereits Eroberer gewesen, was ihre Anknüpfung nicht an das Kerma-Reich, sondern an ägyptische Traditionen erkläre. Außerdem habe die ethnische Verankerung im Raum von Meroë das Reich überlebensfähig gegenüber erneuten Angriffen Ägyptens gemacht. In der Tat erwähnen die Inschriften Unternubien erst unter Harsiyotef. Wie weit die Macht der Könige nach Norden oder auch nur in die großen Wadis landeinwärts in der Butana reichte, ist unbekannt. Zumindest den griechischen Geographen zufolge siedelten westlich des Nils auf der Breite der Butana die Nubai, also die Nubier.

Rilly kommt in seiner Studie aufgrund linguistischer Erwägungen zu sehr weitreichenden Schlüssen. Danach hätte sich im 3. Jt. v. Chr. aufgrund der Aridisierung des Wadi Howar der dort gesprochene Zweig der nilo-saharanischen Sprachen, die Ostsudanischen Sprachen, in drei Gruppen aufgespalten: Proto-Meroitisch sei zur Sprache Kermas geworden, Proto-Nubisch sei im Raum Darfur/Kordofan gesprochen worden und seine Sprecher hätten später das Reich von Kusch heimgesucht, die dritte Gruppe habe sich hauptsächlich als C-Gruppe in Unternubien angesiedelt, sei teilweise jedoch über den Atbara in den Südostsudan gezogen, wo sie die Gasch-Gruppe bildeten und Vorfahren der heutigen Nara seien. Das Prä-Nubische sei entweder eine späte Form der C-Gruppen-Sprache oder des Proto-Nubischen. Diese Rekonstruktion ist in allerhöchsten Maße problematisch, schon allein, da die Archäologie von einem kulturellen Kontinuum zwischen A- und C-Gruppe ausgeht, die Migrationshypothese also überholt ist. Rillys Behandlung der einzelnen Ethnonyme ist hingegen sehr wertvoll.

Grundsätzlich werden drei Gruppen in den kuschitischen Texten häufiger genannt: die möglicherweise in der Butana ansässigen *Rhrhs*, die Blemmyer (napatan. *Bwlh3iw*, demot. *Blhlm/Blhm*), deren Lokalisierung unklar ist, und die *Mdd/Mdy*, die wohl nördlich der *Rhrhs* aktiv waren. Dabei ist nicht ganz eindeutig, ob es sich hier um drei verschiedene Stämme derselben Ethnie handelt oder um unterschiedliche Ethnien. Wahrscheinlich war *Rhrhs* sogar lediglich ein Schmähname, nur nicht im Sinne von brabbelnden »Barbaren« (so Rilly), sondern als Intensivbildung in der Bedeutung »die Bitterarmen« (von tu-Bedauiye *rihas*, »arm sein«). Damit hätten die Meroiten einen pejorativen Ausdruck übernommen, den die eine Gruppe von Beja-Nomaden gegenüber der anderen gebrauchte. Dass die *Rhrhs* selbst bedauiyesprachlich waren, zeigen nicht zuletzt die überlieferten Namen ihrer Anführer: *Ḫrw3* enthält wohl das aus den Blemmyernamen gut bekannte Element *chara-* (χαρα-, »Herr«; tu-Bedauiye *haḍa*), in *Rw-b-*RINDERKOPF*-d-n* steckt wohl tu-Bedauiye *rába* (»Mann, fähig«).

Ob das Ethnikon Beja wirklich identisch ist mit dem in ägyptischen Texten vorkommenden *mḏꜣ.i*, darüber scheiden sich die Geister.[52] Die Sprachbezeichnung leitet sich von *biḍáwi* (»Nomade, Beduine«) ab. Hinter *Blemmyes* (Βλέμμυες) steckt sicherlich tu-Bedauiye *balami* (»Wüstenbewohner«). Rilly konnte überzeugend darlegen, warum die Nennung der Beja in den aksumitischen Inschriften (als Βεγα) vertrauenswürdig ist – womit *Bēga/biḍáwi* kein Lehnwort aus dem Arabischen sein kann. Er geht sogar noch einen Schritt weiter und sieht in dem *Mdd/Mdy* der napatanischen Inschriften dasselbe Wort repräsentiert. Damit wären die *Mdy* identisch mit den antiken Medjai und den heutigen Beja. Besonders spannend ist in diesem Zusammenhang eine Bemerkung bei Plinius, die Troglodytikê habe ursprünglich *Midoe/Midioe* geheißen. Das wiederum stützt die These von el-Sayed,[53] wonach sich das Ethnikon *mḏꜣ.i* von einem ägyptischen Toponym »Das (Land) des Umherstreifens« herleitet, einem *Nomen loci* mit *m*-Präfix von ägyptisch *ḏꜣi̯* (»umherziehen«).

Neben diesen häufigeren Ethnonymen gibt es noch weitere, die lediglich vereinzelt genannt werden. Auffälligerweise beginnen mehrere von ihnen mit *Mḫ*, nämlich *Mḫ⟨tf⟩*, *Mḫ⟨t⟩*, *Mḫ-Ndknt* und *Mḫ-Šrḫt*. Daraus kann geschlossen werden, dass es sich um verschiedene Fraktionen derselben Ethnie handelt. Spannend ist der Umstand, dass gerade diese Ethnonyme sehr ungewöhnlich geschrieben werden, nämlich mit dem Zeichen für »Kind«. Dies ergibt lediglich ostsudanisch interpretiert Sinn, man denke an altnubisch *mekk-* (»klein sein«).[54] In vergleichbarer Weise sollte man bei dem bereits erwähnten Namen *Rw-b-*RINDERKOPF*-d-n* altnubisch *tini-* (»Vieh«) einsetzen. Die napatanischen Könige machten übrigens bei ihren Feldzügen gegen diese *Mḫ*-Stämme überaus reiche Beute: Bei den *Mḫ-Ndknt* werden neben 2.236 Frauen 209.659 Rinder und 505.349 Schafe und Ziege genannt, bei den *Mḫ-Šrḫt* 203.146 Rinder, jedoch »nur« 33.050 Stück Kleinvieh. Selbst wenn sie stark übertrieben sind, sprechen die Zahlen doch dafür, dass diese Stämme in Gebieten lebten, die große Mengen an Vieh ernähren konnten, und damit – nach Rilly – entweder in Kordofan oder in der Gezira. Wichtig dabei ist Rillys Beobachtung, dass die *Mḫ*-Leute im Gegensatz zu den *Rhrhs* nie als Bedrohung dargestellt werden. Dies könnte in der Tat dafür sprechen, dass sie eher an der Peripherie des Reiches von Kusch lebten.

Den entscheidenden Schritt zum Verständnis dieser *Mḫ*-Leute gelingt, wenn man sie mit den *Megabaroi* der klassischen Autoren (demot. *Mḫbr*) und den in meroitischen Texten genannten *Mḫo* /*Maḫu*/ gleichsetzt und all dies mit nubischen Selbstbezeichnungen in Beziehung setzt. Die Megabaroi lebten als Nachbarn der Blemmyer in der Troglodytikê. Rilly isoliert nun als Vorderglied *Meg-*, worin er ein Äquivalent zum napatanischen *Mḫ* sieht und gleicht das Hinterglied *-abar(oi)* mit meroitisch *abr* /*abara*/ (»Mann«). Ein Vizekönig von Unternubien nennt als Stationen seiner Botschafterkarriere an zweiter Stelle vor dem römischen Ägypten (*Arome*) das Land *Mḫeyo* /*Maḫūl*/ und kurz vor dem Ende des Reiches von Meroë wird in Gebel Adda ein »Tarutiḫi, König von Maḫu« genannt. Das Element *Meg-*/*Maḫu* sei zu gleichen mit mehreren nubischen Territorialbezeichnungen. Außerdem stecke es in altnobiin *migi* (»Nobadia«) genauso wie in *Makuria* (arab. *Mu*/*aqurra*) und sogar in der Bezeichnung, welche Sprecher des nubischen Birgid in Darfur ihrem Siedlungsgebiet gaben: *Mirgi(di)*. Nun ist im Altnubischen eine Variation zu *migi* der Ausdruck *migitn goul* (»Land der Migiti«), d.h. aus all dem lässt sich ein *\*mag-ur* (»Nubier«) bzw. im Singulativ *\*mag-ur-ti* rekonstruieren.

So weit – so gut. Wie aber verhält sich diese Bezeichnung *Meg-*/*Maḫu* zu dem ebenfalls in meroitischen Texten vorkommenden *Nob* /*Nuba*/ bzw. griechisch *Noba* (Νωβα)? Nach Rillys Meinung war Letzteres das meroitische Wort für »Sklave«, das im übertragenen Sinne und abwertend gebraucht worden sei.[55] Nach Bechhaus-Gerst geht *Nuba* jedoch auf eine Selbstbezeichnung der Nubier zurück.[56] Als die Nubier noch weit weg und keine Bedrohung für die Kuschitenherrscher waren, habe man sie *Mḫ*/*Maḫu* genannt. Mit zunehmender Nähe seien die Meroiten dann zum Schimpfwort *Nuba* übergegangen und erst mit der beginnenden Staatsentstehung an der Schwelle zum altnubischen »Mittelalter« habe man den alten Begriff wieder aufgegriffen. Der Name des in Gebel Adda genannten »Tarutiḫi, König von Maḫu« lässt sich übrigens nubisch deuten: Er bedeutet wohl »Der Vielgepriesene« (vgl. altnobiin *taroue*, »Segen, Ruhm, Preis« und *diei*, »viel sein«).[57]

## 3 Die kuschitische Gesellschaft

Die napatanischen Inschriften nennen einen weiteren König von *Mḫ*: *Iyk*. Steht der Anlaut hier vielleicht für die nubische erste Singular *\*a-i* (so Rilly) oder das Ganze doch für tu-Bedauiye *yak* (»Wildschwein«)?[58]

Nach all dieser äußerst komplexen Detektivarbeit stellt sich die Frage: Was wissen wir außer den Namen über jene Menschen? Letztlich vor allem, dass es recht unterschiedliche Ethnien gab. Von den Blemmyern ist bekannt, dass sie in spät- bis nachmeroitischer Zeit die Gegner der römischen und der sich festigenden nubischen Herrschaft über Unternubien waren. Ihr Zentrum war Kalabscha und sie verehrten einen »Hochgott« besonders, Mandulis. Die letzte große meroitische Inschrift stammt von einem Beja, nämlich von Chara-madoye, dessen Name nichts anderes als »Der Herr ist Mandulis« bedeutet (χαρα-; meroit. *mdo* /*ma(n)du*/).[59]

Die klassischen Autoren erwähnen im Zusammenhang mit den Megabaroi eine »Stadt des Apollo« – sie lebten teilweise nomadisch und würden sich von Elefanten ernähren! Harsiyotef legt einem der *Mḫ*-Fürsten folgende Worte in den Mund: »›Du bist mein Gott, ich bin dein Knecht, ich bin ein Weib. Ziehe nicht aus gegen mich!‹. Und er ließ mir bringen Erde (als Zeichen der Unterwerfung) in den Händen eines Mannes.«[60] Nastasen schildert, wie er einen *Mḫ*-Fürsten gefangen nimmt und dessen Hauptort *Mš.t* plündert, der unter Harsiyotef als Kultort des Sonnengottes Re ausgewiesen wird. Was liegt da näher, als in diesem die »Stadt des (Sonnengottes) Apollo« zu sehen? Und in der Tat bedeutet *masa* (vgl. *Mš.t*) auf Meroitisch »Sonne«. Es dürfte ferner kein Zufall sein, dass sich ganz im Südosten des meroitischen Reiches, in Gebel Qeili, eine Darstellung eines Sonnengottes in Frontalansicht findet.[61] Das meroitische Wort für »Sonne« wurde übrigens mitsamt der Determinanten ins Nubische entlehnt (*ms-l* /*masa-la*/ > altnub. *mašal*, Nobiin *màsà*, Dongolawi *masil*).[62]

# Gesellschaftsstrukturen

Über die interne Gliederung der verschiedenen Gruppen wissen wir kaum etwas, d. h. über die Beziehung zwischen den Altersgruppen, den Geschlechtern und Verwandtschaft im Allgemeinen. Einen gewissen Einblick könnten uns hier die meroitischen Totentexte geben, da diese Verwandtschaftstermini enthalten – nur dass deren Bedeutung nicht wirklich gesichert ist. Was wir sagen können, ist, dass eher der Name der Mutter genannt wird als der des Vaters. Dies scheint sich mit weiteren »matrilinearen« Elementen zu decken, auf die wir Hinweise besitzen.

Aussagekräftiger sind hier die Friedhöfe. Über anthropologische Analysen erfahren wir etwa, dass die Lebenserwartung bei etwa 20 bis 25 Jahren lag.[63] Dies bewegt sich im Rahmen des Erwarteten, ist also in etwa ähnlich wie im zeitgleichen Ägypten oder im Neolithikum. Es versteht sich beinahe von selbst, dass die Oberschicht deutlich älter wurde. So regierte Pharao Taharqo nach Ausweis seiner Inschriften 26 Jahre und wurde damit wohl Ende vierzig; König Arikeamanote war sogar erst 41 Jahre alt, als er den Thron bestieg, und König Harsiyotef regierte mindestens 35 Jahre lang. Ein Problem bei der Analyse von Nekropolen ist der Umstand, dass die Befunde interpretiert werden müssen. Wie kann es sein, dass statistisch gesehen 50 % der Menschen das Erwachsenenalter gar nicht erreichten und zugleich so wenige Gräber von Kindern und Jugendlichen festgestellt wurden?[64] Deren Bestattungen sind dann übrigens auch die einzigen, bei denen die Kategorie »Alter« anhand der Beigaben deutlich festzustellen ist – Kindern wurden besonders viele Amulette mit ins Grab gegeben. Gelegentlich hat sich in ihren Bestattungen sogar Kinderspielzeug erhalten, etwa eine Terrakottafigur aus Karanog oder eine hölzerne Maus aus Beg.W. 308.[65]

Bislang wurde nur ein Friedhof der napatanischen »Mittelklasse« ausführlicher untersucht, derjenige von Sanam.[66] Daneben ist auf die Behandlung der meroitischen Königinnen zu verweisen.[67] Kurioserweise bringen uns die Gräber manchmal die einfachen Leute näher als die Könige, denn in Nubien sind die Körper der Bestatteten und ihre Kleidung oft sehr gut erhalten, manchmal sogar mit Haut und Haar – es lassen sich sogar Tattoos identifizieren.[68]

Korrespondenzanalysen zeigen klar, dass die napatanisch-meroitische Gesellschaft sozial stratifiziert war:[69] Die Könige waren in den Nekropolen von el-Kurru, Nuri und im Nordfriedhof von Meroë in größeren Pyramiden bestattet, ihre Familienangehörigen auf dem Südfriedhof von Meroë und am Gebel Barkal. Der weitere Kreis der Elite hatte seine Pyramiden in Meroë-West. In der Nekropole von Sanam lagen die Gräber der darunterliegenden Oberschicht, die sich keine Pyramiden bauen konnte. Zudem sind dort ihre Bediensteten der Mittelschicht bestattet, also Handwerker, Dienstpersonal, aber wohl auch Kultfunktionäre. Bäuerliche Grundschichtsfriedhöfe finden sich schließlich in Missiminia, Qustul oder Sai.

Über die internen Strukturen der Pastoralnomaden wissen wir fast nichts. Zwar sind einige Stämme zu unterscheiden, vor allem bei den Beja, doch wie sie zueinander standen, ist genauso unbekannt wie die innere Gliederung etwa nach Clans. In älterer Zeit kann das Rautenmotiv als Zeichen nubischer Ethnizität gewertet werden – es wurde sogar erwogen, ob nicht vielleicht die unterschiedlichen Mustergruppen in der C-Gruppen-Keramik verschiedene Gruppen repräsentieren.[70] Ähnliches gilt für unterschiedliche Bestattungssitten, die zeitgleich innerhalb derselben Nekropole festzustellen sind.[71] Da spätestens seit der Kerma-Zeit in Nubien auch größere urbane Zentren existierten, kann von einem gewissen Gegensatz Stadt-Land ausgegangen werden – Napata oder Meroë müssen von einem Hinterland versorgt worden sein.

Unsere Kenntnisse über den Alltag der Menschen sind begrenzt. So ist beispielsweise nicht bekannt, ob die Polygamie außerhalb des Königshauses verbreitet war. Immerhin lässt sich Einiges über die königlichen Frauen sagen, denn sie spielten eine zentrale Rolle bei der Legitimität der Herrscher.[72] Dieser musste wohl der Sohn einer »Königsschwester« sein und die »Königsmutter« hatte einen prominenten Part bei der Krönung. Sie kommt im Gegensatz zum Vater in den napatanischen Texten zu Wort – als Vater des Königs galt sowieso der Gott Amun. Es gibt sogar Hinweise darauf, dass bereits die napatanischen Königinnen direkt Macht ausübten – immerhin heißt es auf der

Nastasen-Stele, dessen Mutter Pelcha sei die Krone Napatas gegeben worden, und Nastasens Gemahlin Sachmach trug einen Horusnamen und wird auf ihrer Stele mit »König« tituliert. Die Namen der Königsmütter stehen immer in Kartuschen, zweimal sogar nach dem Titel »Tochter des Re«! Die der Königinnen können ebenfalls durch Kartuschen markiert sein. Überhaupt rücken die Königinnen in Kusch sehr in die Nähe der königlichen Sphäre: Ihre Titel und Epitheta sind stark an die der Herrscher angelehnt. In Ägypten darf (mit Ausnahme der Gottesgemahlin des Amun) nur der König dargestellt werden, wie er von einer Göttin gesäugt wird – in Kusch ist dies auch für Königinnen belegt, etwa bei Gemahlinnen Pi(anch)ys. Die ägyptische Ausrichtung auf den einen männlichen Pharao wird im Verlauf der napatanischen Zeit zu einem Dualismus männlich-weiblich umgedeutet. Im Reich von Meroë dann hat die Kandake, wie die Königsmutter nun heißt, teilweise große politische Macht.

Kuschitische Königinnen waren in der königlichen Nekropole bestattet. Dabei ist freilich sowohl in el-Kurru als auch in Nuri festzustellen, dass die Gräber je nach Rang auf unterschiedlichen Teilen des Friedhofes liegen, d. h. es wurde zwischen den Königsmüttern, den Königsgemahlinnen und weiteren Frauen der königlichen Familie unterschieden.

Der Brauch, durch Einsetzen von Familienmitgliedern in hohe Priesterämter die regionalen Machtpositionen zu besetzen, ist nicht neu. Die Kuschiten scheinen dies jedoch sehr systematisch gemacht zu haben, wie das Beispiel Anlamani zeigt. Dieser Herrscher setzte vier seiner Schwestern (darunter seine Gemahlin Madiken) in den Tempeln von Napata, Kawa, Pnubs und Sanam ein und damit eine in jedem der vier größten napatanischen Zentren. Und in der Kuschitenzeit wurde die Herrschaft über (Ober-)Ägypten durch das Amt der Gottesgemahlin des Amun in Theben gesichert. Dieses Amt wurde durch Adoption weitergegeben und von drei kuschitischen Königstöchtern besetzt (Amenirdis I., Schepenupet II. und Amenirdis II.), die in Ägypten nicht nur einen eigenen Hofstaat führten, sondern auch dort bestattet wurden. Es ist sicherlich kein Zufall, dass die Gottesgemahlinnen ausgerechnet während der Libyer- und Kuschitenzeit so große Macht hatten.

Eine weitere Möglichkeit der Einflussnahme war die Verheiratung von Töchtern. So wissen wir, dass der ägyptische Vezir Mentuhotep eine kuschitische Königstochter namens Amenirdis zur Frau hatte und sein bekannterer Namensvetter Monthemhat, der mächtige Herrscher in der Thebais, die Enkelin eines Kuschitenpharaos namens Udjarenes. Über jene »Exil-Kuschitinnen« wissen wir neben den Königinnen am meisten. Vor allem eine Gruppe, die in Abydos bestattet wurde, hat zahlreiche Monumente dort hinterlassen, aber auch im thebanischen Raum sind sie präsent.[73] Wenn sie nicht gerade sehr hochrangig sind und ägyptische Insignien tragen, wurden die Kuschitinnen gerne mit einem etwas eigenartigen Kopfputz bzw. Frisur dargestellt: ein bis vier lange Gebilde, die wie ein Pferdeschwanz aussehen und oben aus dem Kopf zu ragen scheinen (▶ Abb. 7). Ob deren Anzahl den Rang anzeigt, ist unklar.

**Abb. 7:** Napatanische Königinnen mit ihren typischen Frisuren (Kendall 1982, Abb. 20.

Immer noch bewegen wir uns hier auf der Ebene der Elite – Informationen über niederrangige Frauen sind sehr rar. Eine der wenigen Quellen ist eine Bronzeschale, die in Karanog gefunden wurde (▶ Abb. 8).[74] Auf ihr wird eine Hirtenfamilie vor einer Rundhütte dargestellt. Die Frau kniet vor fünf Schalen, während ein Mann neben ihr einen weiteren anspricht, der vor ihnen aus einem Melkgefäß die Milch verteilt. Hinter der Frau steht eine weitere Frau, wohl die Tochter. Alle haben eine sehr kurze Frisur mit angedeutetem Kraushaar und sind – wenn überhaupt – lediglich mit einem Schurz bekleidet. Besonders spannend ist das Melkgefäß: Es scheint dem abgebildeten Muster nach geflochten zu sein – dies passt zu dem ethnographischen Befund, denn bei den heutigen Beja ist Melken nicht nur Sache der Männer, die Sitte verbietet das Aufbewahren von Milch in Ton- oder Metallgefäßen.[75]

**Abb. 8:** Alltagsszene aus der Milchwirtschaft von einem Metallgefäß aus Karanog (Wildung 1996, 382).

Wir wissen nicht, ob in Kusch zwischen freien und unfreien Bauern bzw. Hirten unterschieden wurde oder ob die »Fellachen« an die Scholle gebunden waren. Sklaven scheint es gegeben zu haben – zumindest ist in den napatanischen Feldzugberichten immer davon die Rede, dass nicht nur Vieh, sondern auch Menschen erbeutet werden, und wir kennen möglicherweise das meroitische Wort für »Sklave«: *nob*. Vielleicht gab es in Meroë sogar Militärsklaven, wie in vielen afrikanischen Gesellschaften.[76]

## Siedlungsstrukturen

Hinweise auf gesellschaftliche Strukturen erhalten Archäologen vornehmlich über die Art und Weise, wie Siedlungen und Friedhöfe organisiert sind. Friedhöfe werden vor allem im Zusammenhang mit der Religion näher beleuchtet (▶ Kap. 5), daher hier erst einmal die Siedlungsstrukturen. Für die Siedlungen im Einzelnen ist auf die beiden sehr umfassenden Arbeiten von Derek Welsby[77] für die napatanische und Pawel Wolf[78] für die meroitische Zeit zu verweisen.

## Meroë – eine urbane Kultur?

Im Katalog zur Meroë-Ausstellung des Louvre 2010 heißt es, Meroë sei eine »urbane Kultur« gewesen.[79] War dies tatsächlich der Fall oder ist das lediglich etwas reißerische Rhetorik? Allein die Existenz fester Siedlungen macht noch keine urbane Kultur aus. Was könnten dann die Parameter sein? Ist es die Größe? In Ägypten spricht man ab 25 ha von einer Stadt, in Vorderasien sind Städte mindestens 50–200 ha groß. Offenbar müssen wir in Afrika von unterschiedlichen Arten der Urbanität ausgehen.[80] Kerma war sicherlich im Nubien der Bronzezeit eine große Stadt, ein Zentrum, auch wenn die eigentliche Hauptsiedlung kaum mehr als 10 ha umfasst haben dürfte. Andererseits sind gerade in allerjüngster Zeit in Dukki Gel monumentale Befestigungen und ein Palast freigelegt worden, dessen Dach von 1200 Säulen getragen wurde.[81] Stadtmauern und ein Straßensystem sind bisher nur aus Meroë und Hamadab bekannt – meist beschränkt sich die Infrastruktur auf einen allgemeinen Zugangsweg zum Hauptbezirk, wie in Muweis oder in Wadi ben Naga.

Grundsätzlich lässt sich zwischen urbanen und ländlichen Siedlungen unterscheiden.[82] Während bei Ersteren Tempel und Palast im Mittelpunkt stehen (Wadi ben Naga, Sanam), sind es bei Letzteren im Süden ein Tempel und ein Hafir (Basa, Umm Usuda), im Norden oft eine Wein- bzw. Fruchtpresse (Meinarti, Wadi al-Arab). Wie erwähnt, kann man annehmen, dass die Hafire auch zur Kontrolle der (semi-)

nomadischen Viehzüchter errichtet wurden, da diese auf Tränken für ihre Herden angewiesen waren.

Über die Siedlungstopographie von Kusch ist wenig bekannt. So wurden viele Orte, von denen wir aus Itineraren und anderen Quellen Kunde haben,[83] bislang archäologisch nicht nachgewiesen.[84] Die meisten Siedlungen reihten sich an den Ufern des Nils wie Perlen an einer Kette entlang – Naga ist die einzige größere meroitische Stadt, die nicht am Nil liegt, sondern im Wadi Awatib. War Naga vielleicht eine Art »Sommerfrische«? Pendelten die Bewohner zwischen dem Nil in der Trockenzeit und Naqa während der Nilflut? Die jüngste Unterscheidung zwischen »Hauptstadt«, »Königsstadt« und »Dorf« bei nilnahen Siedlungen im Reich von Meroë ist wenig hilfreich.[85] Man muss jedoch auch sagen, dass sich im Deutschen nicht zwischen *city* und *town* unterscheiden lässt, wie im Englischen. Und damit sind wir wieder bei der Frage, ob Meroë als Stadtkultur bezeichnet werden kann.

Größe und Einwohnerzahl allein sind für sich genommen sicherlich kein Kriterium. Wichtig sind nämlich auch Faktoren wie die Komplexität der Ortsstruktur, die Differenzierung der Bevölkerung, die Lage im Verhältnis zu Nachbarorten und die mögliche Funktion im regionalen Gefüge, und zwar nicht nur anhand der Palast- und Sakralanlagen.[86] Den Ausgräbern nach trafen auf Hamadab all diese Kriterien zu, obwohl dieser Ort drei- bis viermal so klein war wie andere Siedlungen zwischen dem 5. und 6. Katarakt (Dangeil, el-Hassa, Muweis, Wadi ben Naga und Naga). Hamadab verfügte über eine extrem hohe Bevölkerungsdichte und überproportional dichte Baustrukturen. Festzustellen sind ferner eine starke Differenzierung der Bevölkerung und deren Abhängigkeit vom Umland bei der Versorgung: Die Ortsstruktur der Siedlung und die dichte Bebauung ließ keine autonome Landwirtschaft bzw. Viehhaltung zu. Das heißt: Hamadab musste aus dem Umland ernährt werden, wobei die Lage an der Mündung des Wadi al-Hawas und am Nil sicherlich ideal war. Die Produktionsstätten der Vorstadt (Eisenverhüttung und -verarbeitung, Keramik- und wohl auch Fayence- und Glasherstellung) sprechen für einen hohen Grad an Arbeitsteilung bzw. eine starke Spezialisierung:

> »Für diese Handwerke mussten Rohmaterialien wie Tone und Erze, Wasser, Holzkohle und anderes Brennmaterial herangeschafft werden; die Arbeits-

prozesse waren zu organisieren und die Produkte waren zu verteilen bzw. zu verhandeln. Neben den Spezialisten dieser Handwerke müssen in Hamadab auch gewöhnliche ›Arbeiter‹, Gehilfen, Prospektoren von Rohstoffquellen, Köhler, Aufseher, Verwalter, Händler und Transporteure gelebt haben, und natürlich auch Ziegelmacher und Bauleute, die die Siedlung erbauten und instand hielten, sowie Priester und Wachmannschaften.«[87]

Obwohl also die eigentliche Wohnbebauung der oben genannten großen Siedlungen noch nicht ausgegraben wurden, ist deutlich, dass man in meroitischer Zeit tatsächlich von einer Art Stadtkultur sprechen kann.

Verweilen wir noch kurz bei Hamadab. Was für Menschen lebten dort? Das Gros dürften Soldaten, Handwerker, Diener etc. und ihre Familien gewesen sein, d. h. eine Art Mittel- bis gehobene Unterschicht. Die einfache Bevölkerung lebte in rechteckigen Häusern mit kleinen Räumen, einstöckig und aus Lehmziegeln errichtet. Sie stellten die Dinge für den täglichen Gebrauch selbst her, d. h. Körbe, einfachen Schmuck oder Steinwerkzeuge. Spindeln und Webgewichte sind im Zusammengang mit der spätmeroitische Baumwollherstellung zu sehen, die durchaus auch exportorientiert war.

## Umweltbedingungen und Siedlungsmuster

Im Allgemeinen ist für das antike Nubien allein schon aufgrund der unterschiedlichen Klimata mit einem Kontinuum zwischen Sesshaftigkeit und Nomadismus zu rechnen – ein signifikanter Teil der Bevölkerung lebte in Transhumanz. Wie genau man sich das vorstellen muss, ist alles andere als gut bekannt – wahrscheinlich lebten die Hirten in den Weidegründen in Zelten oder einfachen Unterständen. Die meisten Sesshaften scheinen zunächst in Rundhütten gelebt zu haben, wie wir sie aus der Kerma-Zeit kennen. Immerhin sind an einigen Orten rechteckige Lehmziegelstrukturen vorhanden, die man als Wohnhäuser interpretieren kann.

Wie und wo Menschen siedeln, hängt grundsätzlich von drei sich gegenseitig bedingenden bzw. verstärkenden Faktoren ab.[88] Zum einen sind es die Umweltbedingungen, etwa der Zugang zu Wasser und Acker- bzw. Weideland. Zum anderen sind Handelswege und generell

Verkehrswege von großer Bedeutung. Schließlich spielen auch politische Erwägungen eine Rolle. Alle drei Faktoren sind in Nubien gut festzustellen. So verwundert es nicht, dass die allermeisten Siedlungen am Nil an Stellen lagen, wo Landwirtschaft möglich war. Dies war z. B. im Batn el-Hajar nicht der Fall. Im Süden hingegen war Regenfeldbau möglich, was eine gewisse Unabhängigkeit vom Nil mit sich brachte.

Der Nil ist kein zusammenhängender Transportweg, sondern wird von mehreren Katarakten unterbrochen. Die Überlandwege durch unwirtliches Gebiet, auf die man ausweichen musste, rückten ganze Landstriche ins Abseits. Zugleich entwickelten sich an den Anfangs- und Endpunkten derartiger Routen bedeutende Siedlungen. Die drei wichtigsten dieser Routen war die *Bayuda-Route* von Meroë nach Napata, die *Maheila-Route* von Napata nach Kawa/Dongola und die *Korosko-Route* von Abu Hamed nach Korosko.

Kawa (ca. 36 ha) ist hier das beste Beispiel. Eigentlich aufgrund des sandigen Windes kaum begünstigt, lag es am Ende der Maheila-Route und konnte daher überregionale Bedeutung gewinnen. El-Kurru und vielleicht auch Meroë scheinen hingegen eher aufgrund politischer Erwägungen groß geworden zu sein – sie waren die Heimat der jeweils herrschenden Oberschicht. Es dürfte daher kein Zufall sein, dass Meroë nach dem Ende des Reiches in Bedeutungslosigkeit versank, zumal sich der Handel ans Rote Meer verlagert und später mit dem Kamel-Karawanenhandel signifikant verändert hatte.

Generell können bestimmte Muster bislang nicht erklärt werden. So etwa, warum sich alle kuschitischen Siedlungen im Raum Schendi am Ostufer des Nils befinden und warum so wenige Siedlungen aus der früheren Zeit des Reiches von Kusch nördlich des 2. Kataraktes festgestellt wurden. Napata und Meroë entziehen sich ebenfalls bis zu einem gewissen Grad der Interpretation, da an beiden Orten keine großen Friedhöfe für die einfachen Leute gefunden wurden. So kam es zur These von der Tempelstadt Napata und der Palaststadt Meroë. Nur, wo lebten die vielen Menschen, die das alles unterhalten haben müssen? Freilich kann sich unser fragmentarisches Bild sehr schnell ändern, etwa durch die neuen Grabungen in el-Kurru[89] und Kawa[90] bzw. in der Butana.[91]

Die Zentren dienten sicherlich der Kontrolle des Umlandes, d. h. es wird eine militärische Komponente gegeben haben. Als Faustregel kann gelten: Je weiter man sich vom Machtzentrum entfernt, desto weniger Unfreie dürfte es gegeben haben. Von dieser Peripherie wurde das Zentrum dann auch versorgt, mit Getreide, Vieh, aber auch Wild und Fisch. Bislang sind große Mühlen oder andere derartige Installationen nicht nachgewiesen, d. h. die Versorgung wurde wohl über eine dezentrale Kooperation mit dem Hinterland geregelt, in gegenseitige Abhängigkeit. Der Abstand zwischen den größeren Orten betrug in der Regel 10–20 km. Dazwischen wird es viele kleine Siedlungen gegeben haben, in denen die Nahrung für die Städte produziert wurde. Bei dieser Symbiose zwischen Bauern und Hirten, zwischen Stadt und Land hatten die Hafire sicherlich eine wichtige integrierende Bedeutung. Bei ihnen kam man in Kontakt, über sie konnte die Bevölkerung des Hinterlandes zentral mobilisiert werden.

## Wie sich die Besiedelung entwickelte

Bisher wurde so getan, als seien all die Zentren über die gesamten tausend Jahre, in denen das Reich von Kusch bestand, gleichbedeutend gewesen. Dies war selbstverständlich nicht der Fall, auch wenn bestimmte Orte wie Napata oder Meroë durchwegs von größerer Bedeutung waren als andere. Eine Übersicht über die Besiedlungsentwicklung zu geben, gestaltet sich aufgrund der teils sehr unterschiedlichen Forschungslage und der Komplexität der Gegebenheiten als sehr schwierig. Zunächst kann man in zeitlicher Hinsicht zwischen den drei Epochen unterscheiden: der Kuschitenzeit, der napatanischen und der meroitischen Zeit. Gleichzeitig werden verschiedene Regionen (▶ Abb. 1 a und 1 b) in den Blick genommen, in denen sich bestimmte Tendenzen zeigen, welche sie voneinander abgrenzen. Dazu gehört zum einen die Butana mit dem Schendi-Becken, die Gezira, Obernubien mit dem Dongola-Becken, Mittelnubien zwischen dem 2. und 3. Katarakt sowie Unternubien nördlich davon. Inwiefern Meroë bereits während der Kuschitenzeit fester Bestandteil des Reiches war, ist unklar, ebenso, wie weit die napatanische Kultur im Süden reichte. Die Gezira scheint noch in napatanischer Zeit nicht dazugehört zu haben. Wie weit die meroitische Kultur weiter nach Süden reichte, ist ebenfalls unsicher. In der Gezira ist vor allem auf die Siedlung von Gebel Moya zu verweisen.[92]

Ansonsten ist die napatanische Zeit in der Insel von Meroë spärlich bezeugt – ziemlich singulär sind die Funde einer Sphinx des Aspelta aus Defeia[93] und einer Statuenbasis aus Umm Dom.[94] Spolien aus Soba-Ost stammen wohl zum Teil aus el-Hassa. Darüber hinaus sind vereinzelt napatanische Objekte aus Sennar und Gebel Moya auf uns gekommen. Mit Ausnahme der Keraba haben wir aus jener Zeit fast nichts außerhalb des Niltals – vor allem die Festung Gala Abu Ahmed und el-Meragh im Wadi Muqaddam sind hier zu nennen.[95] Ein Problem ist, dass besonders die ländlichen Siedlungen meist nicht direkt nachgewiesen sind, sondern aufgrund der Existenz von Gräbern erschlossen wurden.[96]

Im Norden ist die Situation kaum besser. In Unternubien finden sich so wenige Hinweise für Siedlungsaktivität nach dem Neuen Reich, dass früher gemeinhin von einer Entvölkerung aufgrund zunehmender Trockenheit gesprochen wurde.[97] Diese These ist heute nicht mehr haltbar. So konnte gezeigt werden, dass zahlreiche Bestattungen nicht dem Neuen Reich, sondern der kuschitischen Zeit zuzuweisen sind, insgesamt etwa 800 Gräber an etwa 40 Fundplätzen.[98] Meist finden wir hier jedoch nur kleinere Nekropolen – nur ein Dutzend von ihnen haben 30 Gräber und mehr.

Nach der Eroberung Ägyptens präsentiert sich das Doppelkönigreich als eine Art Zusammenschluss von Napata und Theben. Man sollte meinen, dieses Zusammenwachsen würde sich im Gebiet dazwischen besonders gut zeigen, jedoch ist das Gegenteil der Fall: Die Ausweitung des kuschitischen Machtbereichs nach Norden ist archäologisch nicht nachweisbar. Wir haben im Batn el-Hagar seit jeher eine »innere Grenze«, eine marginale Zone mit spärlicher Besiedlung. Taharqo ist der einzige der Kuschitenpharaonen, der in jener Region bezeugt ist. Doch selbst dies ist mit Vorsicht zu genießen: Eine Überprüfung aller Belege zeigt, dass die Evidenz meist nur indirekt ist und mit dem Fernhandel zusammenhängen dürfte.[99]

Aus einer Stele eines gewissen Menthuhotep, die in Semna gefunden wurde, schloss man, Oberägypten und Unternubien seien in jener Zeit als administrative Einheit behandelt worden.[100] Festungen mit unregelmäßigem Grundriss wie Dorginarti oder Gebel es-Sahaba seien zudem Taharqo zuzuweisen. Daraus folgerte man, der Norden sei etwa im Zusammenhang mit den Assyerkriegen befestigt worden.[101] Diese These fällt allein schon deshalb in sich zusammen, weil die erwähnte Stele neuesten Untersuchungen zufolge gar nicht aus der Kuschitenzeit, sondern aus dem Mittleren Reich stammt.[102] Heute ist klar, dass die Festung von Dorginarti saitisch[103] und diejenige von Jebel Sahaba napatanisch datieren.[104] Mit anderen Worten: Man muss hier wohl von einer Fundlücke sprechen. Ziemlich deutlich wird dies etwa in el-Tereif, wo sich zwar eine Granitpyramide findet, jedoch keine dazugehörige Siedlung.[105] Der Grund für diese Lücke kann kaum sein, dass es in diesem Landstrich nur Militärposten mit Soldaten gab, die nicht vor Ort bestattet wurden.[106] Wenn überhaupt, scheint der Norden vor allem in der Kuschitenzeit besiedelt worden zu sein, die napatanische Präsenz endete möglicherweise sogar am 2. Katarakt. Daneben gibt es Forschungslücken, wie die neuen Forschungen am 4. Katarakt zeigen, etwa auf der Insel Mograt oder in Berber und Dangeil.[107]

Eine der zentralen Fragestellungen für die Kuschitenzeit ist: Gab es eine Siedlungskontinuität nach dem Neuen Reich? Leider ist dies alles andere als sicher, weil meist die Hinweise in die eine oder in die andere Richtung fehlen. So wissen wir schlichtweg nicht mit Bestimmtheit, ob die großen Siedlungen weiter existierten. Sanam ist ramessidisch nicht nachgewiesen, in Soleb und Sedeinga fehlt die napatanische Zeit. Hinweise auf eine Kontinuität haben wir vor allem aus Kawa, Tombos und Sai.[108] Doch auch diese sind uneinheitlich: Während in Sai zwar noch ein napatanischer Friedhof existierte, war der Tempel wohl aufgelassen; Kawa hingegen war zwar kleiner als zuvor, jedoch einer Steinpyramide in der Nekropole zufolge immer noch ein regionales Zentrum. Auffällig ist vor allem das Fehlen einer napatanischen Siedlung in Faras, das über Jahrtausende besiedelt war. Qasr Ibrim ist definitiv eine kuschitische Neugründung.

In meroitischer Zeit ändert sich das Bild sehr deutlich. Einige der alten Zentren der napatanischen Zeit verloren an Bedeutung, stattdessen entwickelten sich der Süden des Reiches deutlich, vor allem die Westbutana. Ob diese neuen Städte auf ältere Siedlungen zurückgehen, ist meist nicht bekannt. In der Region um den 4. Katarakt gibt es wenige Hinweise auf Meroitisches, jedoch dürfte dies der Forschungslage zuzuschreiben sein. Sanam scheint in meroitischer Zeit nicht mehr wichtig gewesen zu sein. Die nächste größere Siedlung nördlich von Napata war Kawa, das jedoch wohl deutlich kleiner war als zuvor. Zwischen Letti und Kawa sind aus meroitischer Zeit nur eine Handvoll Siedlungen bekannt, zumeist am Westufer. Kerma scheint wieder mehr prosperiert zu haben, ebenso Tabo auf der Insel Argo. Im Nilknie ist eigentlich nur Dangeil zu nennen.

Leicht könnte der Eindruck entstehen, als sei der Norden des Reiches sehr viel bedeutsamer gewesen als zuvor und als die Regionen weiter im Süden. Dies täuscht jedoch: Die Forschung konzentrierte sich lange auf den Norden, d. h. vor dort existieren einfach viele Daten. Hinzu kommt eine weitere Verzerrung: Die ca. 200 meroitischen Fundorte zwischen dem 3. Katarakt und der Grenze zu Ägypten bei Maharraqa stammen nicht alle aus derselben Zeit, sondern verteilen sich über einen Zeitraum von einem halben Jahrtausend. In Wirklichkeit ist mit einer großen Fluktuation zu rechnen, d. h. das frühere Bild eines reichen und dicht besiedelten meroitischen Unternubien ist falsch.[109] Vielmehr war der Landstrich dünn besiedelt, vielleicht nur mit 10–15 substanziellen Siedlungen.[110]

In der Ptolemäerzeit ändert sich das und die Siedlungen, die nun entstehen, existieren meist noch nach der Zeitenwende.[111] Im 2. Jh. n. Chr. gibt es dann allerdings wieder eine Art Siedlungshiatus mit einer weiteren Siedlungswelle im 3.–4. Jh. Während dieses Hiats sind im Dodekaschoinos auch praktisch keine meroitischen Texte belegt – unter Nero ist in den klassischen Quellen sogar explizit davon die Rede, dass viele Orte verlassen wurden.[112] Unternubien hatte eben kein Hinterland und war zudem als Grenzregion an sich bereits verwundbar. Dass es überhaupt besiedelt wurde, ist sicherlich darauf zurückzuführen, dass man den Kontaktweg nach Ägypten aufrecht erhalten wollte. Dies zeigt sich schon an der Art der Gebäude: Magazine, Speicher und Karawansereien. Die Siedlungen waren wohl nicht viel mehr als eine Kette von Handelsposten zwischen der ägyptischen Grenze am 3. Katarakt und dem Dongola- bzw. Schendi-Becken. Man kann sich sogar fragen, inwieweit der meroitische Staat hier überhaupt Interessen hatte: Monumentalbauten gibt es neben Qasr Ibrim kaum und dies auch nur, weil der Ort ein Pilgerzentrum war.

In spätmeroitischer Zeit wurden sogar die Paläste offengelassen, d. h. es gab soziale Veränderungen. Offenbar funktionierte die Kontrolle nicht mehr sehr gut, der Warenstrom, der immerhin in diesen Palästen konzentriert wurde, versiegte. Die Verlagerung des Handels auf das Rote Meer hatte sichtbare Folgen. Nun sind auch Festungen zwischen Khartum und dem 4. Katarakt belegt.[113] Die Römer waren hier keine Bedrohung, denn die römische Präsenz im Dodekaschoinos wurde ebenfalls nur noch aufrecht erhalten, damit der Zugang zu den Minenregionen der Ostwüste und ans Rote Meer gewährleistet war. Nicht umsonst konnten sich hier die Nobaden und Blemmyer etablieren. Wir sehen also, dass bereits in den ersten nachchristlichen Jahrhunderten die Territorialansprüche über den nördlichen Teil Nubiens sehr diffus waren. Dass ägyptische und nubische Machthaber dort gemeinsam Bauten errichteten, sind Belege für eine Art Kondominium, eine gemeinsam ausgeübte Herrschaft.

## Raumplanung

In Hamadab lässt sich sehr gut nachvollziehen, wie eine meroitische Siedlung um die Zeitenwende aussah und wie sie sich entwickelte.[114] Der nur 3 km südlich von Meroë gelegene Ort war etwa 4,5 ha groß, wovon 3,5 ha magnetometrisch untersucht und großteils steingerecht kartiert wurden. Die »Oberstadt« – ein Parallelogramm von 103 m Seitenlänge – war ursprünglich mit einer fast 3 m starken, teils bis zu 2,5 m hohen Stadtmauer aus Lehmziegeln befestigt und beherbergte neben einem Tempel Wohnquartiere und Verwaltungsbauten. Stadttore wurden nicht nachgewiesen.

In der vorgelagerten »Vorstadt« befanden sich Produktionszentren der Eisenmetallurgie, der Töpferei und vermutlich weiterer Handwerker. Eine Hauptstraße teilte die »Oberstadt« in zwei fast gleiche Teile und führte auf einen großen Vorplatz des Tempels. Dieser diente neben Tempelfesten sicherlich auch als Markt- und Versammlungsplatz. Im Südeck der »Oberstadt« stand ein Monumentalgebäude (H. 3000), das aufgrund der typischen Merkmale als Residenz angesprochen werden kann (quadratischer Grundriss, 400 m² Fläche, 1,8 m starke Mauern, was für Mehrstöckigkeit spricht). Die Seitengassen, von denen aus die Zugänge zu den größeren Häuserkomplexen abgingen, waren oft nicht mehr als einen Meter breit und auch die engste Stelle der Hauptstraße betrug lediglich zwei Meter.

Die gesamte Anlage lässt auf eine bewusste und planmäßige Gründung schließen. Die größeren Gebäudekomplexe wuchsen im Laufe der Zeit durch Erweiterung und Verdichtung immer mehr an, wobei keine einheitliche Binnenstruktur feststellbar ist, d. h. es gab in Hamadab keine standardisierte Raumaufteilung.

Tempel wurden generell sehr aufwändig gebaut, weshalb sie auch besonderen Schemata und Orientierungen folgen. So sind Amuntempel meist 90° zum Nil hin orientiert, die Apedemaktempel in der Keraba hingegen nach bestimmten astronomischen Prinzipien ausgerichtet.[115] Die Proportionen der Kultbauten folgen dem ägyptischen Vorbild: dem Maß der Elle (52,3 cm) und dem Verhältnis von 8:5 etwa bei den Pylonen.[116] An der Pyramide Beg.N. 8 fand sich übrigens eine Bauzeichnung im Verhältnis 1:10.[117] Da die Basislänge 11,6 m und der Winkel von 72°45' nur für diese Pyramide gilt, ist dies offenbar die Zeichnung, die zu ebenjener Pyramide gehört.

## Raumnutzung

Grundsätzlich lassen sich Monumentalbauten gut bestimmen, nicht nur, weil sie sorgfältiger und dauerhafter gebaut sind, sondern auch aufgrund ihrer Grundrisse. So folgen Paläste und Tempel bestimmten Mustern: Amuntempel orientieren sich am ägyptischen Tempelschema (Pylon, Hypostyl, Pronaos und Naos), Apedemak-Heiligtümer sind meist Ein- oder Zweiraumtempel, Paläste schließlich sind quadratisch mit Magazinbauten im Untergeschoss. Dass die Paläste größere Speicher besaßen, zeugt von ihrer Bedeutung in ökonomischer Hinsicht. Allein aus der Art, wie die kuschitischen Paläste errichtet wurden – mit der Symmetrie der Funktionsbereiche, der zentralen Lage des eigentlichen Gebäudekerns und der Mehrgeschossigkeit – lässt sich erschließen, dass die Repräsentationsaufgaben der kuschitischen Herrscher deutlich anders waren als in Ägypten.[118]

Ähnliches gilt für die Tempel: Dass die meroitischen Apedemaktempel meist Einraumtempel sind, lässt auf eine völlig andersartige Form des Kultes schließen als bei den ägyptischen Raumfolgen. Im Amuntempel von Sanam fand sich übrigens ein Hinweis auf eine nicht-kultische Nutzung: in einem Eck des Hypostyls waren Bronzestatuetten von Osiris gestapelt – wahrscheinlich standen sie dort zum Verkauf.[119] Daneben ist zwischen Wohnsiedlung und Produktionsstätten zu unterscheiden. Letztere lassen sich aufgrund der Installationen wie Brennöfen, Schlackehalten etc. meist gut erkennen.

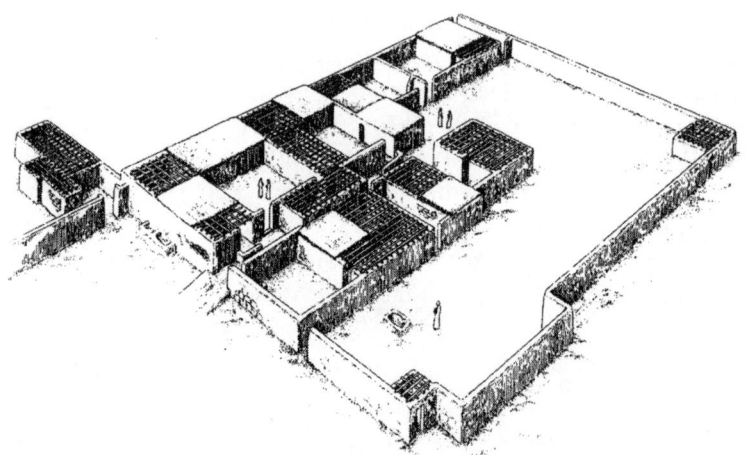

**Abb. 9:** Rekonstruktion von Profanbebauung in Musawwarat es-Sufra (»Kleine Anlage«) (Wenig/Zibelius-Chen 2013, 295).

Der Grundtyp der Wohnhäuser im Reich von Kusch bestand aus der Abfolge Hof, Vorraum und Kammer (▶ Abb. 9). Dieser wird variiert, etwa durch Spiegelung, Seriation oder Anordnung um einen Mittelhof. Bei Wohnhäusern lässt sich die funktionale Aufteilung außer durch Fundobjekte vor allem durch Merkmale wie Wandverputz, Pfostenlöcher, gemauerte Einbauten oder eingegrabene Keramikgefäße erschließen.[120] Das Gros des Mobiliars und der Haushaltsgegenstände bestand aus vergänglichem Material (Textilien, Matten, Holz). Doch selbst die wenigen in den Siedlungen festgestellten Fundobjekte lassen den Schluss zu, dass sich in den Siedlungen alle Mitglieder einer Familie aufhielten. Da haben wir Reibsteine und Pfeilspitzen, aber auch Spielzeug und Schmuck.

Über die Aktivitäten ihrer Bewohner geben diese Objekte ebenfalls Auskunft. So weisen Eisengeräte, Spinnwirtel und Webgewichte auf häusliche Textilproduktion und -verarbeitung hin, während Herdstellen einen Raum als Küche ausweisen, eingemauerte Vorratsgefäße einen Raum als Speicher. Die Nahrungsmittelzubereitung erfolgte in speziellen, über 50 cm hohen Herdgefäßen, welche als eine Art Kohlebecken dienten. Die eigentlichen Kochtöpfe wurden hier in die Glut gestellt; weiteres Kochgeschirr waren Backteller, kleinere Schalen und Schöpfgefäße. Sanitäre Einrichtungen wurden bislang noch nicht nachgewiesen. Wie heute oft immer noch, wurde Wasser sicherlich im Fluss geschöpft und in großen Krügen im Haus aufbewahrt. Brauchwasser wurde einfach über Abflüsse in den Häuserwänden auf die Gasse geleitet.

## Gebäudetypen

Im Allgemeinen wird zwischen Herrscherpalästen, Tempeln und Wohnsiedlungen unterschieden. Dazwischen anzusetzen sind die Residenzen und Karawansereien. Behandeln wir zunächst, was Sudanarchäologen als »Palast« ansprechen.[121] Diese sind vergleichsweise zahlreich, was vor allem mit dem nubischen Konzept des Reisekönigtums zusammenhängt.[122]

Der vielleicht wichtigste Palast war derjenige, den Pi(anch)y am Gebel Barkal erbaute (B. 1200), denn er wurde später so oft erweitert, dass sein ursprünglicher Plan kaum noch auszumachen ist. In späterer Zeit kommen weitere Paläste hinzu – zu nennen sind vor allem diejenigen in Meroë (M. 750),[123] Muweis,[124] Naga,[125] Wadi ben Naga,[126] Damboya[127] und Kerma.[128] Sie weisen ein vergleichbares Schema auf, nämlich einen quadratischen Grundriss von meist etwas über 60 m Seitenlänge und im Erdgeschoss viele Magazinräume mit Deckenluken (▶ Abb. 10). Die eigentlichen Wohnräume lagen in den nicht erhaltenen Obergeschossen. Zugänglich waren die Paläste über Freitreppen. Da die im Süden gelegenen Paläste Regen ausgesetzt waren, waren sie aus Brandziegeln erbaut bzw. mit ihnen verkleidet und auf einem Podium errichtet. Aufgrund der Mehrstöckigkeit sind die Mauern vergleichsweise mächtig. Die Räume sind zentral um einen Hof herum organisiert, was ihren Charakter als Zentrum von Verwaltung und Redistribution unterstreicht. Kartuschen mit Königsnamen demonstrieren den königlichen Machtanspruch. Die hohe Qualität der Steinmetzarbeiten sowie die standardisierten Ziegelgrößen sprechen dafür, dass ihre Errichtung überregional gesteuert war.

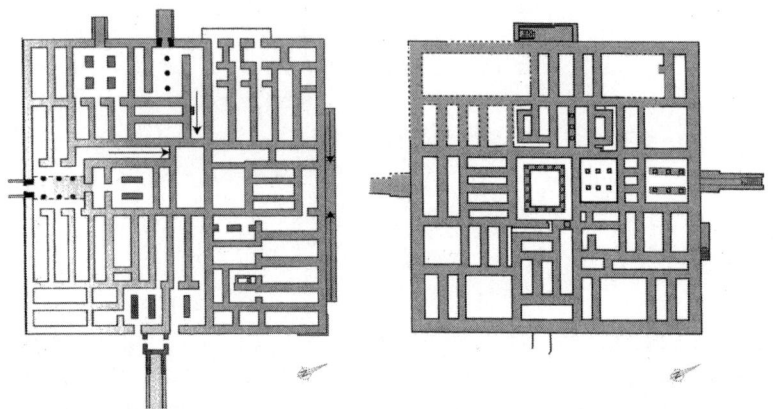

**Abb. 10:** Plan der Paläste von Wadi ben Baga und Napata im Vergleich (Baud 2010 a, 242).

Besonders erhellend ist der Befund in Wadi ben Naga. Dieser Palast war von Süden her zugänglich: Ein Raum mit Säulen führte in eine zentrale Raumgruppe. Um diese herum gruppierten sich längliche Speicherräume, in denen noch Vorratsgefäße, Edelhölzer und Elefantenstoßzähne gefunden wurden.[129] Inschriftlich kann der Palast der Königin Amanisacheto zugewiesen werden. Ebenfalls sehr spannend ist der Palast des Natakamani (B. 1500) in Napata: Er wies neben den üblichen ägyptisch inspirierten Schmuckelementen wie Hohlkehle, Rundstab, Uräenfries etc. zusätzlich hellenistischen Bauschmuck auf, insbesondere mit Büsten verzierte Medaillons.[130] Mediterraner Einfluss ist auch beim sog. »Royal Bath« in Meroë festzustellen, das jedoch neueren Grabungen zufolge weniger ein Badhaus war als eine religiöse Installation zur Feier des mit der einsetzenden Nilflut zusammenhängenden Neujahrsfestes.[131]

Neben diesen Palästen wurden auch andere Depotbauten festgestellt, die ähnlich aufgebaut waren: Von oben beschickte Räume gruppieren sich quadratisch um einen terrassierten Innenhof mit Pfeilern. Da sie wie der sog. »Western Palace« in Faras eher am Wüstenrand gelegen waren, sind sie wohl am ehesten als Karawansereien anzusprechen – man beachte übrigens, dass in diesem türkischen Wort das Element »Sarail« (»Palast«) steckt! Auf der Insel Meinarti wurden im Untergeschoss Gewölbestrukturen freigelegt. Ungewöhnlich ist ein Rundbau in Wadi ben Naga: Es wies ein Kraggewölbe von 20 m Spannweite auf und war über eine Rampe zugänglich – wahrscheinlich handelt es sich um einen Getreidespeicher.

Typologisch anders geartete öffentliche Bauten werden als Residenzen angesprochen. Diese waren wohl keine Herrscherpaläste, können jedoch aufgrund ihrer Größe auch keine normalen Wohnhäuser gewesen sein. Auffällig ist ihre bauliche Uneinheitlichkeit, d. h. hier kommen deutlich lokale Traditionen zum Tragen. Zwei von ihnen seien hervorgehoben: ein Beispiel aus Unternubien, eines aus dem Süden des Reiches. Beim sog. »Castle« von Karanog[132] darf vermutet werden, dass es sich um den Sitze des Provinzgouverneurs handelt. Vor hundert Jahren waren noch drei Geschosse erkennbar. Das Gebäude mit einer Grundfläche von 635 m² war annähernd quadratisch aus Adoben errichtet; lediglich die Außenmauern verfügten über einen Werksteinsockel. Überwölbte Räume gruppierten sich um einen Lichthof; im Erdgeschoss lagen die Wirtschafts- und Speicherräume, oben die Empfangs- und Wohnräume. Die »Kleine Anlage« von Musawwarat es-Sufra[133] war entgegen ihrer Benennung eine große, rechteckige Hofanlage mit 30 eingeschossigen Räumen, einem Küchen-, einem Wohn- und einem offiziellen Bereich. Errichtet wurde er aus Sandsteinquadern, Bruchsteinen und Adoben.

Verlassen wir nun den repräsentativen Bereich und schauen uns an, wie die üblichen Wohnhäuser aussahen.[134] Im Meroë oder Hamadab etwa standen sie dicht gedrängt, mit teils gemeinsamen Mauern. Üblich war das sog. Hofhausschema mit mutmaßlichen Haupträumen im Süden. Die Adobe-Mauern sind dünn, trugen also kein zweites Geschoss. Vor allem in Unternubien findet sich – wie heute noch – eine facettenreiche Hausarchitektur.[135] Häufig sind es sehr kleine (8–5 m²) isolierte Zweiraumhäuser mit Vorraum und Kammer (Insel Meili und Arminna West), d. h. es gibt einen L-förmigen Raum, der sich um einen kleinen rechteckigen Raum legt. Wahrscheinlich diente der hintere als Schlafstätte oder Vorratskammer und der vordere als Wohnraum. Manchmal sind die beiden Räume auch mehr oder weniger gleich groß.

Daneben lassen sich komplexere Wohnhäuser nachweisen, etwa auf der Insel Gaminarti. Dort wurde der Haushalt einer Großfamilie festgestellt, der aus mehreren Zweiraumgruppen bestand. In den größeren Räumen dieser »Einliegerwohnungen« von etwa 18 m² Größe befanden sich Herdstellen, die kleineren dienten der Vorratshaltung. Ob hier miteinander verwandte Kernfamilien zusammenlebten oder ob dies ein Zeichen von Polygamie ist, entzieht sich unserer Kenntnis.[136]

Die Hauskomplexe von asch-Schaukan bei Abu Simbel sind besonders gut erhalten: Um einen Kernbau gruppieren sich Räume und Höfe, es gibt Installationen wie Tonnengewölbe, Wandbemalung, Wandnischen, eingelassene Vorratsbehälter und Brotöfen, hochgelegene Fenster oder verschiedene Arten von Treppen. Aus dem Süden kannte man bis vor Kurzem nur die Wohnhäuser von der Insel Abu Geili, ein großes Knäuel von zusammenhängenden Räumen unklarer Abgrenzungen. Da sie keine Eingänge aufweisen, müssen sie von oben zugänglich bzw. zweigeschossig gewesen sein.

In den letzten Jahren wurde mit Hamadab eine bedeutende meroitische Siedlung ausgegraben. Dabei wurden die beiden Häuserkomplexe H. 1200 und H. 1600 in ihren Bauphasen exemplarisch untersucht. Bemerkenswert ist vor allem, dass diese wohl teilweise aufgestockt wurden, was aufgrund der Wandverstärkung erschlossen werden kann. Die größeren Komplexe in Hamadab bestanden aus 30–60 meist winzigen Räumen von 3–17 m². Spannend ist auch, dass sich anhand der Durchgänge mehrere Raumfolgen separieren lassen, die aus einer Küche und einem gut getünchten Wohnbereich bestanden.

Man darf sich von Häusern dieser Art nicht täuschen lassen: Der größte Teil der Bevölkerung Nubiens lebte wahrscheinlich immer in Rundhütten mit Grasdach.[137] Eine solche ist auf der bereits beschriebenen Melkerszene abgebildet (▶ Abb. 8). Auf der Dachspitze erkennt man eine Kugel, wahrscheinlich ein Straußenei. Sie dürfte genauso wie die heute noch an nubischen Gehöften am Eingang aufgestellten Krokodilsköpfe Unheil abwehrende Funktion gehabt haben. Tatsächlich nachgewiesen sind Rundhütten mit einem Durchmesser von 4 m vor allem im vorkuschitischen Kerma. Die ersten Spuren der Besiedlung in Meroë bestehen aus Rundhütten; die spätesten sind die nachmeroitischen Rundhütten von Soba Ost. Die neueren Forschungen in Hamadab und Muweis haben ebenfalls Rundhütten erbracht.

## Konstruktion

Errichtet wurden die Gebäude zumeist aus Stein, Adoben, Ziegelsteinen und Holz oder Gras – die Materialien sind abhängig von den Mitteln der Erbauer, dem Zweck, Prestige und dem Klima. Im Norden, wo es fast nie regnet, sind Adoben üblich, was übrigens Auswirkungen auf den Erhalt der Gebäude hat: Weil Lehmziegel kaum wiederverwendet werden können, gibt es keinen Steinraub. Die »Große Deffufa« in Kerma ist 18 m hoch erhalten und doch 4.000 Jahre alt. Zugleich wurden die Gebäude oft zugeweht, was sie vor der Erosion schützte. Das rare Bauholz wurde allerdings sehr gerne wiederverwendet oder von Termiten gefressen. Die Ziegel waren nicht genormt – meist sind sie etwa 35–40 auf 20 cm groß.

Ganz aus Stein baute man ausschließlich Tempel und Pyramiden, doch selbst bei diesen ist lediglich eine Verschalung aus Stein üblich, d. h. innen Ziegel, außen Stein. Ansonsten sind vor allem die prägnanten Punkte in Stein gefasst, d. h. Tore, Säulen, Ecken und Sockel. Bei Wohnhäusern aus Lehmziegeln waren entsprechen die Türschwellen aus Brandziegeln.

Gebräuchlich waren bei repräsentativen Bauten Mauern aus Sandsteinblöcken, wobei man die Seiten aus Blöcken fügte und den Zwischenraum zwischen den Schalen mit Erdmörtel oder Steinbrocken auffüllte. Manchmal wurde das Mauerwerk auch aus groben Sandsteinplatten geschichtet, die nicht im Steinbruch gebrochen, sondern aus Lesesteinen zurechtgeschlagen worden waren. Hier zeigen sich eigenständige und typisch kuschitische Merkmale der Bauweise: Der Mauerbau aus Lesesteinen ist typisch für nilferne Berg- und Steppenregionen. Speziell kuschitisch ist auch die Verziegelung der Innenwände bei steinernen Außenwänden sowie die Eckenausbildung mit Sandsteinquadern.[138]

Die Mauerstärke lässt Rückschlüsse auf die Art der Nutzung zu: Monumentalbauten sind mächtiger, bei Wohnhäusern sind die Lehmziegelwände meist 1–2 Ziegelsteine stark. Letztere waren für einstöckige Gebäude konzipiert, dickere Mauern sind ein Indiz für Obergeschosse. Der übliche (oft farbige) Verputz diente nicht nur der Ästhetik, sondern hatte zugleich praktische Gründe – den Schutz vor Erosion (der nubische Sandstein ist sehr weich) oder um zu kaschieren, dass ein Bauwerk aus Spolien errichtet wurde.[139]

Bei Monumentalbauten waren die Zugänge natürlich mittig und prominent, bei Wohnhäusern meist in Seitengassen gelegen. Türen haben keine Angeln, sondern Türangelsteine bzw. -löcher. Schleifspuren auf den Türschwellen legen nahe, dass Wohnhäuser einflügelige Holztüren besaßen. Tempel wiesen hingegen immer Doppeltüren auf, die sicherlich beschlagen waren. Fenster sind zumeist rechteckig; es haben sich teils sehr aufwändige Fenstergitter aus durchbrochenen Steinarbeiten erhalten, etwa zwei figürliche Exemplare aus Faras und Qasr Ibrim.[140]

Die Raumhöhe war bei Monumentalbauten viel höher als bei Wohnhäusern – sie lässt sich aufgrund von Säulen bzw. umgestürzten Außenwänden rekonstruieren. Tragende Balken waren immer ein Problem, da Palmholz keine große Spannweite zulässt und anderes Bauholz in Nubien kaum vorhanden war. Die großen Tempel der Kuschitenzeit konnten den Inschriften nach auf Zedernholz aus dem Libanon zugreifen, etwa die Amuntempel von Napata und Kawa. Überdacht waren die Wohnhäuser entweder sehr lose mit Palmblätter oder Reisig (ideal für Küchen, wegen des Rauchabzugs) oder durch flache Lehmdächer auf Balken-Matten-Konstruktionen. Dass auch Tempel Schilfdächer haben konnten, ließ sich am Amuntempel von Tabo archäologisch nachweisen.[141] Die Dachbalken von M. 720 in Meroë waren vergoldet,[142] ebenso der untere Teil der Säulen im Löwentempel von Musawwarat es-Sufra.[143] In größeren Gebäudekomplexen ist mit offenen Lichthöfen zu rechnen. Die in spätere Zeit und bis heute typisch nubischen Ziegelgewölbe waren bereits im Reich von Kusch sehr beliebt, auch schon in der Vierung. Prominentes Beispiel mit über 4 m Spannbreite wäre das sog. »Castle« von Karanog. Als Boden hatten Monumentalbauten zwar gerne Steinplatten oder Kacheln, doch selbst die Tempelböden bestanden oft einfach nur aus Erde bzw. Sand.

Die Kawa-Inschriften von Taharqo berichten, dass er Handwerker aus Ägypten nach Nubien holte, um den dortigen Amuntempel auszubauen. Dies bedeutet jedoch nicht, dass man vorher dort keine architektonischen Kenntnisse besaß, im Gegenteil. Unter Pi(anch)y war der Amuntempel von Napata ganz groß erbaut worden und zumindest bei den Darstellungen ist aufgrund des eigenständigen Bildprogramms und Stilistik klar, dass man über einheimische Künstler verfügte.[144] Unbestritten ist freilich, dass die Ägypter in der Kolonialzeit Kenntnisse zum Monumentalbau mit Stein nach Nubien gebracht hatten, etwa die Verwendung von Metallklammern während des Baus, das Zusammensetzen von Säulen aus Trommeln oder den über Mauerfugen hinweggehenden Reliefschmuck. Es haben sich sogar Werkzeuge erhalten. So fand Ferlini, als er die Pyramide Beg.N. 6 abtragen ließ, einen Holzhammer und Seile. Verwendet wurde auch eine Art Schaduf als Baukran.[145] Bemerkenswert sind zwei Ritzungen, die eine an einer Pyramide, die andere am Tempel M. 250 in Meroë, die als Bauskizze im Verhältnis 1:10 bzw. als Darstellung des fertigen Baus interpretiert werden können (▶ Abb. 11).

Zum Ende dieses Kapitels sei auf einen sehr bemerkenswerten Umstand hingewiesen: die oft jahrtausendelange Kontinuität Nubiens in Bausachen. Fast alle Menschen im Sudan lebten bis vor 100 Jahren noch in derselben Art von Häusern und sehr viele tun es heute noch – die Nomaden wohnen seit eh und je in einfachsten Unterkünften und sind mit ihrem Vieh unterwegs.

## 3 Die kuschitische Gesellschaft

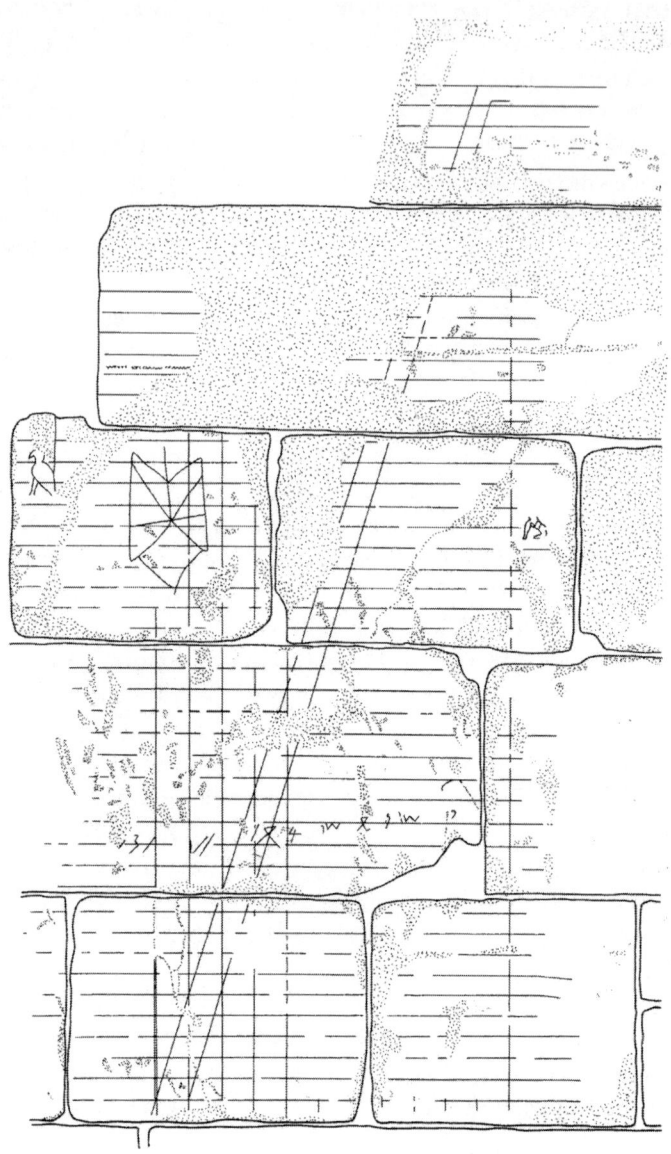

**Abb. 11:** Bauplan der Pyramide Beg.N. 2 im Verhältnis 1:10. Ritzung auf der Opferkapelle von Pyramide Beg.N. 9 (Welsby 1996, 135).

## Verwaltungsstrukturen

Wie genau das meroitische Reich verwaltet wurde, darüber wissen wir sehr wenig.[146] Das Problem ist: Wir haben kaum Alltagstexte, nur einige, hinter denen man Wirtschaftstexte vermuten könne, die wir aber nicht verstehen. Unser Wissen basiert auf einer Handvoll Königsinschriften und prosopographischen Daten aus meroitischen Totentexten. Die Kontrolle über ziemlich unterschiedliche und vor allem mobile Bevölkerungsgruppen kann nicht ausgeübt worden sein, wie in Ägypten, d. h. mit einem Zentralstaat. Entsprechend existieren auch weniger Hinweise für zentrale Speicher oder gar ein redistributives System.

Gleichwohl waren Tempel und Paläste unbestreitbar die wichtigsten Zentren. Zwar wird immer wieder davon ausgegangen, die Tempel seien wie in Ägypten große Wirtschaftseinheiten gewesen.[147] Es gibt jedoch keine Hinweise darauf, dass die Tempel über großen Landbesitz und damit auch über wirtschaftliche Macht verfügten. Zumindest sind keine großen Magazine nachweisbar, wie in den bedeutenden Tempelanlagen Ägyptens. Vielmehr scheint der Palast diese Funktion eines Zentralortes eingenommen zu haben, d. h. in diesem wurden Güter akkumuliert und verteilt.

So wurden bei den Grabungen im Palast des Natakamani Siegelungen gefunden, die an Krügen, Körben, Holzkisten und Türen befestigt waren.[148] Dies diente wohl nicht nur dem Unterhalt des Hofes, sondern auch weiteren Zwecken, etwa der Aufbewahrung von Luxusgütern. Das System scheint sich nicht zu unterscheiden von dem Gebrauch von Siegeln in der Mittelmeerwelt bzw. in Vorderasien, d. h. sie wurden zur Registratur verwendet und als Sicherung vor unbefugtem Zugriff.[149] Weitere Belege stammen aus dem »Schatzhaus« von Sanam und dem Magazin des Palastes der Amanishakheto in Wadi ben Naqa an der Mündung des Wadi Awateib. Dort wurden einige Kammern gefunden, die voller Vorratsgefäße waren und voller Rohstoffe wie Elfenbein oder exotische Hölzer.[150]

Leider besitzen wir kaum Informationen über die kuschitenzeitliche und die meroitische Verwaltung, sodass wir darauf angewiesen sind, von den spärlichen napatanischen Quellen auf die Zeiten davor und danach zu extrapolieren. Dies ist nicht unproblematisch, da sich damit ein möglicherweise verzerrtes Bild großer Kontinuität ergibt. Jeremy Pope hat jüngst ausführlicher untersucht, wie die Kuschitenherrschaft funktionierte, und dabei alle relevanten Informationen zusammengetragen.[151] Die wichtigsten Daten liefern die Inschriften der Könige Aspelta und Anlamani, wenn auch eher indirekt über die Nennung von Verwaltungstiteln und Würden- bzw. Amtsträger(gruppe)n.[152] Dabei darf vermutet werden, dass viele Familien, die unter jenen Könige Ämter innehatten, diese bereits während der Kuschitenzeit besetzten: Dass die Erblichkeit von Ämtern so stark betont wird, legt nahe, dass die jeweiligen Institutionen schon länger existierten.

Konkret sind mehrere Gruppen auszumachen: Neben den Priestern sind dies Militärs (*čs.w*), Palastämter (*sry.w n(.i) pr(.w)-nsw*) und »Freunde« (*smr.w*), d. h. wohl Höflinge. Aus den Texten geht eindeutig hervor, dass die Inhaber der administrativen Ämter nicht auch automatisch die religiösen Ämter einnahmen. Neben diesen Gruppierungen sind einige Funktionärstitel bekannt:[153] *ḥȝ.ti-ʿ(.w)* (»Bürgermeister«), *im.i-rʾ ḫtm.w n(.i){t} pr(.w)-nsw* (»Chefsiegler des Palastes«), *ḫtm.w n(i){t} nsw* (»Siegler des Königs«), *ḥr(.i)-dȝdȝ* (»Oberster des Gerichts«), *ḥr.i-sḫȝ.w* (»Oberschreiber«), *sḫȝ.w-nsw* (»Schreiber des Königs«), *im.i-rʾ nbw n(i).w ḫȝs.wt* (»Vorsteher des Fremdland-Goldes«), *im.i-rʾ šnw.t* (»Vorsteher der Scheune«), *sḫȝ.w-nsw n šnw.t* (»Königlicher Scheunenschreiber«), *sḫȝ.w ḥw.t-nčr* (»Schreiber des Gottesbezirks«), *iḥ.yt, sḫmy* oder *sšš.i* (»Sistrumspieler«), *ḥm-nčr* (»Priester«), *wʿb ʿȝ* (»Großer wʿb-Priester«), *ḥr.i-tp n(i) nčr* (»Oberer der Gottheit«).

All diese Titel sind ägyptisch, da die Inschriften in ägyptischer Schriftsprache verfasst wurden – ob es einheimische Formen gab und wie diese lauteten, entzieht sich unserer Kenntnis. Vieles spricht gegen die frühere These, wonach das Beamtentum Obernubiens aus ägyptischen Emigranten bestand:[154] Nur eine Minderheit der Funktionäre trägt ägyptische Namen und selbst dies muss noch lange nicht bedeuten, dass es sich um Ägypter handelt.

Es liegt nahe, dass die höheren Funktionen Mitgliedern der königlichen Familie vorbehalten waren, vor allem angesichts der Praxis, religiöser Ämter an die weiblichen Mitglieder der königlichen Familie zu vergeben. In der Tat war diese Praxis sicherlich ein probates Mittel der Einflussnahme in den Regionen. Freilich wissen wir durch die »Bannstele«, dass es zumindest einen nicht-königlichen Clan in bedeutender Position gab, der aufgrund kultischer Verfehlungen aus dieser Position entfernt wurde.

Die Macht war auch nicht auf eine sehr kleine Oligarchie in der Hauptstadt beschränkt. Stattdessen scheint sie auf zahlreiche lokale Verwandtschaftsgruppen (mh₃.w, »Verwandte, Clan«) verteilt gewesen zu sein. Offenbar hatten die Könige kein Problem damit, Herrschaft zu delegieren.[155] Mit anderen Worten: Es lässt sich bei der Verwaltung des Reiches keine pyramidale Hierarchie feststellen. Bei Stellungen, die man als direkte Vertreter des Königs ansprechen könnte, existierten oft mehrere Amtsträger gleichzeitig. Möglicherweise hängt dies mit der Form der Zentralisierung um die alten ägyptischen Tempelstädte herum zusammen.[156] Leider ist über die lokale Verwaltung vor Ort praktisch nichts Näheres bekannt.

Dafür ist aus den Königsinschriften eine regionale Einteilung erkennbar. Diese wird auch in der Krönungsreise des Königs reflektiert – jeder neue König musste nämlich in den wichtigsten regionalen Zentren von den Eliten vor Ort bestätigt werden.[157] Zugleich war die Herrschaft in der Form eines Reisekönigtums organisiert.[158] Dieser Zusammenhang zwischen Krönung und Regierungsgeschäft in einigen Orten in Obernubien könnte erklären, weswegen der König in den früheren Phasen des kuschitischen Reiches nicht durch mehrere Verwaltungsebenen von der lokalen Verwaltung getrennt war, etwa durch einen Wezir oder etwas wie den »Königssohn von Kusch«. Besonders interessant ist ein Aspekt von Popes Untersuchungen:[159] Er konnte zeigen, dass sich das Konzept der Krönungsreise mit zunehmender territorialer Expansion in der Kuschitenzeit entwickelte und sukzessive auf weitere Regionen ausgedehnt wurde. Diese Form des zelebrierten »Föderalismus« spiegelte also nicht nur die aktuellen Machtverhältnisse, sie wurde bewusst geschaffen. Dazu passt die These sehr gut, dass während der ägyptischen Kolonialzeit das Dongola-Becken und der Norden unterschiedlich behandelt wurden.[160]

Die Korrelation zwischen Titeln und Amtsbereich wird stark durch den Umstand behindert, dass die Toponymastik Obernubiens nicht sehr klar ist.[161] In verschiedenen Texten scheint es ein Muster zu geben, wonach sechs Ämter genannt werden plus ein »Siegler« – das könnte sechs Verwaltungsbezirken entsprechen. Kurioserweise ist völlig unklar, wo die in diesem Zusammenhang genannten Paläste lagen, denn die genannten Namen lassen sich nicht zuweisen. Ist einfach noch zu wenig erforscht oder handelt es sich um andere Namen für Bezirke in den altbekannten Zentren wie Napata, Sanam, Kawa oder Pnubs?

Überhaupt ist auffällig, dass sich die napatanischen Quellen über Unternubien ausschweigen – der Batn el-Hagar und sogar das Abri-Delgo-Becken scheinen in ihnen nicht vorzukommen. Warum dies so ist, darüber kann nur spekuliert werden.[162] Wurde jenes Gebiet verwaltungstechnisch anders behandelt? Ist die Betonung auf Obernubien ein Relikt aus der Kuschitenzeit? Oder muss gar mit einem Rückzug des kuschitischen Machtbereichs gerechnet werden?

Seit dem zweiten Jahrhundert kommt eine neue Quellengattung hinzu: die meroitischen Totentexte (▶ Abb. 12). In ihnen wird der Werdegang der Grabherren geschildert, was uns wertvolle Informationen zur meroitischen Ämterlaufbahn (*cursus honorum*) liefert. Nun haben wir nicht nur die meroitischen Namen verschiedener Verwaltungsämter, sondern auch einen gewissen Einblick in ihren relativen Status und manchmal auch in ihre Funktion.

Der höchste Würdenträger nach dem König war der *pes(e)to*,[163] was inhaltlich wie sprachlich dem ägyptischen »Vizekönig« der Kolonialzeit entspricht. Er war für die Region zwischen dem 2. Katarakt und der ägyptischen Grenze verantwortlich (Unternubien, meroit. *Akine*) und residierte zunächst in Faras, seit dem ersten nachchristlichen Jahrhundert dann in Karanog. Eine heute in Oxford aufbewahrte Stele hat uns eine Liste der Pesetos beschert.[164] Der Peseto war wohl direkt vom König eingesetzt und diesem auch direkt verantwortlich – er dürfte im Norden relativ selbständig sowohl Tages- wie Außenpolitik betrieben haben. Wie prestigeträchtig das Amt war, zeigt sich schon daran, dass es immer wieder Mitglieder der königlichen Familie innehatten, etwa Prinz Akinidada. Oft wurde man danach zum *paqara* oder *paqara qorise* in Meroë befördert. Was genau ein *paqara* war, können wir leider nicht genau sagen – er scheint eine Art »Thronanwärter« oder »Koregent« gewesen zu sein. Das Amt des Vizekönigs war nicht erblich. Un-

Verwaltungsstrukturen

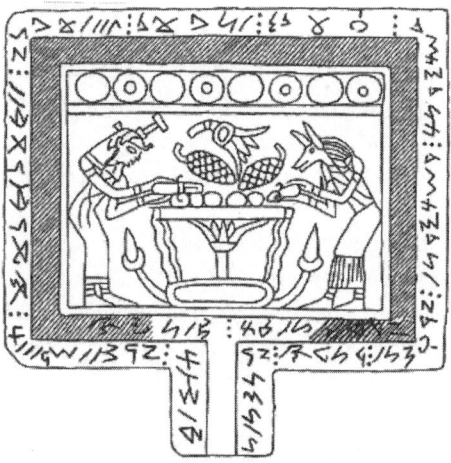

**Abb. 12:** Totenstele und zugehörige Opfertafel mit meroitischen Linear-Inschriften des Tedeqene von der Pyramide 19 in der Westnekropole von Meroë (Baud 2010 a, 148).

terhalb des Pesetos gab es eine Vielzahl mittlerer Amtsträger, Priesterränge oder Zivilverwalter der Domänen. Die unterste Schicht bildeten Würdenträger, die lokal verortet waren und Ortsnamen zusammen mit ihren Amtsbezeichnungen führten. Insgesamt sind etwa 150 meroitische Titel überliefert, nur leider wissen wir bei fast keinen, was genau sie bedeuten. Da wären zum einen die militärischen bzw. weltlichen Titel wie *pelmos* (»Stratege«, tatsächlich etwas wie ein Gaufürst), *pelmos adb-li-se* (»Stratege des Landes«), *pelmos ato-li-se* (»Stratege des Wassers«), der *ḫrpḫne* (»Aufseher, Meister«) von Fara (*Phrse-te*) oder Sedeinga (*Atiye-te*), der *apote* (»Bote«). Unter den Kultfunktionären wären der *perite* (»Agent«) zu nennen, der *plsn* (»Verwalter«) oder der *beloloke/beliloke* (»Oberpriester«), der einfache *ant* (»Priester«), der *womnise* (»reiner Priester«), der auch mit *lḫ* (»groß«) bzw. *(a)kroro* (»erster«) näher spezifiziert werden kann.

Betrachten wir exemplarisch die Karriere eines Mannes: Abratoye.[165] Dieser wurde im dritten Jahrhundert n. Chr. in Karanog begraben. Er begann seine Karriere zwischen dem 2. und 3. Katarakt, denn er war dort *tabaqo* von Akilek in Sedeinga. Danach wurde er Gouverneur von Faras und *pelmos abada-li-se* (»Stratege des Landes«) und schließlich Peseto. Gleichzeitig war er Priester des Amanap in Qasr Ibrim und Hohepriester und Verwalter der Tempel jener Region.

Über eine Familie wissen wir ganz besonders gut Bescheid, die des Wayekiye.[166] Sie ist nach der Zeitenwende über viele Generationen in Unternubien in Rang und Würden und vor allem auch im »Meroitic Chamber« des Isistempels von Philae prominent dargestellt. Philae war für die Meroiten nicht nur ein äußerst wichtiges Pilgerzentrum, sondern gleichsam das Tor zur Welt. Meroë war dort kultisch stark präsent und zwar auch institutionell. Oft war der Peseto von Unternubien zugleich auch *perite* in Philae, d.h. »Agent der Isis« dort. Wie wir bereits bei Abratoye gesehen haben, hatten weltlichen Würdenträger häufig zugleich wichtige Priesterämter inne. Für die Nubienkunde ist Philae deshalb so wichtig, weil sich hier neben zahlreichen meroitischen viele demotische Graffiti erhalten haben und wir über diese auf den Inhalt der meroitischen schließen bzw. zumindest einzelnen Wörtern eine Bedeutung geben können.

Aus dem Süden des Reiches besitzen wir sehr viel weniger Informationen zu Verwaltungsstrukturen. Dies liegt zum einen daran, dass Totenstelen hier einfach seltener sind und weniger über die Karriere aussagen, zum anderen sicherlich auch an der bisherigen Forschungslage.

Das Reich von Kusch war in Gaue eingeteilt[167] – die Stationen der Krönungsreise dürften Zentralorte derselben dargestellt haben. Jedenfalls gruppieren sich die Gaue auffällig um die großen Amuntempel.[168] Interessanterweise liegen sie teilweise auf unterschiedlichen Nilseiten – so gehören Napata und Sanam zu zwei verschiedenen Gauen. Möglicherweise war das Gausystem von Taharqo nach ägyptischem Vorbild eingeführt worden.[169] Wer in diesen Gauen das Sagen hatte, ist nicht eindeutig.[170] Möglicherweise war es der bereits erwähnte »Stratege des Landes« (*pelmos abada-li-se*). Das klingt bombastisch, was jedoch an der traditionellen Übersetzung liegt – in der Sache war dieser schlichtweg für einen bestimmten Abschnitt des Nilufers zuständig. Sein Kollege, der »Stratege des Wassers« (*pelmos ato-li-se*), überwachte parallel die Schifffahrt. Im Isistempel von Philae werden die meroitischen Gaue als Personifikationen dargestellt:[171] Es sind in Unternubien sieben, ganz im Süden mit Napata, Meroë und Kemset lediglich drei, hinzu kommen Pnubs und Kawa in Obernubien. Die Abschnitte umfassten auch nicht immer beide Nilufer: Sedeinga bildete einen Ufergau, das gegenüber liegende Ufer gehörte aber zu einem Gau namens »der Grüne«, so genannt wegen der durch Kupferoxyd bedingten Färbung der Landschaft.

Inwieweit die Nomaden abseits des Nils überhaupt kontrollierbar waren, sei dahingestellt. Die Römer versuchten, die Kontrolle über deren Bewegungen zu erlangen, indem sie die Nutzung der Wüstenwege einschränkten. Die kuschitischen Könige scheinen die Pastoralnomaden durch die Konstruktion von Hafiren erreicht zu haben, die oftmals durch einen Tempelbau komplementiert wurden, wie in Basa oder in Naga.

# 4 Die materielle Kultur

Im Zusammenhang mit den Siedlungsstrukturen war bereits viel von Konstruktion etc. die Rede, von Raumnutzung und dem alltäglichen Leben. Dieses kommt vor allem in den Fundobjekten zum Ausdruck, also in dem, was Archäologen die materielle Kultur nennen. Wie so vieles stammt auch hier ein Großteil unseres Wissens aus Gräbern, denn die meisten handwerklichen Erzeugnisse oder Handelsgüter wurden als Grabbeigaben gefunden.

## Handwerk

Wie in vielen antiken Kulturen sind auch im kuschitischen Nubien die Übergänge zwischen Kleinkunst und Handwerk fließend – Kunst an sich ist im Grunde ein eher neuzeitlich-westliches Konzept, daher wird ihr hier auch kein eigenes Kapitel gewidmet. Zudem habe ich die Bildwerke in meiner *Einführung in die Meroitistik* konzise behandelt.[1] Wie stark wir von unseren Kategorien geprägt sind, zeigt die Fokussierung auf Metallobjekte. Überspitzt formuliert könnte man sagen, dass weite Teile der Bevölkerung bis nach der Zeitenwende und oft sogar bis vor wenigen Jahrzehnten im Neolithikum lebten, denn sie verwendeten vornehmlich Steinwerkzeuge und nicht solche aus Metall. Und noch in einer weiteren Hinsicht ist unser Blick verzerrt: Es ist ein Blick vor allem auf die Oberschicht des Reiches. Gleichwohl lassen einige handwerklichen Erzeugnissen durchaus Aussagen über das Leben einfacherer Bevölkerungsschichten zu, etwa Korbherstellung,[2] Textilproduktion[3] oder Lederverarbeitung[4] und natürlich die allgegenwärtige Keramik.

## Keramik

Keramik stellt das häufigste Fundgut dar, da sie gut haltbar und wiederverwendbar ist. Zugleich ist Keramik mit vielen Tätigkeiten des alltäglichen Lebens verknüpft: Melken, Wasserschöpfen, Kochen, Vorratshaltung etc. Nur aus Qasr Ibrim, wo die Erhaltungsbedingungen optimal waren, erfahren wir mehr über Behältnisse aus vegetabilen Materialien, die sicherlich ebenfalls sehr häufig waren. Den neuesten Überblick über die kuschitische Keramik haben Pamela Rose, Romain David und Marie Evina zusammengestellt.[5] Man würde meinen, die Keramik des Niltals sei aufgrund der eminenten Bedeutung für die Datierung besonders gut erforscht, dies ist jedoch nur bedingt der Fall. So wurden die gleichzeitigen Keramikstile Ägyptens erst vor nicht allzu langer Zeit eingehend behandelt.[6] Nach der 18. Dynastie hatten sich offenbar in Ägypten mehrere Keramikprovinzen herausgebildet, d. h. es existierten verschiedene Regionalstile nebeneinander. Nun waren mit der ägyptischen Kolonisation die sehr bedeutenden nubischen Keramiktraditionen deutlich unterbrochen worden. Die napatanische Keramik bewegte sich dann auch immer noch in ägyptischem Fahrwasser, während sich die meroitische wieder deutlich absetzte. Im Übrigen sollte man eher von »frühkuschitischer« als von »napatanischer« Keramik sprechen, da die Tradition vom 11. bis ins 5. Jh. v. Chr. reicht und damit viel weiter gefasst ist. Der Übergang zur meroitischen Keramik ist mangels Daten bislang nicht wirklich nachvollziehbar.

Obwohl die Feinware oft sehr kunstvoll verziert ist, dürfte es sich doch immer um Objekte des alltäglichen Gebrauches gehandelt haben. Die Masse der Keramikfunde stammt freilich aus dem funerären Bereich. Weil sich die Forschung zudem lange auf die hochwertigen Stücke kapriziert hat, sind die Einzelheiten der Keramiktypologie noch nicht sehr gut untersucht. Grundsätzlich wird zwischen handgemachten und auf der Töpferscheibe gedrehten Waren unterschieden.[7] Man könnte sich dabei vorstellen, dass letztere von professionellen männlichen Töpfern hergestellt wurden und die anderen von Frauen für den Hausgebrauch – das ist andererseits vielleicht nur ein westliches Klischee. Auffällig ist, dass sich die traditionellen Formen in Nubien seit dem Neolithikum kaum verändert haben: Wir finden die sog. *black topped ware* in napatanischer Zeit wieder wie in der Kerma-Zeit, rotpolierte Schalen mit geschmauchtem Rand. Typisch nubisch sind auch die Techniken der Inkrustation und die Verwendung von Stempeln.[8]

Bei den handgemachten Gefäßen des 1. Jts. ist zunächst eine Keramik zu nennen, die schwarzpoliert und mit weißen Inkrustationen versehen ist, ähnlich wie bei der C-Gruppe. Die Muster sind geometrisch oder floral; es handelt sich vor allem um Becher und Krüge. Die Herstellungsprozesse waren beileibe nicht immer gleich – mindestens drei Techniken können unterschieden werden. Wahrscheinlich waren sie wie unterschiedliche Dekorationsstile jeweils für bestimmte soziale Gruppen charakteristisch. Auffällig ist immerhin eine gemeinsame Formsprache bei Körperschmuck und Keramikverzierung. Die Zunahme der handgemachten Ware in meroitischer Zeit wird gerne als klare Betonung sudanischer Elemente betrachtet. Hergestellt ist sie aus lokalem Ton, meist alluvialen Ursprungs,[9] vor allem dunkle Schalen und Flaschen, die mit geometrischen Ritzungen versehen sind.

Es scheint Herstellungszentren gegeben zu haben,[10] was gegen die häusliche Fertigung spricht. Trotz ihrer auch mehrfarbigen Dekoration (Bemalung und Stempel) und der teils hohen Qualität war die handgefertigte Keramik für den Alltagsgebrauch bestimmt. In meroitischer Zeit ist die Verzierung sehr vielfältig – dargestellt wurde gerne die Tierwelt, aber auch Menschen, insbesondere jedoch Wildtiere wie Giraffe oder Strauß, Vieh oder Sorghum. Öfters finden sich Nachahmungen teurerer scheibengedrehter Waren, d.h. schwarze Feinkeramik, welche der Form von Metallbechern nachempfunden ist.[11] Dabei ist zu berücksichtigen, dass in der Antike das schwarz patinierte Silber als besonders wertvoll galt, wie Silberimitate aus dem Mittelmeerraum zeigen.[12]

Zwischen der spätnapatanischen und der frühmeroitischen Zeit ist aus unbekannten Gründen in Nubien keine scheibengedrehte Keramik bezeugt. Da dies mit einem Bruch in der Keramiktypologie einhergeht, scheint dieser Befund nicht dem Fundzufall geschuldet. In jener Zeit wurden auf der einen Seite die früheren handgefertigten Waren weiterproduziert, auf der anderen Seite sind hellenistische Einflüsse deutlich spürbar, vor allem in der Bemalung. Nachdem die Töpferscheibe wieder zum Einsatz kam, vergrößerte sich das Repertoire bis zum Ende des 1. Jh. n. Chr. deutlich. Zugleich gibt es erste Hinweise auf regionale Präferenzen und zunehmende Importe aus Assuan. Lange war die Keramik der Ptolemäerzeit ebenfalls wenig untersucht, d. h. es war schwer, Importwaren als solche zu identifizieren.[13] Mediterrane Keramik war bereits in Oberägypten selten und gelangte nur in Ausnahmefällen nach Nubien.

Mit der Zeitenwende tauchte eine neue Keramik auf, die meroitische Feinware, die aufgrund des hohen Kaolinanteils sehr hellbeige ist und deshalb auch *eggshell ware* genannt wird. Sie ist rot und dunkelbraun bemalt, was ihr eine geradezu polychrome Wirkung verleiht. Sie wurde in der Blüte des meroitischen Reiches, also um die Zeitenwende, wohl vornehmlich für den Grab- und Tempelkontext hergestellt. Diese Feinware war weit verbreitet und relativ standardisiert, wurde daher wahrscheinlich in staatlich kontrollierten Werkstätten gefertigt. Dafür spricht auch ihre Dekoration, die aus dem Motivschatz des Staatskults schöpft, d. h. wir finden vor allem Uräen, Anchzeichen oder Udjat-Augen. Warum der meroitische Staat die Keramikproduktion kontrollierte, liegt auf der Hand: Sie war ein einfach zu lenkendes Massenmedium zur Stützung der Staatsdoktrin. Girlanden etc. weisen auf hellenistische Einflüsse hin. Typologische Besonderheiten legen nahe, dass es lokale Fertigungszentren gab.

Bis zum Ende des 1. Jhs. ersetzte die scheibengedrehte Keramik die handgefertigte vollständig, wahrscheinlich, da sie schlichtweg erschwinglicher war. Die Unterschiede zwischen Nubien und dem südlichen Meroë wurden deutlicher. So finden wir fast nur im Norden einen Typ langhalsiger Flaschen und nur im Süden in den Gräbern ein Ensemble von sieben Schalen auf einem Korbtablett. Der Wohlstand des meroitischen Reiches im 1.–2. Jh. n. Chr. ist deutlich an der Zunahme der Importe aus dem römischen Ägypten bzw. Unternubien erkennbar, denn sie sind Zeugnisse für den Import von Produkten wie Wein oder Olivenöl.

Eine weitere Form der Feinware stammt aus dem Dodekaschoinos und datiert in die ersten beiden Jahrhunderte nach Christus. Sie imitiert mit ihren geometrischen und vegetabilen Frisen römische Keramik. Spannend sind ferner Gefäße mit Applikationen, die ganz offensichtlich Glasgefäße imitieren. In Unternubien ist die Keramik sehr viel stärker und aufwändiger verziert; nördlich des 2. Katarakts findet sich meist etwa ein Fünftel Importware.

Der Niedergang der meroitischen Zentralmacht manifestiert sich auch bei der Keramikproduktion, deren typologisches und ikonographisches Repertoire spürbar abnimmt. Die Feinwaren wurden im Kernland um Meroë durch billigere und weniger qualitätvolle Imitationen ersetzt – nicht jedoch in Unternubien. Die Dekoration wurde immer simpler, bis sie schließlich im Verlauf des 3. Jhs. n. Chr. ganz verschwindet. Zugleich traten die Unterschiede zwischen dem Norden und dem Süden nun noch mehr hervor, auch wenn es immer noch Gemeinsamkeiten gab, wie roten und weißen Überzug für Innen und Außen bei offenen Gefäßformen. Bei der im 4. Jh. ausschließlich handgemachten Keramik der Butana sind nun deutliche Einflüsse aus dem ferneren Süden festzustellen bei gleichzeitig fehlenden Importen aus Ägypten oder der Mittelmeerwelt. In Nubien wurde jedoch weiterhin scheibengedrehte Feinware hergestellt.

Bemerkenswerterweise lässt sich eine Veränderung in Bezug auf die Wertschätzung von Keramik feststellen: In den früheren Epochen waren Keramikgefäße keine Beigaben königlicher Gräber, in spätmeroitischer Zeit hingegen schon. Aus Keramik waren übrigens nicht nur Gefäße, sondern auch andere Objekte – so wurden im Amuntempel von Saman Model für königliche Uschebtis gefunden.[14] Eine seit jeher typisch nubische Fundgattung sind die frei modellierten Tonfigurinen, die uns in meroitischer Zeit wieder begegnen.[15]

Bisher wurde nur eine Produktionsstätte für Keramik gefunden und zwar in Musawwarat es-Sufra.[16] Über Ausmaße, Organisation und Distributionswege der Keramikindustrie wissen wir daher so gut wie nichts. Die handgemachte Keramik wurde wohl meist einfach in einer Grube gebrannt, was sich archäologisch schwer nachweisen lässt. Einen Großteil der Produktion dürfte auf die Herstellung von Backgefäßen für die Opferbrote entfallen sein, die vor Ort hergestellt wurden.

Sie ist verantwortlich für die riesigen Scherbenhaufen an Kultzentren wie Dukki Gel oder Kawa. Bei der Bemalung konnten mehrere »Schulen« isoliert werden.[17] Da dieselben Dekorationsformen bei handgefertigter wie auch bei scheibengedrehter Keramik vorkommen, scheinen Töpfer und Maler nicht dieselben Personen gewesen zu sein.

## Glas und Fayence

Neben Keramik wurde in Kusch auch Glas hergestellt,[18] auch wenn es sich bei den vielen Funden aus den Elitegräbern zumeist um Importware aus Rhodos, der Levante oder Ägypten handelt.[19] Ganz herausragend ist der Fund eines vollständig erhaltenen mehrfarbigen Gefäßes aus Sedeinga.[20] Es ist verziert mit einer Szene im gräko-ägyptischem Stil und trägt die griechische Beischrift »Trinke und du wirst leben!« (ⲠⲒⲈ ⲌⲎⲤⲈⲚ). Besonders hervorzuheben sind die wenigen tiefroten Gläser, die wahrscheinlich lokal hergestellt wurden.[21] Im weitesten Sinne mit der Glasproduktion verbunden ist die Herstellung von Fayence.[22] Hier sind insbesondere die Unmengen von Perlen zu nennen, die zu Netzen verarbeitet die Mumien der Oberschicht umspannten. Sie können – neben den entsprechenden Amuletten – als geradezu diagnostisch für napatanische Gräber ägyptischer Tradition betrachtet werden.[23]

## Metall

Was Metallverarbeitung angeht, ist Eisenherstellung beinahe synonym mit Meroë geworden.[24] Wegen der großen Schlackenhalten kursiert heute noch das Schlagwort »Birmingham of Africa« (Archibald Sayce). Während des Kolonialismus stellte man sich vor, die Technik der Eisengewinnung habe sich ab dem 6. Jh. über das Niltal in Afrika verbreitet – heute wissen wir, dass sie in anderen Regionen Afrikas definitiv sehr viel älter ist: In Niger ist sie ab 3000 v. Chr. belegt, in Ruanda und Burundi ab 1700–1500.[25] Zudem ist heute deutlich, dass man in Meroë technisch mit dem Römischen Reich nicht mithalten konnte. Ab wann genau in Nubien Eisen verarbeitet wurde, ist nicht bekannt –

wahrscheinlich seit spätnapatanischer Zeit. Jedenfalls ist das Metall frühkuschitisch noch relativ selten – große Teile der Gesellschaft gebrauchten im Alltag immer noch Steinwerkzeuge.[26] Erst in spätmeroitischer Zeit sind die Belege für Eisenwaffen aus Gräbern häufiger, doch auch dann weist nur ein Grab von sechs Eisenartefakte auf. Eiserne Pfeilspitzen mit Dorn sind gleichwohl ein typisch meroitisches Leitfossil.

Die jährliche Produktion in Meroë wird auf etwa 5–8 Tonnen pro Jahr geschätzt, doch ist diese Schätzung sehr umstritten, da sich dies kaum sicher hochrechnen lässt: Aus den bis zu 9 m mächtigen Schlackenhalten kann man auf ein Äquivalent zu etwa 70.000 eisernen Pfeilspitzen schließen, allerdings über viele Jahrhunderte hinweg. Der Apedemaktempel von Meroë aus dem 1. Jh. v. Chr. wurde sogar auf einem Schlackehügel erbaut. Durch Messung der UV-Abstrahlung wurden insgesamt 40 Areale gefunden, in denen Eisen gewonnen wurde, und zwar sowohl vor- als auch postmeroitisch in größeren Mengen.

In jüngster Zeit wurden Werkstätten mit großen Öfen gefunden (jeweils 6 x 6 m) und experimentell-archäologisch untersucht.[27] Der eisenhaltige Sandstein wurde in der Umgebung der Stadt gebrochen. Für einen Schmelzgang benötigte man 80 kg Kohle und 40 kg Erz. Das Holz hierzu stammt ausschließlich von der *Acacia nilotica*, einer in Afrika verbreiteten Akazienart. Aufgrund der produzierten Mengen heißt dies nichts anderes, als dass systematisch eine Form von Forstwirtschaft betrieben worden sein muss, um den Nachschub zu gewährleisten.

Nubien gilt heute noch als das Goldland schlechthin, was natürlich die Mythenbildung befeuert. Eine dieser unausrottbaren Ansichten ist die These, »Nubien« leite sich vom ägyptischen Wort für »Gold« her. Eine andere betrifft die Förderung von Gold im Reich von Kusch. Öfters kann man in der Fachliteratur lesen, die nubischen Goldminen seien gegen Ende des Neuen Reiches erschöpft gewesen. Neueste Forschungen haben das Gegenteil bewiesen: Gerade in der Ptolemäerzeit wurden die Minen der Ostwüste systematisch ausgebeutet.[28] Woher das kuschitische Gold im Einzelnen kam, lässt sich schwer sagen – dass es im Land gewonnen wurde, hingegen schon. Taharqo weihte dem Amun von Kawa große Mengen Gold und Nastasen nennt es als Beute in seinen Feldzügen.[29]

Meist wird ganz selbstverständlich davon ausgegangen, in Nubien hätten ähnliche Wertvorstellungen geherrscht wie zeitgleich in Ägypten. Aber auch dort waren sie schon anders als bei uns: Silber war seltener und wurde entsprechend sehr hoch geschätzt.[30] In weiten Teilen Afrikas kommt demgegenüber Kupfer eine besondere Wertschätzung zu.[31] Wo genau Kupfererz gewonnen wurde, wissen wir nicht – vielleicht aus Buhen, vielleicht wurde es in Barren importiert.[32] Wie auch immer: in den Gräbern der Oberschicht finden sich oft Gefäße aus Kupferlegierungen und sie scheinen sehr prestigeträchtig gewesen zu sein.[33]

# Handel

Meist wird dem Handel im Reich von Kusch ziemlich große Bedeutung beigemessen, dies bleibt jedoch fast immer vage. Wie so oft sind es nicht die Texte, die uns Informationen liefern, sondern die Artefakte, die archäologischen Quellen.[34] Es wird allgemein davon ausgegangen, dass Nubien nicht nur ein wichtiger Lieferant von Gold war, sondern darüber hinaus wie in pharaonischer Zeit vor allem tierische oder pflanzliche Rohstoffe lieferte oder handelte, d. h. Elfenbein, Leopardenfelle, Straußeneier oder Weihrauch, Ebenholz etc. Was genau davon aus Innerafrika stammte, bleibt unklar. Auch wissen wir kaum etwas über die Formen des Kontakts zwischen den Meroiten und ihren südlicheren Nachbarn. Im Gegenzug zu diesen Luxuswaren und Aromata hätten die Ägypter Getreide, Werkzeuge oder Kosmetika geliefert. All dies sei so wichtig gewesen, dass es den Aufstieg Kermas erkläre und zugleich das Ende Meroës nach dem Aufschwung der Schiffsrouten auf dem Roten Meer.

Dass Nubien besonders vom Handel profitierte, dürfte eindeutig sein, da dort die Grabbeigaben im Allgemeinen etwas wertvoller sind als weiter im Süden. Grundsätzlich ist die Nähe zu Ägypten von Bedeutung. Beispielsweise gelangten bestimmte Waren aus dem Mittelmeerraum kaum in den Süden Ägyptens und damit schon gar nicht nach Nubien. Bestimmte tiefpreisige Güter wurden nur bis etwa zum 2. Katarakt gehandelt, was u. a. an ihrer Verderblichkeit liegen mag, wie bei Wein, Olivenöl oder Honig. Andererseits gelangten Amphoren vereinzelt sogar bis Wadi ben Naga und Meroë.

Wahrscheinlich wurde der Fernhandel in Meroë stark reglementiert, d. h. es gab ein königliches Monopol. Gut zu erkennen ist dies bei den diplomatischen Geschenken, die wie in den meisten antiken Kulturen einen beträchtlichen Teil des Warenaustauschs ausmachten (Stichwort: Palasthandel). Manche der römischen Luxuswaren sind an ihrer propagandistischer Ikonographie als Geschenke zu erkennen.[35] Es kann davon ausgegangen werden, dass diese wertvollen Objekte innerhalb des Hofes zirkulierten, d. h. als königliche Gunstbeweise weitergegeben wurden. Das meiste, was auf uns gekommen ist, stammt aus Gräbern. Darunter sind vor allem Metallgefäße und -lampen, Schmuck oder Luxusgeschirr sowie Glas oder Möbel.[36] Wirklich spezialisierte Untersuchungen fehlen weitgehend, daher sind lokale Imitate schwer zu unterscheiden. Bemerkenswert ist der Umstand, dass extrem wenig kuschitisches Fundgut in den Nachbarregionen des Reiches bzw. an dessen Peripherie festgestellt wurde – freilich ist diese auch wenig erforscht.

Eine der meroitischen Waren, über die wir etwas mehr sagen können, ist das Elfenbein. Nachdem der syrische Elefant in der Spätbronzezeit ausgerottet worden war, war Nubien lange der einzige Lieferant für den Ostmittelmeerraum bzw. Vorderasien. Nicht umsonst ist *ivory/ivoire*, von lat. *ebur* (< meroit. *abore*), das wahrscheinlich einzige meroitische Lehnwort in europäischen Sprachen. Schon der Palast von Persepolis war mit Elfenbein aus Kusch bestückt,[37] im »Schatzhaus« von Sanam fanden sich Elfenbeinstoßzähne[38] wie auch später im Palast von Wadi ben Naga. Plinius erwähnt (VI, 35, 185), es gebe in der Gegend von Meroë Elefanten und Nashörner; zumindest für die Küste des Roten Meeres scheint dies gegolten zu haben, denn die Ptolemäer bezogen von dort ihre Kampfelefanten. Möglicherweise wurden Tiere dieser Art in Musawwarat es-Sufra gehalten oder ausgebildet – der meroitische Name der Stadt, *Abore-pi*, bedeutet wahrscheinlich etwas wie »der Ort, an dem es Elefanten gibt«. Als die Römer entdeckten, wie man gegen den Wind kreuzt, und damit der Handel mit dem Indischen Ozean über das Rote Meer und Aksum in Fahrt kam, schwand auch die Bedeutung des meroitischen Elfenbeins.

# Kleidung

Es ist sehr bezeichnend, dass zwar Studien zur Ikonographie der Herrscher existieren, zu ihren Statuen, ihren Kronen und ihren Insignien inklusive der Kleidung, jedoch kaum Vergleichbares zur Kleidung der einfachen Leute.[39] Zum einen ist dies der Quellenlage geschuldet, zum anderen der allgemeinen Fokussierung auf die Elitekultur.

Daher seien hier nur wenige Worte über die königliche Ikonographie verloren, zumal dies gut zusammengefasst nachgelesen werden kann:[40] Seit der Kuschitenzeit lassen sich Mitglieder der kuschitischen Oberschicht in ihren Gräbern nicht nur als Ägypter, sondern auch mit ihrer eigenen Tracht darstellen. Auffälligstes Kennzeichen desselben ist ein weiter Mantel (▶ Abb. 13), der offenbar aus sehr leichtem, weil teilweise durchscheinend wiedergegebenem Stoff bestand (Baumwolle?).[41] König Tanutamani wird in seinem Grab als erster Pharao derart gezeigt: Er trägt eine langärmelige Tunika und besagten, mit Rosetten verzierten Mantel über der Schulter. Dieser sollte später auf den Reliefs der meroitischen Könige als Bestandteil des sog. »Staatsornats« wieder erscheinen. Selbiges bestand neben jenem »Fransenmantel« bzw. einer Schärpe mit Fransen aus verschiedenen Elementen wie der sog. Kuschitenkappe, einer Kette mit großen Goldkugeln (»Kugelkette«), der »Widderkopfschnur«, der »Dreiquastenschnur«, sowie Stulpen. Daneben ist eine große Anzahl an Kronen in verschiedensten Ausführungen belegt.[42]

Das wichtigste Herrschaftszeichen der Kuschiten war sicherlich die Kuschitenkappe mit einem Doppeluräus. Ob es sich bei diesem Kopf-

## 4 Die materielle Kultur

Abb. 13: Kuschitische Frauen mit dem sog. »Kuschitenmantel« (Morkot 2000, 291).

putz wirklich um eine Kappe mit Applikationen oder nicht vielmehr um einen verzierten Helm handelte, ist umstritten. Zwar gibt es auch Beispiele von Kuschitenkappen mit nur einem Uräus,[43] der Doppeluräus wurde jedoch insbesondere von den Ägyptern als typisch kuschitisch angesehen und auf thebanischen Monumenten getilgt, da er den Anspruch auf den ägyptischen Thron (neben dem nubischen) manifestiert.[44] Wie bereits erwähnt, tragen königliche Frauen oft einen Kopfputz aus meist drei Federn oder Haarsträhnen (▶ Abb. 7), die aus Figürchen von Isis, Nephthys und Tefnut (?) entspringen – wobei niederrangigere Frauen nur eine derartige Installation trugen.[45]

Die nicht-königliche Elite war nach Ausweis ihrer Totenstelen oft nur spärlich bekleidet, wenn auch reich geschmückt. Auch Frauen werden öfters mit nacktem Oberkörper gezeigt – dafür tragen sie gerne einen Schurz mit langem und reich verziertem Saum. Wie die *ba*-Statue des Malaton zeigt, war es durchaus üblich, mehrere Untergewänder

Kleidung

**Abb. 14:** Die Göttin Amesemi mit Schmucknarben von einer Stele aus Naga (Umzeichnung des Autors).

übereinander zu tragen und darüber noch einen Mantel über der Schulter. Im Grunde dürfte sich die Kleidung der meisten Menschen damals von der traditionellen Kleidung heute kaum unterschieden haben – jedenfalls nach allem, was uns die Archäologie an Funden bereithält.[46] Belegt sind Tuniken mit breiten Gürteln, Lendenschurze oder Lederkleider.[47] Jeder, der es sich leisten konnte, trug Sandalen aus Leder oder geflochtenen Palmblättern, auch die Könige. Schmuck findet sich selbst in weniger reichen Gräbern, dann eben aus weniger wertvollen Materialien oder einheimischer Produktion.[48] Auf Keramik werden Angehörige der Unterschicht gerne nackt und barfuß dargestellt.

Wie die unterschiedlichen Frisuren im Einzelnen zu werten sind, ist bei den nicht-königlichen Personen genauso umstritten wie bei den königlichen Frauen. Die meisten scheinen ihr Haar sehr kurz getragen zu haben, manchmal ist ein kleiner Haarknoten zu erkennen. Schon in meroitischer Zeit färbten sich manche Frauen Nägel und Haare mit Henna.[49] Die vielen in Gräbern gefundenen Kohl-Gefäße legen nahe, dass es üblich war, sich zu schminken.

Zwei Aspekte verdienen besondere Aufmerksamkeit: überlange Fingernägel und Schmucknarben (▶ Abb. 14).[50] Während das erste wohl ein Zeichen hohen Standes war (weil sie ihre Trägerinnen »arbeitsunfähig« machten), sind Schmucknarben eher als ethnisches Signal zu werten.

# 5 Religiöse Vorstellungen

Die religiösen Vorstellungen der Menschen im Reich von Kusch zu ergründen, ist kein einfaches Unterfangen. Zum einen geben uns wenige Texte hierüber Auskunft, zum anderen wird alles zumindest äußerlich von einer ägyptischen Repräsentationsschicht überlagert. Aufgrund der archäologischen Quellen kann man davon ausgehen, dass wir es in Nubien im 3. und 2. Jt. mit animistischen Vorstellungen zu tun haben, d. h. es wurden u. a. Höhlen und Berge als beseelt verehrt. Die Bestattungssitten weisen aus, dass die Menschen an ein Leben nach dem Tode glaubten, die Orientierung der Toten nach der Sonne deutet auf einen solaren Bezug hin. Wer sich einen ausführlicheren Überblick über die Religion im Reich von Kusch verschaffen möchte, sei auf die jüngste Monographie von Josefine Kuckertz und Angelika Lohwasser verwiesen.[1]

Das älteste bekannte monumentale Heiligtum Nubiens ist die »Große Deffufa« in Kerma. Sie weist bereits ägyptische Elemente auf, ist jedoch dezidiert nubisch.[2] In der ägyptischen Kolonialzeit werden in Nubien zahlreiche größere Tempel ägyptischen Stils für ägyptische Götter erbaut.[3] Diese blieben wohl noch lange als religiöse und politisch-ökonomische Zentren bestehen. Mit der Übernahme der ägyptischen Hieroglyphenschrift erweitert sich die Basis unseres Wissens, wenn auch nur in Bezug auf die ägyptischen Gottheiten, die weiterhin kultisch verehrt wurden. Lange meinte man, damit auf der sicheren Seite zu sein und mit den Analogien zu Ägypten die Religion in Kusch hinreichend beschreiben zu können. Allerdings ist hier große Vorsicht geboten, zumal die Datenbasis generell sehr dünn ist und in meroitischer Zeit sogar noch abnimmt, weil die Texte größteils unverständlich sind. Die eine große Ausnahme sind die Totentexte, deren Sinn wir anhand einiger Gottesnamen und Analogien zu vergleichbaren funerären Texten, Opfertafeln und archäologischen Befunden einigermaßen zu durchdringen glauben. Gerade die Formelhaftigkeit und Stereotypie dieser Totentexte ist jedoch eines der großen Probleme der Meroitistik, denn sie stellen den allergrößten Teil der Texte überhaupt. Mit anderen Worten: Für die Rekonstruktion der meroitischen Religion sind wir vor allem auf archäologische Quellen angewiesen, auf Bestattungssitten, Grabbeigaben und Tempelreliefs. Naturgemäß sind diese ziemlich eingeschränkt in ihrer Aussagefähigkeit und anfechtbar, weil stark interpretationsbedürftig. Vor allem aber ist unsere Sichtweise sehr einseitig, denn sie betont den Staatskult oder die Vorstellungen der Oberschicht allzu sehr. Andererseits ist die Religion Nubiens ein besonders spannendes Forschungsfeld, da sich bestimmte Traditionen wie Steinkreissetzungen oder Tumuli unterschwellig über viele Jahrtausende hielten, und zwar unabhängig von der Staatsreligion.

Übersichten zur Religion im Reich von Kusch beschreiben diese zumeist zweigeteilt:[4] Auf der einen Seite stehen die ägyptischen Götter und ihre Kulte, auf der anderen die indigenen Gottheiten, d. h. einheimische Kulte. Eine weitere Dichotomie ist diejenige zwischen Staatskult und Volksfrömmigkeit, die vielleicht sehr viel entscheidender war. Es ist nämlich völlig unklar, inwieweit die ägyptischen Gottheiten außerhalb der Elite überhaupt verehrt wurden. Umso wichtiger ist es, sich ägyptozentrischer Sichtweisen zu entledigen, was quellenbedingt oft nicht ganz einfach ist. Die Schwierigkeiten hier sind zweifach. Zum einen kann manchmal nicht gesagt werden, ob eine Gottheit überhaupt genuin ägyptisch ist oder nicht vielleicht ursprünglich aus Nubien kam. So war etwa Dedun wohl ein Falkengott aus Unternubien, für Hathor wurden ebenfalls nubische Traditionen angenommen, nubisch sind vielleicht auch die Gottheiten Elephantines, Satet, Anukis und Chnum. Zum anderen ist unsere Sicht auf die ägyptische Religion selbst verstellt, denn hinter der scheinbar unveränderlichen Fassade hat sie sich tiefgreifend verändert, und zwar gerade in der Spätzeit. Es muss also mit mehreren Schichten gerechnet werden: einer alten Schicht, welche auf die Kolonialzeit zurückgeht, und danach mehreren Phasen der erneuten Beeinflussung aus Ägypten. Besonders schwer greifbar ist es, wenn das Wesen von Gottheiten, die uns bekannte Namen tragen und auch ikonographisch entsprechend dargestellt werden, in Nubien eine Bedeutungsverschiebung erfahren hat.

Allein schon die Namensformen zeigen, dass man die ägyptischen und die ägypto-kuschitischen Götter nicht eins zu eins gleichsetzen darf. Die ägypto-kuschitischen Götternamen weisen nämlich vorramessidische Formen auf, d. h. sie sind zumindest in dieser Hinsicht in Neuen Reich »stehengeblieben«. Am auffälligsten ist dies bei Amun, der in meroitischer Zeit noch als *Amani* verehrt wurde, d. h. in einer mittelägyptischen Vokalisation.

Ob die sprachliche Kontinuität diejenige auf der kultischen Ebene reflektiert, ist unklar. Einerseits spielen die großen Tempelzentren noch sehr lange eine beherrschende Rolle, andererseits gibt es auch Hinweise darauf, dass etwa der Amuntempel von Napata nach dem Neuen Reich offengelassen wurde. Wenn Pi(anch)y beschreibt, er habe ihn wieder aufgebaut, muss das nicht wörtlich zu nehmen sein.

# Der Staatskult

Die Religion bildete eine der zentralen Säulen des kuschitischen Staates. Es kann davon ausgegangen werden, dass die Anbindung an die ägyptische Königsideologie und damit vor allem an die ägyptische Religion bewusst geschah:[5] Die frühen Kuschitenherrscher instrumentalisierten die Möglichkeiten, die ihnen die ägyptischen Vorbilder gaben, in ihrem Sinne und propagierten sich als besonders gottesfürchtig. Diese Propaganda ist sogar bis heute wirksam: Pi(anch)y wird in den meisten Geschichtswerken als besonders fromm geschildert. Dieser Herrscher wollte sich als rechtmäßiger Pharao legitimieren, übernahm dabei aber nur diejenigen Aspekte, die dazu dienlich waren, etwa die Gottessohnschaft, die Hieroglyphenschrift und die Ikonographie.[6] Dies zeigt, wie außerordentlich prestigeträchtig die ägyptische Kultur und Religion war: Mit den bereits festgefahrenen Formen des Displays bot sie einen idealen Anknüpfungspunkt für eine aufstrebende Dynastie. Eine wichtige Rolle dabei wird auch die erwähnte thebanische Institution der Gottesgemahlin gespielt haben, die einen der zentralen Hebel bei der Etablierung der Kuschitenherrschaft darstellte.[7] Freilich dürften gerade bei diesem Amt auch kuschitische Vorstellungen mit eingeflossen sein. Im meroitischen Süden traten später andere Vorstellungen in den Vordergrund, vor allem nahm nun Apedemak die Stellung des Königsgottes ein, die zuvor Amun innegehabt hatte. Wie stark das ägyptische Vorbild war, zeigt sich daran, dass viele ägyptische Traditionen gleichwohl weiterbestanden, etwa die Verehrung von Göttern in Tempeln oder die Reliefdekoration.

## Die ägypto-kuschitischen Kulte

Es wurden also auch in Kusch eine Reihe ägyptischer Gottheiten verehrt: Re, Amun, Mut und Chons, Isis, Osiris und Horus, Hathor, Thot und Anubis, Bastet oder Bes.[8] Die meisten von ihnen dürften spätestens während des Mittleren Reiches bis zum 2. Katarakt »vorgedrungen« sein, in der Thutmosidenzeit dann breitete sich insbesondere der Amunskult bis Napata aus. In jener Zeit werden die ersten Tempel ägyptischen Stils in Nubien errichtet, die nicht im Kontext der Festungen des Mittleren Reiches stehen. Sie werden von Ägyptern bewirtschaftet, d. h. ägyptische Handwerker errichteten ägyptische Kultanlagen, in denen ägyptische Priester ägyptische Gottheiten verehrten. Wann, wie und ob dieser Kult nach dem Ende der ägyptischen Kolonialherrschaft abbrach, ist Gegenstand einer anhaltenden Debatte.

Die ägyptischen Götter wurden jedoch nicht eins zu eins nach Nubien transferiert, sondern unterlagen dort einheimischen Einflüssen. Das bedeutendste Beispiel für eine solche Götter-Akkulturation ist der Amun von Napata, der sogar zur »Nubisierung« des ägyptischen Vorbildes führte.[9]

Amun hatte bereits eine beispielhafte Karriere hinter sich, als er in Nubien heimisch wurde: In den Pyramidentexten war er noch ein einfacher Luftgott unter »ferner liefen«, wurde dann von Potentaten, die aus seinem Heimatkultort Theben stammten, systematisch propagiert und stieg zum Götterkönig und Königsgott auf. Mit der thutmosidischen Eroberung Nubiens wurde sein Staatskult natürlich dort ebenfalls verankert, jedoch um der besseren Akzeptanz willen mit einem lokalen Widderkult verknüpft.[10] Amun erhielt also seine noch unter Alexander dem Großen so charakteristischen Widderhörner erst in Nubien – die erste Darstellung findet sich auf dem Tombos-Relief Thutmosis' III.

Nicht zuletzt mit dem Aufstieg des thebanischen »Gottesstaates« in der Spätzeit wird Amun zur dominanten Gottheit des Pantheons. In der Kuschitenzeit ist es dann Amun, der den König auswählt und auf den sich dieser beruft. Zugleich werden die kuschitische Konzepte von Wahl- und Reisekönigtum mit einbezogen, v. a. durch die etappenweise Investitur an den verschiedenen Amunzentren des Landes. Denn in Nubien gab es nicht nur den Amun von Napata, sondern weitere Amun-Manifestationen.[11] Die starke lokale Verwurzelung von Kulten scheint ein Charakteristikum Nubiens zu sein, das sich mit den starken Einfluss des (Semi-)Nomadismus erklärt: Durch einen Schrein wird der Anspruch auf eine Region erworben und dokumentiert; die Clans binden ihren Gott an ihr Land, wo sie die Gruppenzusammengehörigkeit durch Feste etc. an den auch ökonomischen Zentralorten festigen. Dies erklärt übrigens, warum die ägyptische Religion für die Machthaber so attraktiv waren, denn sie ist stark polytheistisch-lokal geprägt, d. h. die Inklusion in das ägyptische Pantheon war für die Kuschiten eine Möglichkeit, die Kontrolle über die verschiedenen Gruppen im Land zu erhalten.

Freilich blieb der Amun von Napata immer eine zentrale Gestalt – Napata galt gewissermaßen als zweites Theben. Die napatanischen Stelengiebel zeigen meist in der Mitte antithetisch auf der einen Seite den anthropomorphen ägyptischen Amun (meroit. *Amnp*, »Amun von Opet« bzw. *Amnote/Amni/Note*, »Amun von Theben«) und neben ihm den Amun von Napata (meroit. *Amnpte*) mit dem Kopf eines Widders mit gekrümmten Hörnern (*ovis platyura aegyptica*) – beide mit einer hohen Federkrone. Den napatanischen Amun stellte man sich als im Gebel Barkal ruhend vor, inspiriert wohl durch eine Felsnadel, die früher noch deutlicher als heute wie eine angreifende Königskobra aussah. Zwei andere Amun-Gestalten von Bedeutung waren der Amun von Pnubs/Kerma (meroit. *Amnbse*), der von Naga und der von

Kawa – letzterer ist erkennbar an den geraden Widderhörnern (*ovis longipes palaeoaegyptiaca*). Gleiche Kronen deuten auf sekundäre Kulte hin, z. B. trägt der Amun von Naqa die Krone des Amun von Napata. Auffälligerweise ist ein Amun von Meroë (*Amni Bedewite*) zwar bezeugt, er scheint jedoch nicht besonders wichtig gewesen zu sein.

Eine der wenigen Gottheiten, die alle Nubier verehrt zu haben scheinen, war Isis (meroit. *Wos*). Diese Popularität verdankte sie einem Charakteristikum: Sie war zugleich als Muttergottheit für die Lebenden und als Totengottheit für die Verstorbenen attraktiv. In meroitischer Zeit wurde sie – wie zeitgleich auch im Römischen Reich – zu einer der zentralen Gottheiten und ihr Kult in Philae zu einem überregionalen Pilgerzentrum. So gab es dort eine jährliche Bootsfahrt von Philae nach Debod und Dakka, an der oft meroitische Würdenträger teilnahmen, darunter auch Prinzen und Könige.[12] Die Inschrift des Harsiyotef beschreibt die Ausstattung von Festen für Isis und Osiris (meroit. *Asore*) im ganzen Land; Könige wurden dargestellt, wie sie von Isis gesäugt werden; die Königsmutter wurde mit Isis identifiziert, da ihr Sohn, der König, als Horus (meroit. *Ar*) auf Erden galt. Trotzdem tritt Isis außerhalb der meroitischen Opferformeln selten prominent als eigenständige Gottheit in Erscheinung. Wenn, dann ist sie Gemahlin des Osiris bzw. in fast allen größeren Tempeln als Königsgöttin der weibliche Gegenpart von Amun oder Apedemak.

Ebenfalls sehr populär war der Gott Bes (meroit. *Ḫsḫs-li*, »der Tänzer«?), ein eigenartiges Mischwesen aus einem verwachsenen Menschen mit Löwenmähne. Trotz seiner Zwergengestalt wird er in Kusch mehrfach in Monumentalform dargestellt.

Die Ikonographie folgt grundsätzlich ägyptischen Vorbildern (▶ Abb. 15): Das betrifft die sog. Aspektive, also die typisch ägyptische »umgeknickte« Darstellung von Figuren, genauso wie die Attribute oder die Kleidung der Götter – diese tragen in Ägypten die Mode des Alten Reiches, also die männlichen einen kurzen Lendenschurz und die weiblichen ein langes Trägerkleid. Abweichungen bzw. ein nubischer Einschlag sind eher selten und vor allem stilistischer Natur; eine Ausnahme sind die erwähnten Schmucknarben (▶ Abb. 14). Übrigens wird in der meroitischen Sprache nicht zwischen Gott und Göttin unterschieden, denn das Meroitische kennt kein grammatisches Geschlecht. Die For-

Der Staatskult

**Abb. 15:** Die wichtigsten Götter des ägypto-kuschitischen Staatskults: Links der löwenköpfige Apedemak, rechts oben der widderköpfige Amun von Napata und der menschenköpfige Amun von Theben, darunter Isis und Amesemi sowie Sebiumeker und Arensnuphis (Baud 2010 a, 194–199).

mel *mk-lḫ-l-i* (»oh große Gottheit«) ist demnach genusneutral; möglicherweise weist jedoch die Fügung *mkdi/e* explizit eine weibliche Gottheit aus (wörtlich »Gott-Frau«).

Wahrscheinlich waren auch die Rituale und Zeremonien zumindest ägyptisch beeinflusst, denn es wurden ägyptische Hymnen gebraucht,[13] aber Näheres ist unbekannt.[14] Immerhin wissen wir, dass die Libation in Nubien wie Ägypten eine der zentralen Kulthandlungen war.[15] Es scheint, als sei das tägliche Tempelritual nicht so wichtig gewesen wie in Ägypten. Prominent waren die Barkenprozessionen, daher auch die häufigen Funde von Barkenständen. Neujahr war sicherlich ein wichtiges Fest im meroitischen Kultkalender, schon aufgrund seiner Verbindung mit der Nilflut und dem Königtum.[16]

## Die indigenen Kulte

Was genau politisch hinter dem Wechsel der Nekropole von der Region Napata nach Meroë liegt, ist unklar. Deutlich ist jedoch, dass sich in den repräsentativen Darstellungen vieles verschiebt: Die indigenen Elemente und Kulte werden stärker betont,[17] zugleich wird in Unternubien die Hinwendung nach Ägypten selbst – genauer gesagt zum Isiskult von Philae – stärker. Um die Zeitenwende kommt es wieder zu einer Art »Renaissance«, vielleicht auch als Gegenreaktion zur römischen Herrschaft in Unternubien.

Die sicherlich wichtigste Neuerung ist das Erscheinen eines neuen Hochgottes, Apedemak.[18] Sein Name bedeutet möglicherweise »Schöpfer-Gott« (*Apeḏe-maka*).[19] Ihm geweihte Tempel sind praktisch nur in der Butana zu finden, im meroitischen Süden – hervorzuheben sind die besonders gut erhaltenen »Löwentempel« von Musawwarat es-Sufra (um 220 v. Chr.) und Naga (um die Zeitenwende). Weiter im Norden scheint er kaum verehrt worden zu sein. Apedemak übernahm immer mehr die Rolle des Königsgottes, die zuvor Amun zugekommen war. Dies wird besonders in Darstellungen Amuns bei der Übergabe der Königsmacht deutlich, in denen er immer häufiger Attribute trägt, die eigentlich für Apedemak typisch sind. Dieser ist seiner Löwengestalt entsprechend primär ein Kriegs- und Jägergott, d. h. er trägt Pfeil und

Bogen sowie die *hmhm*-Kriegskrone und hält Gefangene an Seilen. Zugleich wird Apedemak mit Fruchtbarkeit und der Nilflut in Verbindung gebracht, was mit seiner Nähe zum Königtum zusammenhängen dürfte.

Apedemak wird auf sehr unterschiedliche Weise dargestellt. Er kann anthropomorph mit Löwenkopf erscheinen oder einfach nur als Löwe. Sehr speziell ist die löwenköpfige Schlange, die sich an den Schmalseiten mancher Pylone findet. Noch auffälliger ist eine Darstellung aus Naga, wo er – einer indischen Gottheit gleich – frontal und mit zwei antithetischen Profilen gleichzeitig und mit vielen Armen dargestellt wird. In zwei Felsschreinen oberhalb von Tempel F in Naga finden sich zudem Ritzzeichnungen mit einem frontalen Löwenkopf. Gepaart war Apedemak entweder mit Isis oder mit einer weiteren indigenen Gottheit, Amesemi. Mit ihnen und Horus bildet er teilweise eine Göttertriade.

**Abb. 16**: Rekonstruktion des Tempels von Sebiumeker und Arensnuphis in Musawwarat es-Sufra (Raue 2019, 857).

Zwei ebenfalls sehr eigentümliche kuschitische Gottheiten sind Sebiumeker und Arensnuphis, schon allein, weil sie häufig zusammen vorkommen, etwa als monumentale Schutzgottheiten bzw. Wächterfiguren am Eingang von Tempeln wie in Musawwarat (▶ Abb. 16) oder Tabo (Sebiumeker links, Arensnuphis rechts).[20] Dabei war Sebiumeker (meroit. *Sabo-maka-l*, »Der Gott Sabo«) sicherlich genuin kuschitisch. Er wird anthropomorph mit der ägyptischen Doppelkrone und Götterbart dargestellt. Ihm konnte bisher keine eigene Kultstätte zugewiesen werden. Eine der Auffälligkeiten an Arensnuphis ist der Umstand, dass dieser nubische Gott einen (gräzisierten) ägyptischen Namen trägt: *Ir.i-ḥms.w-nfr* (»Guter Kamerad«). Ursprünglich war dies ein Beiwort des ägyptischen Gottes Schu bzw. Horus in unternubischen Tempeln aus ptolemäisch-römischer Zeit. Wahrscheinlich hat sich hier eine Hypostase schlichtweg verselbständigt. Arensnuphis war eine kriegerische Jägergestalt, d. h. er wird anthropomorph oder fallweise als Löwe oft mit einem Speer dargestellt, hält manchmal eine Gazelle, trägt eine hohe Atef-Krone und einen Götterbart. Ägyptische Texte – der Gott wurde auch zusammen mit Isis in Dendur und Philae verehrt – assoziieren ihn mit Dedun oder Onuris.

Wie wenig wir über die indigenen Gottheiten wissen, zeigt sich an dem Umstand, dass ein einziger Fund sehr viel verändern kann. So wurden vor wenigen Jahren in Naga eine Stele gefunden, auf welcher die Göttin Amesemi dargestellt wird (▶ Abb. 14), die als Gemahlin des Apedemak gilt.[21] Sie war zwar vorher schon von einem Relief am Löwentempel von Naga bekannt, wo sie etwas korpulenter als ihre ägyptischen Mitgöttinnen gezeigt wird, jedoch erst seit dem Stelenfund kennen wir ihren Namen. Sie trägt eine Kappe mit zwei Falken auf einer Mondsichel und auf den neugefundenen Reliefs auch Schmucknarben im Gesicht.

Von weiteren meroitischen Gottheiten kennen wir nicht viel mehr als ihre Namen, etwa vom Sonnengott Masa (meroit. *Ams*, »Sonne«) oder von Aqedise, hinter dem sich vielleicht eine Form des Mondgottes Chons verbirgt. Mandulis war der wichtigste Gott der Blemmyer und wurde in Kalabscha als Falke verehrt.

Meist ist es recht einfach, das wenige zusammenzutragen, was wir wissen. Viel schwieriger ist es jedoch, das Fehlen bestimmter Konzepte nachzuweisen. Einer dieser Fälle wäre die Vergöttlichung des Königs, die wir aus Ägypten gewohnt sind. Bei den Kuschiten scheint dies nicht üblich gewesen zu sein. Der verstorbene König galt hingegen durchaus als göttlich, wie die Aspelta-Stele bezeugt. Den Pyramidenkapellen von Meroë nach zu urteilen, wurde er mit Osiris oder Sokar gleichgesetzt.[22]

## Weitere Einflüsse

Wie problematisch es ist, wenn man nur auf archäologische Quellen angewiesen ist, zeigt sich beim Thema Hellenismus. Das Vorkommen von Luxusgütern aus der Mittelmeerwelt wird gerne als hellenistischer Einfluss gedeutet – dabei hatte die Elite vielleicht einfach nur Freude an seltenen und daher wertvollen Objekten. Gleichwohl dürfte der Hellenismus auch an Meroë nicht spurlos vorbei gegangen sein. So orientierte man sich dort durchaus an der Königsideologie der Ptolemäer – Serapis etwa ist in Nubien ebenfalls belegt. Für Dionysos könnte es sogar eigene Formen der Verehrung gegeben haben:[23] Wein ist ziemlich präsent in Meroë, von den Grabbeigaben über die Reliefs der Grabkapellen bis zu ornamentalen Weinranken.[24] Dies bedeutet jedoch nicht, dass jede Ranke sogleich auf Dionysos verweist. Am prominentesten tritt hellenistischer Einfluss in der Bauornamentik in Erscheinung, insbesondere am Palast Natakamanis in Napata.[25]

Ein spezieller Fall ist das sog. »Royal Bath« in Meroë aus den ersten Jahrhunderten v. Chr. Wie der etablierte Name schon sagt, meinte man früher, hier die Nachbildung römischer Thermen vor sich zu haben – heute sieht man in ihm einen Kultort, der in Zusammenhang mit der Nilflut und damit Neujahr steht. Sein Figurenschmuck mit Satyrn ist dezidiert mediterran bzw. versucht, griechisch-römische Kunst zu imitieren. Da hätten wir Musikanten mit Doppel- und Panflöten und Kithara, die auf einen dionysischen Festcharakter verweisen; die Teilnehmer legten sich auf Klinen zum Festmahl nieder.[26]

Neben mediterranem Einfluss könnte es auch Einflüsse vom indischen Subkontinent gegeben haben – zumindest wurde dies bereits erwogen:[27] Wir erinnern uns etwa an die Schiva-artige Darstellung des Apedemak in Naga. Die Fachwelt ist jedoch skeptisch geblieben. Der Bezug zu Äthiopien wurde bislang noch nie systematisch untersucht, obwohl die Kontakte vergleichsweise eng gewesen sein müssen.[28] So könnte man sich vorstellen, dass Bezüge zwischen dem schlangenförmigen Apedemak und den abessinischen Schlangenkulten bestanden.[29]

## Tempel

Unsere wichtigsten Quellen zum Staatskult sind selbstverständlich die in Kusch errichteten Tempel. Die neueste Literatur hierzu ist in zwei Aufsätzen von Josefine Kuckertz und Alexandra Ridel versammelt, typologische Fragen behandeln zwei Arbeiten von Pawel Wolf und Caroline Rocheleau.[30]

In Nubien sind neben freistehenden Kultbauten – große Tempel, Kioske und Grabkapellen – auch Heiligtümer nicht unüblich, die in den Felsen gehauen wurden. Möglicherweise geht diese Tradition in Ägypten auf nubischen Einfluss zurück. Viele der größeren Tempel sind Gründungen aus dem Neuen Reich, d. h. in der Kuschitenzeit konnten sie bereits ein beträchtliches Alter vorweisen. Gleichwohl fällt auf, dass etwa Taharqo zahlreiche Amuntempel neu bauen ließ, etwa in Sanam, Kawa oder Tabo. Seine Inschriften beschreiben diese Aktivitäten, etwa den Einsatz von Handwerkern aus Memphis oder die vier Jahre Bauzeit am Tempel T in Kawa.

Die kuschitenzeitlichen und napatanischen Tempel folgen ganz dem ägyptischen Schema, d. h. sie sind symmetrisch und bestehen aus einer axial aufbauenden Folge von Räumen, die nach hinten immer kleiner und dunkler werden und höher liegen. Damit weisen sie auf den Urhügel der Schöpfung hin. Der Weg zum Allerheiligsten steigt immer mehr an und wird immer exklusiver: Während Pylon, Kolonnadenhof und Hypostylenhalle noch halb öffentlich waren, gelangten nur Auserwählte durch eine vorgelagerte Säulenhalle, einen Pronaos, ins Sanktuar; streng genommen eigentlich nur der König bzw. seine Stellvertreter. Da der König als Mittler zu den Göttern galt, waren Statuen des Herrschers im Hof aufgestellt, zu dem wohl jeder Zugang hatte.

Die Tempel in Kusch waren jedoch keineswegs sklavische Kopien des ägyptischen Vorbildes – es kam durchaus zu einigen signifikanten Neuerungen, allen voran die Kioske und Portikos. Diese beiden Elemente wurden in Ägypten übernommen und veränderten das Aussehen der Tempel dort grundlegend.[31] Die sicherlich bedeutendste Neuerung der kuschitischen Sakralarchitektur war das freistehende Sanktuar, der sog. »Einraumtempel«.[32] Im Einzelnen dürfte es sich um Adaptionen an spezifisch kuschitische Kultbräuche handeln. So wurden Kapellen für Re-Harachte eingeführt, d.h. es gab im Tempel Treppen zum Dach, damit die morgendliche Sonne begrüßt werden konnte. Auffällig sind auch Türen in der Hypostylenhalle, die einen Zugang zu dieser oder auch zum Hof schufen.

Die Kultbauten standen nicht isoliert, sondern waren Bestandteil von Ensembles, umgeben von einer rechteckigen oder ovalen Temenosmauer: Zu den großen Amuntempel führten etwa Widderalleen, vor den Pylonen waren Flaggenmasten aufgestellt, Baldachine werden immer wieder dargestellt, Barkenstände dienten dazu, Kultbarken mit dem Götterbild während Prozessionen abstellen zu können. Auch an der Rückseite von Tempeln fanden Kulthandlungen statt. Charakteristisch sind auch Rampen bzw. Podien – könnten dies Relikte der Verehrung von Bergen sein?

Errichtet wurden die kuschitischen Tempel vornehmlich aus nubischem Sandstein. Dabei kamen vor allem mittelgroße rechteckige Blöcke zum Einsatz – lediglich tragende Teile oder schützende Elemente wie Architraven oder Türrahmen waren aus größeren Bauteilen gefertigt. Daneben gibt es Bauten aus Ziegeln, deren Seitenelemente mit Stein verstärkt wurden. Sowohl die massive wie auch die Schalenbauweise sind üblich. Beschlagene Doppeltore führten in die größeren, einfache Türen in kleinere Tempel. Den Inschriften zufolge waren die Säulen teilweise mit Goldbelag überzogen. Kleinere Räume waren mit Sandstein gedeckt, Kapellen auch von Gewölben überspannt. Für die größeren Anlagen benötigte man Balken aus Zedernholz; daneben gab es aber selbst bei Heiligtümern Dächer aus Palmwedeln mit Lehmbewurf.

Der Bauschmuck folgt ebenfalls dem ägyptischen Modell:[33] Rundstab, Hohlkehle oder Uräenfriese bilden den oberen Abschluss des Gebäudes vor dem Dach, das durch löwenköpfige Wasserspeier entwässert wurde. Zwar hatten die Kuschiten wohl eine gewisse Vorliebe für Palmkapitelle, Lotos- oder Papyrus(bündel)kapitelle kommen jedoch ebenfalls häufig vor. Ab der Ptolemäerzeit werden die zeitgleich in Ägypten vorherrschenden Kompositkapitelle ebenfalls eingesetzt. Die napatanischen Säulen sind übrigens etwas schlanker als die ägyptischen des Neuen Reiches. Besonders sind die Hathorsistren-Kapitelle und die Pfeiler in Gestalt des Gottes Bes in Napata. Sie stehen vor Tempeln, die teilweise in den Fels getrieben wurden. An genuin nubischen Felsheiligtümern wäre vor allem die mit Darstellungen versehene Höhle von Gebel Queili zu nennen. Bemerkenswert sind die sog. »Dreiköpfe« über den Eingängen meroitischer Kultbauten, in der Mitte ein Widder mit Sonnenscheibe, seitlich zwei Löwen oder Arensnuphis und Sebiumeker bzw. wohl Isis und Hathor.[34]

Dekoriert waren die Tempel innen wie außen mit Reliefs, die verputzt und bemalt sowie teilweise mit Goldauflage oder Einlagen etwa bei den Augen versehen waren. Wie in Ägypten waren die Kultbauten nicht einfach nur Wohnungen der Götter, sondern auch Modelle der Welt. In meroitischen Tempelreliefs steht jedoch nicht die Ausführung der Kulthandlungen durch den König im Vordergrund, sondern dessen Auswahl und Legitimation. Aus Ägypten wurde die aspektivische Darstellung übernommen, d. h. in »kubistischer« Manier werden die verschiedenen Körperteile gleichzeitig in der ihnen besonders eigenen Ansicht dargestellt, etwa die Augen von vorne, aber das Gesicht im Profil. Auch die Grundzüge der Ikonographie stammen vom nördlichen Nachbarn, wenn sie auch mit neuen Inhalten gefüllt werden. Teilweise ist noch die starke Abhängigkeit von ägyptischen Vorlagen spürbar – so hängen bestimmte Reliefs in Kawa sogar mit Vorlagen aus dem Alten Reich zusammen. Neu ist, dass auch die Schmalseiten der Pylone dekoriert werden.

Beliebt waren monumentale Götterstatuen oder Statuenpfeiler vor den Tempeln,[35] etwa in Tabo, am Isistempel in Meroë oder am Tempel 300 von Musawwarat. Besonders an ihnen ist, dass die Figuren an den Außenseiten über die gesamte Höhe des Tempels reichen. Ebenfalls speziell meroitisch sind halbplastisch dekorierte Kolumnenbasen in der Form von Löwen oder Elefanten wie in Musawwarat.

Der typisch meroitische Kultbau war – wie bereits erwähnt – der Einraumtempel. Meist geht man davon aus, die Mehrraumtempel seien ägyptischen und die Einraumtempel einheimischen Göttern geweiht gewesen – dies lässt sich jedoch so nicht nachweisen.[36] Letztere gelten zudem fast immer als Löwentempel, was ebenfalls oft hypothetisch ist. Dass Mehr- und Einraumtempel völlig unterschiedlichen Konzepten folgen, liegt auf der Hand: Im einen nähert man sich der Gottheit sukzessive, während dem anderen eine konzentrische Vorstellung zugrunde liegt. Möglicherweise gehen die Einraumtempel auf monumentalisierte Rundhütten zurück, zumindest wurden in Dukki Gel und Wadi ben Naga in jüngster Zeit derartige Bauten nachgewiesen.[37] Der sog. »Omphalos« von Napata, ein bisher recht enigmatisches Monument, ist wahrscheinlich die steinerne Abbildung eines solchen Tempels;[38] in der Stele des Nastasen wird das Wort für Kapelle mit einer vergleichbaren, uräenbekrönten Hieroglyphe determiniert.

Vielleicht sollte man nicht allzu viel in die Typologie hineindeuten: Die ersten Einraumtempel sind napatanisch und können auch um einen Peripatos oder Umlauf erweitert sein. In Basa sind wie in Alexandria die Ecksäulen der Kolonnade besonders markiert.[39] In Meroë gibt es andererseits auch zweiräumige Löwentempel, d.h. wir haben entweder nur einen Naos oder einen Naos mit Pronaos.

Einige der meroitischen Bauten gründen nicht auf der ägyptischen Elle von 52,3 cm, sondern auf dem Vitruv'schen Modell, d.h. der unterste Durchmesser der Säulenbasen wurde als Einheit genommen, auf der das gesamte Bauwerk basierte.[40] Als harmonisches Verhältnis galt 8:5. Die Bauten waren am Nil oder astronomisch orientiert, z.B. wird der Barkenstand im Amuntempel von Naga genau zu Frühlingsbeginn beleuchtet.

Mehrere Kultbauten verdienen besondere Erwähnung. Da wäre zum einen der »Sonnentempel von Meroë« (M. 250)[41] – so genannt, weil man ihn für den von Herodot so bezeichneten Tempel hielt. Das freistehende Sanktuar liegt auf einem Podium, auf das eine Rampe führt, und hatte einen Säulenumgang. Wichtig sind vor allem die leider schlecht erhaltenen Reliefs auf dem Podium, darunter eine Darstellung des Tempels selbst. Zum anderen wäre der sog. »Römische Kiosk« von Naga zu nennen, der auf sehr beeindruckende Weise griechisch-römische Elemente (insbesondere alexandrinische) mit ägypto-meroitischen kombiniert.[42] Es wird vermutet, dass es sich bei diesem Kultbau um eine Hathorkapelle handelt.[43] Schließlich sollte das »Royal Bath«

in Meroë noch einmal erwähnt werden.[44] Dieses Wasserheiligtum bestand aus einem großen Becken, an dessen südlichem Rand Löwenausgüsse angebracht waren, über die durch ein System von Kanälen die erste Nilflut hereingelassen wurde. Die mediterran beeinflusste Dekoration, etwa die Statue eines Harfinisten, wurde bereits angesprochen.

Schließlich noch ein paar Worte zum Kultablauf selbst. Wir können annehmen, dass es im Staatskult etwas wie ein tägliches Opfer gab, ähnlich dem in Ägypten üblichen Tempelritual – sicher ist dies jedoch keineswegs. Wir wissen lediglich, dass in Nubien die Libation generell eine sehr wichtige und verbreitete Kulthandlung war – nicht verwunderlich bei derartigen klimatischen Bedingungen. Dieses Trankopfer konnte aus Wasser, aber auch Wein oder Milch bestehen und wird oft abgebildet – die meroitischen Opferplatten dienten zu seiner Verrichtung. Jeder Kult hatte bestimmte Feste (▶ Abb. 17), daneben gab es große Festivitäten im Jahresablauf, etwa die erwähnte Feier der Nilflut oder das Choiak-Fest, bei dem die Wiedergeburt des Osiris begangen wurde. Oft kann man sogar wörtlich von begehen sprechen, denn Barkenprozessionen waren, den vielen Barkenständen nach zu urteilen, ebenfalls weit verbreitet – sie waren eine Möglichkeit für das gemeine Volk, am Kult teilzuhaben.

**Abb. 17:** Relief einer Tempelprozession mit Musikern aus Kawa (MacAdam 1955, Taf. XIV).

# Der Volksglaube

In Naturreligionen sind meist Tiere und Orte heilig, d. h. das Numinose wird auf Anhöhen oder Bergen, in Höhlen oder an Felsen angebetet – so auch in Nubien. Die Verehrung von Tieren ist am besten im Falle des Amun zu fassen, der, wie erwähnt, mit einem indigenen Widderkult verschmolzen war. Der höchste Gott wurde also gleichgesetzt mit dem Tier, das für einen Großteil der Menschen die Lebensgrundlage bildete. Apedemak wurde hingegen als Löwe verehrt, womit sicherlich das Raubtier gebannt werden sollte. Zugleich war der Löwe – wie in den meisten Kulturen – ein Symbol für Macht.

Dass Muttergottheiten populär waren, verwundert nicht; so erklärt sich auch die Bedeutung der Isis. Hinzu kommt, dass die Frauen in der Gesellschaft und damit auch im königlichen Dogma eine bedeutende Rolle spielten. Wahrscheinlich sind bestimmte ägyptische Gottheiten nur die bildgewordene Ausprägung von Numina, die schon lange verehrt wurden und nun als Bes, als Anubis oder Isis Gestalt annehmen. Dass die Gottheiten mit ihren ägyptischen Vorbildern nicht ganz deckungsgleich sind, ist ein deutlicher Hinweis darauf. So wird etwa Anubis mit dem Vieh in Verbindung gebracht, was in Ägypten nicht vorkommt. Damit stellt sich dann auch die Frage, inwieweit die einfache Bevölkerung überhaupt jene ägyptischen Götter verehrte.

Warum sich an gewissen Orten Kultstätten herausbildeten, ist häufig offensichtlich, oft jedoch auch weniger. Manchmal wurden Schreine errichtet, anderenorts auch nicht: Dann ist nur durch den Fund von Opfergefäßen, Graffiti oder Votivgaben klar, dass es an einem bestimmten Platz zu irgendeiner Form von Verehrung gekommen sein muss. Eindeutig sind Fälle wie der Gebel Barkal (äg. $\underline{d}w\ w'b$, »Reiner Berg«) mit seiner Felsnadel oder der Gebel Queili mit seiner Höhle und der natürlichen Zisterne oben auf dem sehr dominanten Berg mitten in der Steppe. Es darf angenommen werden, dass bei Höhlen ein Bezug zur Unterwelt gesehen wurde; Götter dachte man sich als im Berg residierend. Eine der bedeutendsten Höhlenheiligtümer lag bei Seyala: Es war von der A-Gruppe bis in römische Zeit in Gebrauch und mit künstlichen Nischen und Malereien ausgestattet. Im Höhlenheiligtum von Gebel Queili ist

109

eine Königin mit einem Prinzen dargestellt, d.h. hier ist in gewisser Weise sogar der Staatskult präsent.

Eine derartige Unterscheidung existiert vielleicht sowieso nur in unserer modernen Konzeption. Ein Beispiel mag dies verdeutlichen: Die magische Bannung von Übelwollendem ist sicherlich ein Aspekt des Volksglaubens, aber dies heißt nicht, dass sie im Staatskult nicht vorkommt – im Gegenteil. Die zahlreichen Darstellungen von Gefangenen zeigen dies deutlich. Es gibt sogar einen bestimmten Statuentyp, der als Basis für einen Fahnenmast diente. Dieser steckte dann in der Brust eines dadurch gepfählten Gefangenen.[45]

Was Bergheiligtümer angeht, so wäre etwa eines 2 km südlich der Siedlung von Gebel Adda zu nennen, bei dem sich zahlreiche meroitische und ein griechisches Graffito fanden. Hier wurde nicht nur eine lokale Form des Amun angerufen, sondern auch Isis von Philae und Isis vom Abaton, d.h. überregionale Götter. Ablagen von Keramik am Fuße des Berges sind ein klarer Indikator für die Beliebtheit dieses Kultortes.

Im Vergleich zu anderen Kulturen fällt auf, dass Hausaltäre im Befund der nubischen Archäologie fehlen – im Gegensatz etwa zu Gründungsopfern, die oft aus einer Metallplatte, Keramik, Tierknochen und Schmuck bestehen. Ähnlich dem christlichen Weihwasser war auch die Libation etwas, womit die einfache Bevölkerung am Kult teilnehmen konnte, denn in den ersten Höfen großer Tempelanlagen gab es Libationsaltäre. Weitere Möglichkeiten der Interaktion waren die Tempelprozessionen, die zu den großen Festen stattfanden. Eng damit verknüpft ist die Praxis, dass ein Gott in einem Orakel befragt werden konnte. Wie das Material von Qasr Ibrim zeigt, konnten auch einfache Leute dort ihre Bitten vorbringen: ein demotischer Text macht etwa deutlich, dass ein Bekannter des Bittstellers im Gefängnis saß und wissen wollte, womit er Amun erzürnt habe. Graffiti dürften oft einen ähnlichen Zweck erfüllt haben. Häufig stammen sie von Pilgern.

Pilgerreisen waren wohl ziemlich verbreitet, in Gruppen oder einzeln. Sie hatten nicht nur den großen Isistempel von Philae zum Ziel, wohin sogar meroitische Könige pilgerten, oder den Amuntempel von Qasr Ibrim, sondern auch die Höhle von Seyala – hunderte von Graffiti dort legen Zeugnis davon ab. Wahrscheinlich suchten die Pilger Heilung oder wollten an bestimmten Festen teilnehmen, etwa dem Besuch der Isis am Osirisgrab. Beim Amuntempel von Qasr Ibrim mit seinem Orakel wurde ein Podium gefunden, auf dem Füße mitsamt den meroitischen Namen ihrer Besitzer abgebildet sind.[46] Wahrscheinlich dienten die Ritzzeichnungen dazu, Beistand zu erbitten, d. h. es handelt sich bei ihnen sozusagen um die Gebete der Illiteraten. Bildmagie spielte in gewisser Weise auch bei den weit verbreiteten Amuletten eine Rolle: Wie die Fuß-Graffiti dürften sie dazu gedient haben, um die Heilung der jeweils abgebildeten Körperteile zu bitten. Daneben finden sich selbstverständlich die üblichen ägyptischen Amulettformen, etwa die Hieroglyphen für »Dauer«, »Leben« oder »Schutz«.

In vielen Gräbern – von Geringen wie Mächtigen – wurden »heilige Steine« gefunden. Der prominenteste von ihnen stammt aus dem Grab Pharao Taharqos: ein Block aus grünem Feldspat, der mit Metall umwickelt war. Was sich hinter diesen Steinen verbirgt, ist völlig unbekannt. Kleinere Steine konnten offenbar auch als Opfer im Tempel dienen, wie etwa Befunde aus dem Tempel B. 700 in Napata zeigen. Manche hatten erkennbar eine spezifische Form und erinnerten damit an Tiere, Phalli oder weibliche Figuren – andere waren einfach besonders schön gezeichnet oder gefärbt.

## Bestattungssitten

Die Art und Weise, wie Menschen ihre Toten bestatten, lassen meist Rückschlüsse auf die entsprechenden religiösen Vorstellungen zu – so auch in Nubien. Seit dem Neolithikum schlägt sich die soziale Differenzierung in den Gräbern nieder, d. h. hochrangige Personen haben größere, aufwändigere Gräber, mehr und wertvollere Beigaben bis hin zu den vielen Menschenopfern und ganzen Rinderherden bei den Königen von Kerma. Grundsätzlich stellte man sich folglich nicht nur vor, dass es ein Leben nach dem Tode gibt, sondern auch, dass dabei der Status erhalten bleibt. Zum einen nahmen die Menschen persönliche Gegenstände wie Schmuck mit ins Grab – Gebrauchsspuren zeigen, dass sie zu Lebzeiten verwendet worden waren; zum anderen wurden ihnen aber auch Objekte mit ins Grab gegeben, die ihr Leben nach dem Tode sichern, sorgenfrei oder angenehm machen sollen, etwa Uschebtis oder Vorratsgefäße. Dazu gehören Objekte, die den Status des Toten anzeigen, z. B. Waffen, Toilettenartikel oder Luxuswaren. Anzahl und Art der Grabbeigaben war somit vom Wohlstand zu Lebzeiten abhängig, wobei sich allerdings gerade in den größeren Tumuli oft wenige und in denen der Unterschicht viele Beigaben finden.[47] Am häufigsten handelt es sich dabei um Schmuck oder Keramik, die oftmals eigens für das Begräbnis hergestellt worden zu sein scheint – jedenfalls legen dies Motive wie die Darstellungen von Opfertafeln oder das Isissymbol nahe.[48] Die häufig vorkommenden Getränkebehälter mit darübergestülptem Trinkbecher erinnern an die heute noch in Nubien gebräuchlichen Wasserkrüge. Deponiert wurden die Beigaben oft an einer speziellen, manchmal eigens gemauerten Ablagestelle oder häufig einfach in der Nähe des Kopfes.

Besonders spannend ist, dass bestimmte Bräuche sogar mehrere Religionswechsel überlebt haben. So tragen etwa die Teilnehmer der Grabprozessionen für Angehörige der meroitischen Oberschicht Palmwedel – die wiederum auch heute noch auf dem Grab deponiert werden. Auch Trankopfer sind heute noch weit verbreitet, ebenfalls die Art des Grabbaus. Die Oberflächenstrukturen moderner Gräber auf der Insel Sai sind genauso beschaffen wie die 4000 Jahre älteren Tumuli der C-Gruppe in wenigen Kilometern Entfernung: um den Grabhügel ein Ring aus dunklen Steinbrocken, innen eine Schicht weißer Quarzkiesel.

Mehrere Elemente von Bestattungen gelten als typisch »nubisch«. Zum einen sind es die vor allem in der Kerma-Kultur verbreiteten Totenbetten, die nicht nur den oberen Zehntausend vorbehalten waren. Zum anderen ist es die kontrahierte Stellung des Toten. So gelten Gräber, in denen der Tote in ausgestreckter Haltung begraben wurden, als »ägyptisiert«. Dies ist jedoch sehr fraglich, denn beide Formen existieren in Nubien bereits seit Jahrhunderten nebeneinander. Ähnliches gilt für die Grabbeigaben.

Die Forschung zu den Bestattungssitten in napatanischer Zeit wurden jüngst von Angelika Lohwasser und Timothy Kendall zusammengefasst, die entsprechenden Angaben für die meroitische Elite finden sich in einer Arbeit von Jana Helmbold-Doyé.[49] Neben den Königsnekropolen el-Kurru, Nuri, Napata und Meroë sind vor allem die napatanischen Nekropolen einfacherer Bevölkerungsschichten in Qustul, Debeira, Mirgissa, Missimina, Hillat el-Arab, Sanam und Meroë zu nennen. Aus meroitischer Zeit sind allein in Unternubien 141 Friedhöfe mit über 10.000 Gräbern und über 17.000 Bestattungen bekannt.[50]

Generell sind die Toten abseits der Siedlungen in eigenen Nekropolen gestattet, getrennt von der Welt der Lebenden. Dabei sind Kindergräber kaum nachgewiesen – ob dies an ihrer geringen Tiefe liegt, am Fundzufall oder ob sie nicht oder ganz abseits bestattet wurden, ist nicht zu entscheiden.[51] Mehrfachbestattungen sind nicht unüblich, wahrscheinlich drücken sie den Verbund von Familien oder Clans aus. Einzelbestattungen sind lediglich in der Oberschicht oder bei den ganz Armen die Regel. Neben den unterirdischen Teilen des Grabes (Gruben oder Kammern) gab es oberirdische Installationen, welche zunächst einmal vor allem der Markierung des Grabes zum Zwecke des Gedenkens, des Totenopfers, diente. Dies kann nur ein einfacher hölzerner Pfosten sein oder größere Tumuli bis hin zu Pyramiden. In der späteren meroitischen Zeit waren Letztere nicht mehr unbedingt eine Grabform, die auf ganz Privilegierte beschränkt war. Zuvor hatten nur die Herrscher Pyramiden, Mitglieder der Oberschicht Tumuli oder Ziegelmastabas. Weitere Aufbauten waren Opferstätten oder Kapellen. In Tombos und vielleicht auch in Sanam sind die Gewölbe der Grabkammern als Oberbauten sichtbar.[52]

## Die königlichen Bestattungen

Die große Kontinuität, die wir auf Sai vorfinden, gilt auch für die Gräber der Herrschenden, bei denen die ägyptische Pyramidenform im Reich von Kusch lediglich die bereits bestehende Tumulus-Tradition umformte, um nach dem Ende des meroitischen Reiches wieder zu ihr zurückzukehren. Ähnliches gilt für Tier- und Menschenopfer.

Die Herrscher waren zu verschiedenen Zeiten in unterschiedlichen Nekropolen bestattet. Die älteste war diejenige von el-Kurru (ab ca. 750 v. Chr.), wenige Kilometer von Napata entfernt. Sie besteht aus über 20 Grabanlagen, von denen (wenn man die frühesten Tumuli mitzählt) 12 Herrschern zugewiesen werden können. Mit Ausnahme von Taharqo, der in Nuri begraben ist, fanden hier alle Pharaonen der 25. Dynastie und ihre Gemahlinnen ihre letzte Ruhe. Nuri, am anderen Nilufer unweit von Napata, war dann auch der Ort, an dem die napatanischen Könige ihre Pyramiden bauten. Hier finden sich die Gräber von über 20 Herrschern mitsamt denjenigen ihrer Königinnen, insgesamt etwa 40 Anlagen. Ab der zweiten Hälfte des 3. Jhs. v. Chr. errichteten die Könige ihre Grabmäler in Meroë und zwar zunächst auf dem Südfriedhof mit seinen 24 Pyramiden. Dieser wurde jedoch um 300 v. Chr. aufgrund der strikteren Trennung zwischen königlichen und nicht-königlichen Bestattungen aufgegeben. Die beiden ältesten Pyramiden sind diejenigen der einzigen beiden Herrscher, die hier begraben liegen – sie fungieren als eine Art Wächter am Wadi-Eingang. Der königliche Begräbnisplatz wurde nun der Nordfriedhof, wo 27 Könige, 8 Königinnen und 3 Prinzen zwischen 250 v. Chr. und der Mitte des 4. Jh. n. Chr. zur Ruhe gebettet wurden. Wie genau die etwa innerhalb desselben Zeitraumes zu datierenden Pyramiden bei Napata zu werten sind, ist unklar.[53] Möglicherweise handelt es sich um die Gräber einer Gegendynastie oder einer Nebenlinie. Die Südgruppe am Barkal besteht aus 11 Anlagen, die Nordgruppe aus 8 Pyramiden – nur sechs Monumente gelten als diejenigen von Herrschern.

Fast alle Gräber wurden in der Antike geplündert – meist ist die Bestattung nicht einmal mehr nachzuweisen. In Ku. 11 wurden die sterblichen Überreste des Grabeigentümers von Grabräubern in den Eingangsbereich gezerrt.[54] Kurios ist der Befund von Beg.N. 12: Dessen Baumeister gruben einen Tunnel zu Beg.N. 11, plünderten das Grab und versiegelten danach den Tunnel wieder. Pyramiden haben praktisch immer einen einzigen Grabinhaber – nur in Kerma fand sich ein pyramidales Mehrpersonengrab[55] und in Sedeinga Paarpyramiden. Dies bedeutet nicht, dass die Monumente nicht auch nachgenutzt wurden: Allein in Ku. 15 wurden mindestens zehn sekundäre Bestattungen nachgewiesen.[56]

Trotz genereller Tendenzen sind die Formen der Bestattungen nicht sehr einheitlich. So wurde der Grabherr von Ku. 1 auf seiner rechten Seite liegend bestattet, mit dem Kopf nach Süden und nach Osten, zur aufgehenden Sonne blickend – der Tote in Ku. 10 liegt jedoch auf seiner linken Seite und blickt nach Westen. Wie ist diese Änderung zu erklären? Änderten sich die Jenseitsvorstellungen oder orientierte man sich später einfach am Nil?

Im Gegensatz zu Ägypten gibt es aus Kusch kaum Darstellungen zum Jenseitsglauben – freilich muss man dazu sagen, dass durch eine ungewöhnlich hohe Nilflut während den frühen Grabungen mit Ausnahme derjenigen von Tanutamani und Qalhata alle Wandmalereien in den Grabkammern der Nekropole von el-Kurru zerstört wurden. Grundsätzlich folgen die Bestattungen bei den Herrschern mehrheitlich ägyptischen Bräuchen, angefangen mit der Mumifizierung über den Gebrauch von Särgen bzw. Sarkophagen bis hin zum Speiseopfer an Opferstelen oder ägyptischen Funerärtexten. Entsprechend ägyptischen Vorstellungen wird der verstorbene König als Osiris angesprochen, als Herrscher der Unterwelt, mit dem ein Pharao nach dem Tode eins wurde. Mit der Verlegung der Königsnekropole nach Meroë verschwindet die Mumifizierung.[57] In napatanischer Zeit sind die Hinweise lediglich indirekt, d. h. die Könige wurden mit den bei Mumien üblichen Utensilien wie Kanopenkrügen, Herzskarabäen oder goldene Finger- und Fußkappen bestattet.[58]

Die Könige der Kuschitenzeit wurden nach ägyptischer Manier »dekoriert« und zugleich nach nubischem Brauch auf Betten bestattet. Damit diese unter den schweren Särgen nicht zusammenbrachen, wurden sie über gemauerten Bänken aufgestellt. Nur von zwei napatanischen Herrschern haben sich große und reich verzierte Sarkophage erhalten, von Anlamani und Aspelta.[59] Beide sind mit Versionen der Pyramiden bzw. Sargtexten und Texten des Totenbuches versehen, die aus dem zeitgenössischen Theben stammten. Aus Meroë sind nur drei königliche Steinsärge erhalten.[60] Überhaupt waren nur die Gräber von Königen und Königinnen mit Inschriften versehen, wohl im Anschluss an die ägyptische Königsideologie. Ansonsten sind selbst viele monumentale Gräber anepigraph, d. h. die Nennung des Namens war in Nubien nicht von solch zentraler Bedeutung für das Nachleben wie in Ägypten. Für die königlichen Ahnen sind hingegen Kulte bezeugt[61] und vor Kurzem wurden in el-Kurru Totenkapellen nachgewiesen.[62] In Meroë sind Opferkammern an den Pyramiden Standard, in Nuri hingegen nicht – nur das Monument Taharqos wies dergleichen auf.

Eine bemerkenswerte Umformung fand bei den sog. Uschebtis statt.[63] Sie wurden als Grabwächter umgedeutet und finden sich nun im Massen: bei Taharqo und Senkamanisken sind es über 1.000 – man könnte fast von einer Art »nubischer Terrakottaarmee« sprechen. Sie sind nicht einfach nur aus Fayence, sondern teils aus Granit, grünem Ankerit oder Alabaster gefertigt.

Ebenfalls speziell nubisch waren die umfänglichen Tieropfer. Einige der Kerma-Könige hatten mehrere Tausend Rinder mit ins Jenseits genommen, später waren vor allem Pferde prestigeträchtig.[64] In el-Kurru sind es 24 Tiere in vier Reihen. Da zwei Reihen als die Tiere von Schabaqo und Schebitqo identifiziert sind, dürften die beiden anderen Reihen zu Pi(anch)y und Tanutamani gehören. Die Tiere wurden stehend und in vollem Schmuck bestattet und nicht geköpft, wie man früher vermutet hatte. Die Pferdegräber erinnern an eine Passage aus der Siegesstele des Pi(anch)y, in welcher sich dieser als Pferdenarr darstellt.[65] Mitten in dieser Pferdenekropole lag das Rundgrab eines Hundes (Ku. 226). Er diente offenbar als Wachhund – wie schon Jahrtausende zuvor der jungsteinzeitliche Friedhof von Kadruka in allen vier Himmelsrichtungen von Hunde(gräber)n bewacht worden war. In späteren Gräbern sind Hunde oft mit dem Menschenopfern assoziiert. Andere Tierbestattungen sind selten – hervorzuheben sind die separate Bestattung dreier geschmückter Löwen in Sanam.[66] Bemerkenswert ist der Umstand, dass es offenbar nur Totengötter gab, die ursprünglich ägyptischer Herkunft waren, d. h. Isis, Osiris oder Anubis – nubische Entsprechungen sind nicht bekannt.

## Nichtkönigliche Bestattungen

Schon vor der Kuschitenzeit sind auch die Gräber nicht-königlicher Personen durchaus aufwändig, ab der Kerma-Zeit werden sie reicher, nun haben wir auch Bettbegräbnisse und Oberbauten. Die Verstorbenen sind meist in Hockerstellung bestattet und in eine Tierhaut eingewickelt oder sie liegen auf einem Bett auf dem Rücken, als würden sie schlafen. Mumifizierung ist nicht üblich, Holzsärge jedoch durchaus. Anders als in Ägypten scheint dem Erhalt des Körpers keine große Bedeutung zugemessen worden zu sein.

Seit dem Neuen Reich ist ein deutlich ägyptischer Einfluss spürbar. In der Nekropole von Tombos fanden sich Männer in ägyptischer Manier neben Frauen in nubischer bestattet.[67] Dies könnte erklären, wie sich die ägyptische Religion auch im Volk ausbreitete – durch gemischte Ehen. Andererseits zeigt sich im Friedhof von Sanam, wo vier Bestattungssitten nebeneinander existierten, dass es schlichtweg unterschiedliche Vorlieben bzw. Bräuche nebeneinander gab. Möglicherweise ist Ähnliches auch in den West- und Süd-Friedhöfen von Meroë festzustellen.[68]

Die Särge können statt aus Holz auch aus Terrakotta gefertigt sein oder sogar aus einem ausgehöhlten Baumstamm bestehen. Charakteristisch für die Begräbnisse Nubiens waren Perlennetze, die über die Toten gebreitet wurden. Auch in einfachen Gräbern finden sich Reste eines Totenmahls, etwa zerbrochenes Geschirr, das mitbegraben wurde. Dass es zerbrochen wurde, symbolisiert überdeutlich den Bruch zwischen den Lebenden und den Toten, den Bruch der Tischgemeinschaft.

## Grabmonumente

Die Könige von Kusch ließen sich noch in Pyramiden zur Ruhe betten, als man diesen Brauch in Ägypten selbst längst aufgegeben hatte. Zuvor und auch danach ruhten die Mächtigen in teils sehr großen Tumuli. Die kuschitischen Pyramiden folgen nicht den Traditionen des Alten, sondern denjenigen des Neuen Reiches. Genauer gesagt, ähneln sie den kleinen Monumenten, die wir aus dem Handwerkerdorf Deir el-Medina bei Luxor kennen. Sie sind klein (selten über 30 m), steil (65–73°) und aus lokalem Stein errichtet. Der Neigungswinkel hängt wohl u. a. damit zusammen, dass zum Bau nachweislich ein *schaduf* gebraucht wurde. Die mit Abstand größte Pyramide Nubiens ist mit einer Höhe von 40–50 m und einer Basisfläche von 50 m² diejenige des Taharqo in Nuri. Grundsätzlich waren die Pyramiden aus Stein gebaut, zumindest eine Schale, die dann mit Schutt gefüllt und verputzt wurde. Oben saß eine Sandsteinspitze mit einem stumpfen Ende. Ab etwa 130 n. Chr. wird der glatte Steilmantel durch Ziegel bzw. unbehauenen Stein ersetzt.

Die eigentlichen Gräber befanden sich in unterirdischen Kammern, deren Anzahl den Rang der Bestatteten angeben und mit der Zeit sowohl hinsichtlich der Größe als auch der Qualität und Anzahl abnehmen. Zunächst führte ein Eingang direkt in die Grabkammer, später war es eine Treppe, deren Eingang außerhalb der Grabkapelle lag. Aus dieser Bauweise lässt sich erschließen, dass der Grabherr nur die eigentlichen Grabkammern baute und die Pyramiden erst nach dem Begräbnis von seinen Hinterbliebenen errichtet wurde. Selbst die größeren Bauten dürften eine Bauzeit von kaum mehr als einem Jahr gehabt haben.[69] Im oberen Teil der Fassade gab es manchmal eine Nische, deren Zweck unbekannt ist – vielleicht war es eine Art Seelenfenster. Nur bei der Königin Amanisacheto lag hier ein eigener Raum, der einen Goldschatz von 250 Objekten enthielt.[70] Außerdem waren manche Pyramiden außen zum rituellen Schutz mit großen Udjat-Augen versehen, ähnlich den ägyptischen Särgen des Mittleren Reiches.

Einige der größeren Pyramiden von Meroë weisen an der Ostseite Kultkapellen auf, die den meroitischen Einraumtempeln ähneln, d. h. sie bestand aus einem Pylon, der direkt in eine mit Reliefs dekorierte Opferkammer führte. An deren hinterer Wand lag die Scheintür, der Pyramide zugewandt. Über dem Eingang war oft eine geflügelte Sonnenscheibe angebracht, wie bei einem Göttertempel. Die späten Bauten weisen Reste der roten Bemalung und sogar von Fayence-Einlagen auf.

Die Reliefs an den Wänden dieser meroitischen Kapellen zeigen die Nachkommen beim Opfer vor dem Verstorbenen sowie den Begräbniszug. Stilistisch sind drei Hauptperioden auszumachen:[71] Mitte des 3. Jhs. v. Chr. finden sich opfernde Götter in drei Registern und Gabenträger vor dem Verstorbenen, der auf einem Löwenthron sitzt, hinter dem die geflügelte Isis steht. Danach und bis Mitte des 1. Jhs. n. Chr. sind die Darstellungen komplexer. Nun wird der Begräbniszug und das Totenopfer beim Begräbnis thematisiert, d. h. die Angehörigen werden Palmwedel tragend gezeigt, aber auch typisch ägyptische Szenen aus dem Totenbuch, dem Choiak-Fest oder dem »Treiben der Kälber«. Die Fülle macht deutlich, dass wieder Vorlagen aus Theben zur Verfügung stehen und zwar aus erster Hand. Ab der zweiten Hälfte des 1. Jhs. v. Chr. wird das Repertoire wieder eingeschränkter. Wir finden nun eine Opfertafel vor dem Verstorbenen; der königliche Nachfolger gibt vor dem Toten ein Räucheropfer oder Anubis und/ oder Isis eine Milchlibation.

Die napatanisch-meroitischen Pyramiden selbst können typologisch ebenfalls in drei Hauptgruppen untergliedert werden, die nicht deckungsgleich sind mit denen der Opferkammern. Zuerst und bis etwa 180 v. Chr. sind sie aus gleichhohen Blöcken erbaut, die stufenartig zurückspringend in Lagen aufeinander gesetzt sind. Diese Bauten können auf einem Podium stehen oder auch nicht. Danach und bis etwa 100 n. Chr. weisen die Pyramiden eine runde oder kantige Randverstärkung auf, Sie können ferner ein horizontales Band auf etwa zwei Drittel der Höhe haben, sowie eine abgetreppte oder schräge Außenseite. Schließlich sind die Pyramiden bis zum Ende Meroës wieder ohne Randverstärkungen. Wie genau die kuschitenzeitlichen Pyramiden aussahen, ist nicht klar, da sie zu schlecht erhalten sind.

Die Grabkammern selbst waren bis ins 3. Jh. v. Chr. mit Malereien versehen, von denen sich diejenigen des Tanutamani und seiner Mutter Qalhata erhalten haben.[72] Daneben sind vom Südfriedhof von Meroë verschiedene Grabmalereien bekannt.

Weitere Kultinstallationen waren integrale Bestandteil des Grabbaus, insbesondere Opfertafeln und -stelen (► Abb. 12). Die Opfertafeln für das Trankopfer waren auf einem Podium vor dem Grab montiert. Innen in der Kultkammer konnten vor einer Scheintür weitere Opfer ausgeführt werden. Die auf den Opfertafeln und -stelen angebrachten Totentexte sind aufgrund ihres formelhaften Aufbaus die einzigen meroitischen Inschriften, deren Inhalt mehr oder weniger durchdrungen werden kann.[73] Sie beginnen mit einer Invokation, d. h. der Anrufung der Gottheiten, und zwar fast immer mittels der beiden Vokative »Oh Isis, oh Osiris« (*Wos-i (A)soray-i*). Es folgt der Name des Verstorbenen (Nomination), sein familiärer Hintergrund, d. h. der Nennung des Mutter- und seltener des Vaternamens (Filiation). Nun schließt sich die soziale Einbindung an, d. h. die Titel auch der Ahnen (Deskription) und schließlich die Benediktion, die Bitte um ein Opfer, d. h. Nahrung und Trinken im Jenseits. Natürlich sind gerade die Titel und Genealogien für den Historiker besonders interessant. Die Inschriften sind gegen den Uhrzeigersinn zu lesen. Die etwa 250 Opfertafeln lassen sich sieben stilistischen Gruppen zuordnen.[74] Die Tafeln haben die Form der ägyptischen Hieroglyphe für »Opfer« (*ḥtp*); auf ihnen ist oft Nahrung abgebildet, also das Opfer selbst, aber auch *nms.t*-Gefäße, die auf das Trankopfer verweisen. Lotosblumen symbolisierten die Wiedergeburt. Beliebt sind ferner Darstellungen der ägyptischen Götter Nephthys und Anubis, die aus Situlae Milch spenden. Die etwa 160 Opferstelen wurden in den Graboberbau eingelassen und sind relativ selten dekoriert und wenn, dann meist mit dem Verstorbenen vor Osiris und Isis.

Nur die allerhöchste Elite ließ in meroitischer Zeit sog. »Ba-Statuen« herstellen,[75] die wohl auf der Spitze der Pyramiden montiert waren. Insgesamt sind etwa 150 dieser Statuen vollständig oder in Fragmenten gefunden worden. Sie waren aus lokalem Sandstein gefertigt, verputzt und bemalt. Ihre Benennung rührt daher, dass sie nach dem ideographischen Vorbild des »ba-Vogels« konzipiert sind und einen Vogel mit Menschenkopf zeigen. Damit wird nach ägyptischen Vorstellungen die *bꜣ*-Seele Verstorbener abgebildet. Die frühen Formen sind ganz in Vogelgestalt, oft ist der Kopf auch extra gefertigt und angefügt; viele dieser Statuen wirken eher wie Darstellungen von Menschen mit Flügeln oder Vogelschwanz. Sie sind von Männern wie Frauen bezeugt, die Flügel sind nach hinten zusammengelegt, manchmal tragen sie einen Stock oder ein Sistrum; weitere Besonderheiten wären eine teils auf dem Kopf montierte Sonnenscheibe oder Narbenschmuck. Sie stammen fast nur aus Unternubien, nur wenige Stücke aus Meroë, Naqa und Sai.[76]

## Totenkult

So banal es scheinen mag, es sollte explizit gesagt werden, dass es einen Totenkult überhaupt gab, dass also die Lebenden für das Nachleben ihrer Verwandten und natürlich das eigene Sorge trugen. Die Oberschicht dürfte Einiges in ihre Gräber investiert haben, aber selbst die einfachsten Gräber weisen Grabbeigaben auf, die an das Leben nach dem Tode verweisen. Das Ritual der Grablege war sicherlich von zentraler Bedeutung – es kann über die Reliefs der Opferkammern vergleichsweise gut rekonstruiert werden:[77] Die Verwandten und Höflinge zogen mit Palmwedeln in der Hand hinter dem Verstorbenen her, bei den Reichen begleitet von Tänzern, Musikanten und Opferträgern bzw. Opfertieren wie Rindern und Vögeln. Beim Grab selbst fand dann ein Opfer statt; die Hinterbliebenen richteten ein Totenmahl aus und zerschlugen das entsprechende Geschirr, das danach oft unter der Rampe vor dem versiegelten Grab deponiert wurde. Es wird also gleichzeitig die Gemeinsamkeit mit dem Toten symbolisiert wie auch den Bruch mit diesem. Die Überreste einer derartigen Feier sind etwa bei Ku. 6 gut zu erkennen, d. h. Tierknochen, zerbrochene Keramikbecher und mehrere Amphoren.[78]

In Nubien waren Menschenopfer bis ins 6. Jh. n. Chr. weit verbreitet.[79] Sie finden sich in der Nord- und der Westnekropole von Meroë in sechzehn Gräbern – fünf davon sind Königen, eines einem Prinzen zuzuweisen; der Rang der anderen ist unklar. Teilweise waren die Leichen aufeinander gestapelt. Wer genau geopfert wurde, wissen wir nicht – es liegt nahe, in ihnen »Sklaven« oder Kriegsgefangene zu sehen.

Nach dem Begräbnis war die Opferkammer die zentrale Schnittstelle in der Kommunikation zwischen dem Totengeist und den Hinterbliebenen. Diese dürften regelmäßig dort Opfer gegeben oder veranlasst haben. Vielleicht sogar noch wichtiger war die Opfertafel, die man als Kulminationspunkt der Grabanlage bezeichnen könnte, denn hier wurde das offenbar zentrale Libationsopfer vollzogen. Hierzu goss man eine Flüssigkeit in die Mitte der Tafel, an der oft eine entsprechende Mulde angebracht war. Das Trankopfer floss dann über eine Rinne und einen Ausguss, versickerte im Erdreich und kam so den Toten zugute, »bewässerte« ihn gewissermaßen.

Lange meinte man, direkt nach dem Ende des meroitischen Reiches sei man zu den alten indigenen Grabsitten zurückgekehrt. Nun jedoch gibt es Hinweise aus el-Hobagi, wonach sich ägypto-meroitische Bräuche noch deutlich länger hielten.[80] Im Grunde haben sowohl Totenmahl als auch Trankopfer sogar die Islamisierung überdauert und sind noch heute zu beobachten.

# 6 Macht und Herrschaft im kuschitischen Reich

Das kuschitische Reich war riesig und vor allem erstreckte es sich über ökologisch sehr unterschiedliche Regionen – wir sprechen immerhin von 3.200 km. Das bedeutete, dass man drei Monate für einen Weg vom äußersten Süden ins Delta benötigte oder ein halbes Jahr für einen Brief mit postwendender Antwort. Welche Herausforderungen ein derart großes Reich darstellte, wird bei einer Darstellung aus geographischer Perspektive vielleicht sogar noch deutlicher: Es reichte vom Sahel bis zum Mittelmeer, vom tropischen bis zum gemäßigten Klima, umfasste Steppe, Savanne und Wüste gleichermaßen.[1] Vor diesem Hintergrund sind grundlegende Fragen zu stellen:[2] Wie konnten die Kuschiten ein solch riesiges Gebiet kontrollieren? Entsprangen die Strategien dabei nubischen Traditionen oder waren sie denjenigen des pharaonischen Niltals verpflichtet (ägyptisch bzw. libysch)? War die Basis ihrer Macht primär militärischer oder vor allem religiöser Natur? Gab es Personen, an welche die Herrscher Macht delegierten, etwa einen Koregenten oder die Königsmutter bzw. eine Gottesgemahlin? Wie unterschied sich die kuschitische Politik von derjenigen der Saiten in Ägypten?

László Török hat hierzu ein Modell entwickelt, das zumindest weite Bereiche abdeckt.[3] Er spricht von einem »Staatsmythos«, dessen wichtigsten Elemente die Gottessohnschaft, das Reisekönigtum und die Betonung einer legitimen Sukzession sind. Der Staat ist nach diesem Modell nichts anderes als eine administrative Form der Königsideologie.

Will man erfahren, wie im antiken Nubien Herrschaft konkret ausgeübt wurde, ist man mit einer sehr verzerrten Quellenlage konfrontiert:[4] Für die Zeit vor der ägyptischen Kolonisation fehlen Schriftquellen weitgehend und wenn, dann geben sie nur winzige Informationsschnipsel aus ägyptischer Sicht wieder. Wir sind also in sehr starkem Maße auf archäologische Quellen angewiesen. Wie bruchstückhaft diese sind, zeigen die Funde aus Kerma. Bis vor wenigen Jahrzehnten galten die dortigen Monumentalbauten als Bauten ägyptischer Gouverneure, weil man die Nubier schlichtweg nicht für fähig genug hielt. Heute stellt sich Kerma mit Dukki Gel als große Metropole dar, umgeben von gigantischen Befestigungen und mit einem Palast, in dem 1.200 Säulen standen. Vor allem aber sind archäologische Befunde immer besonders interpretationsbedürftig. Auf der einen Seite zerrt also der Kolonialismus immer noch an uns, auf der anderen Seite die altägyptische Propaganda. So werden in den meisten Studien die lokalen nubischen Herrscher des 2. Jts. nicht als Könige bezeichnet, sondern als Fürsten oder gar Häuptlinge.

Mit der Kuschitenzeit besitzen wir erstmals schriftliche Selbstzeugnisse. Der Nachteil hier ist, dass sie nicht nur in ägyptischer Sprache und Schrift verfasst, sondern auch in der Ideologie ägyptisch überformt sind. In napatanischer Zeit ändert sich nicht nur die Sprache, sondern auch die Themen werden andere: Nun ist von Razzien gegen aufsässige Nomaden die Rede und vor allem von der Krönung und Investitur des Herrschers. In meroitischer Zeit versiegen die Quellen wieder weitgehend – nicht, weil sie nicht existierten, sondern schlichtweg, weil wir ihren Inhalt sprachlich nicht entschlüsseln können.

## Die Machtbasis in Nubien

Betrachten wir zunächst die machtpolitischen Grundlagen in Nubien. Oft wird ganz automatisch angenommen, die königliche Macht sei ähnlich hergeleitet wie in Ägypten. Dies ist an sich schon eher unwahrscheinlich, viel eher wird Meroë funktioniert haben wie ein typisch »sudanischer« Staat.[5] Der Gebrauch der ägyptischen Schriftsprache und Ikonographie ist lediglich Fassade. Im Gegensatz zu Ägypten war die Kontrolle über Leute in Nubien wichtiger als diejenige über Land. Während der ägyptische Staat auf der Besteuerung basierte, funktionierte der kuschitische aufgrund der Redistribution exotischer Güter gegen Gefolgschaft. Der König band somit Gruppen, die für die Aufrechterhaltung seiner Herrschaft wichtig waren, durch gezielte Gaben von Luxusgütern. Da diese sicherlich den lokalen Eliten entstammten, wurden sie mit in das System eingebunden. Eine weitere wichtige Rolle spielte der Krieg, d. h. Raubzüge waren ein weiteres »Schmiermittel« dieses Systems. Ziel der in napatanischen Inschriften geschilderten Feldzüge war nicht die Erweiterung des Machtbereichs, sondern vielmehr die Beute an Menschen, Vieh und Gold bzw. an »allem, was die Menschen ernährt«. Der König nahm nicht etwa selbst an diesen Unternehmungen teil, sondern »er sitzt in seinem Palast« (Anlamani, Arike-amanote). Die Truppen zogen unter der Leitung eines Höflings in den Kampf, einer der »Freunde« des Königs.[6]

Eine weitere Prämisse, die selten angezweifelt wird, betrifft die historische Dimension. Aufgrund der mangelnden Quellen wird von einigen wenigen Texten auf die anderen Epochen extrapoliert. Das Ergebnis ist ein vielleicht allzu homogenes Bild. Dabei ist eigentlich ganz klar, dass in der ersten Hälfte des 1. Jts. v. Chr. mehrere Zentren bestanden, etwa el-Kurru/Napata und Meroë, aber genauso Toschka und Dibeira, Kerma und Kawa.[7] Die Vorfahren der Kuschitenpharaonen mussten all diese Regionen vor der Eroberung Ägyptens erst in ihre Herrschaft integrieren – wie dies geschah, darüber lässt sich nur spekulieren.

## Kuschitenherrschaft

Im ägypto-kuschitischen Doppelreich entfaltet sich uns dann ein viel detaillierteres Bild, das jedoch ebenfalls nicht unproblematisch ist – schon allein aufgrund des starken Übergewichts der thebanischen Quellen. Der Raum Theben ist nicht nur in jener Zeit der mit großem

Abstand am besten dokumentierte: Eine Vielzahl an Inschriften liefert uns reiche prosopographische und andere Daten.[8] Leider kann man nicht einfach von Theben auf den Rest des Reiches schließen. So existieren zur Intensität und zu den Ausmaßen der Kuschitenherrschaft zwei divergierende Meinungen: Die einen meinen, Theben sei immer eine Ausnahmeerscheinung gewesen und die Kuschitenherrschaft habe mit der Ausnahme vereinzelter Razzien nie wirklich über die Thebais und Oberägypten hinausgereicht.[9] Die anderen meinen hingegen, Theben sei das Modell für die Kuschitenherrschaft über ganz Ägypten gewesen, also nicht die Ausnahme, sondern die Regel.[10]

Eine weitere Problematik ist, dass wir in der Kuschitenzeit Verwaltungsleute, Militärs und Priester weniger klar trennen können als in anderen Epochen der ägyptischen Geschichte. Hinzu kommt: Das ägyptisch-kuschitische Doppelreich war von seiner Herrschaftsstruktur je nach Region sehr unterschiedlich, wie Jeremy Pope zuletzt herausgearbeitet hat.[11] Danach gab es in der Butana kleine Gruppen von Verbündeten der Kuschiten, in Obernubien anonyme kuschitische Amtsträger, zu Unternubien fehlen die Daten, in Mittelägypten fließen sie spärlich und in Unterägypten gab es einen Flickenteppich von halbautonomen Fürstentümern unter den libyschen Machthabern. All dies zeigt deutlich, dass die Kuschitenpharaonen mit einem Gemisch von kuschitischen, libyschen und ägyptischen Herrschaftsformen regierten.[12] Sicherlich war es nicht so, dass thebanische Amtsträger in die Regionen entsandt wurden, um sie zu verwalten.[13]

Bestimmt war Theben der Schlüssel zur kuschitischen Machtübernahme in Ägypten, genauer gesagt: das Amt der Gottesgemahlin. Diese stand zu jener Zeit einer Art Gottesstaat vor. Dass die Kuschiten hier überhaupt einen Fuß in die Türe bekommen konnten, verdankten sie dem Umstand, dass dieses Amt durch Adoption weitergegeben wurde. Viel spricht dafür, dass die erste kuschitische Gottesgemahlin aufgrund einer Kooperation der Kuschiten mit den leontopolitanischen Verwandten Osorkons III. und Takeloths III. durchgesetzt werden konnte. Oft liest man, die frühen Kuschiten hätten sich durch Einsetzung von Kelbasken als 4. Prophet des Amun und Bürgermeister von Theben etabliert.[14] Nur wird dessen Grab (TT 391) heute deutlich später datiert, nämlich in die Mitte der Kuschitenzeit.[15]

Der nächste Kuschit, der in eines der zentralen Ämter eingesetzt wurde, war erst Horemachet, ein Sohn Schabaqos.[16] Wahrscheinlich sorgte Schabaqo für eine Wiederbelebung des vakanten Postens eines Hohepriesters des Amun, da er keine eigene Gottesgemahlin einsetzen konnte (es gab bereits zwei!).[17] Überhaupt ist sehr spannend, dass sich die Kuschiten bestimmter Ämter bedienten, die nicht mit der Verwaltung verbunden, sondern primär religiöser Natur und damit »sakrosankt« waren – was erklärt, weshalb die kuschitischen Inhaber auch noch unter den Assyrern und sogar den Saiten in Amt und Würden bleiben konnten. Man kann somit die kuschitische Herrschaft nicht begreifen, indem man die Ämterhierarchie zu durchdringen versucht, sondern man muss ergründen, wie sich die Kuschiten die Loyalität der lokalen Eliten sicherten.

Ein probates Mittel der Einflussnahme war die Heiratsallianz, d. h. kuschitische Prinzessinnen heirateten in mächtige oberägyptische Familien ein, etwa die des Harsiese (F), die das Wezirat unter sich vererbte, oder die Familie des lange einflussreichen Monthemhat.[18] Erst im Verlauf der Kuschitenzeit werden die alten Familien aus ihren Positionen gedrängt – zuvor war man noch auf ihre Kooperation angewiesen. Die Kuschiten schufen etwa den neuen Posten eines »Majordomus der Gottesgemahlin« und vergaben ihn nicht an die alte Oberschicht, sondern an einen eigenen Gefolgsmann, einen gewissen Harwa.[19] Generell hatten die thebanischen Beamten jedoch eine vergleichsweise große Autonomie, wenn auch immer (zumindest nominell) unter kuschitischer Oberherrschaft. Wie es scheint, begnügten sich die Kuschiten damit, das »Tagesgeschäft« des Regierens vor Ort der lokalen Elite zu überlassen. Damit übertrugen sie wahrscheinlich ein Muster, das sie in ihrem eigenen nubischen Herrschaftsbereich bereits praktizierten.

Manche meinen, die Kuschiten hätten begonnen, die Stammesaristokratie der Libyer durch staatliche Institutionen zu ersetzen, was erst den Saiten wirklich gelungen sei.[20] Angesichts der sudanischen Herkunft der Kuschiten scheint jedoch eine andere Sichtweise angebrachter: Die Vernetzung der Eliten diente den Kuschiten als Ersatz einer Zentralverwaltung – ähnlich hatte bereits das Kerma-Reich agiert.[21] Dass dies von Region zu Region in unterschiedlichem Ausmaß gelang, zeigt der Umstand, dass Mittelägypten viel weniger stark in kuschitischer Hand gewesen zu sein scheint als die Thebais. Aus dieser Region sind nicht umsonst praktisch keine königlichen Monumente aus der Kuschitenzeit erhalten.

Etwas zugespitzt könnte man sagen, dass die Kuschitenherrschaft zumindest bis Taharqo nach Norden kontinuierlich abnahm. Aus dem Unterägypten nördlich von Memphis sind ebenfalls kaum kuschitische Monumente bekannt – dafür jedoch durchaus Quellen der lokalen Machthaber. Überhaupt nannten sich im Norden Ägyptens zu jener Zeit mehrere Personen König. Wie ist das zu erklären? Die einen meinen, verschiedene unterägyptische Potentaten hätten bereits vor Taharqos Auseinandersetzungen mit den Assyrern eine antikuschitische Allianz gebildet, d. h., der Königstitel dieser Deltafürsten sei ein Hinweis darauf, dass die kuschitische Macht bereits bröckelte.[22] Andere meinen, es könne prinzipiell kein Nebeneinander gegeben haben, die Quellen datierten unterschiedlich.[23] Am wahrscheinlichsten ist jedoch schlichtweg, dass die Kuschiten die Existenz lokaler Könige in Unterägypten einfach akzeptierten – solange sie sich nominell unterwarfen.

Bei alldem muss man sich vor Augen führen, dass sich die Art und Weise, wie die Kuschiten in Ägypten Macht ausübten, im Verlauf der Kuschitenzeit änderte. So scheint sie in deren zweiter Hälfte (in der sog. »memphitischen Phase« mit Memphis als Hauptstadt) sehr viel direkter und absoluter ausgeübt worden zu sein, was sich etwa in der Baupolitik äußerte. Wichtig ist zudem, dass sich die Außendarstellung von der Pragmatik der Herrschaftsausübung deutlich absetzte: Die Kuschiten betonten die sakrale Legitimation ihrer Herrschaft viel stärker als die libyschen Stammesfürsten. Ob sie dies nur taten, um als Fremdherrscher in Ägypten leichter akzeptiert zu werden, oder ob die Kuschitenherrscher wirklich noch als Gottkönige betrachtet wurden, ist schwer zu entscheiden. Angesichts der deutlich »afrikanischen« Einbettung der nubischen Kulturen scheint mir Letzteres die naheliegendere Sichtweise zu sein.

# Strukturen des napatanischen und meroitischen Königtums

Die geopolitischen Bedingungen in Mittleren Niltal waren andere als in Ägypten. Nicht nur war die Bevölkerung viel inhomogener, nicht zuletzt auch hinsichtlich der Lebensweise (Sesshafte/Nomaden), sondern auch die Geographie war eine andere. Das Reich bestand aus unterschiedlichen Zentren entlang des Nils, die nur lose miteinander verbunden waren. Alles war partikulärer, sicherlich auch das Verständnis von Herrschaft. Da wundert es nicht, wenn eine sehr spezielle Form zur Durchsetzung königlicher Gewalt entwickelt wurde, eine Art von Reisekönigtum. Dieses manifestiert sich auf der archäologischen Ebene in den zahlreichen und in allen Teilen des Landes gefundenen Palästen; weitere sind epigraphisch bezeugt.[24] Wir können davon ausgehen, dass es in diesem plurizentrischen Reich drei, wenn nicht sogar vier Regionen gab, die politisch eine Rolle spielten: die Gebiete um Meroë, um Napata, um Kerma und Kawa sowie Unternubien. Dabei kann von direkter Herrschaft überhaupt nur im Niltal die Rede sein – an der Peripherie dürfte es deutlich anders ausgesehen haben, wobei beileibe nicht abzuschätzen ist, wie weit der meroitische Einfluss tatsächlich reichte. Leider wissen wir wenig über die Gruppen, welche die einzelnen Zentren dominierten.

Ein solch partikuläres Reich zusammenzuhalten, ist nicht einfach und in der Tat dürfte diese Regionalität schließlich zu seinem Ende beigetragen haben. Angelika Lohwasser hat sogar die These vertreten, das meroitische Reich sei in seiner Endphase diskontinuierlich gewesen, d. h. die letzten meroitischen Könige hätten zwar bis in die Mitte des 4. Jhs. über den Süden des Reiches (Meroë bis Soba) geherrscht sowie zwischen Soleb und Elephantine Macht ausgeübt, die Herrschaft über das Gebiet zwischen dem 3. und dem 4. Katarakt (Kerma, Kawa, Napata) jedoch bereits im 3. Jh. verloren.[25] Sie nennt dieses Gebiet »Prä-Makuria« und verweist darauf, dass sich diese drei kulturellen Großregionen im Laufe der Geschichte Nubiens immer wieder abzeichnen, von den christlichen Königtümern Nobadia (N), Makuria und Alwa (S) bis ins islamische »Mittelalter«: Während der Norden ab dem 13. Jh. von den Abassiden dominiert wird, bildet sich Anfang des 16. Jhs. im Süden das Funj-Sultanat heraus, dazwischen herrschten de facto unabhängige Kleinfürsten.[26]

## Wahlkönigtum

Zwei Inschriften aus napatanischer Zeit beschreiben näher, wie der kuschitische König zu seiner Stellung kam: die »Wahlstele« des Aspelta (▶ Abb. 18) und die Inschrift des Arike-amanote aus Kawa.[27] In letzterer erfahren wir, dass sich das »Heer« mit seinen Anführern zum Königspalast von Meroë begab, sobald der König gestorben war. Das »Heer« bestimmt einen Nachfolger und die Anführer stimmen zu. Darauf bringt man den neuen König von seinem Wohnsitz in den Palast.

**Abb. 18:** Die Lunette der Wahlstele König Aspeltas mit einer Darstellung der Inthronisation (Wenig/Zibelius-Chen 2013, 202).

Bei Aspelta ist die Erzählung etwas anders. Schauplatz ist Napata, nicht Meroë. Die höchsten Würdenträger, vor allem Militärs und Hofbeamte, verlangen von Amun, er möge sich in einem Orakel entscheiden. Dieses wird nach ägyptischer Manier abgehalten, d. h. der Gott in Form seiner Kultstatue wählt Aspelta aus einer Reihe von Kandidaten aus. Am Schluss entscheidet wieder das »Heer«. Das Orakel war offenbar generell eine wichtige Praxis. Herodot berichtet, Feldzüge würden überhaupt nur auf Orakel hin durchgeführt. Die napatanischen Inschriften bestätigen dies nicht – vor den vielen Kämpfen, die unter Nastasen und Harsiyotef geschildert werden, wird nur einmal ein Orakel eingeholt (von Harsiyotef).

Man kann sich fragen, ob die in diesen napatanischen Inschriften beschriebenen Vorgänge die Regel oder die Ausnahme waren. Dies hat Lázló Török sehr überzeugend dargelegt:[28] Die Stelen dienten nicht der Propaganda, sondern seien Manifestationen einer Ideologie, also die Regel. Ihr Zweck sei es, das Geschriebene Wirklichkeit und dauerhaft werden zu lassen – nur die Wenigsten hatten zu ihnen Zugang und konnten sie überhaupt lesen.

Was die meroitische Zeit angeht, sind wir auf Vermutungen angewiesen. Leider sind die Informationen, die uns die klassischen Autoren geben, manchmal verwirrender als erhellender, denn sie operieren mit Klischees und Topoi. Agatharchides (überliefert bei Diodor III, 2:6) berichtete im 2. Jh. v. Chr., die Priester bestimmten Kandidaten und das Volk wähle durch Akklamation denjenigen zum Herrscher, der vorher durch das Orakel vom Gott ausgewählt worden sei. Agatharchides fährt fort, die Priester hätten dann später auch den Königsmord angeordnet, was Ergamenes, ein Zeitgenosse Ptolemäus' II. durch ein Gemetzel an der Priesterschaft abgeschafft habe. Nikolaus von Damaskus beschrieb Ende des 1. Jhs. v. Chr., die Kuschiten hätten ihren Schwestern besonderen Respekt erwiesen. Die Nachfolge hätten nicht die Söhne des Königs angetreten, sondern deren Schwesternsöhne. Und wenn es keinen Nachfolger gab, hätten sie den schönsten und kriegerischsten zum König gemacht.

Bis heute ist nicht ganz klar, inwieweit man diesen Aussagen trauen kann. In der Vergangenheit hatte man keine Bedenken. So basiert die Rekonstruktion der Genealogie und der Herrscherfolge der Könige von Kusch durch M. F. L. Macadam und Dows Dunham stark auf der Annahme, die Königswürde sei primär vom Bruder auf den Bruder bzw. vom Onkel auf den Neffen übergegangen.[29] Angesichts des napatanischen Befundes ist es auf der anderen Seite jedoch genauso wenig statthaft, diese Aussagen pauschal abzutun und zu behaupten, dies alles habe lediglich bei unklaren Verhältnissen gegolten.[30]

Die Nachfolge durch den Bruder war sicherlich möglich,[31] wie schon allein daraus hervorgeht, dass Tanutamani in assyrischen Quellen explizit als Schwesternsohn Taharqos bezeichnet wird. Die Frage ist nur: War die Bruderfolge die Regel oder die Ausnahme? Die *crux* hier ist, dass in den Texten von »Königsschwester« (*śn.t-nsw*) und »Königsbruder« (*śn-nsw*) die Rede ist und dass dies sehr lange wörtlich genommen wurde. Dabei ist schon seit über einem halben Jahrhundert eindeutig, dass die altägyptischen Lexeme *śn* und *śn.t*, die traditionellerweise mit »Bruder« bzw. »Schwester« übersetzt werden, allgemeiner männliche bzw. weibliche kollaterale Verwandte bezeichnen. Vor dem Erscheinen der bahnbrechenden Studie von Jaroslav Černý (1954) meinte man, die Geschwisterehe sei im pharaonischen Ägypten allgemein üblich gewesen, dabei gilt dort die Bezeichnung *śn.t* eben auch für angeheiratete Verwandte derselben Generation und damit auch für die Ehefrau.[32]

Auffällig ist immerhin, dass der künftige König sich in seinen eigenen Inschriften niemals als »Königssohn« präsentiert, sondern immer als »Königsbruder«. Mit anderen Worten: »Königsbrüder« sind eine Gruppe männlicher Verwandter, die prinzipiell als wählbar galten – ob alle oder nur einige, wissen wir nicht. Sehr wahrscheinlich mussten sie sich schon als Prinzen durch besondere militärische Fähigkeiten o. ä. ausgezeichnet haben, wie dies Taharqo explizit beschreibt.

Angelika Lohwasser hat diese Mechanismen prägnant herausgearbeitet.[33] Danach waren prinzipiell alle Söhne einer »Königsschwester« (*śn.t-nsw*) wählbar. Mehr noch: Die Töchter einer »Königsschwester« wurden ihrerseits »Königsschwestern« und ihre Söhne Thronprätendenten (»Königsbrüder«). Wurde einer von ihnen zum König gewählt, erhielt seine Mutter zusätzlich den Titel »Königsmutter« (*m'w.t-nsw*). Wir haben es hier demnach eher mit einer sozialen als mit einer verwandtschaftlichen Kategorie zu tun: Man muss nicht die These von der Schwesternheirat bemühen, um das häufige Vorkommen der Titelsequenz »Königsgemahlin und Königsschwester« (*ḥm.t-nsw śn.t-nsw*) zu erklären. Wichtig sind zwei Punkte:

1) Nur wenn sich ein König mit einer Frau verbindet, die von Geburt her »Königsschwester« ist, werden seine Söhne Thronanwärter – nicht wegen seines, sondern wegen ihres Status;
2) Frauen, die das Thronrecht weitergaben, mussten nicht vom König abstammen – deshalb sind so wenige »Königsschwestern« belegt, die zugleich als »Königstochter« ($s\!\ni.t\text{-}nsw$) bezeichnet werden.

Der neue König wird also aus den »Königsbrüdern« erkoren, die sich über ihre Mütter definieren, welche aus der Gruppe der »Königsschwestern« stammen müssen. Unter den »Königsbrüdern« wurde nun offenbar eine Vorauswahl getroffen, wobei sicherlich Führungsqualitäten, Durchsetzungsvermögen oder Erfolg in Feldzügen von entscheidender Bedeutung waren. Die eigentliche Auswahl erfolgte durch eine Versammlung oder Kommission, die aus Repräsentanten des Militärs, der Priesterschaft und der Verwaltung bestand. Erst danach erfolgte die Legitimierung durch den Gott Amun, der den Auserwählten als Sohn anerkennt und ihn dadurch als rechtmäßig auszeichnet. Die Quellen sind hier ziemlich eindeutig: Der König ist erst nach dem Orakel der Sohn Gottes, nur weiß er es zunächst nicht. Erst durch die Gottessohnschaft kann der neue König, über die Menschen erhoben, seine Pflichten wahrnehmen. Anders als in Ägypten ist das Orakel somit lediglich die formale göttliche Ratifizierung einer vorhergegangenen Entscheidung durch den Menschen.

Genau dies bestreitet übrigens Lázló Török, der das Konzept der Königswahl als »demokratisch« missversteht und für den sich die Prinzipien Königswahl und Gottessohnschaft ausschließen. Ein Gedanke an das Kirchenrecht bzw. den Konklave hätte ihn eines Besseren belehren müssen. Dort ist auch jedem klar, dass im Grunde Menschen den Papst wählen, doch im Moment der Wahlverkündung durch Absenken der Baldachine der Nichtgewählten wird der Auserkorene Kraft göttlichen Willens zu »Seiner Heiligkeit«! Eigenartigerweise stolpert man in der gesamten nubienkundlichen Fachliteratur nicht ein einziges Mal über den gälischen Begriff *tànaisteachd*, bzw. anglizisiert *tanistry* (dt. »Thanwahl«). Dieser etablierte Fachterminus beschreibt genau das, was in Kusch vorgelegen haben dürfte: Der willensstärkste, beste oder der mit der größten Hausmacht setzt sich bei einer Königswahl unter einer Reihe von Thronprätendenten durch und es gibt einen gewissen Konsens zwischen den mächtigen Clans. Auch ein Blick in afrikanische Kulturen ist bislang nicht wirklich erfolgt, dabei ist die Königswahl dort häufiger anzutreffen, etwa bei den Schilluk oder den Funj in Sennar – von den Parallelen zu den christlichen Königreichen Nubiens ganz zu schweigen.[34] Entscheidend ist, dass die endlosen Diskussionen darüber, nach welchem System die kuschitische Erbfolge funktionierte, letztlich großteils hinfällig sind. Anders als in Ägypten gab es ganz offensichtlich keine automatische Erbregelung – anders ist nicht zu erklären, warum in mehreren Texten von einer Ratlosigkeit der Führung nach dem Tod eines Königs die Rede ist (»wie eine Herde ohne Hirte«).

Der Vollständigkeit seien die Positionen zur Erbfolgen trotzdem erwähnt – eine Zusammenfassung der Diskussion findet sich in einem Aufsatz von Robert Morkot (1999). Während die Thronfolge in Ägypten patrilinear geregelt war, herrscht laut Karl-Heinz Priese (1981) in Kusch das matrilineare Element vor, bei dem der Thron über die weibliche Linie weitergegeben wird. Vor allem Macadam (1949) hat sich hingegen für ein kollaterales System ausgesprochen, bei dem der Thron von Bruder zu Bruder weitergegeben wird, bis eine Generation erschöpft ist, worauf der älteste Sohn des ältesten Bruders folgt usw. Weitere Vorschläge operieren mit dem Gedanken, dass sich die Abstammung der kuschitischen Könige jeweils über einen Patriclan mit Nachkommen Kaschtas und einen Matriclan mit Nachkommen Alaras definiert (Morkot 1992) oder dass sich jeweils Mitglieder der beiden Linien Pi(anch)ys und Schabaqos abwechselten (Török 1995).

Dass im meroitischen Reich dieselben Mechanismen galten wie im napatanischen, wird meist stillschweigend angenommen, ist jedoch nicht bewiesen. Jüngst hat Claude Rilly genau dies infrage gestellt,[35] indem er in der späteren Zeit von einer Erbfolgeregel ausgeht: Es gebe einen Erbprinzen (*pqr tr*), der seinem Vater auf den Thron folgt, und nur in Ausnahmefällen (etwa bei Minderjährigkeit) kann seine Mutter, die Kandake (»Königsmutter«), zusammen mit ihm bzw. an seiner Stelle regieren.

## Die Krönungsfahrt

Das meroitische Königtum musste anders funktionieren als das ägyptische. Dort war die Allgegenwart des Königs zentrales Element, in Meroë war nicht einmal diese Fiktion aufrecht zu halten. In den napatanischen Inschriften wird daher beschrieben, wie der König nach seiner Wahl und Krönung in Napata die verschiedenen Zentren des Landes aufsuchte, um dort jeweils anerkannt zu werden. Im Deutschen ist der Begriff »Krönungsfahrt« für die Kaiserkrönung etabliert – auch wenn man in Kusch eigentlich von einer Investiturreise sprechen sollte, denn Zweck war es, dass der König vom jeweiligen Lokalgott Macht in Form besonderer Insignien empfing, etwa Kappe und Szepter in Napata, Pfeil und Bogen in Kawa oder eine Aegis in Pnubs.[36] De facto steht dahinter, dass sich der König vor Ort die Unterstützung der lokalen Oberschicht sicherte. Es ist anzunehmen, dass diese Form der Anerkennungsreise auch in meroitischer Zeit stattfand – sicher ist dies jedoch nicht, weil wir die meroitischen Königsinschriften nicht verstehen. Die besuchten Tempel müssen übrigens nicht immer dieselben gewesen sein; es ist sogar davon auszugehen, dass je nach politischer Gemengelage verschiedene Zentralorte ins Blickfeld rückten. Trotzdem gibt es eine Reihe von Städten, die immer von großer Bedeutung waren, etwa Napata, Kawa und Kerma.

Erst nach der formalen Anerkennung konnte der neue König in einem Initiationsritus göttliche Attribute erhalten. Dieser geheimste Teil der Investitur geschah im Amuntempel von Napata, und zwar in Form einer Tempelinkubation, d. h. der König verbrachte alleine eine Nacht im Allerheiligsten und kam so mit dem Gott direkt in Kontakt. Nun erst nahm der Herrscher eine Titulatur an[37] – wohlgemerkt eine ägyptische – wobei sich allerdings nur ein König des 4. Jh. v. Chr., Aktisanes, eine klassische fünfteilige Titulatur zulegte. Seine Nachfolger führten nur martialische ägyptische Horusnamen, den Göttlichkeit verheißenden Thronnamen und den *Sohn-des-Re*-Namen (»Geburtsname«), der eine Beziehung zu Amun widerspiegelt. Seit dem Ende des 2. Jhs. wird die zweiteilige Titulatur meroitisch geschrieben, wobei die Titel graphisch durch Ägyptogramme notiert sind. Mit Taneyid-amani, in der Wende zum 2. Jh., wird der alte Titel *qore* (»König«) wiederbelebt, der uns bereits in altägyptischen Texten des Neuen Reiches in der Form *kwr* begegnet.

Wie bereits erwähnt, berichtet Agatharchides davon, dass König Ergamenes die Macht der Priester gebrochen habe, die seinen Tod angeordnet hätten. Auch wenn man derartige Aussagen mit größter Vorsicht behandeln muss, scheinen sie doch gewisse Machtkämpfe innerhalb des meroitischen Reiches zu reflektieren. Dies ist angesichts der beschriebenen Heterogenität wohl auch nicht anders zu erwarten. Wahrscheinlich ist Priesterschaft nur eine Chiffre für Clan, denn in den einzelnen Regionalzentren machten die mächtigen Familien ihren Einfluss vor allem durch die Besetzung wichtiger Priesterämter geltend. Dies war sicherlich auch einer der Gründe, weswegen die weiblichen Mitglieder der Königsfamilie gerne in die hohen Ämter der verschiedenen Zentren eingesetzt wurden. In der »Bannstele« wird ein ähnlicher Konflikt wie bei Agatharchides geschildert: Der König sah sich gezwungen, eine Reihe von Kultfunktionären des Amtes zu entheben. Es liegt nahe, hier interne Machtkämpfe zu sehen. Immerhin haben wir auch weitere Hinweise darauf, dass es diese tatsächlich gab, insbesondere unter König Aspelta. Dessen Kartuschen wurden auf zwei Stelen aus Napata getilgt, sind jedoch auf einer Stele aus Sanam und den Reliefs des Amuntempels erhalten. Die Zerschlagung der Königsstatuen von Taharqo, Senkamanisken, Anlamani und Aspelta, die man später in den Cachetten von Kerma (Dukki Gel) und Napata rituell bestattete, wird zwar gerne auf den Feldzug Psammetiks II. zurückgeführt – sie dürften jedoch ebenfalls Zeugen solcher Machtkämpfe sein. Bei mehreren kuschitischen Stelen wurde zudem der Name des jeweiligen König getilgt, was ähnlich zu erklären ist.

## Die Kandaken

Wie andersartig das kuschitische Königtum im Gegensatz zum ägyptischen war, ist an der Stellung der königlichen Frauen zu sehen. Zwar gab es im Verlauf der mehrtausendjährigen Geschichte des Pharaonenreiches auch den einen oder anderen weiblichen Herrscher, in Meroë war dies jedoch systemisch. Vor allem die Mutter des Königs hatte eine sehr prominente Position inne. Dass diese Stellung der Frau nicht nur ein Phänomen der Eliten war, zeigt der Umstand, dass in den Totentexten die Mutter oft vor dem Vater genannt wird. Das bedeutet aber nicht, dass nicht auch in Nubien die Herrscher zumeist männlich waren, sondern lediglich, dass es legitime Königinnen geben konnte.

Es gab folglich keine Notwendigkeit, dass sich eine meroitische Herrscherin – wie Hatschepsut in Ägypten tausend Jahre zuvor – als Mann darstellen ließ. Vielmehr wird auf sie das königliche Bildrepertoire vollumfänglich angewandt, bis hin zum »Erschlagen der Feinde« als Relief auf den Frontseiten der Tempelpylone. Frauen werden an Tempelreliefs in der Interaktion mit den Göttern gezeigt, lassen Tempel bauen und stehen auch sonst ihren männlichen Kollegen in nichts nach (▶ Abb. 19). So weisen ihre Gräber in den königlichen Nekropolen von Meroë und Napata drei Kammern auf, wie für Könige üblich, und nicht nur zwei wie bei nicht-regierenden Königinnen. Die nubische Frauenherrschaft wurde sogar sekundär wieder in ein ägyptisches Konzept überführt, wenn nämlich ein Königspaar symmetrisch dargestellt wird, um den Dualismus von männlich und weiblich auszudrücken, eine kosmische Symmetrie.[38]

Diese Königinnen wurden nicht nur mit dem üblichen meroitischen Wort für »König« (*qore*) bezeichnet (im Meroitischen gibt es kein grammatisches Genus!), sondern vor allem als *k(n)tke* bzw. *k(n)dke*, was ursprünglich vielleicht auf eine Bezeichnung »(Königs-)Schwester« zurückgeht.[39] Den klassischen Quellen bzw. der Bibel (Akten 8:27) folgend, wird dieser Titel als »Kandake« wiedergegeben. In der Sache waren die Kandaken wohl die Mütter von Königen.[40] Als solche scheinen die manchmal nach dem Tod ihres Ehemannes als Vormund minderjähriger Söhne den Thron bestiegen zu haben. Leider wissen wir nicht genau, unter welchen Bedingungen eine Königsmutter tatsächlich auch als Herrscherin in Erscheinung treten konnte und wie genau ihr Verhältnis zu den männlichen Königen war. So wurde etwa postuliert, sie hätten als Koregenten fungieren können, etwa bei Arike-amanote und Talach-amani,[41] dies ist jedoch umstritten.[42]

Zwar ist der Titel Kandake erst aus meroitischer Zeit bekannt und auch die dualistischen Darstellungen sind auf jene Epoche beschränkt, doch lassen die Quellen ganz deutlich erschließen, dass vorher schon

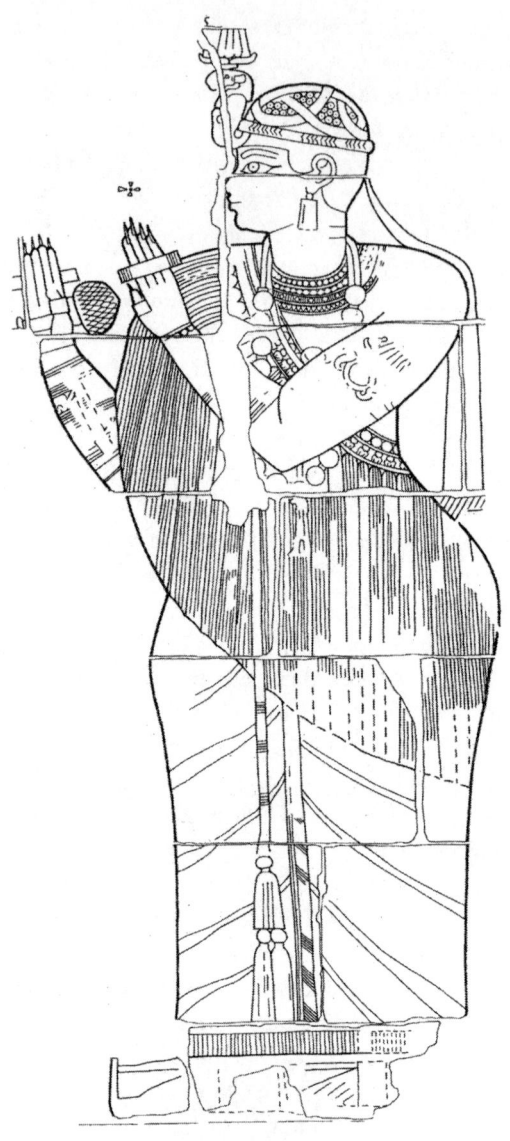

**Abb. 19:** Die Kandake Amanitore im »Staatsornat« auf einem Relief vom Löwentempel von Naga (Gamer-Wallert 1983, Bl. 5 a).

die Königsmütter in Kusch eine herausragende Stellung einnahmen. Nicht nur gibt es zahlreiche Reliefs, auf denen sie prominent in Erscheinung treten, auch die Inschriften thematisieren sie. Chaliut, der Sohn Pharao Pi(anch)ys, bittet in seiner Stele um eine lange Herrschaft des Aspelta »zusammen mit seiner Mutter«. Diese wird auf der Wahlstele des Aspelta sogar als »Tochter des Re« bezeichnet und in der Giebelszene bittet sie Amun um die Herrschaft für ihren Sohn. Pharao Taharqo beruft sich darauf, von einer Schwester des Dynastiegründers Alara abzustammen; ähnlich ist es bei Anlamani und seinem Bruder Aspelta. Dessen Wahlstele erwähnt zwar sogar den königlichen Vater, doch vor allem werden die weiblichen Vorfahren seiner Mutter über sechs Generationen hinweg aufgeführt. Die Gemahlin des Nastasen wird auf ihrer Grabstele als »König« bezeichnet und führt sogar einen Horusnamen.[43]

In jüngster Zeit wurde eine Theorie darüber aufgestellt, wann eine Kandake als Königin herrschen konnte.[44] Danach herrschten die Königsmütter nur, wenn der König gestorben und der rechtmäßige Thronfolger noch minderjährig war. Dies hätte Auswirkungen auf die Rekonstruktion der meroitischen Königsliste, denn das würde ausschließen, dass zwei Kandaken hintereinander regierten. Vor allem aber impliziert diese These, dass der König im meroitischen Reich nicht mehr gewählt wurde, wie in den napatanischen Inschriften beschrieben. In der Tat war dies immer schon eine reine Hypothese.

Schließlich darf bei diesem Überblick über die Kandaken auch eine besonders beliebte Geschichte nicht fehlen. Strabon (17.1.54) beschreibt den Zusammenstoß des römischen Heeres unter Petronius mit den Meroiten wie folgt: »Unter ihnen waren auch die Anführer der Königin Kandake, die in der neuesten Zeit über die Äthiopen herrsche, ein mannhaftes Weib, das auf einem Auge blind war.« Wie so häufig im Kontakt zwischen fremden Kulturen wurde auch hier ein Titel als Name missverstanden. Welche Kandake gemeint ist, wissen wir nicht – wahrscheinlich Amanirenase oder ihre Nachfolgerin Amanisacheto.[45] Um die Zeitenwende sind mehrere Herrscherinnen in Meroë sicher belegt (Sanakadachete, Amanirenase, Amanisacheto und Nawidemaka) und einmal eine Koregentschaft (Königin Amanitore und König Natakamani).

# 7 Die politische Geschichte des Königreichs Kusch

Bevor die politische Geschichte unter den kuschitenzeitlichen, napatanischen und meroitischen Königen in Grundzügen vorgestellt werden soll, seien einige Bemerkungen zur Forschungssituation erlaubt. Die wichtigsten ägyptischen, napatanischen, meroitischen und griechischen Quellen sind in den *Fontes Historiae Nubiorum* (FHN) in Umschrift, Übersetzung und Kommentar versammelt. Die Inschriften der 25. Dynastie sind umfänglich, d. h. auch in Hieroglyphen, zusammengestellt bei Karl Jansen-Winkeln, *Inschriften der Spätzeit* (Wiesbaden 2007–2009). Für die Sekundärliteratur und die Diskussionen bis ins Jahre 1997 ist auf das Handbuch *The Kingdom of Kush* aus der Feder von Lázló Török zu verweisen. Die neueste Literatur über die einzelnen Herrscher ist über die Monographie von Karola Zibelius-Chen (2011) zugänglich, auch wenn diese sich vornehmlich der sprachlichen Analyse der napatanisch-meroitischen Personennamen in ägyptischen Schriftzeugnissen widmet. Dieselbe Autorin hat auch eine sehr gute Übersicht über die komplexe Chronologie des Reiches von Kusch verfasst.[1] Speziell für die königlichen Frauen in Kusch ist auf ein Buch von Angelika Lohwasser (2001) zu verweisen. Schließlich hat Robert Morkot (2000) eine gut lesbare Geschichte der Kuschitenzeit verfasst, wenn auch nach der damals gültigen Rekonstruktion der Königsfolge.

# Die Zeit vor den Kurru-Königen

Eine der wirklich brennenden Fragen betrifft die Herkunft der kuschitischen Herrscher und die Problematik, wie man sich die Verbindung zwischen der Kuschitenzeit und den vorausgehenden Epochen der nubischen Geschichte vorstellen muss. Dabei spielen zwei Quellen(gruppen) eine Rolle: Das Relief der Königin Kadimalo und die Monumente der sog. »neo-ramessidischen« Könige.

An einer Wand des Tempels von Semna wurde unter Abtragung der ursprünglichen Dekoration ein Relief angebracht, das eine Königin zeigt, deren Name möglicherweise meroitisch gedeutet werden kann: Kadi-malo(ye) (»Schöne Frau«).[2] Diese Frau wird in vollem Ornat vor der Göttin Isis dargestellt und als »König von Ober- und Unterägypten, Große Königsgemahlin, Königstochter« bezeichnet, d. h. als regierende Königin. Doch damit beginnen bereits die Schwierigkeiten. Sollte man vielleicht besser »Gemahlin des Königs von Ober- und Unterägypten« lesen? Und auch die Lesung ihres Namens ist alles andere als sicher. Geschrieben wird er *Kdimrw*, was üblicherweise als Kadimalo(ye) interpretiert wird. Leider ist die Lesung des *d* unsicher, d. h. es könnte hier auch *Krimrw* stehen und damit wäre die meroitische Lesung dahin. Das allergrößte Problem ist jedoch die Inschrift selbst und die Datierung des gesamten Monuments. Aus sprachlichen Gründen ist der Text nicht jünger als 600 v. Chr., doch davor gibt es sehr viel Spielraum. Er ist zudem so schwer zu lesen, dass man sich nicht einmal darüber einig ist, ob er wirklich in regulärem Ägyptisch verfasst wurde. Der Ikonographie nach scheint das Relief zumindest ins Neue Reich oder später zu datieren, es fällt also wohl in eine Zeit, aus der wir sonst fast keine Quellen aus Nubien haben, die Zeit zwischen dem Ende der ägyptischen Kolonisation (um 1100 v. Chr.) und dem Beginn der Kuschitenzeit (um 750 v. Chr.).

Mit ähnlichen Schwierigkeiten sind die Monumente der sog. »Neoramessiden« behaftet.[3] Diese galten zunächst als ramessidisch. Später kamen aufgrund der Stilistik Zweifel auf, was zu der Bezeichnung »neo-ramessidisch« führte. Danach gehen die Meinungen auseinander: Einige meinen, die Graphien seien typisch für die »Dritte Zwischenzeit« in Ägypten, andere meinen, deutliche ptolemäische Vorbilder erkennen zu können. Neben Stilistik, Ikonographie, Paläographie und Graphematik spielen Namensgleichungen bei diesen Diskussionsfragen eine Rolle. Immerhin haben die Monumente eines gemeinsam: Sie lehnen sich in ihren Epitheta an die Ramessiden an: »Den Amun/Re auserwählt hat« (*stm.n≠Imn* bzw. *stp.n≠R'*). Damit endet schon die Gemeinsamkeit. So ist völlig unklar, ob die Monumente überhaupt als Gruppe anzusprechen sind, wie dies oft getan wird. Wir können davon ausgehen, dass das Bild sehr viel komplexer ist und sie Könige vielleicht sehr unterschiedlich datieren. Zwei sind mit Sicherheit nach Taharqo anzusetzen, weil ihre Namen auf Spolien dieses Kuschitenpharaos angebracht wurden. Alles in allem verbleiben lediglich zwei Herrscher, über die wir etwas mehr sagen können: *Mn-m3'.t-R'* mit dem Eigennamen *Ktsn* o. ä. und *Wsr-m3'.t-R'* mit dem Eigennamen *Ary*. Nun wurde *Ktsn* mit einem meroitischen König gleichgesetzt, dessen Name Diodor als »Aktisanes« überliefert. Dies ist jedoch alles andere als sicher. Ary wurde sogar schon mit dem ersten namentlich bekannten Herrscher der Kuschitenzeit, Alara, geglichen. Eine meroitische Interpretation führte zu der hypothetischen Lesung »Aryamani«. Leider ist die Stele des Ary aus Kawa praktisch unverständlich. Bestimmte Graphien auf ihr sprechen für eine späte Datierung, wie auch der Umstand, dass er mit Sandalen abgebildet ist, deren Sohlenspitzen bis zum Spann hochgezogen sind. Dies sind jedoch allenfalls Indizien, die keinesfalls ausreichen, um eine Herkunft der 25. Dynastie aus dem Raum Kawa zu etablieren.[4]

## Die Herkunft der Kuschitendynastie

Ab 1918 legte der amerikanische Archäologe George A. Reisner in el-Kurru, 12 km stromabwärts vom Gebel Barkal beim heutigen Karima, nicht nur die Gräber der kuschitischen Pharaonen frei, sondern auch einige Tumuli, die offenbar älteren Datums waren. Seiner Meinung

## Die Herkunft der Kuschitendynastie

nach waren in diesen die Vorgänger der 25. Dynastie bestattet. Dass Ku. 1 das älteste Grab sei, wurde nur anhand seiner Lage und Größe erschlossen – es war schlicht und einfach das Prominenteste. Aber war el-Kurru wirklich der erste königliche Friedhof der Kuschiten? Immerhin gibt es noch andere Tumuli-Friedhöfe, die nie untersucht wurden, und in späterer Zeit wurde der Platz der königlichen Grabstätten mehrfach geändert. Die über 100 Tumuli von Debeira Ost (nördlich des 2. Katarakts) etwa sind sehr ähnlich zu denen von el-Kurru: Sie weisen gleichartige ägyptische Objekte auf wie Ku. 1 und beide Orte haben als einzige eine ganz bestimmte Art von Keramik, die sog. »squat jars«. Möglicherweise zogen sich die Herrscher nach Süden zurück, um einer Konfrontation mit Ägypten aus dem Wege zu gehen?[5]

Vor allem stellt sich die Frage: Wie sind diese Tumuli zu datieren? Sind sie wirklich nur wenige Generationen vor der Kuschitenzeit entstanden oder sind sie vielleicht sogar mehrere Jahrhunderte älter, stammen also aus der Zeit, direkt nachdem die ägyptische Kolonisation zu einem Ende gekommen war? Mit anderen Worten: Gibt es eine Kontinuität zum Neuen Reich oder nicht? War Napata bereits im Neuen Reich ein Zentralort oder von eher geringerer Bedeutung?[6] Man kann sich auch fragen, ob die Kuschiten die Nachkommen nubischer Machthaber waren, die im Neuen Reich von den Ägyptern im Sinne einer *local rule* in ihr Kolonialsystem eingebunden worden waren. Vieles spricht dafür, dass sich die Kuschiten Napata vor allem aus religiösen bzw. ideologischen Gründen zuwandten, d.h. wegen des dortigen Amunkults. Eine verwandte Frage ist die nach dem eigentlichen Machtzentrum der Kuschiten. War dies wirklich die Region um Napata oder nicht viel eher der Raum Meroë? Immerhin wurden in den nicht-königlichen West- und Südnekropolen von Meroë Objekte mit den Namen der kuschitische Pharaonen gefunden.[7]

Möglicherweise stammte die Dynastie aus Meroë und nur die Herrscher mit ihren Gemahlinnen und Müttern waren in el-Kurru bestattet worden.[8] Vielleicht war jedoch tatsächlich el-Kurru/Napata die Heimat der frühen kuschitischen Könige und Meroë lediglich ihre erste Eroberung?[9] Dass ihre Namen meroitisch sind, sollte uns nicht zu voreiligen Schlüssen verleiten, denn die Sprache heißt lediglich so, weil die ersten publizierten Inschriften aus Meroë stammten. Jüngst hat sich

Jeremy Pope der Frage im Detail angenommen. Die Quellenlage erlaubt es kaum, sie entschieden zu beantworten. Zudem hängt ihre Beantwortung davon ab, was genau man als Basis kuschitischer Macht betrachtet: militärische Potenz, landwirtschaftliches Potenzial oder die handelsstrategische Position. Überhaupt werden zwar einige Kuschitenherrscher auf Artefakten aus Gräbern in Meroë genannt, dies bedeutet jedoch noch lange nicht, dass die Bestatteten mit ihnen verwandt waren – in Gebel Moya (200 km südlich von Khartum) gibt es ebenfalls entsprechende Belege, ohne dass man die Bestatteten dort jemals als Mitglieder der kuschitischen Königsfamilie betrachtet hätte. Und wenn es getrennte Bestattungsplätze für Herrscher und ihre Familien gab, warum dann in el-Kurru und nicht in Napata, das religiös doch sicherlich das viel bedeutendere Zentrum war? Freilich wurde die Siedlung von el-Kurru bislang noch nicht ausgegraben und wird erst seit 2013 untersucht. Übrigens wird öfters debattiert, wo die Hauptstadt gelegen habe, dabei ist dies ohnehin eine anachronistische Sichtweise. Die Frage lautet vielmehr: Wo war die eigentliche Machtbasis? Auffälligerweise gibt es keinen sicheren Beleg für den Ortsnamen »Meroë« in der 25. Dynastie und auch keinen Hinweis für die Anwesenheit der Kuschiten dort. Daher hat Jeremy Pope, Robert Morkot folgend, ein drittes Szenario entworfen: Meroë habe bis Aspelta noch verhältnismäßig locker zum Kuschitenreich gehört und sei dann schrittweise ins Reich eingegliedert worden. Damit wäre der Machtbereich der Kuschitenpharaonen deutlich kleiner gewesen, als bislang gedacht.

In der Tat gibt es archäologische Hinweise dafür, dass Meroe in der Kuschitenzeit kulturell wie politisch noch deutlich eigenständiger war:[10] Die frühen Gräber aus der West- und Südnekropole von Meroë mit den meisten Reichtümern sind nicht diejenigen mit den meisten Aegyptiaca, sondern gerade die »traditionellen«, d. h. diese waren die eigentlichen Potentaten. Möglicherweise sind die einzelnen abweichenden Gräber in el-Kurru sogar als Hinweise auf dynastische Verbindungen zu werten, d. h. konkret auf meroitische Frauen in der Kurru-Dynastie. Im Übrigen ist darauf zu verweisen, dass napatanische Quellen Meroë stets in Zusammenhang mit Konflikten erwähnen, d. h. es gab Opposition von der dortigen Steppenbevölkerung.

Morkot meinte, die Gründe für den Aufstieg Kuschs lägen im verstärkten Handel mit Elfenbein.[11] Warum dieser auf einmal zugenommen haben soll, erklärt er nicht. Dabei gibt es eine sehr einfache Erklärung: Wie erwähnt, war der syrische Elefant gegen Ende des Neuen Reiches ausgerottet worden und die Seeroute nach Indien bestand noch nicht. Die Savannen des Sudan, das Rückzugsgebiet des ehemals auch im ägyptischen Niltal heimischen Afrikanischen Elefanten, waren damit die einzige Quelle für Elfenbein im Vorderen Orient. Es ist sicherlich kein Zufall, dass sich das ägyptische Wort für »Elefant« über den gesamten Mittelmeerraum verbreitete und dass lat. *ebur*, auf das franz. *ivoire*, engl. *ivory* etc. zurückgehen, ein Lehnwort aus dem Meroitischen ist (meroit. *abore*). Über Ägypten gelangte der Rohstoff in die Levante, wo er verarbeitet wurde – die »phönizischen Elfenbeine« sind zu Beginn der Eisenzeit eine feststehende Fundgattung in ganz Vorderasien. Jüngst meinte Anthony Spalinger, die Pferdezucht und der damit verbundene militärische Fortschritt sei entscheidend gewesen für die Herausbildung des Königreichs von Kusch.[12]

Der Diskussion um die Herkunft der Kuschitendynastie wird hier deshalb so viel Raum gegeben, weil Popes Thesen sehr weitreichende Konsequenzen haben. Die beliebte These vom Rückzug der Kuschiten in den Süden im Wechsel von der napatanischen zur meroitischen Zeit impliziert nämlich, dass Meroë das ursprüngliche Kernland war. Vor allem aber ändert sich damit unser Blick auf die napatanische Zeit: Bislang gilt sie als Periode des Niedergangs, in welcher die Wirkungskraft der ägyptischen Kultur immer mehr verloren ging. Man sah vor allem den politischen Verlust Ägyptens und Unternubiens. Wenn das napatanische Reich den Raum um Meroë immer mehr integriert, dann wäre dies eine Zeit der großen Expansion gewesen, nur eben in die andere Richtung, nach Süden! Die Neubewertung der napatanischen Schriftdenkmäler weist in eine ähnliche Richtung. Galten sie früher noch als Zeugnisse von »Sprachverfall«, interpretiert man sie heute im Sinne einer Emanzipation.[13]

Was sagen die ägyptischen Quellen der »Libyerzeit« zu den Verhältnissen in Kusch?[14] Zunächst berichten sie unter Osorkon II. (ca. 874–50) und Takeloth II. (ca. 850–25) von Feldzügen dorthin. Außerdem war der Titel »Vizekönig von Kusch« immer noch in Gebrauch, nur ist eben die Frage, was in jener Zeit hinter diesem steckt. Offenbar reichte das Einflussgebiet jener Würdenträger bis in den späteren Dodekaschoinos, allenfalls bis Wadi Halfa und Semna.[15] Möglicherweise war in Qasr Ibrim eine Grenzfestung der Nubier, zumindest sind Strukturen aus jener Zeit nachweisbar. Die Expansion der Kuschiten findet gleichwohl ihren Widerhall, etwa in den Inschriften des Hohepriesters Osorkon am Bubastidentor. Um 827 finden wir unter den Geschenken an den Amuntempel von Karnak bereits Gold aus Napata, was zumindest diplomatische Kontakte nachweist.

## Alara und Kaschta

Bevor wir im Folgenden zum Beginn der Kuschitenzeit kommen, sind noch ein paar Worte zur Periodisierung vonnöten. Dem antiken Geschichtsschreiber Manetho folgend, wird die ägyptische Herrschergeschichte in Dynastien eingeteilt. Nach dieser Überlieferung bilden die Pharaonen kuschitischer Herkunft, die über Ägypten die Oberherrschaft ausübten, die 25. Dynastie. Diese wird nach ihrer Herkunft aus Nubien meist nach der in ägyptischen Inschriften überlieferten Eigenbezeichnung $k3š$ bzw. der biblischen Form desselben (»Kusch«) als »kuschitisch«, seltener, dem griechisch-römischen Sprachgebrauch folgend, als »äthiopisch« bezeichnet. Manetho nennt als Herrscher der Dynastie die Könige Schabaqo, Schebitqo und Taharqo bzw. ihre griechischen Namensformen (Sebichôs/Sabakos/Tarkos). Da die Eroberung Ägyptens jedoch *vor* diesen Herrschern anzusetzen ist, genauer gesagt in die Zeit des Königs Pi(anch)y, wird dieser in der Ägyptologie ebenfalls zur 25. Dynastie gezählt. Dasselbe gilt für Tanutamani, den Nachfolger Taharqos, der zumindest zu Beginn seiner Regierung noch über Ägyptens herrschte. Aber auch vor Pi(anch)y übte ein kuschitischer Herrscher zumindest in Teilen Ägyptens Macht aus, Kaschta. Dass dieser von den Ägyptologen nicht ebenfalls zur Kuschitenzeit gezählt wird, ist eigentlich nicht einsichtig, denn es gibt zeitgenössische

Monumente, auf denen er als ägyptischer König erscheint, d.h. sein Name steht in einer Kartusche: Da wäre zum einen seine Opferstele aus el-Kurru, ein auf Elephantine (d.h. in Ägypten) gefundenes Stelenfragment, das ihn vor dem Gott Chnum zeigt, sowie eine Bronzeaegis, die zeigt, wie er von der Göttin Mut gesäugt wird.[16] Nichts weist jedoch darauf hin, dass Kaschta auch im Raum Theben anerkannt war – die dortigen Nennungen seines Namens sind alle posthum. Auch die Nachfolger Tanutamanis nennen sich noch »König von Ober- und Unterägypten« und setzen ihren Namen in eine Kartusche – und gelten doch nicht mehr als »kuschitenzeitliche«, sondern als »napatanische« Herrscher. Zur Dynastie gezählt werden also nur diejenigen Könige, die auch tatsächlich über signifikante Teile Ägyptens die Oberherrschaft innehatten.

Als ältesten Vorgänger der Kuschitenpharaonen ist ein Mann zu nennen, der als Alara in der Literatur bekannt ist (geschrieben $i$-$r$-$r$ oder $i$-$r$-$r$-$i$).[17] Gesichert können ihm keine zeitgenössischen Quellen zugewiesen werden. Dass ihm die Pyramide Ku. 9 in el-Kurru zugeschrieben wird, beruht allein auf zwei Umständen: Zum einen steht diese typologisch zwischen den älteren Gräbern und denen der Kuschitenzeit, zum anderen weist das Grab erstmals Spuren einer Nische für eine Stele sowie einer Opferplatte auf. Unmittelbar mit dem Grabbau verbunden werden kann ein Steinblock, auf dem grob gearbeitet ein Mann mit einem ungewöhnlichen Kopfputz gezeigt wird. Genannt wird Alara allerdings nirgends.

Gemeinhin wird angenommen, die Kuschiten hätten Alara als ihren Ahnherren betrachtet, jedoch wird selbst dies nirgends explizit gesagt. Die Ansicht, dass Alara der Gründer der kuschitischen Dynastie sei, beruht lediglich auf der Tatsache, dass er in mehreren späteren Quellen erwähnt wird, und vor allem darauf, dass sich mehrere Könige auf ihn berufen. Die älteste dieser posthumen Erwähnungen ist die kleine Grabstele einer »Großen Königsgemahlin« ($ḥ$'$m.t$-$nsw$ '$3.t$) namens »Tabiry« ⟨$t$-$3$-$b$-$iri$-$y$⟩, gefunden im Grab Ku. 53 in el-Kurru.[18] Dort wird sie Tochter des Alara und einer »Kasaqa« ⟨$k3$-$s$-$k$-$t$⟩ genannt,[19] was uns den Namen einer Gemahlin des Alara überliefert. Außerdem wird sie als Hauptfrau Pi(anch)ys ausgewiesen. Alle Verwandten (auch Pi[anch]y) werden ohne Titel aufgeführt, jedoch mit einer Kartusche als königlich markiert – auf Pi(anch)y wird zudem durch »seine Majestät« (ḥm=f) verwiesen. Pharao Taharqo nennt Alara gleich mehrfach, und zwar auf zwei Stelen, die im Tempel T von Kawa gefunden wurden (Kawa IV und VI).[20] Dort erfahren wir, Alara habe Amun gebeten, den Nachkommen seiner Schwester die Königswürde zu verschaffen – Taharqo stammte von ebendieser ab. Das Gebet des Alara auf der Stele Kawa IV kann wie folgt übersetzt werden:[21]

> *Sein Sohn bin ich* (gemeint ist Taharqo), *den er erzeugt hat, nachdem die Mütter meiner Mutter ihm durch ihren ältesten Bruder, den seligen Sohn des Re Alara, anbefohlen worden sind mit den Worten: »Dieser Gott, der denjenigen kennt, der sein Gefolgsmann ist, und eilends zu demjenigen kommt, der nach ihm ruft – mögest du für mich auf den Leib meiner Anverwandten* (pl.) *schauen und ihre Kinder auf der Erde festmachen. Mögest du für sie handeln, wie du für mich gehandelt hast, und sie zum Guten gelangen lassen.« Er* (gemeint ist Amun) *aber hörte auf das, was er in Bezug auf uns gesagt hatte, und setzte mich als König ein, …*

Der Ausdruck »Mütter meiner Mutter« ist hier nicht ganz eindeutig – Karl Jansen-Winkeln versteht ihn als Bezeichnung der Großmutter Taharqos und ihrer Schwestern, Angelika Lohwasser jedoch allgemein als »weibliche Vorfahren«.[22] Weil in der Kawa-Stele IV in Zeile 22 der Singular steht (Mutter der Mutter) ist eindeutig, dass Alara ein Großonkel Taharqos war und nicht mehr als drei Generationen zwischen den beiden lagen. Auf der Kawa-Stele VI Taharqos lesen wir:[23]

> *Seine Majestät tat dies, weil er seinen Vater Amun-Re, den Herrn von Kawa, so sehr liebte und weil er wusste, dass er* (Taharqo) *ihm* (Amun), *der eilends zu dem kommt, der nach ihm ruft, ein Herzensanliegen war wegen des Wunders/Orakels, das er für ihn gemacht hatte, als seine Mutter noch im Leben war, bevor sie geboren wurde. Die Mutter seiner Mutter war ihm ⟨nämlich⟩ durch ihren ältesten Bruder anbefohlen worden, den seligen Sohn des Re Alara, mit den Worten: »Oh trefflicher Gott, der eilends zu demjenigen kommt, der nach ihm ruft, mögest du um meinetwillen auf meine Schwester blicken, eine Frau, die mit mir aus einem Leibe stammt. Mögest du für sie handeln, wie du für denjenigen gehandelt hast, der wegen des Wunders/Orakels für dich handelte, das unerwartet kam und für das nicht von anderen gebeten wurde.«*

Besonders der letzte Satz ist von großer Bedeutung, denn er könnte erklären, wie Alara an die Macht gekommen war – nämlich durch ein unerwartetes Orakel.[24] Ähnliches scheint auch auf der Wahlstele des

Aspelta durchzuschimmern, wo es in Zeile 23 heißt »... *mögest du mir doch hier das treffliche Amt geben, ohne dass es in meinem Herzen war ...*«. Dies impliziert, dass die aus späteren Zeiten bekannten Mechanismen der Königswahl bereits existierten. Macadam, der die Stele Taharqos zuerst publiziert hat, meinte noch, die Phrase »die mit mir aus einem Leibe stammt« sei auf einen Zwilling bezogen, wahrscheinlicher ist jedoch lediglich, dass beide dieselbe Mutter hatten.[25]

Zwei spätere Könige nehmen ebenfalls Bezug auf Alara. Da wäre zum einen die Kawa-Stele des Arike-amanote mit der Schilderung der Krönungsreise. Dort heißt es:

> *Mögest du mir eine lange Lebenszeit auf Erden geben, nachdem du mir gegeben hast, wie du für den seligen König Alara gehandelt hast.*

Auf der Stele des Nastasen wird ein Garten genannt, in dem Alara aufgewachsen sein soll.[26] Als Nastasen durch Amun von Napata zum König erkoren wird, ist nicht nur von der Krone des Königs Harsiyotef die Rede, sondern auch von der »*Macht des Königs Alara*«. In beiden Passagen steht nicht »Alara« allein, sondern »Pi(anch)y-Alara«. Das Element $p\!\!\;^{\!3}$-ˁnḫ dürfte hier mit Karola Zibelius-Chen Alara als vergöttlicht ausweisen und nicht direkt mit der meroitischen Herrscherbezeichnung ⟨boḫe⟩ im Sinne von *ponḫe-ye zusammenhängen.[27]

Timothy Kendall setzt Alara mit dem ebenfalls aus Kawa bekannten »neo-ramessidischen« Herrscher Ary(amani) gleich, der jedoch von anderen zwischen die napatanische und meroitische Zeit datiert wird.[28] Auch Robert Morkot meint, diese Gleichung sei verführerisch, wenn auch nur wenig wahrscheinlich.[29] Immerhin habe Ary(amani) mindestens 29 Jahre regiert, was der Bitte Arike-amanotes nach einer langen Regierung entsprechen könnte. Dass sich die Nennungen Alaras in Kawa häufen, sei kein Zufall: Er habe dort seine Machtbasis gehabt, wie der von Morkot postramessidisch/präkuschitisch datierte Ary(amani) auch. Schon allein sprachlich ist die Gleichung von Alara mit Ary(amani) nicht wahrscheinlich, da man hier von einer ägyptischen Lautentwicklung an einem meroitischen Namen ausgehen müsste (dem Schwund des *r* am Wortende).[30] Taharqo bezeichnet Alara als »Sohn des Re« ($s\!\!\;^{\!3}$-Rˁ(.w)), obwohl dieser im Text nur als »Großer« ($wr(.w)$) angesprochen wird; bei Arike-amanote und Nastasen wird er

»König« (*nsw*) genannt – dies sind jedoch sicherlich spätere Zuschreibungen.

Der erste König von Kusch, von dem wir sicher zeitgenössische Dokumente besitzen, ist Kaschta (*K3-š-t3*).[31] Immer wieder wird die These geäußert, sein Name bedeute »der Kuschit«. Dies kann aus mehreren Gründen nicht richtig sein: Zum einen wird der Ländername »Kusch« ganz anders geschrieben (nämlich *K-3-š*), zum anderen ist m. E. nur schwer vorstellbar, dass ein Herrscher derartig fremdbezeichnet wird. Allenfalls könnte man an eine Kurzform denken und damit an einen Übernamen ähnlich dem Atatürks (»Vater der Türken«). In el-Kurru wird ihm die Pyramide Ku. 8 zugeordnet.

So wenig wir von Kaschta wissen, so divergierend sind die Interpretationen: Während Robert Morkot meint, nur Kaschtas Nachfolger Pi(anch)y könne dessen Tochter Amenirdis I. als Gottesgemahlin in Theben eingesetzt haben,[32] meint Karola Zibelius-Chen, es könne nur Kaschta gewesen sein.[33] Während Morkot meint, nichts weise darauf hin, dass Kaschta in Theben anerkannt worden sei, hält Zibelius-Chen gerade dies für sicher. Die Sache ist: Wir wissen es einfach nicht. Einerseits ist Morkots Argumentation sehr einsichtig, erst Pi(anch)ys Feldzug nach Ägypten habe ihm die nötige Macht verschafft, Amenirdis I. in Theben durchzusetzen. Andererseits ist es ebenso nachvollziehbar, dass dieser Feldzug bis ins Nildelta wohl nur möglich gewesen sein dürfte, weil die Kuschiten zu seiner Zeit bereits fest in der Thebais etabliert waren. Für dieses Szenario spricht immerhin, dass Kaschta zu Lebzeiten als Pharao erscheint: Sein Name steht in einer Kartusche, auf einer fragmentarischen Stele wird neben den Eigen- auch ein Thronname genannt, die Reste der Darstellung zeigen ihn mit einem (einzelnen) Uräus, d. h. mit einem königlichen Attribut.

Das einzige weitere zeitgenössische Dokument aus seiner Regierung ist die erwähnte Bronzeaegis, die ihn mit der Göttin Mut zeigt.[34] Obwohl diese in Theben prominent verehrt wurde, kann dieses Objekt kaum als Beweis für eine frühe kuschitische Herrschaft dort gewertet werden.[35] Einen Eintrag des ersten Regierungsjahres von Kaschta in den *Priesterlichen Annalen von Karnak* (Fragment 31), konnte die neuere Forschung nicht bestätigen[36] und auch die zuletzt vorgeschlagene Gleichsetzung des Ammeris der klassischen Autoren mit Kaschta überzeugt weder chronologisch noch inhaltlich: Dort gibt es einen dezidierten Bezug zu Sais im Delta, obwohl doch Kaschta gerade nur in Südägypten nachgewiesen ist.[37]

Was die Familie Kaschtas angeht, so lässt sich lediglich mit Sicherheit sagen, dass die Gottesgemahlin des Amun in Theben, Amenirdis I., seine Tochter war. Diese Tochter nennt ferner als Mutter »Pabatma« ($P$-$b3$-$t$-$m3$),[38] die demnach eine Gemahlin Kaschtas gewesen sein dürfte. Ziemlich unsicher ist die Einordnung des Schabaqo, der gemeinhin als Sohn Kaschtas gilt, was jedoch falsch ist (▶ Schabaqo). In der Forschung herrscht Uneinigkeit darüber, wer genau die Gottesgemahlinnen der 25. Dynastie in ihr durch Adoption weitergegebenes Amt einsetzte – waren es deren Väter oder deren Brüder? Robert Morkot plädiert für Ersteres,[39] was der gängigen ägyptischen Praxis entspricht – Nitokris wird von ihrem Vater Psemmetik I. als Nachfolger der kuschitischen Gottesgemahlin eingesetzt. M. E. spricht jedoch mit Michael Bányai sehr viel mehr dafür, dass die kuschitische Praxis anders war, dass nämlich hier Könige ihre Schwestern einsetzten.[40] Dies wird nicht nur den Quellen besser gerecht, sondern ist auch vor dem Hintergrund zu sehen, dass in Kusch die »Königsschwestern« eine besonders große Rolle spielten. Überhaupt ist sehr unwahrscheinlich, dass Kaschta bereits über den notwendigen Einfluss in der Thebais verfügte, um seine Tochter dort in ein derart wichtiges Amt zu hieven.[41] In diesem Zusammenhang erwähnt werden sollten die sogenannten »Pianchi-Blöcke« vom Muttempel mit der Darstellung von Schiffen, die Luxusgüter aus Nubien transportieren. Perdu meinte zwar, sie gehörten in die 26. Dynastie,[42] doch wie erklärt sich dann der Schiffsname »Schiff des Pi(anch)y«? Wahrscheinlich waren sie zu Beginn der 26. Dynastie erst sekundär beschriftet worden, d. h. sie stellen eine historische Szene zur Zeit von Pi(anch)y dar: die Ankunft der Gottesgemahlin Amenirdis I. in Theben.[43]

Eine weitere Tochter Kaschtas namens »Peksater« ($P$-$k$-LEBEN-$s3$-$t$-$r$-$'$)[44] – ebenfalls eine Gemahlin Pi(anch)ys – ist von ihrem Grab in Abydos bekannt, wo sie explizit als Tochter Kaschtas und Pabatmas und als Königsgemahlin bezeichnet wird.

In Abydos finden sich weitere Quellen einer Kuschitin, nämlich diejenigen der »Pa-abet-ta-meri« ($P3$-$3bd$-$t3$-$mri$),[45] die den »schönen Namen« (*rn nfr*) »Die Napata liebt/Napata liebt sie« (*Mrị̊s-Np.t*/*Mrị̊ si-Np.t*) trägt, d. h. einen ägyptischen Rufnamen. Der Name ist übrigens bewusst doppeldeutig, denn anstelle von Napata könnte man auch Abydos (*3bḏw*) lesen. Von ihrem Grab stammen zwei Stelen, die von ihren Sohn »Pekar-tror« (*P3-g-3-ṯ-t3-r'-rw*) für sich selbst errichtet wurden.[46] Auch hier gehen je nach Textinterpretation die Meinungen auseinander. Der *communis opinio* zufolge sagt der Text aus, dass der General ähnlich wie Taharqo im jugendlichen Alter als Heerführer aus Nubien nach Ägypten gekommen sei:[47] »*Sie erbaten ihr Begräbnis aus der Hand des Osiris, als ich im Alter von 20 Jahren aus Nubien gekommen war.*« Andere Forscher meinen jedoch, er sei wie folgt zu lesen: »*Erbeten wurde ihr Begräbnis von Osiris, indem 20 Jahre für mich vergingen, bis [ich] auch aus Nubien kam.*« Danach seien 20 Jahre seit dem Tod der Mutter vergangen, bis der General aus Nubien kam und die Stelen für sie stiftete.[48] Leahy argumentiert jedoch entschieden gegen diesen Vorschlag Vittmanns.[49]

Da Pa-abet-ta-meri auf ihrer Stele als »Königsschwester, Königstochter und göttliche (?) Mutter einer Gottesverehrerin« bezeichnet wird, war sie die Mutter entweder von Schepenupet II. – und damit eine Gemahlin von Pi(anch)y – oder von Amenirdis II. – und eine Gemahlin von Taharqo.[50] Munro hat sogar die Stele vor allem aus stilistischen Gründen in die Zeit zwischen 670 und 654 v. Chr. gesetzt und für Amenirdis I. optiert – dies ist jedoch alles andere als sicher.[51] Der Generalissimus (*im.i-r' mš' wr*) Pekar-tror wird übrigens nicht als Königssohn bezeichnet – stammte er möglicherweise aus einer anderen Ehe?

Steffen Wenig hatte – einer Idee Karl-Heinz Prieses folgend – den Namen mit dem meroitischen Titel ⟨*pqr-tr*⟩[52] in Verbindung gebracht,[53] was von Karola Zibelius-Chen abgelehnt wurde.[54] Sie verweist darauf, das Zeichen *ṯ* sei sehr eindeutig und auch nicht als Verlesung von hieratisch *r* zu erklären. »Pekar-tror« besitzt neben seinem meroitischen Namen auch den ägyptischen Rufnamen (*rn nfr*) *Irị̊-p3-'nḫ-ḵnḵn=f* (»Der Lebende kämpft für ihn«). Meist wird angenommen, Pekar-tror sei als Zwanzigjähriger nach Ägypten geschickt worden und habe dort als Feldherr Karriere gemacht – ähnlich wie dies von Taharqo überliefert ist. Michael Bányai meinte, Pekar-tror sei wohl während des Feldzuges des Pi(anch)y im Jahre 20 gefallen und in Abydos bestattet worden.[55] Nach der neuen Übersetzung von Günter Vittmann und Karola Zibelius-Chen wäre dies nicht mehr haltbar.[56]

Karl-Heinz Priese vertrat die These, Pabatma und Pa-abet-ta-meri seien ein und dieselbe Person, nur eben sei der eine ihr meroitischer, der andere ihr ägyptischer Name. Dies wurde meist abgelehnt mit dem Hinweis, letztere werde nicht »Königsgemahlin« genannt. Auch hier hat Michael Bányai eine abweichende Sichtweise:[57] Wenn *pqr* tatsächlich der meroitische Kronprinzentitel war,[58] dann müsse wohl Pekartror Sohn eines Königs und seine Mutter damit auch Gemahlin eines solchen gewesen sein. Allein die Tatsache, dass der Titel des Generals als Name missverstanden worden war, spreche dafür, dass die Kommunikation zwischen Auftraggeber und Schreiber nicht recht funktioniert habe.

Wie Kaschta zu Alara stand, ist nicht bekannt – oft wird angenommen, sie seien Brüder gewesen, das ist jedoch reine Hypothese, die auf dem Konzept von kollateralen Thronfolgeregelungen beruht.[59]

Wir können also für die Zeit unmittelbar vor Beginn der 25. Dynastie feststellen, dass sich der Machtbereich der Kuschiten nach Norden kontinuierlich ausdehnte: Während Alara von späteren Königen als besonders wichtiger Vorgänger angesehen wird, ist unter Kaschta zumindest der Brückenkopf Elephantine in kuschitischer Hand, möglicherweise sogar bereits der thebanische Raum.

Was genau die ökonomischen und militärischen Hintergründe für die Nordexpansion der Kuschiten waren, darüber kann man nur spekulieren. Robert Morkot meint, neben dem üblichen Exportmarkt von Luxusgütern aus Afrika seien etwa in jener Zeit in vorderasiatischen Quellen zwei Güter besonders zu nennen: Elfenbein und Pferde.[60] Die kuschitischen Pferde galten bei den Assyrern so viel wie bei uns ein Vollblut-Araber – Morkot verweist zu Recht darauf, dass in späterer Zeit noch der *mek* von Dongola dem Sultan der Funj Tribut in Form von Pferden lieferte.[61] Elfenbein als Faktor war bereits genannt worden. Wie auch immer – über die eigentlichen Hintergründe können wir nur spekulieren. Dies ändert sich erst in gewisser Weise mit dem nächsten König, Pi(anch)y, der jedoch bereits der Kuschitenzeit im engeren Sinne zugewiesen werden kann.

## Pi(anch)y und die Eroberung Ägyptens

Ob Pi(anch)y ein Sohn Kaschtas war, wie man manchmal lesen kann, ist nicht erwiesen. Wir wissen lediglich, dass zwei seiner Gemahlinnen (die Hauptfrau »Tabiry« ⟨t-ꜣ-b-irỉ-y⟩ und »Peksater«) mit Sicherheit dessen Töchter waren. Möglicherweise gilt dies auch für »Chensa« *(Ḫ-n-n-sꜣ-iw-t)*[62] und »Abalo« *(Ỉ-bꜣ-rw)*[63] – bei »Nefru-ka-kaschta« *(Kꜣ-š-t-*SCHÖN*-[m-r]-kw)* ist sogar die Verbindung zu Pi(anch)y unsicher.[64] Möglicherweise gab es Schwierigkeiten beim Machtwechsel, denn der Name des Pi(anch)y wurde in mehreren Monumenten getilgt. Wann dies geschah, ist allerdings unbekannt – es könnte genauso gut in deutlich späterer Zeit durch Nachgeborene einer Nebenlinie geschehen sein.

Bevor näher auf die Quellen und Ereignisse aus der Zeit Pi(anch)ys eingegangen wird, sind noch einige Worte zum Namen dieses Herrschers vonnöten. In der Literatur liest man die Formen »Piye« oder »Pianchy«. Der Grund hierfür ist der Umstand, dass es verschiedene Interpretationen des Namens gibt.[65] Dies hängt u. a. damit zusammen, dass Graphien mit und ohne ꜥnḫ-Zeichen vorkommen. Geschrieben wird in der Kartusche meist ⟨P-ꜥnḫ.y⟩, was sich ägyptisch problemlos als »Der Lebende« deuten lässt (Vittmann). Danach wäre *pꜣ(y)*, der neuägyptische Artikel, und ꜥnḫ, die Wurzel »leben«, versehen mit einer Nominalendung -y. Soweit die lange herrschende Auffassung. 1968 veröffentlichte Karl-Heinz Priese eine »nubische« Deutung, die von den Graphien ohne ꜥnḫ-Zeichen ausging. Danach steht hinter der ägyptischen Schreibung ein meroitisches Wort *pi/pe* (»Leben«), das leider nur aufgrund nubischer Kognaten erschlossen ist. Zusammen mit dem als Namensendung häufigen kopulativen bzw. deiktischen Element *-ye* ergibt sich so ebenfalls die Bedeutung »Der Lebende« – das ꜥnḫ-Zeichen ist hier lediglich Determinativ. Es liegt somit eine spielerische Schreibung vor, die in zwei Sprachen und Kulturen gleichermaßen funktioniert. Dieser Sichtweise hat Claude Rilly widersprochen, der 2001 die These aufstellte, hinter der ägyptischen Graphie mit der lautlichen Interpretation *\*ponḫe-ye* verberge sich ein anderes meroitisches Wort, nämlich ⟨boḫe⟩ »Herrscher«.[66] Die fehlende Wiedergabe des

Nasals ist im Meroitischen geläufig. Karola Zibelius-Chen hat Rillys Argumentation einer erneuten kritischen Prüfung unterzogen und ist zu dem Schluss gelangt, dass sich Prieses Interpretation nicht entkräften lässt.[67] Damit bleibt die Frage offen, weshalb sie konsequent »Pi(anchi)« schreibt – im vorliegenden Buch wird die Wiedergabe »Pi(anch)y« verwendet.

Aufgrund der wechselnden Thronnamen wurden übrigens einmal bis zu sieben Pi(anch)ys unterschieden.[68] Aus den häufigen Änderungen der Titulatur lässt sich nicht wirklich viel herauslesen. Überhaupt erscheint es mir fraglich, inwieweit diese Namensexegesen, die in der Meroitistik üblich sind, wirklich brauchbare Ergebnisse liefern. Erst George Reisner etablierte die Lehrmeinung, dass es sich bei Pi(anch)y nur um einen einzigen Herrscher handelt. Mit den beiden ägyptischen Thronnamen $Mn\text{-}mȝ.t\text{-}R'(.w)$ (»Mit bleibender Gestalt, ein Re«) und $Wsr\text{-}mȝ.t\text{-}R'(.w)$ (»Reich an Maat, ein Re«) lehnt sich Pi(anch)y an Thutmosis III. und Ramses II. an, also an besonders prominente Vorbilder.[69]

Über die Familie des Pi(anch)y wissen wir verhältnismäßig viel,[70] auch wenn seine Abstammung unklar ist – oft wird angenommen, »Kaschta« und »Pabatma« seien seine Eltern gewesen.[71] Sicher ist, dass »Tabiry«, »Chensa« und »Peksater« seine Ehefrauen waren, bei »Abar/Abalo« (der Mutter Taharqos) ist die Sache weniger klar, da Pi(anch)ys Vaterschaft Taharqos lediglich erschlossen ist, bei »Neferu-ka-kaschta« ganz unklar (s. o.). Die Gottesgemahlin Amenirdis I. war sicher eine Schwester des Königs, Pharao Schabaqo (ein Sohn Kaschtas) möglicherweise sein Bruder. Taharqo war wahrscheinlich ein Sohn Pi(anch)ys, sicher jedoch Chaliut ($Ḥȝ\text{-}ru\text{-}iw\text{-}ṯ\text{-}ȝ$).[72] Für diesen »Sohn des Königs Pi(anch)y« ($sȝ\ n(.i)\ nsw\ P\text{-}'nḫ.y$) stiftete über ein Jahrhundert später König Aspelta eine Stele vor dem ersten Pylon des Amuntempels B. 500 am Gebel Barkal. Warum er dies tat, ist unbekannt – entweder wollte er damit seine eigene Linie stärken und damit seine Legitimation erhöhen oder einen anderen Zweig des Königshauses abfinden. Konkret heißt es im Stelentext, dass er für Chaliut eine Grabpyramide aus feinem weißen, harten Stein errichtete bzw. restaurierte und mit Opfern für seinen Totenkult ausstattete. Der gottgefällige Lebenswandel Chaliuts wird näher beschrieben und mit dem des

Aspeltas parallelisiert. Chaliut bittet Re-Harachte, Aspelta die Königswürde zukommen zu lassen und seine Erben ebenfalls einzusetzen. Möglicherweise ist noch ein weiterer Sohn Pi(anch)ys namens »Hel« belegt, jedoch ist dies sehr unsicher.[73] Lediglich bei zwei Frauen ist gesichert, dass sie Töchter Pi(anch)ys waren: die Gottesgemahlin Schepenupet II. und »Arty« (*Î-r'-ṯ-y*), die Gemahlin Schebitqos.[74] Eine Stele, welche die Einsetzung der Prinzessin Mutirdis beschreibt, ist wohl Pi(anch)y zuzuweisen, womit diese seine Tochter gewesen wäre.[75] Wenn Taharqo wirklich ein Sohn Pi(anchy)s war, dann war Qalhata (*Q-ru-h-ᵗtȝ*) eine weitere Tochter dieses Königs.[76] Manche Forscher vertreten die Meinung, »Naparaye« (*N(n)-p-r-y*),[77] »Tekahatamani« (*Či-k-h-t-Îmn*)[78] und »Tabekenamun« (*Tȝ-bȝk-n(.i)-Îmn*)[79] könnten weitere Töchter Pi(anch)ys gewesen sein, allerdings gibt es dafür m. W. keinerlei stichhaltigen Hinweise.

Kommen wir zur Chronologie. Die sog. »Siegesstele« des Pi(anch)y ist eine der eindrucksvollsten ägyptischen Inschriften überhaupt (▶ Abb. 20).[80] Sie ist nicht nur ein herausragendes Sprachdenkmal,[81] sondern auch das die wichtigste Quelle für die politischen Geschichte Ägyptens in der zweiten Hälfte des 8. Jhs. v. Chr.[82] Gefunden wurde sie 1862 im Hof des Amuntempels B. 500 in Napata am Gebel Barkal. Sie ist fast 2 m hoch und wiegt 2,5 Tonnen, vor allem aber enthält sie 159 Zeilen Text und ist damit eine der längsten Hieroglypheninschriften überhaupt.

Datiert ist sie in das Jahr 21 des Königs (Neujahr), wobei nur dessen Eigenname auf der Stele erscheint. Gemeinhin wird davon ausgegangen, dass der im Text beschriebene Feldzug kurz vor der Errichtung der Stele stattfand, d. h. etwa im 19. oder 20. Regierungsjahr des Herrschers. Im Anschluss daran habe Pi(anch)y mit den Mitteln aus der Beute den großen Ausbau des Amuntempels durchführen lassen. Das Problem hierbei ist jedoch, dass von Pi(anch)y lediglich 27 Regierungsjahre direkt bezeugt sind[83] und sich ein derart großer Tempel kaum in wenigen Jahren bauen ließ (vor 2006 waren sogar nur 24 Regierungsjahre bezeugt, doch selbst drei Jahre sind zu wenig).[84] Daher wurde verschiedentlich erwogen, Pi(anch)y könne sehr lange regiert haben, konkret etwas über 30 Jahre. Als Argument hierfür wurde in Anspruch genommen, dass es auf den Reliefs Darstellungen des Sed-

**Abb. 20**: Oberteil der Siegesstele Pharao Pi(anch)ys (Fischer et al. 2017).

Festes gibt, das man idealerweise zum dreißigjährigen Thronjubiläum feierte – allerdings wissen wir mit Sicherheit, dass viele Könige es auch schon viel früher feierten.

Dass Stele und Tempel sehr eng zusammengehören, ist evident: Die Dekoration des Hofes und des Pylons ist praktisch dieselbe wie auf der Lunette der Stele, sogar bis hin zu denselben Schreibfehlern.[85] Der Quellenlage eher gerecht wird daher eine Sichtweise, die vor allem Robert Morkot vertreten hat,[86] dass nämlich die Jahreszahl auf der Stele nicht den Feldzug, sondern vielmehr die Errichtung der Stele bzw. die Weihung des Tempels datiert. Mit anderen Worten: Dieser war im 21. Jahr bereits fertiggestellt. Ebenfalls am Gebel Barkal wurden nämlich die Bruchstücke einer weiteren Stele gefunden, die bereits auf den Herrschaftsanspruch Pi(anch)ys auf ganz Ägypten Bezug nimmt und die vermutlich aus seinem 4. Regierungsjahr stammt.[87] Sie erwähnt das thebanische Opet-Fest und es gibt keinen Grund, weswegen man es nicht mit den entsprechenden Schilderungen auf der »Siegesstele« korrelieren sollte. Der Feldzug nach Ägypten fand also wahrscheinlich ganz zu Beginn von Pi(anch)ys Herrschaft statt.

Wie lange Pi(anch)y regierte, ist deshalb von so großer Bedeutung, weil die einzige Regierungszeit innerhalb der 25. Dynastie, die absolut-chronologisch feststeht, diejenige des Taharqo ist und dann von dieser entweder vor oder zurück hochgerechnet wird. Im Falle des Pi(anch)y operiert man dabei mit einem Ketten-Synchronismus mit den Königen von Sais, um vom Datum der Siegesstele zum Regierungsantritt Schabaqos zu gelangen. Dabei muss beachtet werden, dass die Siegesstele auf Neujahr des 21. Jahres datiert ist, man also zusätzlich zu den überlappenden Jahren mindestens ein Jahr abziehen muss. Noch bis in allerjüngster Zeit war man sich sicher, dass Schabaqo der direkte Nachfolger Pi(anch)ys war – seit einem bahnbrechenden Aufsatz von Michael Bányai ist jedoch klar, dass in Wirklichkeit Schebitqo ihm auf den Thron folgte (mehr dazu weiter unten).[88] Mit anderen Worten: War man früher rechnerisch auf 31 Regierungsjahre gekommen (was sich mit der Sed-Fest-These deckte), sind es heute weniger, weil die Regierungszeit des Schebitqo noch abgezogen werden muss. Konkret lässt sich das wie folgt darstellen:

Jahr 21 Pi(anch)ys = Jahr 1 Tefnachtes    20
Jahr  8 Tefnachtes = Jahr 1 Bocchoris'    +7
Jahr  5 Bocchoris' = Jahr 1 Schabaqos     +4

Sicher belegt sind die Regierungsjahre 21 (Siegesstele), 22 (pVatikan 10574) und 24 (Dachla-Stele). Auf den Mumienbinden »British Museum 6640« ist die Jahresangabe nicht vollständig erhalten (Jahr 20 + x). 2006 hat Z. Szafrański in Deir el-Bahari erstmals ein Regierungsjahr 27 Pi(anch)ys nachgewiesen.[89]

In jüngster Zeit wurden einige Aspekte der Siegesstele in den Vordergrund gerückt, die unser Bild des Monuments möglicherweise deutlich verändern.[90] So konnte gezeigt werden, dass der Text ursprünglich nicht für Napata, sondern für und in Karnak konzipiert wurde: Die Beute kam dem dortigen Amuntempel zugute, Amun von Napata wird nicht einmal erwähnt und überhaupt gibt es keine Liste von Beute oder Gefangenen, die ja Ägypter gewesen sein mussten. Die uns erhaltene Stele ist also wohl das Duplikat eines Exemplar, das in Karnak aufgestellt war. Bereits früher hatte Amr el-Hawari herausgearbeitet, dass die Eroberung Ägyptens gewissermaßen auf Einladung der thebanischen Elite geschehen sein dürfte.[91] Allein schon die überdeutlich propagierte Religiosität, die einem libysch-säkularen Stammesdenken gegenüber gestellt werden kann, ist eindeutig auf der Linie des thebanischen »Gottesstaates«. Wie genau die inhaltlich-literarischen Besonderheiten des Textes zu werten sind, ist durchaus unterschiedlich. Martin Fitzenreiter meint, die Fischesser- und Pferde-Szene (s. u.) betonten das Kuschitische;[92] Anthony Spalinger fügt dem die demonstrative Milde des Herrschers hinzu.[93] Dem könnte man entgegnen, dass die ägyptischen Elemente sehr dominant sind, etwa die Königsnovelle oder der Mythos vom Sonnenauge.[94] Letzterer wurde von den Karnak-Priestern verwendet, um Pi(anch)y als Pharao zu legitimieren, der mit dem aus dem Süden kommenden Sonnenauge gleichgesetzt wird; so modelliert sich der kuschitische König geradezu als zweiter Thutmosis (III.).

Kommen wir zum Text der Siegesstele. Berühmt sind v. a. drei Episoden, die Pi(anch)y den Ruf eines besonders frommen und traditionsverbundenen Herrschers und Pferdeliebhabers eingebracht haben: Zum einen nahm sich Pi(anch)y in Theben trotz des Feldzuges Zeit für das Opet-Fest und opferte auch in Memphis Ptah und in Heliopolis Atum. Damit propagierte er sich als besonders frommer Herrscher und eigentlicher Pharao.[95] Zum zweiten würdigte der siegreiche Pi(anch)y nach der Eroberung von Hermopolis die Schätze und Frauen des unterworfenen Nimlot keines Blickes, empörte sich hingegen wegen der Vernachlässigung der Pferde während der Belagerung. Da auf der Lunette der Siegesstele und den Reliefs im Amuntempel von Napata neben der Unterwerfung der libyschen Fürsten diese Pferde ebenfalls abgebildet sind, gilt Pi(anch)y als Pferdenarr,[96] zumal seine Lieblingspferde in der Nähe seiner Pyramide in el-Kurru (bei Napata) in den Gräbern Ku. 221 und 222 bestattet wurden.[97] Schließlich hat auch eine vielleicht rein literarische Episode für Diskussionsstoff gesorgt, die in einer Art Epilog das Ende des Textes markiert: Symbolisch für ganz Ägypten begeben sich je zwei namentlich nicht genannte oberägyptische (wohl Nimlot und Paief-tjau-em-ʿaui-bastet) und zwei unterägyptische Herrscher (wohl Iupet II. und Osorkon IV.) zu Pi(anch)y, werden jedoch, mit Ausnahme Nimlots, nicht vorgelassen, weil sie unbeschnitten und »Fischesser« seien, d. h. unrein.[98] Freilich muss man betonen, dass »unbeschnitten« (ʿmʿ; Wb. I, 185:13) ein *hapax legomenon* ist, dessen Bedeutung lediglich aus dem Kontext und anhand des Determinativs erschlossen wurde.[99]

Robert Morkot hat gut herausgearbeitet, dass Episoden wie diese vor allem zu Zeiten des Kolonialismus dazu beigetragen haben, Pi(anch)y als eine Art »edlen Wilden« zu charakterisieren.[100] Dies zieht sich bis in die Moderne – man denke an Christian Jacqs Pi(anch)y-Roman. Die angebliche Frömmigkeit Pi(anch)ys ist lediglich eine Fiktion der frühen ägyptologischen Forschung. Warum sich Pi(anch)y päpstlicher als der Papst gibt, ist ziemlich klar: Es handelt sich sicherlich kaum um den Übereifer eines »Neugläubigen«, sondern vielmehr um das verstärkte Legitimationsbedürfnis des Fremden, der sich gottesfürchtig geben muss, um als rechtmäßiger Pharao gelten zu können.[101] Nicht zuletzt ist das Opfer an den wichtigsten Kultorten auch vor dem Hintergrund der späteren napatanischen und meroitischen Königsideologie zu sehen, nach der ein neu erwählter König eine Krönungsreise zu den Hauptkultorten seines Reiches zu unternehmen hatte.

Die betonte Unnahbarkeit des Königs ist ein Kennzeichen der kuschitischen Königsinschriften und hat Parallelen in den Inschriften Taharqos und der Traumstele Tanutamanis.[102] Zusätzlich findet der ägyptische Topos der sog. »Königsnovelle« Verwendung.[103] Dieses funktioniert typischerweise so, dass sich auf einen äußeren Anlass hin der König mit seiner Entourage berät, diese zaudert, er selbst jedoch tatkräftig auf ein Handeln drängt. Charakteristisch für die Inschriften der Kuschitenzeit sind außerdem die detaillierten Schilderungen von Belagerungen mit Rampen und Maschinen.[104] Die einschüchternden Ansprachen an den Gegner haben Parallelen in anderen altorientalischen Texten, insbesondere im Alten Testament.[105] Wichtig ist auch der Umstand, dass der kuschitische Herrscher zunächst seine Heerführer schickt und dass diese sogar namentlich genannt werden – beides wäre in Ägypten nach offizieller Doktrin undenkbar.

Betrachten wir die politischen und militärischen Ereignisse etwas genauer. Man sollte zwar meinen, eine derartige Inschrift sei diesbezüglich ziemlich eindeutig, trotzdem existieren verschiedene Ansichten zu den Hintergründen. Während die traditionelle Sicht etwa in dem Lexikonartikel »Pije« in Thomas Schneiders *Lexikon der Pharaonen* wiedergegeben wird, hat Robert Morkot eine leicht abweichende Rekonstruktion.[106] Auf letztere sei für die Hintergründe und Details zu den einzelnen Akteuren und Lokalisierungen verwiesen, die hier nicht diskutiert werden können.[107] Ferner sollte auf die Dissertation von Amr el-Hawari verwiesen werden, der den Stelentext ausführlich kommentiert hat.[108]

Nach einem Angriff der unterägyptischen Fürsten Tefnachte[109] von Sais (24. Dynastie), Osorkon IV. von Tanis und Bubastis (22. Dynastie) und Iupet II. von Leontopolis auf Herakleopolis schickt Pi(anch)y seine Generäle »Pewerem« ($P\text{-}w\sharp\text{-}r\text{-}m\sharp$)[110] und »Sekeni« ($S\text{-}k\text{-}n\text{-}y$)[111] nach Norden. Sie treffen dabei auf Nimlot III. von Hermopolis, der nach dem Bericht der Stele zwar gerade erst zur Nordallianz übergelaufen, jedoch wahrscheinlich schon von Anfang an ein Verbündeter Tefnachtes war. Tefnachtes Allianz kann trotz kuschitischer Erfolge bei einer Schlacht auf dem Nil, zwei Schlachten bei Herakleopolis und Per-Pega und der Erstürmung dreier Festungen nicht wesentlich geschwächt werden, woraufhin sich Pi(anch)y dazu entschließt, selbst wortwörtlich das Heft in die Hand zu nehmen. Dies ist der erwähnte Topos der »Königsnovelle«: Die persönlichen Erfolge des Herrschers sollen im Kontrast zu seinen »unfähigen« Untergebenen in umso besserem Licht erscheinen. Nach den Feierlichkeiten des Opet-Festes in Theben belagert Pi(anch)y Hermopolis. Schließlich ergibt sich Nimlot und unterwirft sich dem Kuschiten, was zur erwähnten Pferde-Episode führt. Der durch Tefnachtes Allianz bedrohte Paief-tjau-em-ʿaui-bastet[112] kann das belagerte Herakleopolis durch diesen Sieg Pi(anch)ys noch halten, ohne sich jedoch vorerst dem kuschitischen Lager zuzuwenden. Nach der Kapitulation der Städte Per-sechem-cheper-re, Meri-Atum (Meidum) und Itschi-taui (el-Lischt) leistet das Tefnachte loyale Memphis mit 8.000 Mann Besatzung noch Widerstand, muss diesen jedoch bald aufgeben. Als Folge davon unterwerfen sich Iupet II. von Leontopolis, der Großfürst der Meschwesch-Libyer Iukanesch von Sebennytos und Padiese von Athribis und Heliopolis. Nach einem Reinigungsritual und Opfer im Tempel des Ptah (Memphis) bzw. des Atum (Heliopolis) unterwerfen sich auch Osorkon IV. von Tanis und Bubastis sowie in Athribis eine ganze Reihe libyscher Lokalfürsten. Erst nachdem an der Stadt Mesedyt/Mustai (Tell Umm Harb) bei Athribis ein

Exempel statuiert wird, entschließt sich zuletzt auch Tefnachte zu Friedensverhandlungen. Allerdings unterwirft er sich Pi(anch)y nicht persönlich, sondern lässt sich durch dessen Bevollmächtigte den Treueeid[113] abnehmen und schickt Tribute. Den Abschluss der militärischen Unternehmungen bildet die Kapitulation der Städte Hut-Sobek (Krokodilopolis) und Metenu (Atfih). Am Textende wird noch die bereits erwähnte Episode mit den »Fischessern« erzählt. Insgesamt unterwerfen sich Pi(anch)y eine ganze Reihe von Deltafürsten.[114]

Für die weiteren Denkmäler, die uns Pi(anch)y hinterlassen hat, ist im Einzelnen auf die Zusammenstellungen in den FHN und Töröks Handbuch zu verweisen.[115] Nur so viel: Pi(anch)y restaurierte am Amuntempel B. 500 am Gebel Barkal zuerst das Sanktuar, dessen Umfassung er erneuern ließ. Danach ließ er den Hypostylensaal sowie einen Hof zwischen zwei Pylonen errichten. In Napata ist Bauaktivität unter seiner Herrschaft daneben vor allem am Tempel B. 900 und am Palast B. 1200 bezeugt. Auf der anderen Nilseite, in Sanam, fand man im sog. »Schatzhaus« ein Silberfragment mit dem Namen Nimlots. Dieses könnte aus der Kriegsbeute stammen. Neben der Siegesstele ist die sog. »Sandsteinstele« ebenfalls von historischer Bedeutung. Die Darstellung zeigt nämlich, wie der widderköpfige Amun von Napata Pi(anch)y die Rote Krone und die Kuschitenkappe (symbolisch für die Herrschaft über [Unter-]Ägypten bzw. Nubien) überreicht. Vor allem jedoch waren auf diesem Monument Name und Darstellung getilgt worden, wurden später jedoch wieder restauriert.

Zur Intention des Feldzuges und seinen Auswirkungen gehen die Meinungen auseinander. Während gemeinhin die Eroberung Ägyptens als Ergebnis einer von langer Hand geplanten und von Kaschta bereits vorbereiteten expansiven Machtpolitik gesehen wird, meint Dieter Kessler, dem Duktus des Textes folgend, dieses Ziel habe sich erst im Verlauf der Kampagne ergeben.[116] Meist wird auch davon ausgegangen, Pi(anch)y habe sich sozusagen mit der Beute einer übergroßen Razzia und einer formalen Oberherrschaft begnügt und sich nach dem Sieg wieder nach Nubien zurückgezogen. Diese These basiert vor allem auf dem Umstand, dass die Kuschiten einige Jahre später offenbar einen ähnlichen Feldzug starteten. Hinzu kommt, dass es eine Stele gibt, auf der sich Tefnachte in einem Jahr 8 als Pharao präsentiert. Entweder man geht davon aus, dass es sich um einen anderen König von Sais dieses Namens handelt, oder Pi(anch)y hat diesen Umstand offenbar ignoriert. Allgemein wird von der Existenz eines »Tefnachte II.« ausgegangen, der auch von den klassischen Autoren erwähnt wird, nämlich bei Manetho. Manetho führt vor Necho I. folgende Herrscher der sog. »protosaitischen Dynastie« auf:[117] Ammeris der Äthiopier (12 Jahre), Stephinatēs (7 Jahre), Nechepsōs (6 Jahre). Hinter der Namensform »Stephinatēs« dürfte sich Tefnachte verbergen, der vielleicht ein Sohn des Bakenrenf/Bokchoris war. Dieser war durch die Kuschiten entmachtet, nach Manetho sogar lebendigen Leibes verbrannt, und durch einen äthiopischen Gouverneur ersetzt worden.[118] Dass der Sohn des Tefnachte (so Diodor) überhaupt an die Macht kommen konnte, dürfte auf eine temporäre Schwäche der Kuschiten nach der Schlacht von Eltekeh zurückzuführen sein, doch dazu später mehr.

In jüngster Zeit hat Jeremy Pope eine mögliche Erklärung dafür gefunden, warum es überhaupt denkbar ist, dass Pi(anch)y Ägypten nicht regelrecht annektierte und mit Garnisonen o. ä. in Schach hielt:[119] Nach ihrer Denkart hätten die Kuschiten keine direkte Kontrolle Ägyptens angestrebt; es ging ihnen nicht um Landbesitz, sondern um die Kontrolle der Menschen. Dass Pi(anch)y sich aus freien Stücken aus Ägypten zurückzog, ist übrigens kein Postulat der Forschung, sondern wird von Herodot explizit beschrieben.[120]

Die politischen und chronologischen Hintergründe der Eroberung Ägyptens durch Pi(anch)y sind in allerjüngster Zeit von Michael Bányai (s. a. folgendes Kapitel) grundlegend neu bewertet und interpretiert worden.[121] Da diese Arbeit m. E. die bisher einzig wirklich stimmige Erklärung für viele Sachverhalte der Kuschitenzeit bietet und äußerst akribisch zurück zu den Quellen geht, soll sie im Folgenden ausführlicher referiert werden, obwohl sie bisher kaum mehr als eine einzelne These darstellt. Es sei jedoch betont, dass diese These bisher nur Zuspruch gefunden hat.

Die Vorgeschichte zur Eroberung Ägyptens könnte man beginnen mit dem Umstand, dass Scheschonq V. eine besondere Machtfülle erlangte, die ihren Höhepunkt im Jahre 724 v. Chr. erreichte.[122] Jener Herrscher sei auch mit dem in der Bibel genannten »König von Ägypten« namens Sô' zu identifizieren (über eine Kurzform Šš):[123] Als Hosea von Israel einen Aufstand gegen die Assyrer anzettelte, erhofft er sich Hilfe von jenem *Sô'* (2Kön 17,4, vgl. Hos 7,11). Wer sich hinter diesem *Sô'* verbirgt, ist Gegenstand einer endlosen Debatte – gemeinhin wird von einer Identität mit Pharao Osorkon IV. ausgegangen. Scheschonq V. war nach dem bisherigen Chronologiegerüst schlichtweg nicht in Betracht gekommen, weil er der Lehrmeinung nach bereits tot war.[124]

Die Rebellion wird von dem Assyrerkönig Sargon II. niedergeschlagen und Samaria erobert, womit das israelitische Nordreich 722 v. Chr. sein Ende findet.[125] Scheschonq V. kommt also 720 mit den Assyrern in Konflikt und sein *turtanu* Re'u muss eine Niederlage einstecken.[126] Daraufhin wird Tefnachte als Generalissimus eingesetzt, womit dessen kometenhafter Aufstieg beginnt.[127] Wahrscheinlich ist Tefnachte mit dem von Herodot genannten Kephaistos-Priester »Sethos« identisch und zwar über den von jenem geführten Titel »*stm*-Priester des Ptah« (Paief-tjau-em-'aui-bastet entspricht wohl dem herodotäischen Amysis).[128]

Der Tod Scheschonqs V. im Jahre 716 brachte dann den Stein ins Rollen, da er letztlich den Anfang vom Ende der Dynastie darstellte. Zwar besteigt sein Sohn Osorkon IV. bzw. Šilkanni noch den Thron und schickt Sargon II. als Antrittsgeschenk 12 Pferde, doch sollte er im Verlauf desselben Jahres Pi(anch)y ebensolche als Zeichen der Unterwerfung zuführen. Zunächst jedoch wird Osorkon offenbar von Sargon als »König von Ägypten« anerkannt. Die Datierung des Ägyptenfeldzuges Pi(anch)ys basiert nicht nur auf der Rekonstruktion des historischen Kontextes mithilfe externer (ägyptischer, assyrischer und hebräischer) Quellen, sondern auch auf den Angaben der klassischen Autoren.[129] Zentral ist zunächst der Umstand, dass Šilkanni/Osorkon IV. zu Beginn des Feldzugs bereits König war, Tefnachte jedoch noch nicht. Nun schickte aber Letzterer ebenfalls zum Thronantritt ein Geschenk nach Assur – in den Keilschriftquellen steht im Jahr 715 freilich nur »Pharao« (*pir'u*).[130] Selbst wenn dieses Geschenk also von Pi(anch)y, nicht von Tefnachte gekommen sein sollte, bleibt dies für die Datierung unerheblich. Soweit die zeitgenössischen Quellen.

Diodor gibt an, dass es innerhalb der Kuschitenherrschaft eine Lücke von 15 Jahren gegeben habe – wenn man von dieser die assyrische Besatzung (671–667) abzieht, verbleibt ein Jahrzehnt, was wohl die Zeit nach dem Rückzug Pi(anch)ys im Anschluss an die Eroberung Ägyptens widerspiegelt. Da Schebitqo 706 definitiv wieder über ganz Ägypten herrschte, ergibt sich auch auf diesem Weg für den Feldzug das Jahr 716. Der Anlass für den Feldzug war daher das Ende der 23. Dynastie: Pi(anch)y gab vor, ein Gleichgewicht zwischen den Erben der 23. und denjenigen der 24. Dynastie herstellen zu wollen. Konkret könnte man sich ein Hilfegesuch der bedrängten Partei vorstellen: Seit 2008 haben wir Hinweise darauf, dass Ini – wohl ein Nachfolger Rudamuns – auf Elephantine zu jener Zeit Bauten errichten ließ.[131] Da er wohl kaum über die Macht verfügt haben dürfte, die Kuschiten von dort zu vertreiben, muss er dies unter deren Schutz getan haben. Dieser Ini geriet also von Norden her unter Druck und ruft Pi(anch)y um Hilfe. Was folgte, war ein Bürgerkrieg zwischen Herakleopolis und Tanis, bei dem Paief-tjau-em-ʿaui-bastet[132] und andere sich der Anhänger Scheschonqs V. in Herakleopolis entledigten, dann jedoch von Tefnachte isoliert wurden. Bemerkenswert ist immerhin, dass nicht nur Osorkon, sondern auch Paief-tjau-em-ʿaui-bastet (höchstes Jahr: 10) nach Pi-(anch)ys Feldzug immer noch König war.[133]

Bestattet wurde Pi(anch)y in der Pyramide Ku. 17 in el-Kurru, der wahrscheinlich ersten Pyramide meroitischen Typs auf diesem Friedhof.[134] Von dem Grabinventar hat sich neben Uschebtis ein Libationsständer erhalten.

# Verwerfungen in den Forschungen zur Kuschitenzeit

Nicht nur chronologisch ist vieles in der sog. »Dritten Zwischenzeit« umstritten, die Forschung ist hier sehr stark im Fluss. Zum einen werden immer wieder neue Texte gefunden,[135] zum anderen altbekannte neu und fundierter bearbeitet.[136] Hinzu kommt, dass Transdisziplinarität nicht immer reines Lippenbekenntnis ist – für die Kuschitenzeit ist es vor allem das Zusammenspiel von Ägyptologie, Assyriologie und Meroitistik.

Die letzten 20 Jahre haben zwei fundamentale Umwälzungen im Bereich der kuschitenzeitlichen Chronologie gebracht. Die eine betrifft das sog. »Ankerdatum« 712 und die sog. Yamani-Episode, die andere sogar die Reihenfolge zweier Könige. Betrachten wir zunächst den ersten Fall. Yamani von Aschdod zettelte eine Revolte gegen die Assyrer an und floh 711 über das Meer nach Ägypten bzw. ins »Gebiet von Ägypten an der Grenze bei/nach Kusch«, wo er sich »wie ein Dieb« aufhielt. Nach den Inschriften Sargons II. wurde er spätestens im Jahr 706 von dem »König von Meluḫḫa« (= Kusch) an diesen assyrischen König ausgeliefert.

Lange ging die Forschung davon aus, Schabaqo habe im Jahre 715 v. Chr. den Thron bestiegen. Dies beruhte jedoch auf einer ungenauen Lesung eines assyrischen Textes im Zusammenhang mit der Rebellion Yamanis gegen die assyrische Oberherrschaft.[137] Bis 1999 war unbekannt, welcher Pharao zu dieser Zeit im Niltal herrschte, da es in den bis dato publizierten und damit für die breite Forschung erschlossenen Quellen lediglich hieß, »Pharao« (keilschriftlich: *pir'u*) habe Yamani ausgeliefert, d. h. hier war der Titel als Personenname missverstanden worden. Nun war natürlich darüber spekuliert worden, wer dieser Pharao war. Kenneth Kitchen hatte zunächst (TIP[1] 1973) dafür argumentiert, es müsse sich um Schabaqo gehandelt haben, und ein ganzes Rekonstruktionsgebäude auf diesem »Ankerdatum« 712 aufgebaut. Als Antony Spalinger argumentierte, es sei aus historischen Gründen viel wahrscheinlicher, dass sich hinter jenem *pir'u* ein Herrscher aus dem Delta verberge,[138] änderte Kitchen (TIP[2] 1986) seine Meinung und identifizierte ihn mit Osorkon IV., ohne jedoch seine Chronologie zu ändern.[139] All dies wurde grundlegend erschüttert, als Grant Frame die zwar schon lange bekannte, nicht jedoch adäquat bearbeitete Inschrift von Tang-i Var publizierte. In dieser wird explizit ᴵ*Šá-pa-ta-ku-*[*u'* MAN] ᵏᵘʳ*me-luḫ-ḫa* (Zeile 20) als Akteur genannt, d. h. zweifellos Schebitqo.[140] Seitdem ist klar, dass im Jahre 706 Schabaqo in Ägypten an der Macht gewesen ist, vier Jahre früher als zuvor angenommen. Die Ägyptologie hat darauf ziemlich zögerlich reagiert; vor allem Donald Redford, Kenneth Kitchen und Jürgen von Beckerath zweifelten an der Stichhaltigkeit der neuen Namensnennung.[141] Um das alte Chronologiegerüst zu retten, wurden verschiedene Thesen vorgebracht:[142] Entweder habe es eine Koregentschaft von Schabaqo und Schebitqo gegeben[143] oder Schebitqo habe als Regent für Schabaqo in einer Landeshälfte agiert.[144] Beides wurde von Dan'el Kahn und Karola Zibelius-Chen zu Recht abgelehnt – dafür existiert nicht der geringste Hinweis.[145] Außerdem sei es unwahrscheinlich, dass die Assyrer sich in ihren Inschriften lediglich auf den »Juniorpartner« bezogen und den Senior verschwiegen hätten. Wenn man dem Text der Tang-i Var-Inschrift glaubt, bleiben ebenfalls verschiedene Möglichkeiten: Entweder die gesamte Chronologie der Kuschitenzeit wird neu erstellt, d. h. grundlegend verändert, oder die Anzahl der Regierungsjahre Schabaqos erhöht.

Noch radikaler ist eine Umkehr der Herrscherfolge, für die sich dann auch in jüngster Zeit Michael Bányai in einem brillanten Aufsatz ausgesprochen hat. Mit anderen Worten: Entgegen der bisherigen Lehrmeinung regierte zuerst Schebitqo und dann erst Schabaqo.[146] Freilich geht Bányai davon aus, Schabaqo habe sich bereits während der Herrschaft Schebitqos gegen diesen erhoben und es sei daher zu einer Form der geteilten Herrschaft gekommen.[147] Für Bányais Ansatz spricht vor allem, dass Sanherib explizit beschreibt, es sei im Zusammenhang mit der Auslieferung Yamanis (unter Schebitqo) erstmals zu direkten Kontakten zwischen dem assyrischen und dem kuschitischen Hof gekommen, und gleichzeitig Layard im Palastarchiv Sanheribs in Ninive Tonbullen fand, die unter Schabaqo gesiegelt worden waren. Außerdem ist zu beobachten, dass Schebitqo bei Datumsangaben auf Papyri fast völlig fehlt – ganz im Gegensatz zu Schabaqo – und dass die Vorgänge unter Schabaqo teilweise bis in die Regierungszeit Taharqos zu verfolgen sind.

Die historisch-philologischen Beobachtungen von Michael Bányai wurden in der Folge besonders von Frédéric Payraudeau und Gerard Broekman durch archäologische ergänzt.[148] So wies Broekman darauf hin, dass sich die Nilstandsinschriften NLR. 30 von Schabaqo und NLR. 33 von Schebitqo überlappen. Payraudeau bemerkte, dass in der Kapelle des Osiris-Hekajed in Karnak der Wechsel im Amt der Gottesgemahlin von Schepenupet I. zu Amenirdis I. direkt festzustellen ist, weil in den unter Schebitqo erbauten Teilen zuerst die eine, dann die andere abgebildet wird. Wenn dieser Wechsel also unter Schebitqo stattfand, kann jener nicht nach Schabaqo regiert haben. Die Seriation der Pyramiden von el-Kurru spricht ebenfalls für die Umkehr: Während die Grabkammern von Pi(anch)ys und Schebitqos Pyramiden (Ku. 17 und 18) gemauerte Gewölbe besitzen, sind die der späteren Herrscher Schabaqo (Ku. 15), Taharqo (Nu. 1) und Tanutamani (Ku. 16) als Ganzes in den Grund vertieft, d. h. die Innovation fand unter Schabaqo statt. Auch bei den Uschebtis war Schabaqo innovativ: Die älteren Uschebtis sind klein und tragen lediglich als Aufschrift eine Kartusche, gefolgt von »der selige Osiris und *insibija*« (*Wsir nsw-bit m'ȝ.t-ḫrw*), während die späteren fast doppelt so groß sind und längere Inschriften wie ganze Totenbuchkapitel aufweisen.

Sehr bemerkenswert ist auch, dass der Hohenpriester Harmachis, ein Sohn Schabaqos, auf seiner Statue (CG 42204) angibt, er sei ein »*Sohn des seligen Königs Schabaqo, der ihn liebt, Einziger Freund des seligen Königs Taharqo, Palastvorsteher des* insibija *Tanutamani, er lebe ewiglich.*« und dabei Schebitqo nicht erwähnt. Spannend ist ferner der Papyrus Louvre E 3328 c aus dem Jahr 2 oder 6 Taharqos, weil hier der Kauf eines Sklaven thematisiert wird, den der Eigentümer im Jahr 6 Schabaqo erworben hatte – nach der traditionellen Chronologie 27 Jahre früher (nach der neuen sind es nur 10). Betrachten wir die neu rekonstruierte Chronologie etwas genauer (▶ Tab. 1 und 2):

Tab. 1: Übersicht zu den chronologischen Angaben der klassischen Autoren, abgeglichen mit den Primärquellen

|  | Africanus | Eusebius | Total (M) | Primärquellen | Total |
|---|---|---|---|---|---|
| Schebitqo | 706–698 (8 Jahre) | 708–696 (12 Jahre) | 708–696 | – | 708–696 |
| Schabaqo | 698–684 (14 Jahre) | 696–684 (12 Jahre) | 698–684 | – | 698–684 |
| Taharqo | 684–666 (18 Jahre) | 684–664 (20 Jahre) | 684–664 | 689–664 | 689–664 |

Quelle: eigene Darstellung; M = Mantheo.

Tab. 2: Die neue Chronologie in der Rekonstruktion durch Michael Bányai

| 25. Dynastie | | 24. und 26. Dynastie | |
|---|---|---|---|
| Pi(anch)y | 735–708 | Tefnachte I. | 715–702 |
| Schebtiqo | 708–696 | Bokchoris | 702–697 |
| Schabaqo | 698–684 | Ammeris der Äthiopier | 697–685 |
| Taharqo | 689–664 | Stephinatis (= Tefnachte II.) | 685–678 |
| | | Nechepsos | 678–672 |
| | | Necho I. | 672–664 |

Quelle: nach Bányai 2013.

Die neue Reihenfolge kann mittlerweile als gesichert gelten.[149] Damit ist die nächste Regierungszeit, auf die hier eingegangen werden soll, diejenige des Schebitqo.

# Schebitqo

Wie ausgeführt, galt bis vor Kurzem Schabaqo als der Ältere, Schebitqo als der Jüngere. Außerdem betrachtete man Schabaqo als Sohn des Kaschta, in Wirklichkeit war er ein Sohn Schebitqos – den klassischen Autoren nach war der 2. Pharao der 25. Dynastie der Sohn seines Vorgängers.[150] Dass Schabaqo ein Sohn Kaschtas sei, war lediglich indirekt erschlossen worden, denn er war der *communis opinio* nach ein Bruder der Gottesgemahlin Amenirdis I. Diese gerne als Tatsache vorgetragene Ansicht basiert auf einem heute verschollenen Inschriftenfragment aus Karnak-Nord und der Widmung auf einer Statue der Amenirdis I. – Michael Bányai konnte jedoch sämtliche Argumente entkräften, die Amenirdis I. als Schwester des Schabaqo erscheinen lassen – sie basieren alle auf den Ergänzungen ausgemeißelter Kartuschen u. ä.[151] Am weitreichendsten waren die früheren Hypothesen, die anhand der Rekonstruktion einiger Blöcke einer zerstörten Osiriskapelle Schepenupets II. aufgestellt worden waren, die vermutlich unter Taharqo in Medamud gebaut wurde. Dort fanden sich Reste einer Kartusche, bei denen nur die ersten Zeichen erhalten sind, d. h. es könnte sich sowohl um »Schabaqo« als auch um »Schebitqo« handeln. Weil der Bau von keinem der beiden errichtet wurde, schloss man, Schepenupet II. sei die Schwester von einem der beiden gewesen. Ergänzt man Schabaqo, dann war dieser (als Bruder Taharqos) ein Sohn Pi(anch)ys. Ergänzt man jedoch Schebitqo, dann waren dieser und Taharqo Brüder.[152] Für Letzteres spricht eine Aussage in den Kawa-Inschriften IV und V, wo es heißt: »*Weil er mich mehr als alle seine* (anderen) *Brüder ... liebte ...*«[153] Freilich ist diese Textstelle nicht ganz eindeutig – so führt sie etwa Dan'el Kahn sogar als Beweis für das Gegenteil an:[154] »*Weil er mich mehr als alle seine* (eigenen) *Brüder ... liebte ...*«

*Terminus post quem* für den Regierungsantritt Schebitqos ist gemäß der Tang-i Var-Inschrift das Jahr 706. Das erste und letzte ägyptische Datum Schebitqos ist sein drittes Regierungsjahr, insgesamt sind von diesem Herrscher acht Regierungsjahre bezeugt.

Wie bereits erwähnt, scheinen die Quellen dafür zu sprechen, dass sich Pi(anch)y nach seinem Ägyptenfeldzug mit der formalen Oberherrschaft begnügte und nach Napata zurückkehrte. Ein wichtiger Hinweis in dieser Hinsicht ist Diodor, der von einer 15 Jahre währenden Unterbrechung der äthiopischen Herrschaft berichtet. Wenn man von diesen 15 Jahren die fast 5 Jahre der kontinuierlichen assyrischen Herrschaft über Unterägypten abzieht (671–667 v. Chr.), verbleiben 10 Jahre zwischen dem Feldzug Pi(anch)ys und einem späteren, den Schebitqo geführt haben dürfte.[155] Dass dieser ab 707/706 wieder über ganz Ägypten herrschte, ist wegen der assyrischen Inschriften Sargons II. unzweifelhaft, denn dort ist die Rede von »an die Grenze von Muṣri – dessen Grenze (nun) gehört zu Meluḫḫa« (*ana itê māt Muṣuri ša paṭ māt Meluḫḫa*).

Aus zwei Quellen lässt sich erschließen, dass die Wiedereroberung Ägyptens erst im 3. Regierungsjahr Schebitqos erfolgte. Zum einen wären da die klassischen Autoren. Bei ihnen ist nämlich eine Diskrepanz in den Angaben zur Gesamtlänge der Kuschitenherrschaft festzustellen: Africanus gibt 40, Eusebius jedoch 44 Jahre an. Sie unterscheiden sich darüber hinaus hinsichtlich der Regierungszeit Taharqos (Africanus 18, Eusebius 20 Jahre). Letzteres ist durch die Berücksichtigung der zweijährigen Anarchie in den letzten Jahren Taharqos zu erklären,[156] ersteres durch den Umstand, dass Schebitqo erst in seinem 3. Jahr zum Pharao gekrönt wurde. Wir sehen also ganz deutlich, dass zwischen Regierungslänge und der tatsächlichen Kontrolle über Ägypten unterschieden wird.[157] Zum anderen wird die Rückkehr der Kuschiten in Ägypten und die Krönung Schebitqos durch die Nilstandsinschrift 33 von Karnak belegt.[158] Halten wir fest: Schebitqo saß spätestens 707/706 v. Chr. auf dem Thron und griff spätestens in seinem 3. Regierungsjahr wieder aktiv in die ägyptische Politik ein. Kurz darauf kam es zu einem für die Chronologie der Kuschitenzeit sehr wichtigen Ereignis.

Assyrien kontrollierte unter seinem König Sargon II. den Raum Syrien-Palästina und hatte offenbar Ambitionen, in ägyptische Belange einzugreifen.[159] Die bereits erwähnte Yamani-Episode ist in diesen Kontext zu setzen: In Aschdod war der proassyrische König Achimeti gestürzt und von einem antiassyrischen Herrscher namens Yamani ersetzt worden, der sich dann auch (sicherlich nicht ohne ägyptische Rückendeckung) gegen die assyrische Herrschaft auflehnte. Als Sanherib im Jahre 711 v. Chr. Ekron, Gibbethon und eben auch Aschdod erobert hatte, floh Yamani über das Meer in den Dodekaschoinos und suchte dort politisches Asyl.[160] Dort hielt er sich einige Jahre auf, wurde dann jedoch vom kuschitischen Herrscher 706 v. Chr. ausgeliefert. Wie es scheint, gab es eine wie auch immer geartete Übereinkunft zwischen Sanherib und Schebitqo – wie nicht zuletzt auch der Fund entsprechender Bullen Schebitqos in Ninive nahelegt. Wie erwähnt war in den vor 1999 zugänglichen Quellen lediglich von »Pharao« (*pir'u*) die Rede – dass es sich um Schebitqo handelte, wurde erst durch die Publikation der Tang-i Var-Inschrift bekannt: ¹*Šá-pa-ta-ku-[u' *MAN* $^{kur}$me-luḫ-ḫa* (»Schebataku, König von Meluḫḫa«, also von Kusch).[161]

Als Anlass für den kuschitischen Politikwechsel bezüglich Yamani dürfte die Thronbesteigung Schebitqos zu betrachten sein: Dieser (und nicht Schabaqo) begnügte sich nicht mehr mit einer Oberhoheit bzw. verteidigte diese stärker als bisher und unternahm einen großen Feldzug nach Ägypten. Die Auslieferung Yamanis war also eine Gegenleistung für die assyrische Anerkennung des Status quo, d. h. der Kuschitenherrschaft über Ägypten.[162] Sargon II. betont ausdrücklich, dass es bis zu diesem Zeitpunkt keine direkten Kontakte zwischen dem kuschitischen und dem assyrischen Hof gegeben habe. Diese wurden offenbar erst im Zusammenhang mit den Verhandlungen um die Auslieferung Yamanis und die offizielle Anerkennung des kuschitischen Einmarsches in Ägypten aufgenommen. Für Schebitqo war dies durchaus von Bedeutung, denn die Assyrer hätten auch auf die sicherlich erfolgten Hilferufe der Fürsten Unterägyptens reagieren können. Zugleich konnte sich Schebitqo als Garant einer ruhigen Grenze mit dem assyrischen Reich präsentieren.

Offenbar hatte sich Schebitqos Machtposition in den nächsten Jahren so weit gefestigt, dass er der fremden Anerkennung bzw. eines assyrischen Stillhaltens nicht länger bedurfte. Hinzu kommt ein Machtwechsel in Assyrien, der – wie so oft – von den unterworfenen Gebieten als Möglichkeit genutzt wurde, sich vom assyrischen Joch zu befreien. All dies führte dazu, dass die Kuschiten an der Spitze einer Koalition standen, welche bei Eltekeh gegen die Assyrer kämpfte.

Diese Schlacht ist eines der am meisten diskutierten Ereignisse jener Epoche, v. a. da sie sowohl in der Bibel wie auch in keilschriftlichen Quellen thematisiert wird.[163] Sanherib musste nach dem Tod Sargons II. im Jahre 705 v. Chr. die überall im Reich aufflammenden Revolten niederschlagen. Nach zwei Feldzügen in Richtung Babylonien und in den Ostteil des assyrischen Reiches galt der dritte der Levante. Dort wurden zunächst die phönizischen Küstenstädte (Sidon, Byblos, Akkon) besiegt, woraufhin sich die ostjordanischen Kleinstaaten (Ammon, Moab, Edom) freiwillig unterwarfen. Der Feldzug führte Sanherib weiter in Richtung Askalon und Ekron. Hiskia von Juda, der offenbar in der antiassyrischen Koalition eine führende Rolle spielte, hatte sich der ägyptischen Rückendeckung versichert.[164]

Bei Altaqū/Eltekeh (wohl Tell eš-Šalläf) – auf halbem Weg zwischen Aschdod und Joppe in der Küstenebene Südpalästinas – kam es dann zur Schlacht. Im 2. Buch der Könige (19,9) wird hierauf Bezug genommen und »Tirhaka«, der »König von Kusch« als Heerführer der ägyptischen Truppen genannt. Darüber war vor den jüngsten Korrekturen zur Chronologie der Kuschitenzeit eine Debatte entbrannt:[165] Hatte der Verfasser des Textes damit spätere Verhältnisse in das Jahr 701 projiziert? War Taharqo damals nur der Anführer, nicht jedoch der Pharao? War er dafür nicht viel zu jung? Ist vielleicht sogar die Nennung Taharqos ein Anachronismus? Wie auch immer – in seinen Annalen berichtet Sanherib von einem Sieg:

> In der Flur von Eltheke lagen sie mir in Schlachtordnung gegenüber, indem sie ihre Wagen schärften. Im Vertrauen auf meinen Herrn Assur kämpfte ich mit ihnen und brachte ihnen eine Niederlage bei. Die ägyptischen Wagenkämpfer und Prinzen samt den Wagenkämpfern des Königs des Landes Äthiopien nahmen meine Hände lebend mitten in der Schlacht gefangen. Die Städte Eltheke (und) Thimna belagerte, eroberte (und) plünderte ich.

Umstritten ist auch, ob man dieser Siegesbeschreibung wirklich Glauben schenken darf. Dagegen spricht nicht nur, dass hier auf die sonst üblichen Details verzichtet wird (Anzahl der getöteten Feinde, Flucht und Gefangennahme der Anführer, Umfang der Beute), sondern auch, dass Herodot von einem ägyptischen Sieg berichtet. Vor allem aber brachen die Assyrer die bereits begonnene Belagerung Jerusalems ab; Hiskia kam ungeschoren davon und blieb sogar im Amt. Als Grund für den Abzug des Heeres wird im Alten Testament ein Blutbad von Engeln angegeben; nach Herodot zernagten Mäuse die Ausrüstung – beides wird gerne als Chiffre für den Ausbruch einer Seuche unter den Assyrern gedeutet. Andererseits könnten der eigentliche Grund für den schnellen Abzug Sanheribs auch Berichte von erneuten Aufständen in Babylonien gewesen sein. Ob die ägyptische Seite obsiegte, ist ebenfalls nicht sicher. Immerhin wagten die ägyptischen Truppen eine offene Feldschlacht; sie waren frisch und vorbereitet, während die assyrischen bereits ausgelaugt gewesen sein dürften. Für eine Pattsituation spricht der Umstand, dass nach dieser Schlacht beide Seiten drei Jahrzehnte lang in einem Kräftegleichgewicht verharrten.

Der Politikwechsel Schebitqos kam nicht von ungefähr: Wohl bereits 706 hatten die Assyrer nämlich einen hohen ägyptischen Flüchtling aufgenommen, der sogar ein Schwager Sanheribs wurde.[166] Hinter *Šu-sa-an-qu* verbirgt sich sprachlich unschwer der Name »Scheschonq« und inhaltlich wahrscheinlich ein Sohn Osorkons IV. Dass dieser bei der Schlacht von Eltekeh gefangengenommen worden war, ist unwahrscheinlich, denn dann wäre eine Einheirat in das assyrische Königshaus wohl kaum denkbar. Ganz wie Psammetik I. als Kronprinz Jahre später hatte dieser Scheschonq wohl vielmehr nach Schebitqos Eroberung 706 in Assur politisches Asyl erhalten und war dort geblieben, denn er erscheint 692 in Ninive als Zeuge in einem Kaufvertrag. In Tanis herrschte nach Ausweis eines Blockes mit einer teils erhaltenen Kartusche Bokchoris (»Bakenrenef«), d. h. die 22. Dynastie war entmachtet und die Macht auf die »protosaitische« übergegangen.[167]

Den klassischen Autoren zufolge regierte Schebitqo acht Jahre lang, zwischen 708–696 v. Chr. Dass sich deren Angaben zur Regierungszeit seines Nachfolgers Schabaqo um zwei Jahre unterscheiden (Africanus 14, Eusebius 12 Jahre), legt nahe, dass es sich in den letzten Jahren um eine Koregenz handelte.[168] Dies hatte bereits Yurco untersucht, der jedoch keine direkte Evidenz feststellen konnte.[169] William Murnane hält eine Koregentschaft immerhin für möglich,[170] auch wenn Dan'el Kahn und Karola Zibelius-Chen diese Annahme für jedweden kuschitischen Herrscher entschieden bestreiten. Beide verweisen darauf, dass es nicht den geringsten Hinweis dafür gebe – nur bedeutet streng genommen nach der formalen Logik Absenz von Evidenz nicht notwendigerweise Evidenz für Absenz. Michael Báynai vermutet eine dreijährige Koregentschaft und hat auch sehr gute Argumente dafür: Wie sonst sollte man die Anwesenheit der Kartusche Schebtiqos bei der Apis-Bestattung im 2. Jahr von Schabaqo erklären? Man fand sie in demselben Raum, in dem die Stelen aus dem 2. Jahr Schabaqos und dem 6. Jahr des Bokchoris gefunden wurden, die sich auf dieselbe Apis-Bestattung beziehen, und nach der Bestattung muss die Kammer versiegelt gewesen sein. Báynai geht sogar noch weiter: Er geht davon aus, dass die Koregenz »Schabako den Thron gegen die legitimen Ansprüche des bis dahin nach kuschitischem Brauch designierten Thronfolgers, Taharqo, sichern«[171] sollte. Ausgangspunkt dieser These ist die Diskrepanz zwischen den Angaben der klassischen Autoren zu Taharqos Regierungszeit (Africanus 28, Eusebius 20 Jahre) und den Primärquellen, die ein 27. Regierungsjahr Taharqos bezeugen. Doch dazu mehr im Folgenden und zunächst noch einmal kurz zurück zu Schebitqo.

Auf einem Statuenfragment des Horemachet, dem ältesten Sohn Schabaqos, wird eine Arty explizit als Gemahlin Schebitqos und Tochter Pi(anch)ys ausgewiesen.[172] Schebitqo wurde in der Pyramide Ku. 18 in el-Kurru bestattet, wo sich Reste seiner Grabausstattung fanden, d. h. Uschebtis, eine Opfertafel und Elfenbeine. Bemerkenswert ist ferner, dass auch Knochen und der Schädel der Bestattung geborgen werden konnten.

## Schabaqo

Wie bereits erwähnt, galt Schabaqo bisher als Bruder der Amenirdis I. und damit als Sohn Kaschtas. Nachdem sich dies jedoch nach den ägyptischen Quellen nicht verifizieren lässt, bleibt als einziger Hinweis auf die familiäre Einordnung die Aussage Manethos, nach welcher der 2. Herrscher der Dynastie (die mit Schebitqo beginnt), der Sohn seines Vorgängers war.[173] Vor den jüngsten Umwälzungen in der Chronologie der Kuschitenzeit war unklar, ob Tanutamani wirklich der Sohn Schabaqos war, wie dies die keilschriftlichen Quellen ausdrücklich angeben – man meinte, Gründe für eine Emendation zu »Schebitqo« zu haben, die jedoch nun hinfällig geworden sind.[174]

Michael Báynai hat eine sechsjährige Überlappung der Regierungsjahre zwischen Schabaqo und Taharqo festgestellt (Jahr 6 Taharqo = Jahr 15 Schabaqo) und eine mögliche Erklärung hierfür geliefert.[175] Danach habe in der 25. Dynastie ein Wechsel der Thronfolgeregelungen stattgefunden, und zwar von der ursprünglich kuschitischen fratrilinearen Regelung zu einer patrilinearen, d. h. man passte sich ägyptischen Gegebenheiten an. Kaschta, Pekar-tror und Taharqo seien jeweils die ältesten Söhne von Alara, Piye und Schebitqo gewesen und Pekar-tror vorzeitig bei der Eroberung Ägyptens verstorben. Nun wäre es denkbar, dass Schebitqo noch zu Lebzeiten Schabaqo zum Koregenten erhob, um dessen Position gegenüber Taharqo zu stärken, der legitime Ansprüche auf den Thron geltend machen konnte, da er nach altkuschitischem Brauch der designierte Thronfolger war. Taharqo sei zugleich nach Nubien zurückbeordert worden, wo er jedoch bald rebellierte. Geschlossen wird dies aus einer Liste Schabaqos, die in Luxor gefunden wurde und unter den besiegten Orten nicht nur solche aus dem Norden, sondern auch aus dem Süden aufführt. Im 10. Jahr Schabaqos scheint es dann zu einer Übereinkunft zwischen Schabaqo und Taharqo gekommen zu sein, denn nun kehrt letzterer nach Ägypten zurück. Mehr noch: Ihm wird die Herrschaft über Oberägypten zugestanden. Zugleich behält Schabaqo die nominelle Oberhoheit über das gesamte Doppelreich.

Als Ausweis dieses Ausgleichs kann der sog. »Schabaqo-Stein«[176] gelten.[177] Dort wird die Aufteilung des Herrschaftsanspruches mythisch verbrämt, indem auf den Antagonismus zwischen Horus und Seth verwiesen wird – im Memphis residiert der Horus Schabaqo, während im Süden der Seth Taharqo herrscht, wenn auch unter des Ersteren Oberhoheit. Wesentlich für den Anspruch Schabaqos, letztlich doch der oberste Herrscher zu sein und auch in der Thebais Macht ausüben zu können, war sicherlich seine Assoziation mit der Gottesgemahlin Amenirdis I. dort.[178] Es könnte sein, dass das »Stillhalteabkommen« zwischen Schabaqo und Taharqo durch eine Eheschließung besiegelt wurde – Schabaqos Gemahlin war nämlich »Qalhata«, eine Schwester Taharqos und Tante Schabaqos.[179]

Anhaltspunkte dafür, wann die Auseinandersetzungen zwischen Taharqo und Schabaqo stattfanden, erhalten wir über Gedenkskarabäen Schabaqos, die eine Rebellion sowohl im Norden als auch im Süden erwähnen, sowie über die erwähnte Fremdvölkerliste Schabaqos, in der neben Toponymen in Vorderasien auch solche aus Nubien erwähnt werden. Wahrscheinlich wandte sich Schabaqo politisch verstärkt der Levante zu, nachdem ihn Taharqo im Süden zu einem Ausgleich gezwungen hatte. Ein Kaufvertrag aus Gaza, der ins Jahr 10 Schabaqos datiert, gibt uns eine Vorstellung vom chronologischen Rahmen: Schabaqo konnte offenbar im Jahr 684 das 701 wegen der Schlacht bei Eltekeh an Assyrien verloren gegangene Einflussgebiet weitgehend wiedergewinnen.

Der Frieden zwischen den beiden Kuschiten scheint allerdings nicht lange gewährt zu haben, denn die Inschriften Kawa IV und VI legen nahe, dass Taharqo in seinem 5. Regierungsjahr (d. h. nach dem 13. Jahr Schabaqos) seine Schwester Schepenupet II. als Gottesgemahlin inthronisierte, d.h. Amenirdis I. ersetzte. Dadurch sicherte er sich nicht nur gleichzeitig eine politische Schlüsselposition in der Region und ideologisch den Beistand Amuns gegen Schabaqo, dies kam zudem einer Kampfansage gleich. Die Reaktion Schabaqos war ein Angriff auf Theben. Erst 684 scheint Schabaqo seinen Vasallen freie Hand gelassen zu haben, gegen Taharqo in Theben aktiv vorzugehen. Wir erfahren aus einer 1994 publizierten Stele, welche in der Thebais gefunden und Taharqo zugeschrieben wird, dass in Theben ein Angriff aus dem Norden sowie die Belagerung des Amuntempels abgewehrt wurde: »der Amuntempel war eine umschließende Mauer.« (pr(.w) Ỉmn(.w) m sḫr n ḏr; Zeile x + 6).[180] Die Stele erwähnt eine ganz außerordentliche Nilflut nach langer Trockenheit, was genau zu der bereits bekannten extremen Nilflut aus dem Jahre 6 Taharqos passt. Außerdem ist auf der Stele der Monat noch erhalten (»erster Monat der Šmw-Jahreszeit«) und die besagte Flut fand nach Ausweis der Nilstandsinschrift NLT 33 in ebendiesem Monat statt. Auch die Inschriften Monthemhats von der Krypta des Muttempels in Karnak dürften jene Belagerung Karnaks beschreiben und weniger die assyrische Eroberung Thebens.[181] Dass der Priester Iti im selben Jahr seine Statue (EA 24429) nach Schabaqo datiert, widerspricht diesen Rekonstruktionen nicht, denn Iti war für den Ahnenkult der tragbaren Statuen des Pi(anch)y in Theben zuständig und unterstand damit wohl direkt dem Familienoberhaupt Schabaqo.[182]

Offenbar war es also zunächst nicht zum offenen Konflikt zwischen den Kuschitenherrschern gekommen, sondern lediglich zu Stellvertreterkämpfen. Wenig später könnte sich dies jedoch geändert haben, schließlich heißt es in einer Hieronymus-Glosse bei Eusebius: »*Dieser* (Taharqo) *führte eine Armee heraus aus Nubien, tötete Sebio* (Schabaqo) *und regierte die Ägypter* (an dessen Stelle) *selbst.*«[183] Damit wurde Taharqo Alleinherrscher über das Doppelkönigreich von Nubien und Ägypten.

Die Familienverhältnisse Schabaqos sind umstritten. Sicher ist nur, dass Harmachis, der Hohepriester des Amun, nach expliziter Nennung auf seiner Statue sein ältester Sohn von einer Gemahlin »Mesbet« (Mꜥ-sꜣ-bꜣ-tꜣ) war.[184] Aufgrund ihrer Stellung auf der Lunette der »Traumstele« Tanutamanis kann erschlossen werden, dass es sich bei »Qalhata«

(*Q-rw-h-tȝ*), die durch ihr reich bemaltes Grab in el-Kurru bekannt ist, um die Mutter dieses Königs handelte. Weil die Mutter Tanutamanis assyrischen Quellen zufolge eine Schwester Taharqos war und Tanutamani zugleich ein Sohn Schabaqos, war Qalhata die Gemahlin des Schabaqo.[185] Schabaqo wurde in el-Kurru in der Pyramide Ku. 15 bestattet, in der sich noch Reste der Grabausstattung fanden.

## Taharqo

Taharqo kann aus mehreren Gründen als bedeutendster kuschitischer Pharao bezeichnet werden. Zum einen ist seine Regierungszeit einer der zentralen chronologischen Fixpunkte, denn wir können sie als einzige innerhalb der Geschichte des Reiches von Kusch ziemlich sicher bestimmen. Zum anderen regierte er vergleichsweise lange und hinterließ entsprechend sehr viel mehr Monumente und Inschriften als irgendein anderer kuschitischer Herrscher. Und schließlich sind auch aufgrund der Auseinandersetzungen mit dem assyrischen Reich durch die keilschriftliche Nebenüberlieferung viele Ereignisse aus seiner Regierungszeit bekannt.[186] Die Regierungszeit Taharqos wird traditionell zweigeteilt betrachtet. In der ersten Hälfte herrschte Frieden und der Handel namentlich mit der Levante prosperierte. Die zweite Hälfte war geprägt vom Kampf mit dem assyrischen Reich. Die neuesten Forschungen zur Chronologie zeigen ein etwas anderes Bild. Danach beherrschten die Thronstreitigkeiten innerhalb des kuschitischen Reiches die ersten Regierungsjahre Taharqos, dann folgten Jahre der Prosperität und dann die Auseinandersetzungen mit Assyrien. In jüngster Zeit hat Jeremy Pope die Regierungszeit Taharqos ausführlich behandelt, die Monumente wurden von Klaus Dallibor zusammengestellt, die archäologischen Quellen aus seiner Zeit von Pawel Wolf.[187]

Wenden wir uns zunächst der Chronologie zu. Die Regierungszeit des Taharqo lässt sich wie folgt rekonstruieren: Die absoluten Daten der 26. Dynastie und insbesondere ihres ersten Pharaos Psammetik I.

können als gesichert gelten. Seine Herrschaft begann im Jahre 664 v. Chr.[188] Auf einer im Serapeum gefundenen Grabstele eines Apis-Stieres heißt es, dieser sei im 26. Regierungsjahr Taharqos geboren und im selben Jahr als heiliger Stier inthronisiert worden. Gestorben sei das Tier im 20. Jahr Psammetiks I., nachdem es 21 Jahre gelebt hatte. Weil die exakten Daten angegeben werden, kann man sagen, dass der Stier am 11.9.665 eingesetzt wurde und am 25.2.644 starb. Daraus folgt, dass Taharqos 26. Regierungsjahr dem ägyptischen Jahr entspricht, das zwischen dem 6.2.665 und dem 4.2.664 v. Chr. lag. Taharqo dürfte somit im Verlauf des Jahres 664 in seinem 27. Jahr gestorben sein. Somit ergibt sich alles in allem eine Regierungszeit von 26 Jahren zwischen 690 und 664 v. Chr. (antedatierender Beginn).[189] Soweit die *communis opinio*.[190] Michael Báynai hat auch diese Rekonstruktion einer sehr kritischen Prüfung unterzogen und sie korrigiert.[191] Der Stelentext sei nämlich wie folgt zu lesen:

> (1) *[Regierungsjahr] 20, Monat 4 des Sommers, Tag 20, unter der Majestät des insibija Wahibre, leiblicher Sohn des Re,* (2) *Psammetik: die Majestät des lebenden Apis ging fort nach Saqqara,* (3) *mit diesen Gott ruhend in dem schönen Westen im Regierungsjahr 21, Monat 2 der Überschwemmung,* (4) *Tag 25. Nun ist dieser geboren im Regierungsjahr 26 des Königs* (5) *Taharqo, und wurde eingesetzt in Memphis im* (6) *Monat 4 des Winters, Tag 9. (Stele) Gemacht im Jahr 21 (von Psammetik I.).*

Hinter der Jahreszahl am Ende steht noch ein Graffito »2 *Monate,* [7 *Tage*]«, welches jedoch eine moderne Fälschung sein muss, weil es auf alten Fotografien der Stele nicht sichtbar ist.[192] Obwohl man schon seit 1968 weiß, dass diese Fortschreibung modern ist, hat sie bis heute Auswirkungen auf die Deutung. Die letzte Angabe wurde nämlich bis 2013 als »sich belaufend auf 21 (Lebens-)Jahre.« interpretiert. Dabei hatte bereits Mariette darauf hingewiesen, dass sämtliche Serapeums-Stelen für die Altersangabe der Stiere einen anderen Ausdruck benutzen.[193] Nun findet sich auf der Stele ein weiteres Graffito mit der Angabe »20 *Jahre, 1 [Monat], 4 Tage*«, das authentisch sein dürfte. Wohl weil die Fortschreibung als Fälschung entlarvt worden war, hatte diese Altersangabe des Stieres in der Forschung keine Beachtung gefunden. Aus dem Graffito leitet sich ab, dass der Stier am 15. Tag des 4. Monats des Sommers im Jahre 665 geboren wurde. Mit anderen

Worten: Dem Stelenschreiber war das genaue Datum nicht bekannt, weswegen es erst beim Begräbnis hinzugefügt wurde. Die Forschung war bisher schematisch davon ausgegangen, dass der Stier im Alter von 9 Monaten inthronisiert wurde, wie bei den meisten anderen Apis-Stieren auch. Und auch der ägyptische Schreiber der Stele hatte diesen Fehler gemacht. In der Tat kommt man bei 9 Monaten im Zusammenspiel mit dem Datum »Monat 4 des Winters, Tag 9« unter Berücksichtigung der Epagomenen zu genau dem Datum, welches der Fälscher angebracht hat. Das andere Graffito zeigt jedoch, dass der Stier ein Kalenderjahr (665) vor seiner Tempeleinführung (664) geboren wurde. Langer Rede kurzer Sinn: Taharqos 26. und letztes Regierungsjahr war das Jahr 664, nicht 665, womit sich auch das Jahr seiner Thronbesteigung von 690 auf 689 verschiebt. Wirklich spannend ist an dieser Detektivarbeit, dass hier eine zeitliche Lücke von einem Jahr zu den Keilschriftquellen korrigiert wird, die bislang kaum je wahrgenommen worden war. Diese Diskrepanz zwischen ägyptischen und assyrischen Daten betrifft den Marsch Taharqos nach Norden, um dem assyrischen Angriff unter Asarhaddon zu begegnen, das Scheitern Asarhaddons in Ägypten und das erste Erscheinen Taharqos in Theben danach sowie die Vertreibung Monthemhats aus Theben (669) und die assyrische Reaktion darauf.[194]

Betrachten wir im Folgenden die bereits dargestellten Auseinandersetzungen zwischen Schabaqo und Taharqo noch einmal etwas näher. Bereits seit langem bekannt ist eine Wendung aus den Inschriften Taharqos, in denen davon die Rede ist, es hätten sich in seinem 6. Regierungsjahr vier Wunder ereignet.[195] Aufgezählt werden (1) eine außergewöhnlich hohe, wenn auch nicht zerstörerische Nilflut, (2) ein Regensturm in Nubien, (3) Taharqos Krönung in Anwesenheit seiner Mutter sowie (4) das Ableben des Vorgängers. Nun kann man sich fragen, worin genau bei Letzterem das Wunder besteht. Genau dies hat Michael Báynai getan und ist zu dem Schluss gekommen, dass Taharqo in den Inschriften Kawa IV und VI um die wundersame Beseitigung eines Gegenkönigs bittet, wie dies wohl auch unter Alara geschehen sei.[196] Taharqo verschweigt den Umstand, dass er zum Pharao gekrönt wurde, obwohl sein Vorgänger noch lebte.[197] Am Rande sei erwähnt, dass in allerjüngster Zeit ein neuer Text zugänglich gemacht wurde, der diese Wunder ebenfalls thematisiert: Es handelt sich um eine riesige, doch leider nur fragmentarisch erhaltene Inschrift aus Sanam.[198]

Auf die Auseinandersetzungen mit Schabaqo folgten fast zwei Jahrzehnte des Friedens und des Wohlstands. Sie gaben Taharqo die Möglichkeit zu umfassenden und auch monumentalen Bauprogrammen sowohl in Kusch als auch in Ägypten.

Kommen wir nun zu einem ganz anderen Kapitel, einem der spannendsten der ägyptischen Geschichte: dem Kampf der Kuschiten gegen Assyrien.[199] Manches spricht für eine Phase der Entspannung zwischen den Großmächte Kusch und Assur in den Jahren nach 701. Gemeinhin wird davon gesprochen, dass die Kontakte zur Levante intensiviert werden; zumindest wird die Erwähnung von Zedernholz in Kawa III und VI in diese Richtung interpretiert.[200] Ob mehr dahinter steckt, etwa erstarkender politischer Einfluss, ist nicht wirklich zu erkennen.[201] Im Jahr 681 änderte sich die politische Großwetterlage: Asarhaddon folgte seinem Vater Sanherib auf den Thron, was zu einem dezidierten Politikwechsel führte. Der neue assyrische König verfolgte offenbar eine deutlich härtere Gangart gegenüber Südpalästina und stieß 679 in einem Feldzug nach Arzâ vor, welches am »Bach Ägyptens« (*naḫal muṣur*) lag.[202] Dies kann als Reaktion auf ein Erstarken der kuschitischen Macht in der Levante gedeutet werden. Damit begann eine Phase der direkten Konfrontation.[203]

Mehrere Könige in Südpalästina wurden ersetzt; 677 wurde Sidon erobert, dessen König Abdi-milkuti sich mit einem Schiff retten konnte, jedoch im folgenden Jahr gefangen und enthauptet wurde. Nun zwang Asarhaddon 22 Könige der Region, seine großen Bauprojekte in Ninive zu unterstützen. Über die insgesamt drei Ägyptenfeldzüge Asarhaddons in den Jahren 672, 671 und 669 berichten uns nicht nur dessen Annalen, sondern auch die Babylonische Chronik (Nr. 1) und die Asarhaddon-Chronik.[204]

Im Frühjahr 673 erfolgte ein erster assyrischer Angriff auf ägyptisches Territorium, der jedoch nicht von Erfolg gekrönt war, worauf nach zwei Jahren ein zweiter – ziemlich erfolgreicher – durchgeführt wurde. Während seines dritten Ägyptenfeldzuges verstarb Asarhaddon. In der Babylonischen Chronik Nr. 1 lesen wir:[205]

> *Im 7. Regierungsjahr, am 5. Tag des Monats Addaru, wurde das assyrische Heer in Ägypten geschlagen. Im 10. Regierungsjahr, im Monat Nisannu, marschierte das assyrische Heer nach Ägypten. Am 3., 16. und 18. Du'uzu, dreimal wurde in Ägypten ein Gemetzel angerichtet. Am 22. wurde Memphis, seine Residenz erobert. Sein König entkam, aber sein Sohn und sein Bruder wurden gefangengenommen. Ihre Beute, die Beute seiner Einwohner wurde geplündert, ihre bewegliche Habe wurde fortgeführt. [...] Im 12. Regierungsjahr zog der König des Landes Assyrien nach Ägypten; auf dem Weg erkrankte er und verstarb am 10. Tag des Monats Araḫsamna.*

Bemerkenswert ist die Zeitspanne zwischen dem Beginn des Feldzuges und der Eroberung von Memphis ein Vierteljahr später. Dies wird in der Asarhaddon-Chronik anders dargestellt – die in der Babylonischen Chronik angeführte Niederlage wird nicht erwähnt und es heißt ferner »*Im 7. Regierungsjahr, am 8. Tag des Monats Addaru, [zog] das assyrische Heer nach Šamēle.*« Gerhard Fecht meinte, hinter »Šamēle« könne sich die Grenzfestung Sile verbergen,[206] was jedoch meist nicht akzeptiert wird, da Dietrich den Ort in Südmesopotamien lokalisiert hat.[207] Wie auch immer – Gerhard Fecht hat die These vorgebracht, der erste Eroberungsversuch Asarhaddons sei an einer der ägyptischen Grenzfestungen gescheitert. Die Reaktion auf die assyrische Schwäche erfolgte prompt: Mindestens Askalon und Tyros probten den Aufstand, Tyros' König Ba'al nach Ausweis der Nahr el-Kelb-Inschrift Asarhaddons, weil er sich auf »Taharqo, seinen Freund« verlassen hatte.

Es scheint so, als hätten sich die Assyrer diesmal mehr Zeit zur Vorbereitung gelassen, um eine Eroberung Ägyptens zu wagen. Im Sommer 671 erfolgte der Angriff. Die Grenzfestung wurde umgangen, d.h. man stieß über die Wüstenroute (wohl über das Wadi Tumilat) vor und überraschte die ägyptische Seite. Memphis konnte keine effektive Verteidigung organisieren.

Die Felsinschrift vom Nahr el-Kelb, unweit von Beirut, und die 3,5 m hohe, freistehende Stele von Zincirli beschreiben die Eroberung von Memphis näher:[208]

> (Unter den Truppen) *des Taharqo, des Königs von Ägypten und Kusch, der Verfluchte ihrer großen Gottheiten, von Išḫupri bis nach Memphis, seiner Residenzstadt (āl šarrūti[šu]*, wörtlich: »Stadt seiner Königschaft«), *einem Landmarsch von fünfzehn Tagen – täglich, ohne Unterbrechung – richtete*

*ich ein großes Blutbad an und ihm selbst fügte ich mit der Spitze meines Pfeils fünfmal einen unheilbaren Schlag zu. Memphis (Mempi), seine Residenzstadt, belagerte und eroberte ich mit Löchern, Breschen und Leitern, zerstörte sie, riss sie ein und verbrannte sie im Feuer. Seine Frau, seine Palastfrauen, ᵐÚ-šá-na-ḫu-ru, seinen Kronprinzen (mār ridûtīšu), und seine übrigen Söhne und Töchter, seinen Besitz, sein Eigentum, seine Pferde, Rinder und Schafe führte ich in unzähliger Menge nach Assyrien fort. Die Wurzel von Kusch riss ich aus Ägypten aus und ließ niemanden darin übrig, mir zu huldigen. Über ganz Ägypten setzte ich erneut Könige, Beauftragte, Statthalter, Hafeninspektoren, Kommissare und Leiter ein. Regelmäßige Opfer für Assur und die großen Götter, meine Herren, setzte ich dauerhaft fest. Abgabe und Tribut an meine Herrschaft erlegte ich ihnen alljährlich, ohne aufzuhören, auf.*

Auf einem Prismenfragment ist lediglich erkennbar, dass von »*Nachkomme seines Vaterhauses, Söhne früherer Könige*« die Rede ist.[209] Eine Tontafel aus der Kujjuncik-Collection (K 8692) schildert die Einnahme der Stadt im Detail:

*[...] und ihn nicht zu sehen, ist un[möglich] seine [Truppen], die an seiner Seite gingen [...] nac[h Mem]phis?, ihrer Stadt begaben [sie sich ...] in den Toren der Stadt, ihren Straßen und Plätzen [...] ich band sie und erschlug sie mit Waffen [...] stieß? und Streitross, Streitwagen und Streitwagenrad? [...] auf der Hauptstraße der Stadt [schichtete] ich ihre Leichen übereinander [...] mit ihren Köpfen bildet ich Türme [...] Nachdem ich zu Assur, Marduk, Šamaš [...] und den Großen Göttern des Himmels und der Erde, so[viele existieren], gebetet hatte, ließen sie mich meine Wünsche erreichen. [...]*

Der Text fährt vor allem fort mit einer eingehenden Beschreibung der riesigen Beute:

*In seinem geplünderten Palast [...] seine Frauen, seine Söhne, [seine] Töcht[er ...], deren Leiber – wie sein (Leib) – schwarz wie Asphalt [sind ...] Die Beute aus seinem Palast: 8.000 Talente Silber, der Stau seiner Berg[e ...] Talente rotglänzendes Gold, Edelsteine [... al]les mögliche, zahlreicher Besitz [...] 20 große goldene Kopfbedeckungen von den Köpfen der [...] an denen eine goldene Kobra und Schlangen gefestigt waren [...] 2 Stücke aškigû-Stein, ein Erzeugnis seiner Berg[e ...] von 5 Talenten Gewicht [...] 50.000 starke ans [Joch] geschirrte Pferde [...] 60.000 gemästete Prachtrinder, [seine] fürstliche Mahlzeit [...] unzählige Schafe, an denen ein Rinderschwanz befestigt ist und zahllose Prachtleinengewänder, Scham?tücher [... Ge]räte aus Silber, Gold, Bronze, Ebenholz und Leder [...] lebende Geschöpfe [...] dessen Körper rot und weiß [... H]irsch ist befestigt und niemand [... i]n Stadt und Land unsicht[bar ist].*[210]

Man beachte die Beschreibung der pechschwarzen Hautfarbe der Kuschiten sowie die der Uräen, der Königskobren, als Zeichen königlicher Würde an Kronen und Diademen. Die große Zahl an erbeuteten Pferden erscheint wahrscheinlich an anderer Stelle wieder.[211] Nach Ausweis der sog. »Horse Reports« waren in Assur in jener Zeit fast sämtliche Streitwagenpferde kuschitisch (*kusaya*).[212] Man denke an die Bedeutung des Pferdes bei den Kuschiten, das wahrscheinlich für die Entstehung ihres Staates entscheidend war.[213]

In einem der spannendsten altägyptischen Texte aus Karnak betrauert Taharqo in einem großen und leider schlecht erhaltenen Inschrift in Gebetsform die durch Assyrien erlittenen Verluste.[214] Während die hymnischen Teile des Textes in (Spät-)Mittelägyptisch verfasst sind, spiegeln die narrativen Teile ein literarisches Spätägyptisch mit stark demotischem Einschlag. Inhaltlich wechseln sich historische Passagen und Gebete bzw. Klagen des Königs ab. Nach der Titulatur wird beschrieben, wie Amun Taharqo die Herrschaft über Ägypten gewährte: »*Du gabst mir Ober- und Unterägypten, Du erwähltest mich unter [ihnen] und Du [sorgtest dafür, dass] gesagt werde:* »(Diese sind) *in der Tat meine beiden Länder.« Nach seinem Willen macht Amun einen Pharao!*« Hier wird nicht nur auf das alte Konzept der »beiden Länder« rekurriert, sondern auch auf das »Doppelkönigtum« von Kusch und Ägypten. Ferner gilt es zu betonen, dass hier auf das kuschitische Konzept der Königswahl angespielt wird. Nun wird die Situation in Ägypten beschrieben: »*Du ließest es mich herausfinden: Derjenige, den Du hast eintreten lassen [...] Männer, die es nicht von mir wussten.*« Warum Amun den Feind hineinließ (um Taharqo zu prüfen, auszuzeichnen oder zu strafen), bleibt offen. Was nun folgt, ist ein recht zerknirscht wirkendes Gebet an Amun:

> Oh [Amun ...]. Oh Du, der Du nicht halbfertig im Stich lässt, was Du erschufest. Oh Amun, nicht [...] mit ihnen. Mögest Du sie für mich hören und [die] böse[n Worte zurücknehmen?[...] Lass mich nicht in eine Sache geraten, die Du hasst. Lass mich nicht tun, was [Du ha]sst. [...] von Dir und mir (weg). Ich bin Dein kleines Kind – bist Du es doch, [der] alles, [was ins Sein kam, hervorbrachte?]. Es gibt nichts, was [...] Die Residenz Amuns ist es.

Taharqo bittet Amun also darum, er möge weiterhin in seinem Sinne handeln und gottlose Eindringlinge von seiner Legitimität überzeugen.

Möglicherweise wird hier auf den Grund der Gotteshandlung eingegangen. Zugleich wird darauf verwiesen, dass ihm (Taharqo) und Amun gleichermaßen durch die Eindringlinge etwas genommen wurde. Nun wird auf die Wunder während des 6. Regierungsjahres Bezug genommen: »*Bevor Du mich kröntest, hast Du mir diese* (Wunder) *vorhergesagt:* [...] *eine große Nilflut während meiner* (Regierungs)*zeit. Der Himmel war für mich ausgedehnt, dicht und reich [an Regen].*« Was folgt, ist die Feststellung, daß er die Kontrolle verloren habe (konkret sicherlich auch die Macht über Unterägypten): »[... *Di*]*es gehört mir nicht* (mehr).« Es schließt sich die Bitte an, die Situation wieder zu seinen Gunsten zu ändern:

> *Mach sie mir untertan* [... *die*] *ihn erbl*[*icken* ... *Am*]*un. Er ist es, der Gute*[*s*] *tut* [...] *erlöse mich von dem Schmerz, rette mich von jedem bösen Wort, lasse sie über* [*mich*²] *sagen,* [...] *Brot, Bier, Rinder und Vögel – angenehm. Lasse mich Dir bringen, was auch immer* [...] *liebst. Mache, was kein Pharao* (jemals) *getan hat, mit mir als Deinem Diener. Du wirst für mich die* [...] *abwehren* [...] *Es gibt Niemanden, der sie dauerhaft fernhält. Oh Amun, was Du im Lande der Nubier* (Nehesi) *getan hast, lasse* [...]*, lasse es mich tun mit dem Tribut aus Hurri* (Syrien-Palästina)*, das dir verwehrt worden war.*

Zum Schluss kommt ein sehr ergreifender Appell an den Gott, er möge seine Familie beschützen: »*Oh Amun,* [... *mei*]*ne Frauen, erhalte meine Kinder am Leben. Halte um meinetwillen den Tod von ihnen fern. Errette mich* [... *bösen Worten*²] *in ihren Mündern und lasse* (ihre eigene Worte) *auf sie* (selbst) *zurückfallen.*« Dieser letzte Abschnitt ist ganz besonders spannend: Wir erfahren hier von einem Pharao, der mit Gott hadert, weil er eine Niederlage erlitten und seine Familie verloren hat – Derartiges wäre nach den ägyptischen Vorstellungen von Königtum undenkbar. Was geschah mit den gefangenen Familienmitgliedern? Wir wissen es nicht. Sicherlich verbrachten sie den Rest ihres Lebens in assyrischer Gefangenschaft; wie genau man sich diese vorstellen muss, ist unklar.

Die assyrischen Inschriften erwähnen die Gefangennahme der Familie Taharqos und erwähnen dabei explizit, dass sich unter den Gefangenen sein Bruder und sein Kronprinz *Ušanaḫuru* befanden. Nun ist »Kronprinz« hier möglicherweise eine rein assyrische Kategorie – gemeint sein dürfte der älteste Sohn. Ob es in Kusch einen »Kronprinzen« gab, ist nicht sicher – in meroitischer Zeit könnte *pqr* der Titel eines solchen Prinzen gewesen sein. Dass mehrere sehr prominente Kuschiten gefangen wurden, ist deshalb auch von Bedeutung, weil auf mehreren Monumenten Asarhaddons (Nahr el-Kelb/Zincirli) ein gefangener Kuschit dargestellt wird und Uneinigkeit bezüglich dessen Identität besteht (▶ Abb. 21).[215] Auf der riesigen Stele von Zincirli wird der assyrische König Asarhaddon gezeigt, der in seiner Linken zwei Gefangene an Seilen hält, die deutlich kleiner vor ihm abgebildet sind. Der stehende ist der Ikonographie nach ein vorderasiatischer Herrscher, wohl Abdi-Milkutti von Sidon. Vor ihm kniet ein Mann, der deutlich negroide Züge besitzt und eine Kuschitenkappe mit Uräus trägt. Ob dies nun *Ušanaḫuru* sein soll oder Taharqo selbst, lässt sich nicht mit Sicherheit sagen.

Ebenso unklar ist, was genau sich hinter der keilschriftlichen Wiedergabe ᵐ*Ú-šá-na-ḫu-ru*, verbirgt. Meist wird diese Schreibung als Wiedergabe des ägyptischen Namens *N(i)s(w)-n-Ḥrt* (»er gehört dem Onuris«) betrachtet, doch wurde jüngst eine meroitische Interpretation im Sinne von \**Ušan-ḫarura* (»Sohn der Isis«) vorgeschlagen.[216]

Warum Asarhaddon sich gezwungen sah, zwei Jahre nach der Eroberung von Memphis erneut gegen Ägypten zu ziehen, wird in den Keilschriftquellen nicht erwähnt. Man kann sich jedoch denken, dass Taharqo in der Zwischenzeit alle Kräfte mobilisiert und zum Gegenschlag ausgeholt hatte. Die Ausführungen von Onasch gegen diese Sichtweise sind nach der Rekonstruktion von Báynai obsolet.[217] Unterägypten stand unter Asarhaddon zumindest nominell fast zwei Jahre lang unter assyrischer Oberherrschaft. Um diese zu sichern, wurden verschiedene Maßnahmen ergriffen, die vor allem in einem Prismenfragment (Bu 91-5-9, 218) Asarhaddons und in den Annalen Assurbanipals beschrieben werden.[218]

Ersteres führt verschiedene Fachkräfte auf – wohl Spezialisten, die nach Assur deportiert wurden – sowie eine Liste von Städten mit assyrischen Namen und den dort eingesetzten Beamten. Dass der Text überhaupt mit Ägypten zu tun hat, ergibt sich lediglich aus dem Umstand, dass einige wenige der Würdenträger ägyptische Namen tragen, und weil wir aus den Assurbanipal-Annalen wissen, dass das genannte *Limmer-iššakku-Aššur* der assyrische Name von Athribis war. Die As-

**Abb. 21:** Die Zincirli-Stele Asarhaddons mit der Darstellung des gefangenen kuschitischen Königssohnes (kleine kniende Person).

syrer waren nämlich ziemlich radikal: Sie benannten die Hauptorte Unterägyptens um und gaben ihnen propagandistische Namen: »Derjenige, der die Herrschaft seines Thrones festigt« (*Mukīn-palê-šarri*), »Ebenbürtig den Gegnern des Königs« (*Maḫre-gērê-šarri*), »Assur hat sein Land weit gemacht« (*Aššur-māssu-urappiš*), »Assur ist der Vertreiber des Dämons« (*Aššur-nasiḫ-gallî*) oder »Aufleuchten möge der Stadtfürst Assurs« (*Limmer-iššakku-Aššur*), »Hafen der Banītu« (*Kār-Banīte*), »Haus Marduks« (*Bīt-Marduk*), »Der des Assur ist zurückgeführt« (*Ša-Aššur-taru*), »Der des Assur ist herausgekommen« (*Ša-ēmuq-Aššur*). Diese Praxis, die Assurbanipal später auch in Elam anwendete, wird in dessen Annalen in Bezug auf Ägypten sogar explizit thematisiert: »*Die früheren Stadtnamen änderte er und gab ihnen neue Namen. Seine Diener beauftragte er darin als Könige, Statthalter und Beauftragte*«.[219] Die allermeisten der assyrischen Städtenamen Ägyptens lassen sich nicht identifizieren, ebenso wenig die dort eingesetzten Statthalter. Es ist nicht einmal klar, ob es sich bei diesen teilweise lediglich um die bestätigten alten Fürsten handelte oder um assyrische Kontrollbeamte. Sollte Letzteres der Fall sein, ist immerhin auffällig, dass sich unter ihnen auch solche mit ägyptischen Namen befinden.

Unter den deportierten Spezialisten waren Streitwagenfahrer, Zügelhalter, Bogenschützen, Setzartschenhalter, zudem Beschwörer, Zauberer, Tierärzte, Ärzte, Schlangenbeschwörer, Knüpfer, Musiker, Bäcker, Köche, Brauer mit ihren Brennholzbeschaffern, Fischer, Lederarbeiter, Streitwagenbauer und Schiffszimmermänner. In diesem Zusammenhang sei erwähnt, dass ab jener Zeit in den assyrischen Texten zahlreiche Ägypter auftreten.[220] Ferner erfahren wir aus diesem Text, dass »*ständige, regelmäßige Opfer für Assur und die Großen Götter*« festgesetzt wurden, und zwar u. a. 6 Talente und 19 Minen Gold. Spannend dabei ist, dass spezifische Produkte aus dem Niltal gewünscht werden, etwa Priestergewänder (d. h. Gewänder aus Leinen), Ebenholz und Felle (wohl Leopardenfelle) sowie Pferde.

In den Assurbanipal-Annalen heißt es: »*Dieses Land beherrschte er insgesamt und verleibte es dem Gebiet Assyriens ein*«. Im Zusammenhang mit dem Tribut werden außerdem 55 Königsstatuen erwähnt (*ṣalmāni šarrūtīšunu*), die wohl nach Assur verschleppt worden sind – immerhin wurden in Ninive zwei große Bronzestatuen Taharqos gefunden.[221] Aus den Assurbanipal-Annalen erfahren wir ferner, welche Machthaber Asarhaddon in Ägypten einsetzte, weil sich darin eine Liste befindet. Das große Problem dabei ist, dass derartige Listen tradiert werden und man nicht sicher sein kann, welchen Zeithorizont sie repräsentieren. Da beide keilschriftlichen Quellen Necho als König von Sais nennen, dürfte die Liste vor 664 entstanden sein, weil seit diesem Jahr dessen Sohn Psemmetik I. als König regierte.[222]

Asarhaddon starb im Verlauf seines dritten Ägyptenfeldzuges. Taharqo hatte wohl die Schwäche des Assyrerreichs nach dem Thronwechsel 669/668 ausgenutzt und die kuschitische Herrschaft über das Delta wieder hergestellt. Was danach geschah, erfahren wir aus den Assurbanipal-Annalen.[223] Assurbanipal sandte einen General sowie einige Statthalter mit ihren Truppen nach Ägypten, d.h. in Ägypten waren offenbar keine verblieben – man hatte sich auf die lokalen Machthaber verlassen. Die Truppen, die Taharqo dem assyrischen Heer entgegenschickte, wurden geschlagen, woraufhin sich Taharqo aus Memphis nach Theben zurückzog. Die assyrische Kriegsmaschinerie hielt inne, um weitere Kontingente von den assyrischen Vasallen in Syrien-Palästina und Zypern zu mobilisieren. Ziel war es, Taharqo endgültig aus Ägypten zu vertreiben. Offenbar waren die Assyrer darauf nicht wirklich vorbereitet – immerhin mussten sie erst Kriegsschiffe beschaffen. Das verstärkte assyrische Heer eroberte zunächst Memphis und zog dann in Richtung Theben, was Taharqo zur weiteren Flucht über den Nil veranlasste.

Nach dem Rückzug der assyrischen Streitmacht dämmerte den ägyptischen Fürsten des Delta jedoch wohl, dass eine zu tiefgreifende assyrische Invasion auch nicht in ihrem eigenen Interesse war, und es kam zur Rebellion und einem Pakt mit Taharqo. Als Drahtzieher werden Necho von Sais, Šarru-lū-dāri von Ṣe'nu (Pelusium?) und Pakruru von Pišaptu genannt (LET): »*Necho, Šarru-lū-dāri und Paqru[ru, Köni]ge, die mein leiblicher Vater in Ägypten eingesetzt hatte, [über]traten den Eid Assurs und der Großen Götter, meiner Herren, und brachen ihren Eid.*« Es gibt Hinweise darauf, dass Pišanḫuru von Nathû den assyrischen Eunuchen vor Ort die Verschwörungspläne »*gegen die Truppen Assyriens, die Streitmacht meiner Herrschaft, die ich zu ihrem Schutz stationiert hatte*« hinterbrachte (Prisma E, VI: 51–59):

> *Mein Eunuch erfuhr [diese Dinge] und üb[erlistete ihre Arglist.] Ihre Boten [mit ihren Briefen,] die [sie] zu [Taharqo, dem König von Kusch, geschickt hatten,] um Fr[ieden] zu schließen [...] ergriff er un[d erkannte] ihr [verlogenes Tun. Šarru-lū-dāri] und Necho [ergriffen sie und mit Fes]seln und Ringen [fesselten sie Hä]nde und Füße.*

Necho und Šarru-lū-dāri werden in Ketten nach Ninive gebracht – Pakruru konnten sie offenbar nicht habhaft werden. Da den Assyrern an einer Schwächung von Sais als Gegengewicht zu den Kuschiten nicht gelegen war, wurde Necho begnadigt. Šarru-lū-dāri blieb wahrscheinlich in Gefangenschaft (Prisma A, II: 8–11). Necho wurde mit dem assyrischen Äquivalent des »Ehrengoldes« beschenkt, erhielt als besondere Auszeichnung einen prunkvollen Dolch und vor allem einen goldenen Uräus (*allu* < äg. *iʿr.t*, kopt. ⲫⲁⲗⲉ) als »Zeichen seines Königtums« (*simat šarrūtišu*).[224] Darüber hinaus wurde Nechos Sohn, Psammetik, in Athribis eingesetzt, d. h. Assurbanipal handelte in Athribis ähnlich wie die Pharaonen der 22. und 23. Dynastie.

Hätten wir nur die ägyptischen bzw. kuschitischen Quellen, wüssten wir praktisch nichts über die Auseinandersetzungen mit den Assyrern, von assyrischen Eroberungen des Niltals ganz zu schweigen: Die Assyrer erscheinen nicht in den ägyptischen Quellen, weder in den Inschriften noch in den Darstellungen. Bei bestimmten spitze Helmformen auf Reliefs des Amuntempels B. 500 am Gebel Barkal wurde lange vermutet, es könne sich um die Darstellung assyrischer Helme handeln, dies wurde jedoch jüngst von Anthony Spalinger nach eingehender Behandlung des gesamten Kontextes als unwahrscheinlich zurückgewiesen.[225] Auch im archäologischen Befund hat die Okkupation durch die Assyrer so gut wie keine Spur hinterlassen – ob es sich bei den bei Flinders Petrie in Theben-West gefundenen Helmen und Waffen tatsächlich um solche assyrischer Machart handelt, ist nicht ganz sicher. Nebenbei gesagt, muss ein assyrischer Helm noch nicht auf die Präsenz eines assyrischen Heeres verweisen. Warum diese Lücke hier so betont wird, hat zwei Gründe. Zum einen sollte es denjenigen als Warnung dienen, die bestimmte Sachverhalte ablehnen, weil es keine Spur eines Hinweises darauf gebe (etwa die Koregentschaft bei den Kuschiten). Zum anderen hat sich gerade in jüngster Zeit gezeigt, dass die Forschung manchmal intuitiv gewillt ist, eine derartige Lücke zu schließen und so zu voreiligen Schlüssen gelangen kann.

Die Rede ist von drei Graffiti auf Felsen über dem Nil, die heute leider im Nasser-See versunken sind. Dies ist umso bedauerlicher, als dass sie sich mit Sicherheit auf die Landschaft und die Fußwege vor Ort beziehen. Die Graffiti von Khor Hanush, Tafa und Ambarkab, die alle ins Jahr 19 Taharqos datieren, sind übrigens die einzigen historische Quellen aus der Kuschitenzeit in Unternubien.[226] Weil die ersten beiden entdeckten Graffiti (Khor Hanush und Tafa) so angebracht wurden, dass man sie sieht, wenn man von Norden nach Süden kommt, meinte Weigall, sie seien auf Taharqos Flucht vor den Assyrern angebracht worden. Das später entdeckte von Ambarkab ist genau anders herum orientiert, was Fritz Hintze dazu veranlasste, darin einen Beleg für den Marsch nach Norden zu sehen.[227] Nun ist in den gleichlautenden Graffiti von Militärischem überhaupt nicht die Rede: »*Jahr 19, 3. Überschwemmungsmonat, Tag 1. Der Ochsenweg (mi n(.i) iḥ.w), den Taharka gemacht hat oberhalb der Mündung (rʾ) des Westberges, das Land der Majestät des Horus etc.* (Titulatur Taharqos & Epitheta)«.[228] Die Graffiti markieren demnach von allem einem Weg, den man nutzte, um den »Bab al-Kalabscha« zu umgehen, eine Flussenge mit Katarakt. Anfangs- und Endpunkte markieren flussabwärts zuerst Khor Hinush im Süden und dann Tafa im Norden. In anderer Richtung war der Weg wohl weniger wichtig, da es hier auf dem Nil ohnehin gegen den Strom ging – deswegen wurde hier auch nur ein Graffito angebracht. Im Gegensatz zu Jeremy Pope, der beim »Ochsenweg« an einen Weg von und für Pastoralnomaden denkt, bin ich der Meinung, dass er dazu diente, Waren (und Schiffe) mit Lasttieren über den Katarakt zu befördern. Wie auch immer – einen Bezug zu den Assyrern ist bei diesen Graffiti nicht direkt erkennbar.

Wie problematisch die Interpretation der Quellen oft ist, zeigt sich an einem weiteren Diskussionspunkt. Die früheren Annalenversionen beschreiben zwar, dass Assurbanipal in seinem ersten Ägyptenfeldzug Memphis eroberte und Taharqo nach Theben verfolgte, eine Eroberung der Amunsstadt wird jedoch nicht erwähnt. Weil die Textzeugen, in denen genau dies geschieht, späten Redaktionsstufen der Annalen zugewiesen werden,[229] gilt diese »erste« Eroberung Thebens den Meisten als Fiktion, als Übertragung vom zweiten Feldzug.[230] Andere meinen, Assurbanipal habe tatsächlich 671 Theben erobert, weil Monthemhat dabei von den Assyrern als Machthaber der Thebais bestätigt worden war und dann 667 bei der Rückkehr Taharqos floh.[231] Dem ist entgegen zu halten, dass Oberhoheit nicht identisch ist mit Eroberung – die Assyrer könnten zwischen 671–667 durchaus teilweise nominell in Theben geherrscht haben, ohne es belagert und erobert zu haben. Wie kompliziert die Sache ist, zeigt sich schon allein daran, das thebanische Papyri mangels Alternative immer nach Taharqo datiert werden (Assurbanipal war kein gekrönter Pharao) und auch in Memphis bei der Einsetzung des neuen Apis-Stieres Taharqo der Bezugspunkt ist. Wie genau die Machtverhältnisse in jenen Jahren waren, lässt sich nicht mit Sicherheit sagen.

Taharqo wurde nicht in el-Kurru bestattet, sondern begründete eine neue Tradition, die Nekropole von Nuri. Warum dies geschah, war lange eines der großen Rätsel der Nubienkunde.[232] Mit der These eines Machtkampfes zwischen Schabaqo/Schebitqo und Taharqo könnte dieses gelöst sein: Tanutamani später habe ich lediglich deshalb wieder in el-Kurru bestatten lassen, da er der Linie Schabaqos entstammte, die nach ihm wohl ausstarb.[233] Die Pyramide des Taharqo war nicht nur das wohl größte Grabmonument eines kuschitischen Herrschers, es war auch vom Bauplan einzigartig, da es eine Art Nachbildung des Osircions in Abydos darstellte.[234]

## Tanutamani

Der Übergang von Taharqo zu Psammetik I. war bereits angeschnitten worden, im Süden erfolgte der Machtwechsel innerhalb der Familie. Mit Sicherheit ist es kein Zufall, dass die Keilschriftquellen beides betonen – sowohl Tanutamanis Status als Schwesternsohn Taharqos als auch seine Filiation als Sohn Schabaqos. Während man lange geneigt war, das keilschriftliche ¹šá-pa-ku-u in ¹šá-pa-⟨ta⟩-ku-u zu emendieren, wird dieser unnötige Eingriff in die Quellen heute meist als unstatthaft abgelehnt.[235]

Mutter Tanutamanis war wohl »Qalhata«, die zwar in ihrem Grab Ku. 5 in el-Kurru als »Königsmutter« bezeichnet wird, nicht jedoch auf der Lunette der Traumstele. Warum dies so ist, bleibt unklar. Lohwasser vermutet, ihr sei möglicherweise der Titel erst später verliehen worden, doch das schließt Zibelius-Chen zu Recht aus.[236] Tanutamanis Gemahlin war der Traumstelen-Lunette zufolge »Pianch-arti/arhi« (?), die sonst von keinen Monumenten bekannt ist.[237]

Tanutamani wurde 664 v. Chr. König von Kusch. Wie weit nach Norden seine Macht reichte, wissen wir nicht. Umfassend dürfte sie nicht gewesen sein, schließlich sah er sich genötigt, gleich zu Beginn seiner Herrschaft einen großen Feldzug nach Ägypten durchzuführen, von dem er in seiner sog. »Traumstele« berichtete. Spannend an dieser sind nicht nur die Aussagen über die Auswahl des Königs und die Königsideologie, sondern auch der Umstand, dass wir mit diesem Text in der einmaligen Lage sind, assyrische und ägyptisch-kuschitische Quellen miteinander vergleichen zu können. Ein solcher Vergleich deckt nämlich die »blinden« Stellen in beiden Corpora auf, d. h. wir können wechselseitig erschließen, was die jeweils andere Seite aus Gründen der Propaganda verschwieg.

Wenden wir uns nun dieser Traumstele zu. Ihren Namen hat sie von dem Umstand, dass der Feldzug auf einen Traum hin initiiert wurde, in welchem Amun Tanutamani befahl, nach Norden zu ziehen. Im Stelentext heißt es:

> *Erstes Regierungsjahr,* (das) *seines Erscheinens als König [...]. Eines Nachts hatte Seine Majestät einen Traum: Zwei Schlangen* (waren es) *– eine zu seiner Rechten, die andere zu seiner Linken. Da erwachte Seine Majestät, ohne ihn sich erklären zu können. [Seine Majestät] sagte: »Weshalb geschieht mir dies?«* (Denn) *die beiden Herrinnen sind an deinem Haupt erschienen. Voll und ganz wird dir das Land gegeben werden, ohne daß es* (irgend)*einen anderen gäbe, der* (es) *mit dir teilte. Seine Majestät erschien noch in diesem Jahr auf dem Horusthron. Daraufhin verließ er den Ort, an dem er sich* (bis dahin) *immer aufgehalten hatte,* (genauso,) *wie Horus Chemmis verlassen hatte.*

Etwas später erfahren wir, dass Tanutamani in Napata einzog und Amun in seinem Tempel am Gebel Barkal ein Opfer darbrachte. Im Folgenden wird der Feldzug in ähnlicher Weise geschildert, wie bei Pi(anch)y, d. h. eingebettet in eine Art »Krönungsreise« zu den wichtigsten Kultorten Ägypten. Erste Station war Elephantine, dann kam Theben und schließlich erreichte Tanutamani Memphis. »*Dann kam die Schwächlingsbrut heraus, um mit Seiner Majestät zu kämpfen. Seine Majestät richtete unter ihnen ein unbeschreiblich großes Gemetzel an. Seine Majestät nahm Memphis ein.*« Zwar kann man nicht sicher sein, ob nicht vielleicht auch die Deltafürsten gemeint sind, aber wahrscheinlicher scheint mir, dass hier eine stark pejorative Erwähnung der Assyrer vorliegt. Nun ergeht die Weisung, in Napata den Tempel B. 500 weiter auszubauen.

*Danach erst fuhr nun Seine Majestät stromab, um mit den Königen Unterägyptens zu kämpfen. Da verzogen sie sich in ihren Festung*(en)*, so wie* [*sich die Ratten²*] *in ihre Löcher* [*verkriechen*]. *Seine Majestät verbrachte viele Tage bei ihnen* (den Festungen), *ohne dass einer von ihnen herauskam, um mit Seiner Majestät zu kämpfen. Daraufhin fuhr Seine Majestät stromauf* (zurück) *nach Memphis. Er ließ sich in seinem Palast nieder und ging mit sich zu Rate, ob* (er) *sein Heer veranlassen solle, sie mit einem Sturmwall zu umzingeln.*

In diesem Moment kommen die Deltafürsten an, um sich zu unterwerfen. Namentlich wird jedoch nur einer genannt, der Fürst Pakruru von Per-Sopdu. Wie bereits erwähnt, hatte sich dieser vermutlich nach der Niederschlagung der Rebellion gegen Assurbanipal nach Süden absetzen können, da er in den Keilschriftquellen zwar als Hauptverschwörer genannt wird, später jedoch nicht unter den Bestraften. Warum Tanutamani die Deltafürsten nicht bezwingen konnte, ist unklar. Vielleicht konnte er keine Belagerungen mobilisieren, vielleicht war das assyrische Heer bereits im Anmarsch. Obwohl der Feldzug ein Fehlschlag war, gab es doch in dieser Zeit ein sehr wichtiges Ereignis: den Tod Nechos. Wie genau er starb, darüber kann nur spekuliert werden – sicher ist nur, dass ihm sein Sohn Psammetik I. auf dem Thron folgte. Dieser musste nach Herodot (II, 152) zu den Assyrern fliehen; Herodot behauptet auch, Necho sei von einem der Kuschitenkönige getötet worden. Vielleicht war der Tod Nechos sogar der Auslöser für den Rückeroberungsversuch Psammetiks.

Der Thronwechsel in Kusch war wohl seinerseits Anlass für Assurbanipal, erneut einen Feldzug nach Ägypten zu unternehmen. In den assyrischen Quellen heißt es, Tanutamani habe Theben zu seiner Festung gemacht, in Prisma A steht, dies sei zudem von Helipopolis unweit von Memphis der Fall gewesen. Außerdem ist dort davon die Rede, Tanutamani habe assyrische Truppen in Memphis eingeschlossen (LET, Vs. 72-Rs. 10).

*Theben machte er zu einer Festung und sammelte seine Truppen. Um in Schlachten gegen meine Truppen zu kämpfen, erhob er die Waffen und zog zu Felde. Mit der Hilfe Assurs, Sins und der Großen Götter, meiner Herren, brachten sie ihm in einer ausgedehnten Feldschlacht eine Niederlage bei und rieben sein Heer auf. Tanutamani floh alleine und kam nach Theben, seine Residenzstadt. In einem Marsch von einem Monat und zehn Tagen beschwerlichen Weges verfolgten sie ihn bis nach Theben. Sie eroberten die gesamte Stadt und machten sie dem Erdboden gleich [wie] die Sintflut. Silber und Gold, der Staub seines Landes, Edelsteine und alle kostbaren Schätze [seines Pal]astes, bunte Leinengewänder, große Pferde, Menschen – Mann und F[rau –], Sp[hingen], Paviane und Meerkatzen, Erzeugnisse seiner Berg[e] brachten sie zahllos (und) in großer Menge aus seinem Inneren und zählte es als Beute.*

Das heranrückende assyrische Heer konnte demnach den kuschitischen Truppen eine empfindliche Niederlage beibringen. Wie zuvor schon Taharqo floh Tanutamani nach Theben. Als die Assyrer daraufhin ebenfalls gegen Theben vorrückten, zog sich Tanutamani nach »Kipkipi« zurück. Lange meinte man, dabei handle es sich um einen Ortsnamen – in Wirklichkeit dürfte jedoch ein deftiger Ausdruck vorliegen, der so viel bedeutet wie »er war im Arsch«.[238]

Nun kommt es zu einem einschneidenden Ereignis, nämlich zur Plünderung Thebens durch die Assyrer. In den dortigen Tempeln waren Jahrtausende lang Schätze angehäuft worden, die alle nach Mesopotamien verschleppt wurden. Ein Teil der Beute wird besonders hervorgehoben: zwei Elektron-Obelisken aus der Zeit Thutmosis' III., die insgesamt 2.500 Talente wogen, das entspricht fast 38 Tonnen Edelmetall (davon ca. ¾ Gold).[239] Ältere Historiker meinten, die Plünderung Thebens mit dem *Sacco di Roma* oder Ähnlichem vergleichen zu können, v. a. auch, weil der Prophet Nahum ankündigte, Ninive werde dasselbe Schicksal ereilen wie die Amunsstadt. In Wirklichkeit war die Plünderung sicherlich ein Aderlass, jedoch keine derartige Katastrophe.[240] Denn mit Ne' war wahrscheinlich nicht einfach Theben gemeint, sondern nur der Ostteil, d. h. der Tempelbezirk.[241] Als sich Taharqo vor den Assyrern verschanzte, ist nämlich davon die Rede, dass er dazu den Nil überquerte – wahrscheinlich war Medinet Habu zur Festung ausgebaut worden. Am Westufer wurden auch assyrische Waffen und ein assyrischer Helm gefunden.[242] Auf Reliefs im Nordwestpalast Assurbanipals in Ninive wird die Eroberung einer ägyptischen Festung dargestellt sowie Gefangene mit deutlich negroiden Zügen und Federn an einem Haarband.[243] Die dargestellten Flussläufe passen allerdings eher zu einer Stadt im Delta.[244] Wann genau die Assyrer die Kontrolle über Theben wieder verloren, ist unbekannt.

Assurbanipal hatte Psammetik I. in Sais wieder eingesetzt. Dieser verfolgte jedoch eigene Ziele, konnte seine Macht im Nildelta immer mehr ausbauen und war schließlich so mächtig, dass er in seinem 9. Jahr (656 v. Chr.) in Theben die Adoption seiner Tochter Nitokris durch die kuschitische Gottesgemahlin Schepenupet II. durchsetzen konnte. Auf der Nitokris-Stele heißt es:[245] »*Ich will sie* (Nitokris) *ihr* (Amenirdis) *zur Adoptivtochter geben, so wie sie der Schwester ihres Vaters anvertraut worden war.*« Offenbar war Psammetiks Einfluss so groß, dass er die beiden Gottesgemahlinnen zwingen konnte, ihre Rechte abzutreten.

Bemerkenswert ist übrigens noch, dass auf der Nitokris-Stele die Reisezeit der neuen Gottesgemahlin von Sais nach Theben angegeben wird: 16 Tage. Die Ankunft einer Gottesgemahlin wird auf den sog. »Pianchy-Blöcken« wiedergegeben. Wie ihr Name schon sagt, stammen sie ursprünglich von Pi(anch)y, wurden jedoch unter Psammetik I. usurpiert, gaben sie doch denselben Sachverhalt wieder: die auf politischen Druck erfolgte Übergabe des Amtes. Was mit der designierten Gottesgemahlin Amenirdis danach geschah, ist nicht bekannt bzw. Gegenstand einer Debatte.[246]

Polyaenus berichtet lapidar (Stretegemata VII,3): »*Psammetik entthronte Tementhes, den König der Aithiopen.*« Der Machtwechsel in der Thebais war jedoch kein plötzliches Ereignis, sondern zog sich über Jahre, wenn nicht Jahrzehnte hin. Der Grund hierfür ist, dass Psammetik die hohen kuschitischen Kultfunktionäre nicht ihrer Ämter enthob.[247] Horemachet, der älteste Sohn Schabaqos, war immer noch Hohepriester des Amun und gab dieses Amt sogar noch im Jahr 9 Tanutamanis (655) an seinen eigenen Sohn Harchebi weiter. Wie lange

Nisu-Schu-Tefnut, ein Sohn Taharqos, noch Zweiter Prophet des Amun war, ist nicht bekannt. Der große Mann Thebens, Monthemhat, war übrigens auch mit den Kuschiten verschwägert: Seine Gemahlin Udjarenes war eine Enkelin Pi(anch)ys. Vor allem waren da die kuschitischen Gottesgemahlinnen des Amun: Schepenupet II. war eine Tochter Pi(anch)ys und ihre designierte Nachfolgerin Amenirdis II. eine Tochter Taharqos.

Wie lange Tanutamani in Kusch noch regierte, entzieht sich unserer Kenntnis. Tanutamani wurde nicht wie sein Vorgänger in Nuri, sondern wieder in el-Kurru (Ku. 16) bestattet.[248] Soweit zu den Pharaonen der Kuschitenzeit, über die wir aufgrund der viel besseren Quellenlage in Ägypten und den Nachbarregionen sehr viel mehr wissen, als über ihre Nachfolger. Dies geht sogar so weit, dass wir ihr Image in der ägyptischen Kultur, d. h. ihr Nachleben dort verfolgen können.[249]

# Die napatanische Zeit

Wenn die folgende Darstellung weniger detailliert erfolgt als in den vorherigen Kapiteln, so hat dies mehrere Gründe: Zum einen habe ich die Ereignisgeschichte in napatanischer und meroitischer Zeit sowie die jeweiligen Diskussionen dazu bereits konzise in meiner *Einführung in die Meroitistik* dargestellt, zum anderen wissen wir schlichtweg vergleichsweise wenig. Dieses Wenige ist zudem oft sehr umstritten – da es außerdem ausführlich in den *Fontes Historiae Nubiorum*, in Török 1988 und 1997 a und Zibelius-Chen 2011 versammelt und besprochen wurde, wird hier auf einen ausführlichen Belegapparat weitgehend verzichtet. Die letzte umfassende Übersicht zur Geschichte vor allem der meroitischen Zeit findet sich in Claude Rillys Beitrag *Histoire du Soudan des origines à la chute du sultanat Fung* in dem jüngst erschienenen Band *Histoire et civilisation du Soudan de la préhistoire à nos jours* (2017). Freilich ist hier ein *caveat* vonnöten: Rilly verweist größtenteils auf eigene Arbeiten, die zwar glänzend sind, jedoch nicht unbedingt die *communis opinio* darstellen. Und er stellt es so dar, als sei die Invertierung der Königsfolge Schabaqo–Schebitqo nur eine mögliche und keine zwingende Alternative und als sei sie von seinem französischen Kollegen Frédéric Payraudeau erdacht worden.[250]

Generell sollte noch einmal betont werden, dass die Epochengrenze zwischen der Kuschitenzeit und der napatanischen Zeit willkürlich ist, d. h. es herrscht eine starke Kontinuität hinsichtlich Aspekten wie »Königsideologie« und Display. Nach Ausweis der Königstitulaturen zwischen Atlanersa und Anlamani wird der Anspruch auf die Herrschaft über Ägypten in Kusch noch sehr lange aufrechterhalten. In Ägypten ist gleichzeitig eine *damnatio memoriae* zu beobachten, der zwar die Kartuschen und die kuschitischen Embleme wie der Doppeluräus zum Opfer fielen, nicht jedoch die Herrscherfiguren an sich.

König Atlanersa war wohl ein Sohn Taharqos. Er verlegte die Nekropole endgültig nach Nuri (Nu. 20) und starb wahrscheinlich relativ früh, denn wir besitzen außer einem Obeliskenfragment aus Dongola und Bauteilen am Gebel Barkal sehr wenig Quellen von ihm. Die Pyramide in Nu. 20 ist anepigraph, d. h. die Zuweisung an Atlanersa erfolgt rein anhand typologischer Kriterien. Als sein Nachfolger gilt Senkamanisken, da dieser den von Atlanersa begonnenen Tempel B. 700 in Napata vollendete.

Senkamanisken, der wohl auch sein Sohn war, scheint versucht zu haben, die Herrschaft über Ägypten wieder zu erringen. Zumindest lässt er sich darstellen, wie ihm Amun ein Sichelschwert überreicht, und in Memphis wurden Teile einer Fayencetafel mit seinem Namen gefunden. Von Senkamanisken sind mehrere Statuen bekannt sowie eine Sphinx mit Doppelkrone; außerdem stiftete er dem Tempel B. 800 in Napata einen Barkenstand und baute in Napata, Sanam und am Amuntempel von Meroë. Bestattet wurde er in Nu. 3. Bemerkenswert ist der Umstand, dass ein Silberbecher mit seiner Kartusche im Grab des Aspelta gefunden wurde (Nu. 8).

Die Thronbesteigung des nächsten Königs, Anlamani, und weitere Ereignisse seiner Regierungszeit, werden auf einer Stele beschrieben, welche dieser Herrscher in Kawa errichten ließ (Kawa I) – sie war bereits im Zusammenhang mit der Königswahl erwähnt worden. Aus ihr geht hervor, dass dieser napatanische Herrscher in Auseinandersetzungen mit den Beja-Nomaden verwickelt war. Von Anlamani haben sich mehrere Kolossalstatuen erhalten, die mit dem Doppeluräus an der Stirn den immer noch bestehenden Anspruch auf Ägypten dokumentieren. Neu ist, dass von nun an der Herrscher auch mit den Widderhörnern dargestellt wird, die so typisch sind für den nubischen Amun.

Nachfolger Anlamanis wurde sein Bruder Aspelta, der uns gleich mehrere wichtige Inschriften in ägyptischer Sprache und Schrift hinterlassen hat: die »Wahlstele«, die »Bannstele« und die »Stele der Priesterinnenweihe«. Hinzu kommt die zwar nicht von ihm, jedoch in seiner Regierungszeit errichtete »Chaliut-Stele«, benannt nach ihrem Stifter, einem Sohn Pi(anch)ys. Die »Wahlstele« beschreibt – wie der Name bereits sagt – die Königswahl Aspeltas. Die »Bannstele« regelt das Vorgehen gegen eine bestimmte Priesterfamilie wegen Amtsmissbrauchs. In der »Stele der Priesterinnenweihe« wird eine Tochter Aspeltas (Henut-ta-achbit) als Nachfolgerin ihrer Mutter Madiqen in Sanam als Priesterin eingesetzt. Aspeltas Regierung war offenbar nicht unumstritten, denn unser Verständnis seiner Monumente wird durch zahlreiche Tilgungen stark beeinträchtigt. Was sich hier genau abspielte, ist leider völlig unbekannt. Möglicherweise wurde er von bestimmten Gruppen als Usurpator angesehen oder musste sogar zeitweise einem solchen weichen. Wie auch immer: Ihm selbst scheinen diese Anfeindungen nichts angehabt zu haben, schließlich wurde seine reiche und qualitätsvolle Bestattung intakt gefunden. Der prächtige Sarkophag aus seiner Pyramide Nu. 8 ist wie derjenige seines Vorgängers mit religiösen Texten beschriftet, d. h. in jener Zeit wurden wahrscheinlich noch die ägyptische Bestattungsrituale für einen Pharao ausgeführt.

Ob Zufall oder nicht – Aspelta ist der erste napatanische König, der weiter im Süden des Reiches deutlich präsent ist, was mit einem singulären Ereignis zusammenhängen könnte, über das wir aufgrund der ägyptischen Quellen wieder mehr wissen. Eine Besonderheit beim Ende der Kuschitenzeit in Ägypten war es gewesen, dass die Nubier nicht in einer konzertierten Aktion aus dem Lande gejagt, sondern schrittweise verdrängt worden waren. Dieser Machtwechsel ging demnach erst einmal nicht mit Ressentiments einher. Dies änderte sich jedoch deutlich unter Pharao Psammetik II. (595–589 v. Chr.), der quasi als propagandistische Vorbereitung eines Nubienfeldzuges das Andenken der Kuschitenherrscher in Ägypten der *damnatio memoriae* überantwortete. Über den entsprechenden Feldzug berichtet er auf mehreren Stelen, die in Karnak, Tanis (im Delta) und Schellal (bei Assuan) gefunden wurden. Bemerkenswert ist, dass Psammetik II. nach Ausweis zahlreicher griechischer, karischer und phönizischer Graffiti aus Abu Simbel größere Kontingente von Söldnern einsetzte. Den Feldzugsberichten nach eroberten sie die Residenz des *qore*, des napatanischen Königs, der lediglich habe entkommen können, weil ihn seine Soldaten mit ihren eigenen Leibern schützten. Einer anderen Fassung nach erreichte das ägyptische Heer Pnubs (Dukki Gel/Kerma). Ansonsten wird suggeriert, man habe Napata zerstört – allein: Warum wird Napata dann nicht explizit genannt?

In den Tempeln B. 500 und 900 in Napata und in Dukki Gel fanden sich sog. »Cachetten«, Gruben, in denen zerschlagenen Königsstatuen bis einschließlich Aspelta rituell beigesetzt worden waren. Stehen sie im Zusammenhang mit dem Nubienfeldzug Psammetiks II. im Jahr 593 v. Chr.? Warum sind die Doppeluräen in der Cachette von Dukki Gel abgehauen und in Napata nicht? Es ist sicherlich verführerisch, die zerhauenen Statuen mit dem ägyptischen Invasionsversuch zusammenzubringen, jedoch sollte man mit derartigen Zuweisungen vorsichtig sein.[251] Immerhin ist von der Vergoldung der Monumente noch ziemlich viel erhalten, was im Falle einer Plünderung durch ein gegnerisches Heer wohl kaum zu erwarten wäre. Manches spricht dafür, dass die Statuen einem inneren Gegner zum Opfer fielen.[252]

Über die 150 Jahre, die folgen, besitzen wir fast keine Quellen bis zu König Arike-amanote – selbst die Gräber der Herrscher sind schlecht erhalten. Immerhin konnte sich Kusch wohl wieder bis zum 2. Katarakt ausdehnen, was wahrscheinlich den ägyptischen Rebellionen gegen die Fremdherrschaft der Perser geschuldet ist.

Von Arike-amanote, der in der 2. Hälfte des 5. Jhs. v. Chr. mindestens 25 Jahre lang regierte, sind aus Kawa wieder mehrere aussagekräftige Inschriften in ägyptischer Schriftsprache bekannt, drei Weihinschriften und die sehr lange »Krönungsinschrift«. Aus diesen Texten erfahren wir neben ausführlichen Details zur Krönungsreise von militärischen Aktionen gegen die *Rhrhs*-Beja, gegen die der Herrscher einen Feldherrn schickt. Waren diese Inschriften sprachlich und stilistisch noch ganz den ägyptischen Vorbildern verpflichtet, beginnt sich dies in der Folgezeit massiv zu ändern. Grund hierfür ist die Schöpfung einer eigenen napatanischen Schriftsprache. Zwei Monumente stechen hier hervor: Ein königlicher Rechenschaftsbericht, den König Harsiyotef (ca. 404–369 v. Chr.) gegen Ende seiner Regierung aufstellen ließ, sowie die Stele des Nastasen (reg. um 335–315 v. Chr.), beide aus dem Tempel B. 300 in Napata.

Die Inschrift des Königs mit dem ägyptischen Namen Harsiyotef verzeichnet im Annalenstil neun Feldzüge gegen verschiedene Pastoralnomaden in 35 Jahren und daneben entsprechende Schenkungen an Amun. Nur indirekt lässt sich erschließen, dass es Sezessionsbestrebungen in Unternubien gab, denn drei dieser Feldzüge waren gegen ʿ*knt* gerichtet, was der meroitischen Bezeichnung *akine* »Unternubien« entsprechen dürfte.[253] Die Rebellen waren nach Ausweis ihrer meroitischen Namen keine Ägypter (*b-r:-g* = *\*abara-qo*, »ein-Mann-ist-er«; *sɜ-Imn(.w)-sɜ* = *\*sa-amani-se*, »Person Amuns«). Auf dem fünften Feldzug im elften Regierungsjahr drang das kuschitische Heer wohl sogar bis Assuan vor.

In bewährter Manier schildert die Nastasen-Stele sowohl Krönungsreise als auch Feldzüge, u. a. gegen die Beja. Umstritten ist vor allem der Feind, gegen den man im ersten Feldzug zog: *ḫmbswdn*. Hinter diesem vermutete man früher einen ägyptischen Gegenkönig Chab(a)basch (31. Dynastie; 343–332 v. Chr.). Heute wird diese Gleichsetzung abgelehnt.[254] Das napatanische Heer erbeutete Schiffe, es wurde also im Niltal gekämpft, wohl zwischen ed-Derr und Qurta. Harsiyotef musste seine Legitimität besonders betonen. War sie denn zweifelhaft? Spannend ist ferner, dass der letzte ägyptische Pharao Nektanebos II. (30. Dynastie) 343 vor dem Perserkönig Artaxerxes III. nach Unternubien floh.

## Die ersten meroitischen Könige

Wie bei der Übersicht zur napatanischen Geschichte habe ich mich auch hier um Knappheit bemüht, um keine unnötige Redundanz zu meiner *Einführung in die Meroitistik* zu schaffen. Gleichwohl wird hier den meroitischen Herrschers deutlich mehr Raum gegeben als den napatanischen. Der Hauptgrund hierfür ist der Umstand, dass die Forschung in diesen Bereich besonders schnell vorangeschritten ist – sei es durch die kritische Wiederbearbeitung altbekannter Quellen, sei es durch neue Funde.

Um 250 v. Chr. wurde der Königsfriedhof von Nuri nach Meroë in den Süden verlegt und wir unterscheiden aufgrund dieses Ereignisses zwischen einer napatanischen und einer meroitischen Periode innerhalb des Reiches von Kusch. Warum sich das Zentrum verschob, ist nicht bekannt, dass sich manches veränderte, sehr wohl: Die Fokussierung auf den ursprünglich ägyptischen Gott Amun wurde zugunsten des einheimischen Löwengottes Apedemak aufgegeben, der künstlerische Stil änderte sich sehr deutlich, das königliche Ornat wies noch mehr indigene Elemente auf und im Süden entstanden bedeutendere Bauten. Vor allem wurde eine völlig neue »Nationalschrift« geschaffen und auch das Königtum nahm mit der Institution der Kandaken, regierenden Königinnen, eine andere Form an.

Agatharchides von Knidos schrieb, der meroitische König Ergamenes (wohl = *Ark-amani-qo*) sei ein Zeitgenosse Ptolemaios' II. (285/4–247/6 v. Chr.) gewesen.[255] Die klassischen Autoren erzählen ferner von einer regelrechten Räuberpistole:[256] Vor Ergamenes hätten die Priester den Tod eines alternden Herrschers dekretieren können, Ergamenes habe sich jedoch dagegen verwehrt und die Priester selbst töten lassen.

Dass irgendetwas geschah, scheint klar, denn Ergamenes war der erste König, der sich nicht mehr im Raum Napata bestatten ließ, sondern in Meroë. War in Nuri einfach kein Platz mehr oder war das eine politische Botschaft? War Ergamenes aus einer neuen Dynastie, die ihre Machtbasis weiter im Süden hatte? Wir wissen es nicht. Obwohl wir außer seiner Pyramide und seiner dort gefundenen Opfertafel keinerlei Monumente dieses Herrschers besitzen, ist er aufgrund des erwähnten Synchronismus von großer Bedeutung. George Reisner dachte noch, der Grabherr von Beg.N. 7, Arkamani, sei mit dem Ergamenes der klassischen Quellen zu gleichen; heute plädiert man jedoch für Arqmaniqo (*Arq-amani-qo* »Amun ist es, der ihn gezeugt hat«), der in Beg.S. 6 bestattet wurde, und zählt den anderen Herrscher als Arkamani II. Nun wäre aus archäologischen Gründen sicherlich eindeutig gewesen, dass der Erbauer der ersten Pyramide jener Ergamenes war, nur hatte man seinen Namen damals falsch gelesen (Arkakamani). Die Lesung von Arkamani ist sogar immer noch umstritten, denn zuletzt las Jochen Hallof auf der Opfertafel des Königs ⟨š⟩ statt ⟨k⟩, d. h. *Arkamani-se* mit einem Genitiv auf *-se* (»Der Gezeugte des Amun«) – allerdings wird diese neue Lesung wiederum von Karola Zibelius-Chen angezweifelt.[257]

Der zeitgenössische Herrscher über Ägypten, Ptolemaios II. hatte im Jahre 274 v. Chr. nach einem Feldzug die Kontrolle über die Goldregionen der Wadis Allaqi und Gabgaba erlangt. Neben Gold galt das Interesse der Ptolemäer vor allem den Elefanten – diesmal weniger als Elfenbeinlieferanten, sondern vielmehr als Kampfmaschinen. Seit dem Indienfeldzug Alexanders des Großen hatten diese Dickhäuter militärisch eine bedeutsame Rolle gespielt. Die Ptolemäer suchte daher nach Wegen, im Kampf gegen ihre ärgsten Widersacher, die Seleukiden, technologisch aufzuschließen. Diese verfügten nämlich über indische Kampfelefanten. So wurden an der Küste des Roten Meeres in Abessinien Waldelefanten gefangen und nach Ägypten verschifft. Das Rote Meer wurde überhaupt stärker genutzt, seitdem Ptolemaios II. 270/69 den von Daraios I. erbauten Kanal zwischen dem Nil und dem Golf von Suez wieder schiffbar hatte machen lassen.

Nachdem die Kuschiten in napatanischer Zeit meist uneingeschränkt über Unternubien geherrscht hatten, mussten sich die meroitischen Könige die Macht dort oft mit den Ptolemäern und später den Römern teilen. Nun gab es eine Art Niemandsland zwischen Ägypten und Nubien, das wohl zumindest teilweise Kondominium war, also von beiden Anrainern in gegenseitigem Einvernehmen kontrolliert wurde. Dieser Raum (also die 128 km zwischen Assuan und Maharraqa) wird traditionell als Dodekaschoinos bezeichnet – eine weitere, weniger bedeutsame Einheit war der Trikontaschoinos. Der Dodekaschoinos war 206/5 v. Chr. während einer Revolte Oberägyptens gegen Ptolemaios IV. bis einschließlich Philae meroitisch geworden. Von nun an ist in Faras bzw. Karanog ein *peseto* von *akine* (Unternubien) bezeugt. Der erste Peseto war Akinidada, danach sind ein Tasemercha und ein Chalala-charora bezeugt.[258] Besonders auf der Insel Philae mit seinem für Ägypter/Römer und Meroiten gleichermaßen wichtigen Isiskult kam es zu intensiven regelmäßigen Kontakten. Nicht von ungefähr treten deutliche hellenistische Einflüsse neben die vordem altägyptischen.[259] Mehrere Tempel wurden sowohl von ptolemäischer als auch von meroitischer Seite gebaut und dekoriert, etwa derjenige des Thot in Dakka oder der des Arensnuphis in Philae. Überhaupt scheint die Kontrolle des Gebietes weniger in den Händen des meroitischen Pesetos bzw. des ägyptischen *tyrannos* gelegen zu haben, als vielmehr in denen der Priester von Philae, Pselkis (Dakka) und Talmis (Kalabscha).[260]

Nach Ergamenes ist Amanisaraw/Amanislo zu nennen – nicht, weil er so bedeutend war, sondern weil er eine ungewöhnlich frühe Rezeption erfahren hat: Sein Name wird meist »Amanislo« gelesen und er wurde als solcher zum Vorbild für den »Äthiopierkönig Amonasro« in Giuseppe Verdis Oper *Aïda*. Lord Prudhoe hatte 1835 dem British Museum zwei große Löwenstatuen geschenkt, die ursprünglich von Amenophis III. in Soleb aufgestellt, dann jedoch von Pi(anch)y nach Napata verschleppt worden waren. Amanislo usurpierte sie dann ein zweites Mal und ging damit letztlich in die Operngeschichte ein. Amanislo hinterließ ferner seine Kartusche auf einem Block vom Tempel Taharqos in Semna und auf einem Votivtäfelchen aus Fayence, das im frühen Amuntempel M 298 in Meroë zu Tage kam.

Die Interpretation seines Namens ist nicht ganz einfach:[261] Ein napatanisch-meroitisches Element *isr* ist auch sonst bekannt (Asalo-Amani etc.), vielleicht ist er aber auch zu interpretieren als »Der des Amun ist er«, was dann einem *Amani-se-lo* entspräche. Jochen Hallof möchte wie einst Griffith *Amanisaraw* lesen. Denkbar wären noch die Interpretationen *\*amani-ye-sedewa* (*sedewa* = Adj. »viel, gut« o. ä.) oder *\*amani-se-lawa* (»unter dem Schutz (*se*) des Amun«).

Von Amanislos Nachfolger, Amanitecha (»den Amun gegeben hat«?), kennen wir seine Pyramide Beg.N. 4, an deren Kapelle er auf einem Löwenthron sitzend dargestellt wird. Er ist der erste, der ein Grabmal in der Nordgruppe von Meroë errichten ließ, weil in der Südnekropole kein Platz mehr vorhanden war. Die Nordnekropole sollte fortan die königliche Begräbnisstätte bleiben.

Arnechamani[262] (»Er [Amun] hat es gegeben«) regierte wohl zur Zeit von Ptolemaios III. und IV. und ist bekannt als Erbauer des Löwentempels und der »Großen Anlage« von Musawwarat es-Sufra. Letztere ist ein sehr eigenartiger Bau, der immer noch Rätsel aufgibt. Möglicherweise diente er zum Training von Kampfelefanten – zumindest werden die massiven Rampen in diese Richtung gedeutet. Zudem stehen dort monumentale Elefantenstatuen und der einheimische Name *Aborepi* bedeutet wohl etwas wie »Der Ort, wo es Elefanten gibt«. Überhaupt ist der Fundort Musawwarat es-Sufra insofern sehr besonders, weil es dort keinerlei Anzeichen für eine Siedlung gibt, d. h. auch keine Nekropole. Wahrscheinlich war dieser Ort eine Art Pilgerzentrum, ein reiner Kultplatz. Der Löwentempel wurde ganz von Arnechamani erbaut, die »Großen Anlage« wurde im 1. Jh. noch substanziell von Natakamani und Amanitore weiter ausgebaut.

Bemerkenswert ist bei Arnechamani, dass sich seine Monumente anhand der spezifischen Verwendung von Epitheta datieren lassen, weil diese Änderungen im Formular ptolemäischen Vorbildern folgt: Zu Beginn seiner Regierung bezeichnete er sich als »er lebe ewiglich, geliebt von Amun« (wie Ptolemaios I.–II.), später war er dann »geliebt von Isis« (wie Ptolemaios VI.). Dieser Umstand führt zu einer Datierung jenes Herrschers zwischen etwa 240 und 215 v. Chr. Im Jahre 2015 tauchte auf dem Kunstmarkt ein Sistrum mit seinem Namen auf (*Elḫmni* = *Ela(n)ḫ-amani*), auf dem die bislang älteste bekannte Inschrift in meroitischer Linearschrift angebracht ist.[263]

Am Löwentempel von Musawwarat es-Sufra wird neben Arnechamani deutlich kleiner ein Königssohn (*sꜣ-nsw*) namens Arka/Arki (*iꜥt)-rw-k-i*: – *\*arki*) dargestellt, hinter dem man dessen späteren Nachfolger Arkamani vermutet hat.[264] Der Prinz hätte demnach erst nach seiner Thronbesteigung den Gottesnamen in seinen Namen integriert (Ähnliches wird auch bei dem späteren Herrscher Yeseboche-amani vermutet.) Wahrscheinlicher ist m. E., dass es sich bei den Nennungen am Apedemaktempel um eine Kurzform handelt.

Arkamani/Ergamenes II.²⁶⁵ nannte sich »Der Kuschit mit göttlichem Wesen« (*Kši ntr ḫpr*). Wirklich speziell ist jedoch, dass sich dieser Herrscher den Thronnamen »lebende Hand des Amun« (*ḏr.t ʿnḫ ⟨n.j⟩ Imn*) gab. Diese Bezeichnung, die wohl auf Vorstellungen von der Erschaffung der Welt durch Masturbation des Schöpfergottes verweist, war einer der Titel der thebanischen Gottesgemahlinnen in der Kuschitenzeit. Warum er nun bei einem männlichen Herrscher wiederbelebt wird, entzieht sich unserer Kenntnis. Überhaupt scheint sich Einiges zu tun, denn erstmals seit einem halben Jahrtausend trägt ein nubischer König auf seinem Sarkophag aus der Bestattung in der Pyramide Beg. N. 7 keinen ägyptischen Thronnamen mehr, sondern einen meroitischen, wenn auch mit napatanischen Hieroglyphen geschrieben. Er lautet »Geliebt von der Gottheit, geehrt (?) von Isis« (*Mk-l-tk is-trk*) und entspricht wohl der ramessidischen Formel »auserwählt von Re«.²⁶⁶ Üblicherweise wird dieser Name als Nekropolenname betrachtet, ohne dass das dahinter stehende Konzept erklärt würde. Arkamani führte wie sein Nachfolger Bauvorhaben zu Ende, die unter Ptolemaios IV. begonnen worden waren, und dies konnte nur während der thebanischen Sezession zwischen 207/6 und 186 v. Chr. erfolgt sein. Es sind dies die »Ergamenes-Kapelle« im Tempel von Dakka, der »kleine Kalabscha-Tempel« und der Arensnuphistempel in Philae.

Die Meroiten hatten die thebanischen Gegenkönige Harwennefer (Ὑργαννοφορ, 206–200) und seinen Nachfolger Anchwennefer (Χαοννοφρις, 200–186) tatkräftig unterstützt und die Situation zu ihren Gunsten genutzt, was schon allein daraus ersichtlich ist, dass Dodekaschoinos und Trikontaschoinos bis hinauf nach Philae nun zum meroitischen Reich gehörten, und zwar auch, nachdem Ptolemaios V. die Thebais wieder zurückerobern konnte.²⁶⁷ Spannend ist dabei v. a., dass die Ptolemäer die meroitischen Kartuschen nicht gleich wieder aushacken ließen. In der Folgezeit wurde Unternubien offenbar stark wiederbesiedelt und durch das Amt des Peseto stark in die meroitischen Strukturen integriert.²⁶⁸ Der Tempel von Philae wurde in jener Zeit ein immer mächtigerer Faktor in der Region und löst Theben als religiöser Bezugspunkt der Kuschiten in Ägypten immer mehr ab. Bestattet wurde Arkamani in der Pyramide Beg.N. 7, was durch die Kartuschen an der Grabkapelle erwiesen ist.

Nachfolger Arkamanis war wohl Adichalamani, denn auch dieser Herrscher baute während der thebanischen Unabhängigkeit in Unternubien und beide Herrscher haben dasselbe Epitheton (ʿnḫ ḏ.t mry-Is.t). Der Name Adichalamanis ist bisher auf keinem Grabmonument bezeugt. Ganz so einfach ist die Chronologie also nicht, denn in der Typologie der Königspyramiden folgt Beg.N. 9 auf die des Arkamani (Beg.N. 7) und in deren Sargkammer steht der Name Tabirqa (T-b-i-r-q$^{stp}$). Wie man diesen widersprüchlichen Befund in Einklang bringt, ist unsicher.[269] Manchen gilt Tabirqa als Nekropolenname des Adichalamani, andere sehen in Adichalamani einen unabhängigen meroitischen Kleinkönig, der zeitgleich mit Ptolemaios IV. und Arkamani lediglich über Unternubien herrschte. In der Tat ist er im meroitischen Süden, also im Kernland des Reiches, nicht bezeugt. Andererseits trägt er in Debod einmal das Epitheton »geliebt von Apedemak«, einem der bedeutendsten meroitischen Götter eben jener Region. Hinzu kommt, dass ein lokaler Usurpator wohl kaum Tempel wie in Debod hätte bauen können. In der Dekoration dieses Heiligtums, das sich heute in Madrid bewundern lässt, ist Adichalamani übrigens nicht im meroitischen Königsornat dargestellt, sondern ganz wie ein ägyptischer Pharao – sogar ohne Kuschitenkappe. In jüngster Zeit wurde postuliert, Zeichenreste in der Pyramide Beg.N. 8 könnten doch zu Adichalamani passen.[270] Falls dies richtig sein sollte, müsste man tatsächlich mit einer Folge dreier legitimer meroitischer Herrscher Arkamani–Adichalamani–Tabirqo rechnen.

Weil die Namen ptolemäischer und meroitischer Könige zusammen auf denselben Tempeln Unternubiens erscheinen, wurde lange davon ausgegangen, diese Region sei in einer Art Kondominium beherrscht worden. Heute ist klar, dass die Namen auf unterschiedlichen Bauphasen auftreten.[271] Mit anderen Worten: Den Priestern der Tempel war es letztlich egal, wer herrschte, solange er nur die Bauvorhaben weiterführte. Die Machtverhältnisse wechselten also mehrfach – ab 150 v. Chr. war der Trikontaschoinos dem ptolemäischen Strategen der Thebais unterstellt, die nubische Bevölkerung hingegen einem Einheimischen. Irgendwie hatte man sich also auf ein friedliches Nebeneinander geeinigt. In Meroë wird der Amuntempel M. 260 und die große steinerne Temenosmauer errichtet und in Musawwarat es-Sufra die

Vorderkolonnade der zentralen Halle innerhalb der »Großen Anlage« sowie der Löwentempel.

Wir wissen zwar nicht sicher, welchem König die Pyramide Beg. N. 8 gehörte, aber in der Kapelle hat sich der Name seiner Gemahlin erhalten: Nahirqo.[272] Dieser wurde früher das Grab Beg.N. 11 zugeordnet, eine der mächtigsten Bauten der gesamten Nekropole. Die Pyramide sticht schon allein dadurch hervor, dass der Kultbau vor ihr zwei Höfe und dementsprechend auch mehrere Pylone aufweist. Auf der Außenfront wird Horus mit einem Hund dargestellt sowie eine Libationsszene. Teile der Grabkapelle sind heute im Nationalmuseum von Khartum zu sehen, andere Teile im British Museum. Die Darstellung der in vollem Königsornat thronenden Königin ist bemerkenswert, weil hinter ihr ein Mann steht, der ihre Krone berührt, ein »Königsmacher«. Wir kennen eine vergleichbare Szene von einer Statuengruppe aus Basalt, leider ohne – mangels Textüberlieferung – die Details benennen zu können.

Aus stilistischen Gründen gilt Beg.N. 11 (▶ Abb. 22) meist als Grab der Kandake Sanakadachete, die in Naga Tempel F bauen ließ. Dem wurde jedoch in jüngster Zeit widersprochen. Bis vor Kurzem galten nämlich die dortigen Inschriften als die ersten Zeugnisse meroitischer Hieroglyphen. Dies hat sich durch Neufunde verändert und zumindest Claude Rilly meint, Inschriften in Tempel F datierten eher ins erste Jahrhundert, in die Zeit des Königs Taneyidamani.[273] Ob dies wirklich so sicher ist, wie Rilly meint, sei dahingestellt. Jedenfalls würde das eine andere Beurteilung von Sanakadachete bedeuten. Sie sei entweder eine ephemere Königin aus dem ersten Jahrhundert oder vielmehr identisch mit der Kandake Amanisacheto. In der Tat könnte man sich vorstellen, dass Sanakadachete und Amanisacheto dieselbe Person bezeichnen. Rilly geht sogar noch weiter und meint, George Reisners alte These, wonach Beg.N. 11 der Königin Nahirqo zuzuweisen sei, dürfte richtig sein. Seiner Meinung nach war Nahirqo die Gemahlin des Adichalamani, die nach dem frühen Tod von Tabirqo die Regentschaft für ihren Sohn und Nachfolger Taneyidamani übernahm. Ein ikonographisches Detail hatte früher dazu geführt, Beg.N. 11 in den letzten Teil der Regierungszeit Ptolemaios' VIII. zu datieren (nach 145 n. Chr.).[274] In dieselbe Richtung weist das Auftreten eines mit $k3$-$n\underline{h}t$ gebildeten Ho-

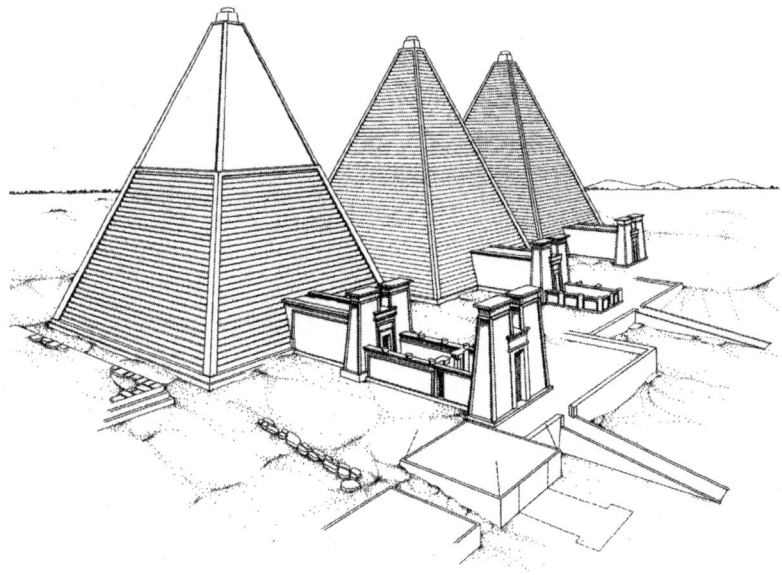

Abb. 22: Rekonstruktion der Pyramide von Kandake Sanakadachete in Meroë (Wildung 1996, 411).

rusnamens in Beg.N. 20 (Taneyidamani), der so in Ägypten unter Ptolemaios IX. und XII. vorkommt. All dies ergab eine Herrscherfolge Sanakadachete–Taneyidamani.[275] Wir sehen also: Die Rekonstruktion der meroitischen Herrscherfolge ist im steten Fluss und hängt an seidenen Fäden. Auf der einen Seite steht die archäologische Typologie der Pyramiden, auf der anderen die philologische Paläographie und Fragen der Ikonographie. Alle drei Datierungsmethoden sind ohne zusätzliche Informationen letztlich sehr der Subjektivität unterworfen und viel zu punktuell, um stichhaltig zu sein.

Rillys These hängt nicht zuletzt auch mit seiner Sicht auf das Amt der Kandake zusammen.[276] Er meint, prinzipiell sei im meroitischen Reich die Herrschaft wie in Ägypten auch eine männliche Domäne gewesen. Frauen hätten lediglich in Ausnahmefällen den Thron besteigen können, z. B. wenn der Nachfolger beim Tod des Königs noch minderjährig war. In diesem Falle herrschte seine Mutter als Regentin, der

Prinz war jedoch bereits *qore*, also »König«. Nur wenn dieser junge König frühzeitig starb, so Rilly, könne eine Kandake auch alleine regieren. Starb die Kandake zuerst, regierte ihr Sohn alleine weiter. Unter den Söhnen eines Königs, den Prinzen (*pqr/pkr*), werde oft einer durch die Auszeichnungen »groß« (*tr*) oder »des Königs« (*qorise*) im Rang herausgehoben. Diese Prinzen seien als Thronanwärter zu betrachten. Mit anderen Worten: Rilly spricht sich gegen die landläufige Sicht aus, wonach die Auswahl des Königs in meroitischer Zeit prinzipiell so vor sich ging, wie in den napatanischen Inschriften beschrieben. Dies wäre keine Königswahl mehr, sondern eine Erbfolgeregelung. In der Tat gibt es keinerlei Indizien dafür, dass der König in Meroë ebenfalls durch Wahl bestimmt wurde.

Wer auch immer die Grabherrin der Pyramide Beg.N. 11 war, Taneyidamani (Beg.N. 12) dürfte ihr Sohn gewesen sein. Beide Grabbauten hängen nämlich sehr eng zusammen. Außerdem wird hinter Nahirqo in Beg.N. 8 ein Prinz dargestellt, dessen Name man *T[n]yi* lesen könnte – wobei sich Tanayi zu Taneyidamani verhält wie Arka zu Arkamani.[277] Unter Taneyidamani wird offenbar mit einer eigenen Hieroglyphenschrift experimentiert. Dies zeigt ein Bronzezylinder aus Tempel B. 500 in Napata mit seinem Namen sowohl in meroitischen Linearzeichen (*taneyad-amani-qo*) als auch in ägyptischen Hieroglyphen (Lesung nach Rilly: *Tneyi-Apedemak*).[278] Auf jeden Fall besitzen wir aus seiner Zeit die ersten gesicherten Belege für meroitische Hieroglyphen unsicherer Form und Handhabung.

Heute ist Taneyidamani vor allem bekannt für seine große Stele (REM 1044), die längste meroitische Königsinschrift überhaupt.[279] Das Monument schließt bereits von den Ausmaßen her (158 x 53 cm) an die napatanischen Vorbilder an, sogar die Zeilenanzahl ist mit 161 praktisch wie bei den Stelen von Pi(anch)y (159) und Harsiyotef (161). Gefunden wurde sie vor dem Eingang des Amuntempels B. 500 in Napata. Die Lunette dieser Stele sticht heraus, denn im Gegensatz zu den napatanischen Vorbildern ist die Darstellung nicht symmetrisch. Spannend ist auch, dass Taneyidamani einen Hund als Begleiter hat. Leider ist der Text weitgehend unverständlich. Aufgrund von Parallelen zu den napatanischen Inschriften meint man, einige Phrasen lesen zu können, in denen es wohl darum geht, dass auf Feldzügen Männer getötet, Frauen versklavt werden und Beute einem Gott geweiht wird.[280] Insgesamt werden 12 Gottheiten genannt. Wie bei den napatanischen Texten wechseln sich wohl Feldzugsberichte ab mit Schilderungen kultischer Handlungen. Der Unterschied ist, dass die Stele nicht mit einer Beschreibung der Königswahl einsetzt, auch werden keine Regierungsjahre genannt. In einer Passage erscheint ein *pakora qorise* mit Namen Tabibale. Ein Feldzug scheint in der Nähe von Napata stattgefunden zu haben, vielleicht wird also eine Revolte beschrieben – nicht umsonst sind die Namen der aufgeführten Gegner (Achatone und sein Bruder Nacharora) gut meroitisch.

Eine späte Stele aus Qasr Ibrim (3.–4. Jh. n. Chr.) erwähnt *qore : tenyidamani* (REM 0127; 0405 b). Wahrscheinlich wurde der Apedemaktempel in Meroë von ihm errichtet, dafür spricht zumindest eine Votivtafel aus Schist, die dort gefunden und heute in Baltimore zu sehen ist.[281] Im Louvre wird eine Statuette mit Löwenkopf aus seiner Regierungszeit gezeigt. Wo er bestattet wurde, ist nicht bekannt; ihm zugeschrieben werden die Pyramiden Beg.N. 20 (Horusname mit *k3-nḫt*) oder Beg.N. 12 (Grabtypologie). Die Reliefs in der Grabkapelle Beg.N. 12 sind gut erhalten und zeigen einen Herrscher auf dem Löwenthron mit Atefkrone und in vollem Ornat. Speziell ist dabei ein Anhänger, der den Gott Amun in Ganzkörperform zeigt.

Es folgt nun eine Zeit, in der wir noch weniger Zeugnisse besitzen als zuvor. Dieses Schweigen der Quellen macht es umso schwieriger, den Umstand genauer zu beurteilen, dass nun wieder Pyramiden am Gebel Barkal errichtet wurden. Da wäre zum einen die Pyramide Bar. 8, die wohl einer Königin gehörte, und kurz darauf Bar. 5. Der dort zu Lepsius' Zeiten noch erkennbare Prinz trägt keine Krone und auch nicht das königliche Ornat, dafür einen großen Bogen – vielleicht war er ein herausragender Heerführer. Weil offenbar diese Pyramiden zeitgleich mit entsprechenden Monumenten in Meroë errichtet wurden, meinte man früher, es habe eine Teilung des Reiches stattgefunden. Diese These gilt heute als widerlegt. Gleichwohl wissen wir immer noch nicht, warum sich ein Teil der königlichen Familie im Norden bestatten ließ. Bestanden vielleicht besonders enge Beziehungen zur Familie der ehemaligen napatanischen Dynastie? 2012 wurde in Sedeinga der Unterbau einer weiteren große Pyramide entdeckt, die zeitgleich zu denen von Nahirqo (Beg.N. 11) und Taneyidamani (Beg. N. 12) sein dürfte. $^{14}$C-Daten von dort haben eine Datierung um 150 v. Chr. (mit einer Abweichung von 30 Jahren) ergeben. Wie auch immer: Die Herrscher jener Epoche wurden offenbar sowohl in Meroë als auch in Napata bestattet. Bis etwa 30 v. Chr. sind oft nicht einmal ihre Namen bekannt bzw. nicht viel mehr als das. So wurde in Beg. N. 13 ein König namens Naqyrinsan bzw. Nadikenasene (so Rilly) bestattet.[282] In Beg.N. 20 ist ein König belegt, von dem wir nur den Horusnamen kennen, der meist Taneyidamani zugewiesen wird. Die qualitätvollen Reliefs zeigen ihn mit Bogen und Szepter mitsamt seiner Prinzen, Prinzessinnen und seiner Gemahlin. Ein weiterer König ist bekannt von einem Graffito von den Steinbrüchen nördlich des Gebel Barkal. Es zeigt ihn mit einem Leopardenfell bekleidet einen Palmwedel haltend auf einem Thron vor dem widderköpfigen Amun von Napata. Die Beischrift, die paläographisch den Inschriften Taneyidamanis nahesteht, weist ihn als König *Pa[ta?]chedateqo* aus.[283]

Ein Problem bei der Rekonstruktion der meroitischen Geschichte ist also nicht nur der Umstand, dass so wenige Quellen überliefert sind, dass die meroitischen Inschriften nicht gedeutet werden können, sondern auch, dass viele Gräber überhaupt keine Inschriften aufweisen. Hinzu kommt, dass es nach Amanislo zunehmend schwieriger wird, zu unterscheiden, welche der 41 Gräber der Nordgruppe königlich sind und welche nicht. Zuvor konnte man sich noch auf die Typologie verlassen (Herrscher hatten Dreikammergräber und andere nur zwei Kammern), nun werden die nicht-königlichen Grabtypen auch von regierenden Mitgliedern des Herrscherhauses gebraucht. Ohne weiteren Indizien (Totenstelen, Opfertafeln, Kapellenreliefs) können die Pyramiden daher nicht zugewiesen werden. Hinzu kommt, dass die Könige in der Nomination der Totentexte normalerweise nicht explizit als *qore* bezeichnet werden.

# Krieg und Frieden mit Augustus

Wie mittlerweile klar geworden sein dürfte, wissen wir über die politische Geschichte des meroitischen Reiches äußerst wenig.[284] Eine der wenigen Episoden, über die wir aufgrund römischer Quellen mehr sagen können, ist ein erfolgreicher Krieg gegen Rom.[285]

In den Jahren 29–21/20 v. Chr. kam es zum großen Kräftemessen zwischen Meroë und dem Römischen Reich, der in den Frieden von Samos mündete. Gerade hatte Augustus bzw. Oktavian Kleopatra und Antonius besiegt und damit Ägypten erobert, da revoltierte 29 v. Chr. auch schon der äußerste Süden gegen die neuen Machthaber, sicherlich mit tatkräftiger Unterstützung der Meroiten. Dem ersten Präfekten von Ägypten, Cornelius Gallus, kam die Aufgabe zu, den Aufstand niederzuschlagen. Wir besitzen hiervon einen ausführlichen Bericht, und zwar von einer Trigraphis, einer trilingualen Inschrift in drei Schriftarten (ägyptische Hieroglyphen, Griechisch, Lateinisch). Dort erfahren wir, dass Gallus römische Truppen nach Unternubien führte und im Trikontaschoinos einen »Tyrannen« einsetzte. Die Grenzregion zwischen Meroë und dem römischen Ägypten wurde also neu geordnet: Während der Dodekaschoinos der direkten Kontrolle des Präfekten unterstand, war der Trikontaschoinos weiterhin einem lokalen Führer unterworfen. Spannend ist an der Trigraphis übrigens, dass sich die verschiedenen Versionen in einem Punkt unterscheiden: Während im griechischen Text die Meroiten als Verbündete bezeichnet werden, werden sie in der lateinischen Version als Vasallen dargestellt. Dies erinnert an die zwei Versionen im Friedensvertrag von Adwa zwischen Italien und Äthiopien.

Wenige Jahre danach wollte Kaiser Augustus die Ränder seines Reiches befrieden und sich zugleich Routen für wertvolle Rohstoffe sichern. Unter dem zweiten Präfekten Ägyptens, Aelius Gallus, wurde daher 25 v. Chr. ein erfolgloser Versuch unternommen, von Ägypten aus Südarabien zu erobern. Wahrscheinlich witterten die Meroiten ihre Chance, drangen nach Südägypten vor und besetzten Syene/Assuan, Philae und Elephantine. Der neue Statthalter, Gaius Petronius, führt daraufhin ein römisches Heer nach Nubien. Bei Pselchis/Dakka kam es zur Schlacht, in welcher der meroitische König Teriteqase fiel. Nach Strabon übernahm daraufhin die »einäugige Kandake« das Kommando,[286] hinter der sich die Kandake Amanirenase verbergen dürfte, denn sie wird zusammen mit Teriteqase auf dem Graffito von Dakka genannt.[287] Zwei weitere sehr wichtige Textzeugen aus Hamadab bei Meroë sind ihr und einem *paqara* (»Prinz«) namens Akinidada zuzuordnen: Die erste ist mit 42 Zeilen eine der längsten bekannten meroitischen Inschriften, die zweite mit 32 Zeilen ebenfalls sehr umfangreich. Lange meinte man, in diesen Texten würde der Krieg mit Rom thematisiert, weil man eine Textstelle *armeyose* als »Römer« interpretierte. Tatsächlich erscheint Rom in meroitischen Texten sonst in der Form *Arome*, etwa in dem hohen Titel *apote Arome-li-se* (»Gesandter im Römischen Reich«). Wahrscheinlich handelt es sich bei *armeyose* um einen königlichen Titel und bei *Armi* um die Bezeichnung des Trikontaschoinos[288] – womit die These von der Feldzuginschrift gegen die Römer jedoch nicht vom Tisch ist. Da sich anhand dieser Problematik gut zeigen lässt, wie innovativ die neueste Forschung sein kann und wie unsicher die Interpretationen zugleich sind, seien hier exemplarisch die Details der entsprechenden Debatte vorgestellt. Die zweite Hamadab-Stele galt übrigens lange als verschollen, bis sie 2006 in Khartum in einem Magazin wiederentdeckt wurde.[289]

Claude Rilly hat jüngst versucht, sich dem Text der Akinidada-Stele kombinatorisch zu nähern, indem er die Formulierungen der napatanischen Inschriften strukturell auf den Text projizierte und dann die tentativ erschlossenen Wortbedeutungen sprachgeschichtlich anzuschließen versuchte, also konkret: Er versuchte, über Lautgesetze zu Vergleichen mit dem nubischen Lexikon zu gelangen. Auf diese Weise konnte er sehr überzeugend eine Passage interpretieren als »*die Tameya nahmen jeden Mann, jede junge (?) Frau und jeden Jungen gefangen*«.[290] Rilly kann dazu auf ganz ähnliche Syntagmen in anderen Inschriften verweisen (REM 1003, 1039 und 1044), dabei werden Männer (*abr*) getötet (*ked*) und Frauen (*kdi*) verschleppt (*erk*). All diese Lexeme können überzeugend nilo-saharanisch angeschlossen werden.

Ob sich hinter »Tameya« allerdings wirklich eine Bezeichnung für »die Weißen«, d.h. die Europäer verbirgt,[291] ist alles andere als gesichert. Diese Deutung beruht auf der Interpretation einer 1999 in Naga gefundenen Stele (REM 1293). Auf ihr wird die Königin Amanisachete vor dem sitzenden Löwengott Apedemak stehend abgebildet, unterstützt von der Göttin Amesemi hinter ihr. Beide weiblichen Personen werden durch meroitische Hieroglyphen identifiziert. Unter der Darstellung findet sich ein Fries mit gebundenen Feinden. Der vordere Gefangene ist ebenfalls mit einer Beischrift versehen, diesmal einer kursiv-meroitischen: *tmey-lo* (»dies ist ein Tameya«). Die entsprechende Figur weicht in der Darstellung deutlich von den anderen Gefangenen ab – sie trägt einen Kopfputz und etwas am Kinn. Nach Rilly weise der Mann »europäische Gesichtszüge« auf, trage einen Helm mit Kinnriemen und einen breiten Gürtel. Damit handle es sich »eindeutig« um einen römischen Soldaten. Das kann man mit viel gutem Willen so sehen, nur sieht der Kinnriemen aus wie ein Bart und der Helm ist großteils nicht erhalten. Selbst die Beischrift »dies ist ein Tameya« ist nicht ganz eindeutig zu lesen; noch unsicherer ist die Gleichung mit dem aus ägyptischen Quellen bekannten Ethnonym *Čḥmw*. Letzteres steht für Libyer, d. h. berberische Gruppen,[292] die zwar durchaus einen helleren Phänotyp aufweisen als die Sudanesen, aber trotzdem nur mit Mühe als Europäer betrachtet werden können. Wir sehen also: Alles hängt hier an seidenen Fäden. Andererseits wird auf der Akinidada-Stele nicht nur Napata erwähnt, sondern auch Primis (Qasr Ibrim), d. h. die beiden Städte, welche nach den römischen Quellen beim Petronius-Feldzug eine wichtige Rolle spielten – Petronius soll Primis erobert und Napata trotz der Friedensangebote der Kandake geplündert und zerstört haben. In Qasr Ibrim wurden römische Geschosse gefunden, die griechische Aufschriften wie »Reicht dir das, Kandake?« tragen. Man fühlt sich an britische Bomben im Zweiten Weltkrieg erinnert, auf denen »That's for you, Adolf!« stand.

Freilich sind auch diese Quellen nur mit Vorsicht zu genießen. Aus der Chronologie und den angeblich zurückgelegten Distanzen ergibt sich, dass Napata unter Augustus nie erobert wurde.[293] Vielmehr erweckt Augustus in seinen *res gestae* auf sehr clevere Weise den Anschein, er habe Meroë besiegt. Bei genauerem Hinsehen reicht die Liste der eroberten Städte bei Plinius jedoch nur bis zum 2. Katarakt! Die Meroiten scheinen ganz im Gegenteil das Heft des Handelns in der Hand gehabt zu haben: Im Jahre 22 v. Chr. zog die Kandake Amanirenase gegen den römischen Vorposten Qasr Ibrim, Petronius war allerdings schneller vor Ort, wonach mit Verhandlungen begonnen wurde. Auf Samos kam es 21/20 v. Chr. schließlich zu einem Friedensschluss, in dem Augustus deutliche Zugeständnisse an die Meroiten machen musste. Zum einen wurden die Steuern für die im römischen Einflussbereich lebenden »Äthiopen« gesenkt, zum anderen wurde die Grenze bei Hiera Sycaminos (Maḥarraqa) festgesetzt, d.h. 100 km nördlich von Qasr Ibrim. Für den Dodekaschoinos einigte man sich auf ein Kondominium, das bis ins dritte Jahrhundert Bestand hatte. Die Meroiten hatten gegenüber der Weltmacht Rom ihre Unabhängigkeit bewahrt und den Gegner sogar in die Schranken verwiesen.

Noch ein weiteres sehr wichtiges Zeugnis für den Krieg mit Rom sollte behandelt werden: der abgeschlagene Kopf einer Bronzestatue des Augustus, gefunden unter der Schwelle des Tempels M. 292 in Meroë. Dieses heute im British Museum aufbewahrte Stück wurde jüngst ausführlicher studiert.[294] Es handelt sich um eines der zentralen Werke für die Chronologie der römischen Kunstgeschichte, da sich hier stilistische Neuerungen zeigen, die zeitlich genau bestimmt werden können. Für die Meroiten war es eine Siegestrophäe, die jeder mit Füßen trat, der über die Tempelschwelle schritt. Die in diesem Bauwerk dargestellten Gefangenen wurden zudem durch zahlreiche Details deutlich ethnisch gekennzeichnet und eine Figur wurde als gefangener Römer identifiziert.[295] Pointiert könnte man sagen, M. 292 war so etwas wie das meroitische Gegenstück zu einem römischen Siegesbogen.

Der zusammen mit Amanirenase auftretende Akinidada war nach Strabon ihr Sohn. Er wird zwar nicht als König dargestellt, doch wird ihm auf den Monumenten wie einem König von der Gottheit Leben gegeben. Ob er jemals selbstständig regierte, wissen wir nicht. Akinidada erscheint auf späteren Monumenten zusammen mit einer anderen Kandake namens Amanisacheto. Gemeinhin wird angenommen, Amanirenase seit die Gemahlin des Teriteqase gewesen; nach Claude Rillys Sicht der Dinge war sie jedoch als Kandake seine Mutter.[296] Dies würde erklären, weswegen er auf einem Graffito von Dakka zusammen mit Amanirenase genannt wird, auf einer Stele aus Hamadab jedoch nicht – er war während der Auseinandersetzungen mit den Römern in der Tat gefallen, worauf Akinidada das Heer anführte bzw. die Kandake. Damit ergibt sich folgende Rekonstruktion der Dinge: Teriteqase fällt, Akinidada erobert daraufhin den Trikontaschoinos und nimmt den römischen Tyrannen Kuper mitsamt seinen beiden Söhnen Petiese und Pahor gefangen (für sie lässt Petronius später in Dendur ein Heiligtum errichten), ernennt Achamora zum meroitischen Statthalter und zieht sich nach Napata zurück.[297] Wo Teriteqase bestattet liegt, ist unbekannt – zur Auswahl stehen Beg.N. 21 mit unvollendeten Reliefs oder die beiden anepigraphischen Pyramiden Beg.N. 14 bzw. Bar. 2. Amanirenase ist möglicherweise die Pyramide Bar. 4 zuzuweisen, eine der besterhaltenen der gesamten Nekropole. Auf der Südwand der Grabkapelle wird sie mit der ägyptischen Doppelkrone abgebildet, was man als Hinweis darauf sehen könnte, dass sie nicht nur als Kandake, sondern auch als *qore* regierte.[298] Die dort gefundenen römischen Gläser konnten leider bisher nicht viel zur Datierung beitragen.

Der einzige Knackpunkt an Rillys Sicht auf das Amt der Kandake ist die Frage, wie es sein kann, dass zwei Kandaken aufeinander folgen. Dies war, nach allem, was wir wissen, bei Amanirenase und Amanisacheto der Fall. Beide haben denselben Prinzen (Akinidada), der wohl nie selbständig regierte. Die Lösung für dieses Problem sieht Rilly im Grabschmuck der Amanisacheto (s. u.), auf dem ein Kind dargestellt wird, d. h. Amanisacheto hatte einen Sohn, für den sie Regentin war, der jedoch sonst in keinen Quellen überliefert ist. Möglich wäre dies durchaus, auch wenn damit die gesamte Theorie und mehrere der neuen Rekonstruktionen Rillys zur Geschichte des meroitischen Reiches auf tönernen Füßen ruhen.

## Meroës Blütezeit

Dass Amanisacheto nicht irgendeine Königin, sondern eine mächtige Herrscherin war, wird durch ihre zahlreichen Monumente ausgewiesen. Auf dem Pylon ihrer Grabkapelle wird sie beim Erschlagen der Feinde dargestellt, einem martialischen Motiv ägyptischen Ursprungs.

Wie genau Amanisacheto zu ihren Vorgängern stand, ist nicht bekannt – möglicherweise war sie eine weitere Witwe Teriteqases. Aus heutiger Sicht besonders ist der Goldschatz, den Giuseppe Ferlini 1837 in ihrer Pyramide fand und der heute in den Ägyptischen Museen von Berlin und München bewundert werden kann.

Amanisacheto lässt sich jedoch nicht auf ihren Grabschatz reduzieren – seit einigen Jahren besitzen wir zahlreiche Monumente dieser Herrscherin zwischen Qasr Ibrim und Naga. Zu Beginn ihrer Herrschaft wird sie darauf von Prinz Akinidada begleitet, etwa auf einer Stele aus Qasr Ibrim. Sie ist fast unlesbar, weil sie in christlicher Zeit zu einer Türschwelle umfunktioniert wurde. Nur so viel kann gesagt werden: Zweimal werden die bereits besprochenen »Tameye« genannt, daneben mehrere Amtsträger, die bei der Reorganisation des Trikontaschoinos eine Rolle gespielt haben dürften. In Blöcken aus Kawa erscheint Amanisacheto zusammen mit Akinidada und zwar als Kandake und *qore*. Vor 20 Jahren kamen bei Grabungen des Berliner Museums in Naga beim Amuntempel zwei Stelen der Amanisacheto zum Vorschein (REM 1293–4), die wohl von Tempel F dorthin verbracht worden waren. Beide zeigen die Königin zusammen mit der Göttin Amesemi, einmal allein und einmal zusammen mit deren Göttergatten Apedemak. Auf der einen Stele findet sich der erwähnte Gefangenenfries mit der Beischrift *tmey-lo* (»dies ist ein Weißer«), den man als Römer interpretieren könnte. Da zu jener Zeit bereits Frieden mit Rom geherrscht haben dürfte, ist dieser Fries wohl genauso stereotyp wie die altägyptischen Fremdvölkerlisten.[299] In Wadi ben Naga ließ diese Herrscherin einen imposanten Palast von 60 m² Ausdehnung erbauen, der mit bemaltem Stuck verziert war und in dessen Magazinräumen noch Elefantenstoßzähne *in situ* gefunden wurden. Der Palast diente späteren Herrschern als Vorbild, insbesondere Natakamani, der in Napata und Muweis Gebäude von vergleichbarem Grundriss bauen ließ. Aus dem Vorhof des Amuntempels von Meroë stammt eine beschriftete Granitstele von Amanisacheto (REM 1041), auf der von Gefangenen die Rede ist, genauer gesagt von 1.538 bzw. 1.032 Männern und 2.673 Frauen. Zur selben Zeit, als Amanisacheto im Süden bauen ließ, wurden unter römischer Oberhoheit in Debod, Kalabscha und Dakka ebenfalls große Bauvorhaben umgesetzt.

Bestattet wurde Amanisacheto in der Pyramide Beg.N. 6. Auf dem Pylon der Kapelle wird sie gleich zweimal dargestellt und zwar auf der nördlichen (»männlichen«) Seite als *qore* und auf der südlichen (»weiblichen«) als Kandake. Nicht zuletzt diese Darstellung dürfte dazu geführt haben, dass man meist die »einäugige Kandake« der klassischen Autoren mit dieser Herrscherin identifiziert. Vielleicht noch interessanter sind die weiteren Reliefs dieses Monuments, denn sie zeigen die Königin, wie sie von einem männlichen »Königsmacher« gekrönt wird, wie wir das bereits von Sanakadachete bzw. Nahirqo (Beg.N. 11) kennen. Die Pyramide selbst dürfte einmal 28 m hoch gewesen sein, bis sie Ferlini 1837 abtragen ließ – einen Eindruck von der alten Pracht vermitteln immerhin noch die Darstellungen Caillauds, der das Monument 1821 noch intakt sah. Besonders an dem Schatz ist nicht nur seine Pracht, sondern auch der Mix aus ägyptischem und meroitischem Stil, verbunden mit griechisch-römischen Elementen. Ob man aufgrund mancher Darstellungen wirklich auf die Existenz eines sonst nicht belegten Sohnes der Amanisacheto schließen kann, ist fraglich – immerhin ist die Szene der sog. »göttlichen Geburt« ein sehr häufig vorkommendes Motiv.[300]

Wie bereits erwähnt plädiert Claude Rilly dafür, in Sanakadachete eine Namensvariante der Amanisacheto zu sehen.[301] Er operiert hier mit einer Inschrift der Erstgenannten vom Tempel F in Naga. In diesem Tempel, dessen Innendekoration in vertieftem Relief ausgeführt ist (üblich war dies sonst nur bei den Außenwänden, innen hatte man erhabenes Relief), erkennt man eine Kandake und einen Prinzen vor Apedemak. Aufgrund paralleler Darstellungen wurde Beg.N. 11 bisher Sanakadachete zugeschrieben. Die Inschriften von Tempel F datieren nach Rilly jedoch ins erste Jahrhundert; ferner scheinen graphematische Bezüge zu den Inschriften Nawidemakas (Bar. 10; *m r'.w nb*) zu bestehen. Daraus zieht er zwei Schlüsse: Entweder regierte Sanakadachete zwischen Amanisacheto und Nawidemaka oder Sanakadachete ist eine Namensvariante von Amanisacheto. Für Letzteres spricht die Interpretation der beiden Namen, die beide mit einem Gottesnamen gebildet werden: »Sanaka hat sie hervorgebracht« bzw. »Amun hat sie hervorgebracht«. Nun ist Sanaka eine lokale Form der Göttin Mut, der Gemahlin des Amun. Beide sind zudem innerhalb ein und desselben Namens belegt, nämlich bei König Senkamanisken (»Sanaka und Amun haben ihn hervorgebracht«). All dies würde sehr gut erklären, weshalb die Stelen der Amanisacheto im Amuntempel von Naga gefunden wurden, obwohl sie dort nicht baute: Sie zeigen beide die Kandake vor Amesemi, der u. a. Tempel F geweiht war, d. h. die Stelen waren ursprünglich dort errichtet worden.

Nach Rillys Theorie von der Thronfolge um eine Kandake müsste nach Sanakadachete/Amanisacheto ein Mann regiert haben, es ist jedoch keiner bekannt. In jene Zeit gehört allerdings eine weitere Königin, Nawidemaka (*maka* = »Gottheit«),[302] der die Pyramide Bar. 6 zugeordnet wird und die zwischen Amanisacheto und Amanitore regiert haben dürfte. Es handelt sich um eine der größten Pyramiden und um die einzige mit wirklich sicherer Zuweisung. Im 19. Jahrhundert war sogar noch die Farbe der Darstellung gut erhalten. Diese zeigt eine Königin, vor der ein Mann namens Etareteya, der Bruder des obersten Prinzen (*pqr-tr*), Parfum opfert. Spannend an Nawidemaka ist der Umstand, dass sie offenbar *qore* war, ohne Kandake zu sein. 1948 fand ein kleines Mädchen beim Ziegenhüten eine 20 cm große Goldstatuette dieser Königin, wohl aus ihrem Grabschatz. Der Fund wurde wortwörtlich zerschlagen, der Torso landete im Museum in Khartum, der Sockel tauchte 1961 in Privatbesitz auf. Seine Inschrift dürfte ein Gebet an Amun von Napata wiedergeben.

Ein Inschriftenfragment aus der Pyramide Beg.N. 2 erwähnt einen *qore*, hervorgebracht von Nawidemaka; ein anderes Fragment von dort nennt den Herrscher Amanachabale[303] – es liegt nahe, beides zusammen zu bringen. Mit Ausnahme eines Objektes aus Kawa stammen alle seine Monumente aus dem Süden des Reiches, vor allem aus der Keraba, dem westlichen Teil der Butana. Warum er im Gegensatz zu seiner Mutter nicht in Napata, sondern in Meroë bestattet wurde, entzieht sich unserer Kenntnis. Amanachabale ist der erste in einer Reihe von Herrschern, deren Namen mit einer Hypostase des Amun gebildet werden (*Amnḫe/Mnḫe*). Auf zwei Monumenten führt Amanachabale eine Doppelkartusche, wobei die zweite keinen Namen enthält, sondern ägyptisch inspirierte Epitheta und Titel wie »beschenkt mit Leben« (*watemroso*) bzw. »Insibja, König, er möge leben« (*nsw-bit qore ʿnḫ.w*); erst spätere Könige haben wieder »ordentliche« ägyptische

Thronnamen. In Basa ließ Amanachabale einen Hafir erbauen, ein Wasserreservoir, auf das eine Widderallee führte und an dessen äußersten Punkten monumentale Statuen von Fröschen standen, die heute im Nationalmuseum in Khartum zu bewundern sind. In Umm Usuda südwestlich von Basa ließ er eine sehr vergleichbare Anlage mit Löwen- und Widderstatuen errichten; die Stele mit seinem Namen von dort ist leider praktisch unlesbar. Das herausragendste Monument jenes Herrschers dürfte allerdings eine kleine Steatitstele sein, die 1911 im Amuntempel von Meroë entdeckt wurde. Ein Teil (die »Turajew-Stele«) wurde an die Ermitage verkauft, um die Ausgrabungen zu finanzieren, der andere befindet sich in Khartum. Sie zeigt symmetrisch den König vor Mut und dem widderköpfigen Amun-Re. Bemerkenswert ist nicht nur der Thron mit seiner mediterran wirkenden Sphinx, sondern auch die seltene, beinahe kalligraphische Ausführung der meroitischen Linearzeichen, mit denen die Litanei an verschiedene Gottheiten geschrieben ist. Auf den Reliefs Grabkapelle des Amanachabale (Beg. N. 2) werden vier Prinzen größer und einer sehr klein dargestellt, wahrscheinlich Natakamani und seine Brüder (s. u.). Begleitet wird der Herrscher ferner von zwei Königinnen in zwei Registern.

Eine außergewöhnliche Fülle von Monumenten bei zugleich hoher künstlerischer Qualität besitzen wir von den nächsten Potentaten, dem *qore* Natakamani (»Stärke ist Amun«) und der Kandake Amanitore (»Amun ist Herr«?).[304] Da wären zahlreiche Tempelbauten, allen voran der Löwentempel von Naga,[305] aber auch die Amuntempel von Naga, Amara und Dangeil. Während der Löwentempel ein Einraumtempel meroitischer Prägung ist (mit einer »männlichen« Südseite und einer »weiblichen« Nordseite), folgt der Amuntempel von der Architektur her ägyptischen Vorbildern (Hypostyl, Pronaos, Naos). Der Löwentempel sticht heraus durch einige ungewöhnliche Darstellungsformen wie eine löwenköpfige Schlange (Apedemak) an der Schmalseite des Pylons oder eine Schiva-ähnliche Darstellung des Löwengottes mit mehreren Armen und Köpfen. Der vielleicht ungewöhnlichste Bau in Naga ist jedoch der sog. »Römische Kiosk«, eine Hathorkapelle, die ägypto-kuschitische Elemente wie die trapezoiden Durchgänge mit Kobrafriesen und geflügelten Sonnenscheiben mit volutenverzierten Kapitellen mediterraner Manier verbindet.

In Napata fügten Natakamani und Amanitore dem Amuntempel einen zweiten Hof und Pylon hinzu sowie einen Dromos; sie restaurierten dort Tempel B. 1100 und errichteten ein Mammesi (B. 561), das erst vor wenigen Jahren entdeckt wurde. Der Amuntempel von Meroë erhielt ebenfalls einen neuen Hof mit Widderallee und kleinen Heiligtümern, die auf einer Prozessionsstraße zum Haupttempel führten (M. 720, KC. 102, KC. 104). In Wadi ben Naga wurde der Isistempel errichtet, in dem mehrere Barkenstände zu Tage kamen; in Muweis bauten sie wohl am Königspalast und in Musawwarat ließ Natakamani die Kolonnade der »Großen Anlage« dekorieren. Besonders ist auch, dass Natakamani in Napata einen großen Palast errichten ließ, welcher durch seinen starken mediterranen Einfluss bei der Dekoration heraussticht.[306]

Die meroitischen und ägyptischen Namenskartuschen dieses Herrscherpaares auf dem Barkenstand von Wadi ben Naga waren das meroitische Pendant zum »Rosettastein«, also der Schlüssel zur Entzifferung der meroitischen Schrift. Der Umstand, dass die Namen der beiden Herrscher sowohl in ägyptischen als auch in meroitischen Hieroglyphen überliefert sind, ist charakteristisch für ihre Zeit, die sich durch eine »Reägyptisierung« in Kunst und Kultur auszeichnete. Dazu gehört auch, dass die Herrscher nun wieder ägyptische Thronnamen führten; Amanitore wurde zudem als »Tochter des Re« ($s\!\beta.t\text{-}R^{\varsigma}(.w)$) bezeichnet und an ihrer Grabkapelle finden sich erstmals seit Arqamani wieder längere ägyptische Texte.[307] Auffällig ist die Abhängigkeit von den Texten Atlanersas, feststellbar an denselben Kopierfehlern.[308]

Drei Prinzen erscheinen auf verschiedenen Monumenten gleichberechtigt neben dem Herrscherpaar, wenn auch ohne Krone und Königsornat: Arikancharor (Löwentempel von Naga), Arakachataror (Amuntempel von Naga) und Sorakarora (Amuntempel von Amara). Gemeinhin wird davon ausgegangen, dass die drei nacheinander so etwas wie Kronprätendenten waren, auch wenn dies dem Konzept der Königswahl widerspricht.[309] Sorakarora sticht unter ihnen hervor, weil er das südöstlichste meroitische Monument hinterlassen hat, die Felszeichnung vom Gebel Qeili (140 km östlich von Khartum, ▶ Abb. 23). Der wie ein König gekleidete Sorakarora wird dort vor einem Sonnengott gezeigt, der ihm gefangene Feinde sowie Sorghum-Pflanzen überantwortet. Aufgrund der hellenistisch-römischen Bildelemente wurde postuliert, es handle sich bei dem Gott um *sol invictus* und Sorakarora sei ein von Kaiser Nero protegierter Gegenkönig gewesen.[310] Dies ist jedoch reine Spekulation. Arikancharor ist ebenfalls noch anderweitig bezeugt (Tafel im Worcester Art Museum aus Meroë), allerdings ebenfalls nicht als König. Nur von einem dieser drei Prinzen ist bekannt, wo er bestattet wurde: Beg.N. 5 mit seinen schönen Reliefs des Totengerichts und ägyptischen Hieroglyphentexten ist Arikancharor zuzuweisen; die beiden anderen waren möglicherweise in Beg.N. 14 und 15 bestattet.

Die nicht allzu große Pyramide Beg.N. 1 der Amanitore ist gut erhalten. Ihre Dekoration mit einer Darstellung des Begräbnisses und ägyptischen Texten ist unüblich; ihre Lage spricht dafür, dass Amanitore die Gemahlin von Amanichabale war (Beg.N. 2). Meist wird angenommen, Natakamani und Amanitore seien Eheleute gewesen, doch wurde jüngst überzeugende dargelegt, dass Natakamani Amanitores Sohn war.[311] Aus Dakka sind uns durch eine alte, unzulängliche und leider heute verschollene Kopie zwei aufeinander bezogene demotische Graffiti bekannt, deren Schreiber Harmachis ebenfalls nicht sehr beschlagen gewesen zu sein scheint. Bisher las man die Datierung als »Jahr 3 des Königs Aqrakamani (*ꜣqrgꜣmnꜣ*) und der Königin Naytal (*Nytl*), seiner Mutter«. Nimmt man für zwei Stellen Kopierfehler aufgrund sehr ähnlicher Zeichenformen an, gelangt man zu der Lesung *Ntgꜣmnꜣ* und ⟨*M*⟩*myṯr*. Mit anderen Worten, dort steht explizit, dass Amanitore (*Mnitore*) Natakamanis (*Ntg-Ỉmn*) Mutter war. Amanitore war demnach wohl die zweite Gemahlin des Amanachabale nach Kaditede und Mutter der in dessen Grab abgebildeten vier Prinzen. Daraus folgt auch, dass Arikancharor, Arakachataror und Sorakarora Brüder und nicht Söhne Natakamanis gewesen sein dürften.[312]

Weil auf der Hügelkette kein Platz mehr war, errichtete Natakamani seine Pyramide Beg.N. 22 auf einer etwas abseits gelegenen Kuppe. Ursprünglich waren hier zwei Gräber angelegt, aber es wurde nur eine Pyramide errichtet. Auffällig ist, dass in Natakamanis Grabkapelle keine Königin abgebildet ist. Importwaren aus dem Grabinventar sowie paläographische Kriterien datieren Natakamani und damit auch Amanitore auf die Jahre zwischen 50 und 80 n. Chr.

# 7 Die politische Geschichte des Königreichs Kusch

**Abb. 23:** Felszeichnung des meroitischen Prinzen Sorakarora vom Gebel Qeili (Welsby 1996, 161).

Der nächste Herrscher ist ein Paradebeispiel dafür, wie schnell sich die Quellenlage ändern kann: Noch vor 40 Jahren wusste man praktisch nichts über Amanachareqerema (*Amanach-are-qerema*, »Amanach, du bist schwarz«), heute kann er als einer der großen meroitischen Bauherren gelten.[313] Ob er der direkte Nachfolger Natakamanis war, wissen wir nicht. Wir wissen lediglich, dass er in Naga, Napata und Tabo Bauvorhaben zu Ende führte, die von Natakamani begonnen worden waren. 1963 entdeckte Johannes Dümichen in Soba am Blauen Nil einen Widder mit dem Namen Amanachareqeremas, 1975 kam südlich von Meroë ein ähnliches Stück zu Tage; 2008 wurde schließlich in el-Hassa eine monumentale Widderallee für den Amun von Tabacha aus seiner Regierungszeit gefunden. In Naga wurde 2004 Tempel 200 entdeckt, den Amanachareqerema errichten ließ – Teile davon sind heute als Dauerleihgabe in Berlin zu bewundern. In Napata wurde 2014 das in seinem Namen erbaute Heiligtum B. 561 freigelegt, das jener König fertigstellte. Aus stilistischen Gründen werden ihm nach Vincent Rondot sogar zwei schon lange bekannte Monumentalstatuen zugewiesen, die Kolossi von Tabo.[314] Schließlich stammt aus seiner Zeit auch der sog. »Omphalos«, ein in Napata gefundener Naos.

Wo genau Amanachareqerema begraben liegt, wissen wir nicht – vorgeschlagen wurden Beg.N. 16, 37 oder 41. Zeitlich wird er heute aus paläographischen Gründen gegen Ende des ersten nachchristlichen Jahrhunderts angesetzt. Über die politische Geschichte Meroës im frühen 2. bis in die Mitte des 3. Jhs. ist fast nichts bekannt. Immerhin wissen wir über die Geographie des Claudius Ptolemaios im Zusammenspiel mit den Itineraren des Petronius-Feldzuges und der Nero-Expedition sowie über aksumitische Inschriften mehr über die historische Geographie des Mittleren Niltals.[315] Der Einflussbereich des meroitischen Reiches scheint sich den Monumenten nach bis tief in den Süden erstreckt zu haben.

## Die spätmeroitischen Herrscher

Nach einer derart glanzvollen Zeit wird die Quellenlage zunehmend prekär[316] – selbst die Reihenfolge der Herrscher lässt sich kaum rekonstruieren; sie ließen ihre Pyramiden in der Königsnekropole von Meroë nun in der zweiten Reihe bauen. Der Nachfolger Amanachareqeremas war wohl Amanitenmomide, dessen Reliefs in der Pyramidenkapelle Beg.N. 17 ihn mit dem traditionellen ägyptischen *nms*-Kopftuch und sogar mit der Doppelkrone als Pharao zeigen. Die von Beg. N. 11 inspirierten Reliefs zeigen außerdem Rinder mit deformierten Hörnern, wie sie heute noch bei den Nuer zu finden sind. Ein Relief kann heute in Berlin bewundert werden, das Leipziger Stück wurde während des Zweiten Weltkrieges leider zerstört. Im Folgenden haben wir Kunde von einer Kandake namens Amanachatasene, die selbst in Beg.N. 18 bestattet wurde und möglicherweise die Gemahlin des Königs war, der Beg.N. 41 errichten ließ. Von ihr besitzen wir zwei linearmeroitische Inschriften.

Nun folgt wohl König Tarekeniwal, der auf dem Portico seines Grabbaus Beg.N. 19 beim Erschlagen der Feinde dargestellt wird – wie Amanisacheto zwei Jahrhunderte zuvor. Er trägt einen Panzer, wie es nach Natakamani unter römischem Einfluss zunehmend üblich war. Bemerkenswert ist, dass er keine zweite Kartusche mit einem Thronnamen vorweist und dass die Reliefs seiner Kapelle mit Anubis und Nephthys denjenigen von Amanitenmomide sehr ähneln. Sohn von Tarekeniwal und einer gewissen Amanachalika (Beg.N. 32) war Ariteneyeseboche (*Aritene-yesebo(n)che*, »Aritene [= Harachte] hat ihn zum Herrscher [*bonḫe*] gemacht«), der selbst in Beg.N. 34 seine letzte Ruhe fand. In Beg.N. 36 wird ein Herrscher namens Amani-tareqide in vollem Ornat abgebildet, von dem wir wissen, dass sein Vater Pisakara und seine Mutter Amanachadoke hießen (Beg.N. 38 und 39?). Die Pyramiden Beg.N. 30, 29 und 28 können nun folgenden Herrschern zugewiesen werden. Bemerkenswert ist von ihnen vor allem Takide-amani, dem Sohn des Adiwetali (Beg.N. 30?) und Napata-dacheto (»Napata hat sie hervorgebracht«). Von ihm stammt die einzige königliche Opfertafel in meroitischen Hieroglyphen, die Richard Lepsius nach Berlin brachte und die ausschlaggebend für die Gleichsetzung linearer und hieroglyphischer Zeichen im Meroitischen war. Ob Amani-tareqide und Takide-amani Usurpatoren waren bzw. warum ihre Väter nicht als Könige tituliert werden, ist unbekannt.

Seit der Regierung Amani-chareqeremas invertiert sich die Quellenlage gewissermaßen. Hatte man vorher sehr viele Quellen aus den beiden Zentren Napata und Meroë, versiegen sie dort und sprudeln dafür umso reicher zwischen Philae und Sedeinga, also in Unternubien. Dafür gibt es drei Gründe. Zum ersten liegt es sicherlich an einer deutlich festzustellenden Wiederbesiedelung jener Region, zum anderen an der Dichte der Rettungsgrabungen und zum dritten an der Art, wie die lokalen Totentexte funktionieren. In ihnen wird nämlich der *cursus honorum* der Grabherren dargestellt, neben ihrer sozialen Einbindung, d.h. wir erfahren einfach sehr viel mehr über die gesellschaftlichen Strukturen als zuvor. Hinzu kommen die vielen auch demotischen Graffiti aus dem Dodekaschoinos, insbesondere aus Philae, und die Proskynemata mit ihren sonst unbekannten Details wie Datierungen.

Aufgrund einer solchen demotischen Inschrift aus Philae (Ph. 416) ist Teqoride-amani (»Der den König gemacht hat, Amun«) der einzige meroitische Herrscher, dessen Thronbesteigung exakt datierbar ist, nämlich ins Jahr 248/49 n. Chr. Das Gebet, das ein Gesandter namens Sasan (früher »Pasen« gelesen)[317] am Hadrianstor anbringen ließ, datiert ins Jahr 253. Seine Opfertafel weist nicht nur Beg.N. 28 als sein Grab aus, sondern gibt uns auch den Namen seines Vaters (Teritanide) und seiner Mutter (Arakatan-makas). Des Weiteren sind von ihm Weihinschriften und ein Graffito erhalten. Falls sich das Jahr 20 eines meroitischen Königs vom Graffito Ph. 68 auf ihn bezieht, herrschte er vergleichsweise lange.[318] Die meroitischen Beziehungen zum Philaetempel waren in jener Zeit wohl besonders eng, denn eine ganze Reihe von Zeugnissen aus dem sog. »Meroitic Chamber« von dort (REM 0097–0111) gibt uns viele Auskünfte über Gesandtschaften dorthin. Teqoride-amani schickte mindestens zwei Delegationen nach Philae, geleitet von dem erwähnten Sasan: Dieser und der Peseto Abratoye leiteten die Khoiak-Feierlichkeiten im Jahre 253; sieben Jahre später, 260, schloss Abratoye mit einem gewissen Tami einen Kompromiss bezüglich bestimmter Kompetenzen. Mitglieder einer anderen Gesandtschaft ließen sich in vollem meroitischen Ornat in zwei Reihen darstellen.[319] Philae war das Drehkreuz für diplomatische Geschenke – die römischen Stücke wurden teilweise in den königlichen Pyramiden in Meroë ausgegraben.

Eine heute in Berlin aufbewahrte Opfertafel aus Beg.N. 28 gehörte einem König namens Tamelorade-amani bzw. Tamalaqorade-amani.[320] Dieser hatte dieselbe Mutter wie Teqoride-amani, sein Vater war jedoch ein anderer, und zwar Arotanide – er war also offenbar ein Halbbruder seines Vorgängers aus zweiter Ehe. Ob er wirklich als König herrschte, ist nicht sicher, denn in der Forschungsliteratur findet sich eine Reihe von meroitischen Königen, die einzig und allein als Herrscher geführt werden, weil ihre Opfertafeln das sog. »königliche Formular« verwenden. Dabei ist zweifelhaft, ob es sich hier wirklich bei allen um Herrscher handelt. Vielmehr scheint es so gewesen zu sein, dass königliche Vorrechte zunehmend von der Elite reklamiert wurden, was allerdings auch nur eine Hypothese darstellt. In den nächsten 70–80 Jahren wurden fünf Pyramiden errichtet (Beg.N. 24–27 und 51) und eine in eine Kapelle umgewandelt (Beg.N. 16). Wir stehen nun vor dem Problem, dass wir diesen vier Könige zuweisen müssen: Ar-yesboche (»Horus hat ihn zum Herrscher gemacht«), Maloqorebar (»Schön ist der Junge, der König«), Talachide-amani (»Er gibt den Sieg, Amun«) und Yeseboche-amani. Zumindest Ar-yesboche wurde allerdings in einem älteren, wiederverwendeten Grab bestattet. In Beg.N. 25 war wohl einmal eine Kandake dargestellt, deren Pyramide Beg.N. 26 sein könnte. Auf sie bezieht sich wahrscheinlich die südlichste lateinische Inschrift aus Musawwarat, in der das Hofzeremoniell beschrieben wird (CAH II 83).[321] Ein Graffito aus Philae nennt »das Kind (*tdḫe*) Maloworebar und den König Talachide-amani« – weil früher falsch abgetrennt worden war, hielt man »Lachidamani« für eine Frau; erst 2012 wurde in Meroë eine Inschrift von Talachide-amani gefunden, was zur neuen Lesung führte. Warum der König hinter dem Jungen genannt wird, ist unklar.

Der letzte meroitische König, von dem wir mehrere Monumente besitzen, ist Yeseboche-amani (bzw. Amani-yeseboche, »Amun hat ihn zum Herrscher gemacht«). Er ist vor allem bekannt von einer Weihinschrift am Hadrianstor in Philae (REM 0119–20), die seinen Besuch im Isisheiligtum beschreibt. Demnach regierte er nach dem römischen Rückzug aus dem Dodekaschoinos 290 n. Chr. Bekannt ist von ihm noch eine mit meroitischen Hieroglyphen beschriftete Sandstein-Löwenstatue aus Qasr Ibrim.[322] Auf einer Stele im Apedemaktempel M. 6 von Meroë wird er ebenfalls König genannt (REM 0407): *yesebohe : qore* (ohne *amani*). Seine Opfertafel, die Ferlini nach Bologna gebracht hatte, galt lange als unbeschriftet, bis 2002 eine alte Kopie gefunden wurde.[323] Nach Yeseboche-amani herrschte wohl noch Aryesboche, der in Beg.N. 36 seine letzte Ruhe fand. Genaueres wissen wir nicht.

# Der Zusammenbruch des meroitischen Reiches

Das meroitische Reich endete nicht mit einem Knall, sondern ging ganz allmählich in etwas anderes über.[324] Früher suchte man für den Untergang großer Reiche große Gründe und vor allem einfache Erklärungen. Heute ist die Sichtweise deutlich differenzierter, d. h. es ist klar, dass lediglich die Zentralmacht Meroës zusammenbrach und keinesfalls die gesamte Kultur zu einem Ende kam. Große politische und kulturelle Verwerfungen führten zu einer deutlichen Transformation; verschiedene Gruppen nutzten diese Situation, um sich zu positionieren. Dabei bildeten sich drei Zentren (Faras, Dongola, Soba) heraus, wobei es sicherlich kein Zufall ist, dass keine der beiden alten Zentren Napata und Meroë weiterhin eine zentrale Rolle spielten.

Wann genau Meroë endgültig verlassen wurde und sich das Zentrum nach Soba im Süden verschob, ist nicht bekannt. Dort erschien jedenfalls ab etwa 580 n. Chr. ein neuer Staat mit Namen Alodia (gr.) bzw. Alwa (arab.). Im Norden ist Faras als Zentrum eines neuen Machtgefüges seit 542 belegt, ab 570 spielt die Musik nicht mehr in Napata, sondern in Alt-Dongola. Mit der Etablierung der Königreiche von Nobatia (1.–3. Katarakt), Makuria (3. Katarakt bis Butana) und

Alodia im Süden wurde ein neues Kapitel in der nubischen Geschichte aufgeschlagen – wir sprechen nun von der altnubischen Zeit, die maßgeblich durch das Christentum geprägt war.

Selbst mit dem Konzept des »Niedergangs« sollte vorsichtig umgegangen werden, denn bereits ab Natakamani/Amanitore werden die Pyramiden kleiner und vor allem von geringerer Bausubstanz. Zudem sind keine größeren Tempelbauprojekte mehr nachweisbar. Allerdings sind die spätesten Pyramiden dann wieder deutlich größer. Mit anderen Worten: Allein an der Pyramide lässt sich kaum aussagen, wie stabil das Reich war. Gleichwohl wird das Ende der Zentralgewalt am Ende der Königsnekropolen festgemacht, weshalb man auch von der »postpyramidalen« Zeit spricht. Wie problematisch es ist, sich wie lange üblich ganz auf die Herrscher zu konzentrieren, zeigt ein Blick in den Westfriedhof von Meroë. Dort nahm der Reichtum nämlich zu, d. h. Macht und Mittel verschoben sich lediglich vom König zu seinem Hofstaat. Zugleich lässt sich beobachten, wie sehr sich die materielle Kultur verschob, was erst einmal nichts mit »Niedergang« zu tun hat – es änderten sich lediglich Aspekte wie Produktion und Distribution. Dass die Umwälzungen tiefgreifend waren, wird durch ein Blick auf die Siedlungsstrukturen deutlich: Tempel und Paläste gerieten außer Gebrauch und die großen Zentren wurden verlassen. Wir erkennen daran, wie stark Kult und Politik immer miteinander verknüpft waren: Die Könige propagierten den Kult zur Herrschaftssicherung. Mit dem Zusammenbrechen der Macht hört folglich auch der Kult auf, zu existieren. Ähnliches geschieht mit der Schrift.

Während man früher generell das Reich von Kusch als eine Einheit sah, ist heute sehr viel klarer, dass dieses politische Gebilde immer schon sehr divers war. Zugleich treten heute die Kontinuitäten über das Ende der Zentralmacht hinaus stärker hervor. Vergleichbares gilt übrigens für die Christianisierung Nubiens. Diese war wohl gar keine so starke Zäsur, wie meist angenommen wird. Anders formuliert: Die politische und kulturelle Entwicklung wäre in weiten Teilen auch ohne die Konversion relativ ähnlich verlaufen.[325]

Das politische Ende von Kusch verlief im Norden anders als im Süden. Während wir im Süden von der postpyramidalen Zeit sprechen, wird die archäologische Kultur im Norden als »X-Gruppe« bezeichnet. Sie wird in zwei Phasen geteilt: die klassische Mitte 4. bis Ende 5. Jh. und die späte bis zum Beginn der christlichen Zeit. Ab wann genau es keinen meroitischen Staat mehr gab, ist umstritten: Die Typologie der Pyramiden hatte der napatanischen und meroitischen Epoche eine Chronologie gegeben – nachdem man keine mehr baute, fällt diese weg. Der grobe Rahmen für das Ende des Belegzeitraums auf dem Nordfriedhof ist zwischen 320 und 350 n. Chr., die Elite ließ sich noch bis etwa 360–370 n. Chr. auf dem Westfriedhof bestatten. Dies erfolgte zwar nicht mehr in Pyramidenform, sondern in Tumuli, gleichwohl waren die Grabbauten immer noch sehr beeindruckend. Überhaupt sind in den zwei Jahrhunderten zwischen dem Beginn der postpyramidalen und dem der christlichen Zeit an über einem Dutzend Fundorten im Niltal Friedhöfe mit großen Tumuli festzustellen. Zu nennen wären vor allem die außergewöhnlichen Grabhügel von el-Hobagi im Süden sowie die riesigen Gräber von Qustul (ca. 370–380 n. Chr.) und spätere in Ballana (ca. 410–420 n. Chr.) auf dem gegenüberliegenden Nilufer. In Tumulus III in el-Hobagi fand sich eine Kupferschale mit der wohl letzten meroitischen Inschrift (REM 1222). Die Zeichenformen ähneln denjenigen auf dem Löwen des Yeseboche-amani; eine Sequenz der Inschrift scheint nubisch und nicht meroitisch zu sein. Genannt wird wohl »der König von Yaram, Galaye der Leopard«.[326]

Über die Gründe für den Kollaps des kuschitischen Reiches ist viel spekuliert worden[327] – sicherlich gab es nicht den *einen* Grund, sondern bestimmt ein ganzes Bündel davon. Meist werden externe Gründe angeführt, die oft eine ethnische Dimension besitzen, etwa die Ankunft nubischer Stämme. Überzeugender sind m. E. Gründe, die tiefer reichen und komplexer sind: Offenbar bildeten sich neue soziale und politische Identitäten heraus, neue Eliten, welche die Macht auf andere Art bündelten. Diese dürften sicherlich nicht aus dem Nichts aufgetaucht sein; ihre Heraufkunft wird ökonomische und soziale Hintergründe haben.

Wie bereits erwähnt, dürfte außerdem eine Rolle gespielt haben, dass die Römer entdeckt hatten, wie man gegen den Wind kreuzt. Dieser technologische Fortschritt veränderte den Handel mit Luxusgütern grundlegend. War man im Mittelmeerraum vorher noch auf Güter aus Innerafrika und damit auf den Transit durch Nubien angewiesen, verlagerte sich alles auf das Rote Meer und den Seeweg nach Indien. So erklärt sich, warum zeitgleich mit dem Aufstieg des Königreichs Aksum am Horn von Afrika Meroë ins ökonomische Abseits gedrängt wurde. Um 330 n. Chr. war Aksum dann so stark, dass Meroë erobert werden konnte.[328] Zumindest schildert der erste christliche Herrscher Äthiopiens, ʿEzana von Aksum, einen Feldzug gegen die Kuschiten und in Meroë wurden Teile aksumitischer Siegesinschriften gefunden. Allerdings ist darin von einer großen Metropole schon gar nicht mehr die Rede. Es könnte sein, dass die letzten Herrscher Meroës kaum mehr als aksumitische Marionetten waren.

Als weiterer Grund gelten die zunehmenden Einfälle nomadischer Gruppen. Nun war die nicht-sesshafte Bevölkerung in Kusch immer schon als Bedrohung wahrgenommen worden. Die Frage drängt sich auf: Was war diesmal anders? Da wäre zum einen die Einführung des Kamels, d. h. die Nomaden waren nun sehr viel schneller, mobiler und damit militärisch potenter. Zum anderen spielt sicherlich auch die sog. »Reichskrise« des Römischen Imperiums eine Rolle. Zwar wurde offiziell die Grenze erst durch Diokletian im Jahre 298 n. Chr. weiter in den Norden zurückverlegt, doch bereits nach 217/18 haben wir keinen Hinweis mehr auf eine römische Garnison südlich von Assuan, vielleicht aufgrund der Pestepidemie des Jahres 200. Procopius schreibt, Diokletian habe die Nobatae eingeladen, im Dodekaschoinos zu siedeln und die Reichsgrenze von Elephantine so gegen die Blemmyer zu verteidigen.

Schließlich änderten sich die Grundbedingungen der Landwirtschaft: Mit der Erfindung des Schöpfrades (*saqia*) wurde sehr viel neues Ackerland erschlossen, was zu neuen Besitz- und Vermögensverhältnissen führen musste. Zugleich wurden für Teile der Gesellschaft die Lebensgrundlagen weniger prekär. Neue Anbaumethoden führten zu neuen Siedlungsmustern, mit der *saqia* sind nun zwei Erntezeiten möglich. Mit anderen Formen von Landnutzung kamen andere Formen von Landbesitz. Damit änderte sich auch sozial sehr viel, nicht nur die Kontrolle über Arbeit. Vielleicht haben wir deshalb den Eindruck, als hätte es mehr Gruppen gegeben, weil in der Landwirtschaft mehr Arbeitskräfte benötigt wurden.[329] Oder es gab immer mehr Landlose und Unfreie.[330]

Die jüngeren Forschungen haben ergeben, dass der Bruch auch in der Butana gar nicht so stark war, wie oft vermutet. So wurden zwar Naga und Musawwarat es-Sufra durchaus offengelassen, in Hamadab ist jedoch sogar Eisenverarbeitung über den Zusammenbruch des Staates hinaus greifbar. Die Grabungen in der Gezira zeigen, dass diese bereits in meroitischer Zeit nicht unbedeutend war;[331] in der Keramik findet sich ebenfalls kein Traditionsbruch. Was jedoch auffällt, ist, dass es mehr befestigte Siedlungen gab.[332] In el-Hobagi, 70 km südlich von Meroë, wurden wohl Personen bestattet, die in gewisser Weise die Nachfolge der meroitischen Herrscher angetreten hatten. Ein Fund dort ist von besonderem Interesse, eine Bronzeschale mit der letzten Inschrift in meroitischen Hieroglyphen.[333] Sie nennt einen *qore*, doch wie genau man das deuten soll ist ebenso umstritten wie die Datierung dieses Objekts. In Meroë selbst haben sich kaum postpyramidale Reste erhalten, was daran liegen dürfte, dass sie an der Oberfläche besonders der Erosion ausgesetzt waren; Gräber in Tempeln zeigen, dass es keinen offiziellen Kult mehr gab.

Die riesigen Tumuli von Qustul und Ballana, die bis zu 80 m Durchmesser besitzen, können geradezu als Sinnbild für die Transformation des kuschitischen Staates in neue Strukturen gelten.[334] Sie waren nicht nur voll von Prestige- und Importgütern, sondern auch von spätmeroitischen Herrschaftszeichen wie Speer, Pfeil und Bogen. Vor allem legte man den Bestatteten von Ballana ab 420 n. Chr. auch Kronen mit ins Grab, die spätantik und meroitisch zugleich sind. Sie stellen zugleich mit ihren Tier- und Menschenopfern einen Rückgriff auf noch viel ältere Traditionen Nubiens dar. Dabei ist weniger die Tatsache bemerkenswert, dass wieder Gefolgschaftsbestattungen praktiziert wurden, als vielmehr, dass diese im Laufe der Zeit abnahmen. Spricht das nun für eine Stabilisierung der Verhältnisse oder ist hier gar die Ankunft des Christentums spürbar? Spannend ist auch, dass bislang keine bedeutenden Siedlungen in jener Zeit gefunden wurden, die diesen Tumuli korrespondieren würden.

Die vielen unterschiedlichen Bestattungsformen könnten ein Hinweis darauf sein, dass die Bevölkerung besonders heterogen war.[335] Die weite Verbreitung der sog. *eastern desert ware* zeigt jedenfalls, dass auch neue Bevölkerungskomponenten aus der Ostwüste hinzukamen.[336] Wie auch immer: Die letzte meroitische Inschrift überhaupt wurde von einem Mann in Auftrag gegeben (Chara-madoye), der entweder ein nubischer[337] oder ein Blemmyerkönig[338] war. Und damit kommt das Reich von Kusch endgültig zu einem Ende.

# Ausblick

Was folgt, wird durch Veränderungen bestimmt, von denen das Christentum nur eine war.[1] Dass sich alles zu diesem hin entwickelte, war keineswegs selbstverständlich.[2] Ein Blick auf die Friedhöfe auf der Insel Sai zeigt dies deutlich wie kaum etwas anderes: Die frisch aufgeschütteten Gräber sind im Grunde nach derselben Manier gemacht wie die wenige Kilometer entfernten, doch mehrere Jahrtausende älteren Gräber der C-Gruppe. Auf den Gräbern sind oft noch die Palmwedel zu finden, die von den Hinterbliebenen nach der Bestattung dort abgelegt worden waren – die Darstellungen von Palmwedelträgern in den Bestattungsprozessionen der meroitischen Elite drängen sich auf, so wie sie in den Kultkammern zu den Pyramiden von Meroë abgebildet sind. Letztendlich bleibt doch Vieles erstaunlich lange unverändert, und das bis auf den heutigen Tag.

# Glossar

*Adoben*: Luftgetrocknete Lehmziegel.
*A-Gruppe*: Archäologisch definierte Kultur in Nubien zu Beginn des 3. Jts. v. Chr.
*Atef-Krone*: Eine besonders ausfallende Form der Weißen Krone mit seitlichen Zusätzen.
*auf-/offenlassen*: Ein Gebäude, das dem Verfall preisgegeben wird, nennt man offengelassen.
*bꜣ-Seele*: Altägyptische Vorstellung von der Seele, die als Storch (äg. *bꜣ*) mit Menschenkopf dargestellt wird.
*ba-Vogel*: Siehe *bꜣ*-Seele.
*Bukranie*: Tierschädel mit Hörnern, der kultischen Zwecken dient und oft beschnitten oder verziert ist.
*Butana (Keraba)*: Steppenregion Nubiens nordöstlich von Khartum, zwischen dem Nil und seinem Zufluss, dem Atbara.
*Cachetten*: Gruben, in denen Statuen (oft nach mutwilliger Zerstörung durch Feinde) rituell bestattet wurden.
*C-Gruppe*: Archäologisch definierte Kultur in Nubien Mitte des 3. Jts. v. Chr.
*cursus honorum*: Die übliche Laufbahn in der Karriere eines hohen Beamten.
*damnatio memoriae*: Mutwilliges Auslöschen des Angedenkens an eine bestimmte Person durch Zerstörung ihrer Monumente oder Aushacken ihres Namens auf diesen.
*demotisch/linear*: Demotisch ist die Alltagskurrentschrift im Ägypten des 1. Jts. v. Chr., im Unterschied zur Monumentalform der Hieroglyphen. Aufgrund der ähnlichen Verwendungsdomänen wird bei der meroitischen Schrift zwischen »hieroglyphisch« und »demotisch« oder »linear« unterschieden.
*Demotische, das*: Sprachstufe des Altägyptischen vor dem Schriftwechsel zum Koptischen; auch Bezeichnung der entsprechenden Kurrentschrift für Alltagstexte.
*Dodekaschoinos*: »Zwölfmeilenland«; eine Art ›Niemandsland‹ zwischen dem ägyptischen und dem nubischen Einflussbereich in griechisch-römischer Zeit; die 128 km zwischen Assuan und Maharraqa.
*Dromos*: Straßenartiger Zugang zu einem Tempelbau.

# Glossar

*Fayence*: Material, das ähnlich wie Keramik geformt werden kann, jedoch eher wie Glas aussieht.

*Gasch-Gruppe*: Archäologisch definierte Kultur im Südsudan.

*Gezira*: Arabisch »Insel«; Bezeichnung der ›Insel‹ zwischen dem Blauen und dem Weißen Nil.

*hapax legomenon*: Wort, das lediglich an einer einzigen Textstelle bekannt und dessen Bedeutung deshalb unsicher ist.

*Hathorsistren-Kapitell*: Oberer Säulenabschluss in Form eines Sistrums, einer ägyptischen Kultrassel, die mit dem Kopf der Göttin Hathor geschmückt ist.

*hmhm-Kriegskrone*: Eine besonders ausladende Form der ägyptischen Königskrone.

*Hypostyl*: Säulenhalle in einem Tempel.

*Kartuschen*: Längsovale Felder, in die Königsnamen eingeschrieben wurden.

*Katarakt*: Stromschnellen am Nil.

*Kiosk*: Kleiner Anbau oder Tempel im Vorfeld eines größeren Gebäudes, bei dem zwischen Säulen niedrigere Wandschranken und Tore angebracht wurden.

*Libation*: Spezielle Form des Opfers, bei dem Flüssigkeiten gespendet werden (Trankopfer).

*Lunette*: Der obere halbkreisförmige Abschluss einer Stele.

*Mammesi*: Eine spätzeitliche Form ägyptischer Kulträume, an einen größeren Tempel angelehnt.

*Mastaba*: Arabisch »Sitzbank«; quaderförmiges Grabmal des Alten Reiches in Ägypten.

*Megabaroi*: Ein antik bezeugter Stamm in Nubien.

*nms.t-Gefäß*: Ein hohes, schlankes Alabastergefäß.

*Peseto*: Einer der höchsten meroitischen Funktionärstitel.

*Portiko*: Eingangsbereich eines Palastes oder Tempels, gleich konzipiert wie ein Kiosk.

*(Pro-)Naos*: Das Allerheiligstes eines Tempels bzw. der Raum davor.

*Proskynemata*: Eine spezielle Form von Gebetstexten.

*Prosopographie*: Untersuchung zu allen in einer bestimmten Gruppe von Texten vorkommenden Personen.

*Pylon*: Turmartiger Eingang zu einem Tempel ägyptischen Stils.

*Seelenfenster*: Öffnung (real oder dargestellt), durch welche die Seele aus dem Grab ins Jenseits und zurück kommt.

*Seriation*: Ordnung archäologischer Objekte nach ihrer vermutlichen Entwicklung im Laufe der Zeit.

*Setztartsche*: großer Schild, der von einem eigenen Schildträger getragen wurde.

*Sistrum*: Ägyptische Kultrassel.

*Situla*: Kleines Alabastergefäß.

*Spolien*: Wiederverwendete Bausteine von anderen Monumenten.

*Temenosmauer*: Umfassungsmauer um einen heiligen Bezirk.

*Transhumanz*: Saisonale Form des Nomadismus, also Wechsel zwischen sesshafter und nomadisierender Lebensweise.

*Trikontaschoinos*: »Dreißigmeilenland«; erweitertes ›Niemandsland‹ zwischen Nubien und Ägypten in griechisch-römischer Zeit; die 320 km zwischen Maharraqa und Faras.

*Troglodytikê*: Griechisch »Land der Höhlenbewohner«; Bezeichnung nach den klassischen Autoren für die Region ganz im Süden des Sudan.

*Tumulus*: Großer Grabhügel aus Erde.

*Uräus, Doppeluräus*: Königskobra, die die Pharaonen als übelabwehrendes Symbol an der Stirn trugen.

*Uschebti*: Kleine Dienerfigur, die anstelle des Toten im Jenseits Arbeit verrichten sollte.

# Anmerkungen

## 1 Die Grundfaktoren

1 Breyer 2015, 3–6.
2 Reisner 1922, 179.
3 Breyer 2015, 3–4.
4 Breyer 2009.
5 Lohwasser 2013.
6 Zibelius-Chen 2001, 21.
7 Zibelius-Chen 1988.
8 Breyer 2015, 7–17.
9 Reisner 1920, 62–63.
10 Dunham 1957, 2.
11 Hintze 1973, 142.
12 Hintze 1973, 135.
13 Diskussion bei Breyer 2015, 11–12.

## 2 Subsistenz

1 Vgl. Zibelius-Chen 2001, 21.
2 Edwards 2004, 136.
3 Welsby 1996, 156.
4 Welbsy 1996, 156.
5 Adams 1977, 346.
6 Kleinschrotz 1986; Hinkel 2015.
7 Welsby 1996, 157.
8 Andrews 46, 55.
9 Welsby 1996, 160.

10 Clapham 2019, 85; Adams 1981, 3.
11 Welsby 1996, 258–160.
12 Hintze 1979, Abb. 16.
13 Thurman/Williams 1979, 36.
14 Jacquet 1971, 127.
15 Edwards 1989, 147 ff.; Bradley 1992.
16 Carter/Foley 1980, 304–5.
17 al-Hakim 1972; Haycock 1972.
18 Nordström 1962, 61.
19 Coppa/Palmieri 1988.
20 Rowley-Conwy 1988, 246.
21 Welsby 1996, 155.
22 Morkot 2000, 161 f.
23 Welsby 1996, 162.
24 Hintze 1979.
25 Bonnet/ed-Din 1991, xi.
26 ad-Din 1997.

# 3  Die kuschitische Gesellschaft

1 Adams 1981; Edwards 1989.
2 Welsby 1996, 154.
3 Sadr 1991.
4 Khidr 1984; Clark/Stemler 1975.
5 Pope 2014 a, 307–314.
6 Pope 2014 a, 284–292.
7 Adams 1981, 9.
8 Griffith 1925, 219.
9 Jones 1997.
10 Budka 2019.
11 Jurman 2015.
12 Naunton 2010.
13 Budka 2019, 703.
14 Hallmann 2007; Lohwasser 1999.
15 Leahy 2014.
16 Musso/Petacci 2011.
17 Budka 2010 a, 255 und 343.
18 Budka 2010 b, 514.
19 Russmann, 2010, 954–957.

20 Rilly 2014; Zibelius-Chen 2014.
21 Breyer 2015, 177–203.
22 Breyer 2008; Peust 1999.
23 Rilly 2010.
24 Zibelius-Chen 2011 und 2014.
25 Łatjar 2008.
26 Breyer 2015, 189 f.; Rilly 2019, Anm. 23. Vgl. Rilly 2014 a, 1180.
27 Breyer 2015, 170–175.
28 Bechhaus-Gerst 1996.
29 Für ein berberisches Substrat spricht sich Behrens 1984 f. aus. Claude Rilly verweist dagegen seit über einem Jahrzehnt auf eine unpublizierte Arbeit von M. Kossmann und A. Jacobi, die dies angeblich widerlegen soll. Bis diese Arbeit allgemein einsehbar ist, gibt es keinen Grund, an der fundierten These von Behrens zu zweifeln.
30 Breyer 2012 a; Dieleman 2005, 138–143.
31 Breyer 2015, 198; Priese 2013, 203.
32 Breyer, 2015, 199.
33 Zibelius-Chen 2011, 216–219.
34 Bányai 2013.
35 Zibelius-Chen 2005.
36 Rilly 2019, 139.
37 el-Sayed 2011, 124, 184, 266 und 294 f. Die wenigen überlieferten Herrschernamen aus Kerma stammen aus den Ächtungstexten: *K3ʒ* und seine beiden Söhne und Nachfolger *Triʒhi/Trh* und *ʒwʒw* sowie *Wttrrss*. Dabei ist besonders hervorzuheben, dass ⟨h⟩ wie in *Triʒhi/Trh* kein (proto-)meroitisches Phonem ist – andererseits aber vielleicht ein früher Beleg für die sog. »napatanischen Orthographie« (Preust 2011, 354), wie sie uns später so prominent im Namen des Kuschitenpharaos Taharqo begegnet. Nun könnte man – was Rilly nicht tut – versuchen, diese drei Königsnamen meroitisch zu deuten: Hinter *K3ʒ* könnte sich der meroitische Name ⟨Akroro⟩ verbergen, ein *Akruru*. Das Element -ror/ruru- ist in meroitischen Namen häufig belegt, man denke nur an den Namen des kuschitischen Gegners, der unter Ahmose genannt wird: *ʒtʒ/ʒʒti* ⟨Arere-te+li⟩ bzw. ⟨Aror-tr⟩ (Zibelius-Chen 2011, 9–11). ⟨Arere⟩ ist vielleicht der meroitische Name des Wadi es-Sebua (Török 1979, 19 f.), der Name würde dann etwas wie »Der im Wadi es-Sebua ist« bedeuten; ⟨tr(e)⟩ bedeutet »groß« auf Meroitisch, d. h. dieser Name wäre dann als »großer Arur« zu interpretieren. Aber auch diese Gleichungen sind alles andere als hieb- und stichfest.
38 Rilly 2008.
39 Breyer 2012 b, 6.
40 Rilly 2007, 467, Anm. 1.
41 Breyer 2008; Peust 1999.
42 Breyer 2012 b.
43 Morenz 2011, Exkurs 6.

44 Rilly 2019, 142 f.
45 Rilly 2008 b, 188.
46 Zibelius-Chen 2011, 270 und 2014.
47 Hinkel 2001.
48 Ferrandino 2016 a und 2016 b; Rilly 2014 b.
49 Spalinger 2020, Kap. 2.6 (B. 500), 4 (M. 250) und 7 (Texte).
50 Rilly 2014 a.
51 Priese 2013.
52 Diskussion bei Breyer 2015, 192 f. und Rilly 2014 a, 1174 f.
53 el-Sayed 2004.
54 Breyer 2012 b, 22.
55 Rilly 2008 a, 217–219.
56 Bechhaus-Gerst 1996, 161; Breyer 2009.
57 Rilly 2019, 139 mit Anm. 27.
58 Zibelius-Chen 2011, 12 f.
59 Rilly 2019, 1177.
60 So Priese 2013, 205; vgl. auch Peust 1999, 151.
61 Breyer 2005.
62 Rilly 2019, 1181.
63 Welsby 1996, 51.
64 Strouhal 1992; Armelagos 1969; Lohwasser 2012 a, 419 f.
65 Wooley/Randall-MacIver 1910, Taf. 109; Dunham 1963, Abb. 107 j–l.
66 Lohwasser 2012 a.
67 Lohwasser 2001.
68 Lohwasser 2012 b.
69 Lohwasser 2012 a, 380 und Kap. III.3.3.
70 Raue 2019, 323, 572; Seidlmeyer 2002, 103.
71 Nordström 2004.
72 Lohwasser 2001.
73 Hayes/Santini-Ritt, 170 f.
74 Hayes/Santini-Ritt, 171 f. mit Abb. 105.
75 Herzog 1979.
76 Wolf 2019, 754.
77 Welsby 2019.
78 Wolf 2019.
79 Baud 2010 a.
80 Shaw et al. 1993, 21 ff.
81 Persönliche Mitteilung Charles Bonnets vor Ort.
82 Welsby 1996, Kap. 6.
83 Priese 1984.
84 Baud 2008, 52.
85 Baud 2008, 61.
86 Wolf/Nowotnick 2013, 447 f.
87 Wolf/Nowotnick 2013, 448.

## 3 Die kuschitische Gesellschaft

88  Welsby 1996, Kap. 6.
89  Tucker/Emberling 2016; Emberling 2013, 2015 a–b.
90  Welsby 2009, 2014.
91  Baud 2010 b.
92  Brass 2014.
93  Vercoutter 1961.
94  el-Sadiq 2002.
95  Kendall 2007.
96  Williams 1990, Tab. 12.
97  Heidorn 1992, 8–23.
98  Heidorn 1992, 8–23.
99  Wolf 1990; Dallibor 2005; Pope 2014 a, Kap. IV.
100 Török 1997 a, 344 f.; Török 1997 b, 250.
101 Wolf 1990, 113.
102 Pope 2014 a, Kap. IV.2.
103 Heidorn 1991.
104 Welsby 2005.
105 Welsby Sjöström 2010.
106 Török 1997 a, 356.
107 Weschenfelder 2015; Baschir/David 2015; Anderson/Ahmed 2009.
108 Welsby 2014; Smith 2008, 112 f.; Thill 2007.
109 Adams 1977, Trigger 1965.
110 Edwards 1996.
111 Edwards 2004, 158.
112 FHN II, 554.
113 Wolf 2019, 755.
114 Wolf/Nowotnick 2013.
115 Welsby 1996, 136, Anm. 82.
116 Hinkel 1991.
117 Hinkel 1982.
118 Fitzenreiter 2013, 297.
119 Welsby 1996, 127.
120 Wolf/Nowotnick 2013, 439.
121 Hinkel/Sievertsen 2002, 65–71; Baud 2010 c.
122 Török 1992.
123 Grzymski/Grzymska 2008.
124 Baud 2008; Baud 2015.
125 Knustad/Frey 1998.
126 Vrtal 2013.
127 Lenoble/Rondot 2003, 106–111.
128 Ahmed 1999.
129 Vrtal 2013; Vercoutter 1962.
130 Roccati 2013.
131 Wolf/Onasch 1998–2002.

132 O'Connor 1993, 100 f.
133 Fitzenreiter 2013.
134 Sievertsen 2013.
135 Adams/Nordström 1963, 41.
136 Adams/Nordström 1963, 26.
137 Welsby 1996, 124.
138 Fitzenreiter 2013, 297 f.
139 Hinkel 1989.
140 Welsby 1996, 132.
141 Jacquet-Gordon et al. 1969.
142 Shinnie 1984.
143 Hintze 1962 b, 176.
144 Spalinger 2020.
145 Hinkel 1984.
146 Török 1979; 1986, 66–72; 1984; 2009, 339–343.
147 Janssen 1975.
148 Donadoni 1993.
149 Vincentelli 1993; 2007.
150 Vrtal 2013; Vercoutter 1962.
151 Pope 2014 a.
152 Pope 2014 a, Tab. A; Valbelle 2012.
153 Pope 2014 a, 149.
154 Pope 2014 a, 148; Kendall 1999; Morkot 2003 a.
155 Vinogradov 2012, 107–109, 113; Pope 2014 a, Kap. III.3.2.1 (g).
156 Török 1997 a, 251 und 248.
157 Török 1992.
158 Herzog 1988, 142–146.
159 Pope 2014 a, 41–49.
160 Morkot 2001, 234 f.
161 Török 1997 a, 347–352.
162 Pope 2014 a, 150 mit Anm. 530.
163 Rilly 2017, 256.
164 Rilly 2017, 304.
165 Carrier 2001; Török 1979, 5 f.
166 Burkhardt 1985; Pope 2008–9; 2014 b.
167 Pope 2014, 174–180.
168 Török 1980, 79, Anm. 32.
169 Török 1984, 56.
170 Pope 2014, 145–150.
171 Rilly 2017, 305.

# 4 Die materielle Kultur

1. Breyer 2015, 81–124.
2. Wendrich 1990; 1999.
3. Yvanez 2016.
4. Veldmeijer/Skinner 2019.
5. Rose 2019; David 2019; Evina 2010.
6. Aston 1996; 1999.
7. Roberston/Hill 2004.
8. Zach 1988.
9. Smith 1997.
10. Edwards 2004, 171.
11. Edwards 1999, 25–44.
12. Edwards, 2004, 172.
13. David 2018.
14. Griffith 1922, 87–89, Taf. 17.
15. Sackho-Autissier 2010 e
16. Näser/Wetendorf 2015.
17. Wenig 1979; Török 1987.
18. Gradel 2012; Nenna 2010 a.
19. Gradel 2008; Török 1989, 102.
20. Nenna 2010 b.
21. Welsby 1996, 168.
22. Sackho-Autissier 2016.
23. Edwards 2004, 137.
24. Humphries et al. 2016; 2018; Baud 2010 d; Lenoble 2001.
25. Bocoum 2002.
26. Jacob 2019.
27. Humpries et al. 2018.
28. Castiglioni/Castiglioni 2004.
29. Vercoutter 1959, 137 f.
30. Vgl. Herodot III, 23.
31. Herbert 1984.
32. el-Gayar/Jones 1989.
33. Bonnet/Valbelle 1980.
34. Gradel 2008; Morkot 1993; Török 1989.
35. Török 1989, 58, 61, 95 und 102.
36. Katalog der Importwaren bei Török 1989.
37. Wainswright 1952, 76.
38. Griffith 1922, 117, Taf. 53 b.
39. Russmann 1974; Török 1990.
40. Breyer 2015, 81–92.
41. Hallmann 2007; Török 1990, bes. 180.

42 Török 1987.
43 Russmann 1974, 38 ff.
44 Leclant 1965.
45 Lohwasser 1999; MacAdam 1955, 96, 102.
46 Breyer 2015, 92.
47 Veldmeijer/Skinner 2019.
48 Markowitz 2012; Thiaudière 2010.
49 Almagro et al. 1965, 88.
50 Lohwasser 2012 b.

# 5 Religiöse Vorstellungen

1 Kuckertz/Lohwasser 2016.
2 Bonnet 2019.
3 Ullmann 2019.
4 Kuckertz/Lohwasser 2016; Kormysheva 2010.
5 Pope 2014 a, Kap. III.
6 Yellin 1996.
7 Becker/Blöbaum/Lohwasser 2016.
8 Lohwasser 1997 a.
9 Rocheleau 2008; Guermeur 2005.
10 Pamminger 1992.
11 Priese 1996, 267.
12 Bumbaugh 2011.
13 Vrtal 2015.
14 Yellin 1982.
15 Blackman 1916.
16 Lohwasser 2014 b.
17 Lohwasser 1997.
18 Žabkar 1975.
19 Rilly 2017, 210 zu Nyimang (Nubaberge) Èbbéré/Ábŕdì, einem Synonym zu Allah.
20 Wenig 1974; Wenig 2019, 875 f., Kuckertz 2019, 826.
21 Wildung/Kroeper 2006; 2016.
22 Yellin 1979; 1990, 368.
23 Manzo 2006; Sackho-Autissier 2010.
24 Millet 1984.
25 Roccati 2013; Török 2011.
26 Lenoble 1998, 337 f.; Sackho-Autissier 2005, 310.

27 Hoffmann 1975.
28 Hatke 2013.
29 Breyer 2016, Kap. IV.4.
30 Riedel 2019; Kuckertz 2019; Wolf 2014; 2006, Rocheleau 2008.
31 Arnold 1999, 60.
32 Wolf 2014.
33 Kuckertz/Lohwasser 2016, 69 f.
34 Wenig 2019, 852–854.
35 Wenig 2019, 852–859.
36 Wolf 2006, 240 mit Anm. 5.
37 Kuckertz/Lohwasser 2016, 142–145.
38 Kendall 1996.
39 Török 1976.
40 Kuckertz 2019, 812.
41 Hinkel 2001.
42 Ahrens (i. V.); Kraus 1964.
43 Wildung/Kroeper 2016.
44 Wolf/Onasch 1998–2002.
45 Sackho-Autissier 2010 f.
46 Frend 1974, 40.
47 Khadir 1994.
48 Török 1987, 81.
49 Lohwasser/Kendall 2019, bes. Tab. 1, S. 628–630; Helmbold-Doyé 2019.
50 Edwards 1996, 94–105.
51 Lohwasser 2012 a, 419 f.
52 Smith 2007, 7 f.
53 Wenig 1967, bes. 10 f.
54 Dunham 1950, 49.
55 Connet/et-Tayeb 1991, 32.
56 Dunham 1950, 78.
57 Eisa 1999, 62 f.
58 Lohwasser/Kendall 2019, 634.
59 Doll 1982, 279 f.
60 Reisner 1922, 185.
61 Doll 2014.
62 Emberling 2015 b.
63 Balanda 2014, 658 f.
64 Lenoble 1994.
65 Fitzenreiter 2011.
66 Lohwasser 2012 a, 55.
67 Smith 2008.
68 al-Nur 1956.
69 Helmbold 2019, 789.
70 Priese 1992.

71 Yellin 1990; Helmbold-Doyé 2019, 792.
72 Breyer 2003, 411–413.
73 Breyer 2015, 58–62, 295–298; §§ 28 und 33 im Grammatikteil.
74 Yellin 1995, 2869–2872.
75 Francigny 2010.
76 Hofmann 1991, 25–41; Francigny 2010.
77 Yellin 2012, 137.
78 Kendall 1999, 38; Yellin 1996, 4 f.
79 Lenoble 1996.
80 Lenoble 2018.

# 6 Macht und Herrschaft im kuschitischen Reich

1 Chaix/Grant 1993.
2 Pope 2014.
3 Török 1995.
4 Zibelius-Chen 2001.
5 Edwards 1996 a; Pope 2014 a, Kap. VIII.3.
6 Priese 2013, 209.
7 Pope 2014, Kap. II–III.
8 Leclant 1954; 1961; 1965; Vittmann 1978; Graefe 1981; Naunton 2000; Vittmann 2007.
9 James 1991, 703; Redford 2004, 111.
10 Naunton 2004, 101.
11 Pope 2014 a, Kap. V.1.2.
12 Gozzoli 2010.
13 Kendall 1999 a, 55–58.
14 Vittmann 1978, 99 f.; Török 1997 a, 168; Naunton 2004, 86.
15 Vittmann 2007, 145.
16 Lefebvre 1925.
17 Török 1997 a, 168; Naunton 2004, 89.
18 Leclant 1961; Bierbrier 1979; Russmann 1997; Josephson 2002, Gamer-Wallert 2013.
19 Jansen-Winkeln 1996; Tiradritti 2000.
20 Ayad 2009 b, 148; Ritner 2009 b, 338 f.; 2008, 306.
21 Pope 2014 a, 255.
22 Perdu 2002.
23 Kehn 1999, 125; 2009.

24 Török 1992.
25 Lohwasser 2013 a.
26 Fitzenreiter 1997, 42.
27 Priese 2013, 208 f.
28 Török 1995, 213.
29 Morkot 1999; 2000, 161; Apelt 1990.
30 Török 2010, 167.
31 Revez 2010.
32 Černý 1954.
33 Lohwasser 2000 a.
34 Spaulding 1989; Lohwasser 2000 a.
35 Rilly 2017, 230 f.
36 Pope 2014 a, 37 f.
37 Török 2010.
38 Lohwasser 2000 b.
39 Lohwasser 2001; Priese 2013, 206 f.
40 Priese 1992, 10 und 45.
41 Vinogradov 1992.
42 Kitchen 1973, 164–170.
43 Priese 2013, 207.
44 Rilly 2017, 230 f.
45 Wolf/Rilly 2010.

# 7 Die politische Geschichte des Königreichs Kusch

1 Zibelius-Chen 2006 b.
2 Lohwasser 2018.
3 Pope 2014 a, 42 f.
4 Morkot 2000, 145–155.
5 Kendall 1993, 53.
6 Morkot 1991, 295.
7 Dunham 1963.
8 Zibelius-Chen 1999, 705.
9 Török 1997 b, 18.
10 Pope 2014 a, 32, Anm. 189 f.
11 Morkot 2000, 154 f.
12 Spalinger 2020, 108, Anm. 47. Vgl. auch Schrader et al. 2018.
13 Breyer 2008.

14 Morkot 2000, 163–166.
15 Kendall 1992, 52 ff.
16 Morkot 2000, 158.
17 Zibelius-Chen 2011, 63 ff. Meroitisch zu deuten wäre der Name als *aror* (REM 0425/2/3B), d. h. *aro* und Namenssuffix *-r*. Für *aro* kann auf meroitisch ⟨*ari*⟩ »Himmel« (?) oder die meroitische Namensform von »Horus« ⟨*ar(o)*⟩ verwiesen werden sowie auf das altnubische *ourou* /uru/ (»König«, ein Lehnwort aus dem Ägyptischen!). In jedem Falle müsste man den Namen eigentlich durch »Arora« wiedergeben.
18 Zibelius-Chen 2011, 265 f. Das *y* am Ende der Graphie notiert sicherlich die fakultative meroitische Namensendung *-ye*, d. h. man müsste eigentlich den Namen durch »Tabirye« wiedergeben. Vgl. Lohwasser 2001.
19 Zibelius-Chen 2011, 259 f. Wahrscheinlich ist das *t* am Ende nicht sprachwirklich, sondern markiert das Femininum, d. h. der Name endet wie der mehrerer Kuschitenpharaonen auf *-qo* (»Adelssuffix«) – im Meroitischen gibt es kein grammatisches Genus. Eigentlich müsste man also »Kasaqo« schreiben. Vgl. Lohwasser 2001.
20 Jansen-Winkeln 2003.
21 Zibelius-Chen 2011, 64.
22 Lohwasser 2001, 35.
23 Zibelius-Chen 2011, 64.
24 Zibelius-Chen 2011, 65.
25 Morkot 2000, 157.
26 Peust 1999, 34.
27 Zibelius-Chen 2011, 67 f.
28 Kendall 1999, 64.
29 Morkot 2000, 150 und 157.
30 Peust 1999, 70 f.
31 Zibelius-Chen 2011, 263; Leclant 1963.
32 Morkot 2000, 158.
33 Zibelius-Chen 2011, 262 f.
34 Schulz 2009.
35 Bányai 2013, 95, Anm. 129.
36 Kruchten 1989, 126.
37 Popko 2011, 103–107; Bányai 2013, 61, Anm. 34.
38 Zibelius-Chen 2011, 120 f.; Lohwasser 2001.
39 Morkot 1999.
40 Bányai 2013, 70, Anm. 62.
41 Bányai 2013, 113 mit Anm. 180.
42 Perdu 2011.
43 Broekman 2011, 56 f.
44 Zibelius-Chen 2011, 128 f. und 130 f.; Lohwasser 2001. Der Name bedeutet wohl »Eine Große zum Leben Gehörige ist sie«: ⟨*pke-se tr-lo*⟩ /pakse tara-lo/ > /pakse tar-ro/. An dieser Stelle sollte betont werden, dass »Peksa-

ter« nicht mit »Pekersari« (*P-k-r-sȝ-r-ˁ-y*) identisch ist, wie nach Priese (1968) manchmal angenommen wird. Vgl. Rilly 2001.
45 Zibelius-Chen 2011, 121–123.
46 Zibelius-Chen 2011, 121–123 und 131–132.
47 Wenig 1990; Bányai 2013.
48 Zibelius-Chen 2011, 131, Anm. 900.
49 Leahy 2011, 69, Anm. 78; Vittmann 2007, 144.
50 Morkot 2000, 160.
51 Munro 1973, 84.
52 Es handelt sich nach der Kandake um den höchsten Titelträger im meroitischen Reich, vgl. kuschitisch *boqor* (»oberster Häuptling«), dazu u. a. Zibelius-Chen 2011, 129 f.
53 Wenig 1990.
54 Zibelius-Chen 2011, 132.
55 Bányai 2013, 114.
56 Vittmann 2007, 144.
57 Bányai 2013, 113, Anm. 181.
58 Lohwasser 2001, 175.
59 Kahn 2005, 158 f.
60 Morkot 2000, 162.
61 Morkot 2000, 162, Anm. 41.
62 Zibelius-Chen 2011, 188 f. Lohwasser 2001, 29 und 151 f.
63 Zibelius-Chen 2011,13 f. Lohwasser 2001, 141. »Abalo« war nach der Stele Kawa V die leibliche Mutter Taharqos und nach der Adoptionsstele der Nitokris war Schepenupet II. dessen Schwester (*śn.t*). Da die Gottesgemahlin Tochter Pi(anch)ys war, wird Taharqo aufgrund der wörtlichen Übersetzung von *śn.t* meist als dessen Sohn angesehen. Wo »Abalo« bestattet war, ist nicht bekannt.
64 Zibelius-Chen 2011, 262 f.; Lohwasser 2001, 110 f. und 171 f. Der Name ist wohl als *⟨Kste-mlo-qo⟩* »Eine schöne Kasate ist sie« zu deuten. »Neferukukaschta« war wohl in dem einfachen Schachtgrab Ku. 52 bestattet. Einziger Hinweis auf eine Beziehung ist das Element *Kȝ-š-t*, bei dem jedoch einfach dasselbe meroitische Element ⟨ks-te⟩ vorliegen dürfte wie bei dem Königsnamen, denn es steht nicht in einer Kartusche. Dass »Nefru-kakaschta« eine Gemahlin Pi(anch)ys war, wird lediglich erschlossen, weil ihre Uschebtis denjenigen des Königs ähneln – wir haben von ihr keine Titel und ihr Name steht auch nicht in einer Kartusche.
65 Zibelius-Chen 2011, 114–117 und 67 f.
66 Rilly 2001.
67 Zibelius-Chen 2006 a.
68 Morkot 2000, 169.
69 Gozzoli 2003.
70 Morkot 2000, 176 f.
71 Kahn 2005, 158 f.; Morkot 1999, 208 und 218 f. Contra: Priese 1970.

72  Zibelius-Chen 2011, 190 f.; Morkot 2000, 177 f.
73  Zibelius-Chen 2011, 180. Udjarenes, die Ehefrau des Monthemhat, bezeichnet sich auf ihrer Opfertafel als Tochter des *s3 n(.i) nsw P-'nḫ.y H-3-rw*. Leider ist nicht ganz klar, ob dies heißt, es sei ein »Königssohn Pi(anch)y-Haru« oder »ein Sohn des Königs Pi(anch)y (namens) Haru«. Bei Chaliut ist die Sache klar, weil dort ein direkter Genitiv geschrieben wird. M. E. ist übrigens das letzte Element der Graphie nach gegen Zibelius-Chen viel eher meroitisch als ägyptisch (so auch Virrmann 2007, 145).
74  Zibelius-Chen 2011, 78. »Arty« wird auf einem Statuenfragment des Horemachet/Harmachis (ältester leiblicher Sohn Schabaqos *s3-nsw wr n(.i) ḫ.t≠f*, und nicht jüngerer Bruder Schebitqos, wie Kahn 2005, 160 meint) als Gemahlin des Schebitqo und Tochter des Pi(anch)y ausgewiesen.
75  Morkot 2000, 174.
76  Zibelius-Chen 2011, 232. Nach keilschriftlichen Quellen war Taharqos Schwester die Mutter von Tanutamani, und Taharqo ein Sohn Schabaqos. Qalhata war also als Schwester Taharqos eine Tochter Pi(anch)ys und Gemahlin Schabaqos. Das Grab der Qalhata (Ku. 5) ist neben demjenigen des Tanutamani das einzige, bei dem sich die Malereien der Grabkammern erhalten haben. Dort wird sie übrigens im Gegensatz zur Traustele Tanutamanis, auf der sie dargestellt ist, explizit als »Königsmutter« bezeichnet.
77  Zibelius-Chen 2011, 155; Lohwasser 2001, 168 f. und 114 f. »Naparaye« ist nur auf Objekten aus ihrem Grab Ku. 6 bezeugt, wo sie als »Königsgemahlin« und »Königsschwester« (jedoch nicht als »Königstochter«) bezeichnet wird. Meist gilt sie als Gemahlin des Taharqo.
78  Zibelius-Chen 2011, 47 f. »Tekahatamani« erscheint zusammen mit Taharqo prominent im Bildprogramm des jüngst restaurierten Mut-Tempels B. 300, war wohl die Mutter des Nisu-schu-tefnut und scheint Taharqo überlebt zu haben. Grab unbekannt.
79  Zibelius-Chen 2011, 78. »Tabakenamun« wird zusammen mit Arty genannt – sie ist »Königstochter«, »-gemahlin« und »-schwester«. Die Mutter des Horemachet/Harmachis war sie nicht (die hieß *M-s3-b3-¹t3*), vgl. Zibelius-Chen 2011, 144 f.
80  Text: Grimal 1981; Goedicke 1996; Jansen-Winkeln 2007, 337–350; Ritner 2009 a, 465–594. Deutung: Török 2002, 368–398; el-Hawari 2010; Spalinger 2016; Fitzenreiter 2018.
81  Logan/Westenholz 1971–1972; Priese 1972; Spalinger 1979 a.
82  Kahn 2003; Kessler 1981; Spalinger 1979 b; 1981.
83  Szafrański 2006.
84  Bányai 2013, 124, Anm. 207 zur Bauzeit großer Tempelanlagen: Salomon braucht 7–14 Jahre für den Tempel von Jerusalem. Bányai rechnet ein Jahrzehnt für die Bauten Scheschonqs I. im Amuntempel von Karnak.
85  Morkot 2000, 170.
86  Morkot 2000, 170.
87  Morkot, 2000, 173, Anm. 12; Priese 1970, 25.

88  Bányai 2013.
89  Szafrański 2006.
90  Lohwasser/Becker/Blöbaum 2018.
91  el-Hawari 2010, 410–414.
92  Fitzenreiter 2018.
93  Spalinger 2020, 258 f.
94  Goebs 2003.
95  Gozzoli 2001.
96  Fitzenreiter 2011.
97  Heidorn 1997; Bökönyi 1993.
98  Galpa-Feller 1995.
99  O'Rouke 2010.
100 Morkot 2000, 174 f.
101 Kákosy 2002.
102 Breyer 2003, Exkurs 1.
103 Hofmann 2004.
104 Darnell 1993.
105 Gardiner 1935; Gaplaz-Feller 1993.
106 Schneider 1994, s. v. »Pije«; Morkot 2000, 179–196.
107 Morkot/James 2009; Kahn 2009.
108 el-Hawary 2010.
109 Kahn 2009.
110 Im Gegensatz zu Zibelius-Chen 2011, 120 halte ich es durchaus für möglich, den Namen unter Verweis aus nubisch *urum* (»schwarz«) mit dem ägyptischen Artikel *pꜣ* als »Der Schwarze« zu deuten (Breasted). Nichts spricht dafür, dass es sich um einen libyschen Namen handelt.
111 Meist wird der Name *Rmskny/L'mrskny* oder gar *Mrskny* gelesen – Zibelius-Chen 2011, 210 f. konnte jedoch überzeugend darlegen, dass der Mann den Titel »Befehlshaber der Bogentruppen und Wüstenpatrouillen« (*ṯsw pḏt šnʿw*) getragen haben dürfte.
112 Morkot/James 2009.
113 Kahn 2005–2006.
114 Onasch 1994, I: 47.
115 Török 1997 a, Kap. IV.2.2.
116 Kessler 1981.
117 Perdu 2002, 1215–1244; Bányai 2013, 60 f., Anm. 31–35.
118 Jansen-Winkeln 2009; Bányai 2013, 63.
119 Pope 2014 a; Jurman 2009.
120 Kahn 2003.
121 Bányai 2013, 49–133.
122 Bányai 2013, 99.
123 Bányai 2013, 99.
124 Jansen-Winkeln 2009; Breyer 2019, s. v. *Sôʾ*.
125 Weippert 2010, Kap. C.7, bes. Nr. 151–152.

126 Borger 1960.
127 Kahn 2009.
128 Bányai 2013, 106 und Anm. 162.
129 Bányai 2013, 59 f. und 95–108.
130 Bányai 2013, 107 f.
131 Raue/von Pilgrim 2008, 2 f.
132 Morkot/James 2009.
133 Bányai 2013, 105.
134 Kendall 1999, 38 f.
135 Shea 1997; Frame 1999; Redford 1999; Kahn 2001.
136 Fuchs 1994.
137 Spalinger 1973, 97; Kitchen 1986, 143 f., 380 und 552; Redford 1985; Depuydt 1993, 271 f. mit Anm. 24.
138 Spalinger 1973, 100.
139 Kitchen 1986, 143 f., 552 und 583.
140 Frame 1999; Kahn 2001. Man muss dazu sagen, dass unabhängig von Frame bereits Andreas Fuchs (1998, 124 f.) zu demselben Ergebnis gekommen war. »Schebitqo« ist lediglich die ägyptologische Schulaussprache; wahrscheinlich wurde der Name »Schabatqo« o. ä. ausgesprochen.
141 Redford 1999; von Beckerath 2001.
142 Kahn 2001, 3 f.
143 Spalinger 1973, 98; Redford 1985, 13, Anm. 61; Kitchen 1986, 555–557; Yurco 1982.
144 Redford 1999; von Beckerath 2001, 4 f.
145 Kahn 2001, 6 f.; Zibelius-Chen 2006 b.
146 Bányai 2013, 55.
147 Bányai 2013, 49–133.
148 Broekman 2015; 2017 a–b; Jurman 2017; Payraudeau 2014.
149 Jansen-Winkeln 2017, Postskriptum: »Im Gegensatz zu meinen Ausführungen auf dem [2014] Kolloquium in Münster bin ich jetzt der Meinung, dass die (neue) Reihenfolge Schebitku–Schabako in der Tat richtig ist ...«.
150 Bányai 2013, 74 mit Anm. 71.
151 Bányai 2013, 81–85.
152 Favorisiert von Bányai 2013, 74 mit Anm. 71.
153 Bányai 2013, 74 mit Anm. 71.
154 Kahn 2005, 161.
155 Kahn 2005.
156 Diese Zeit wird wohl im Petubastis-Zyklus behandelt. Vgl. Quack 2006.
157 Bányai 2013, 59.
158 von Beckerath 1993.
159 Zamazalová 2011.
160 Breyer, 2019 b.
161 Kahn 2001; Frame 1999.
162 Bányai 2013, 108 f.

163 Matty 2016; Zamazalová 2011.
164 Bellis 2010; Hoffmeier 2003.
165 Bates 2001.
166 Radner 2012, 475 f.
167 Yoyotte 1971.
168 Bányai 2013, 62 f.
169 Yurco 1982.
170 Murnane 1977, 189 f.
171 Bányai 2013, 80.
172 Zibelius-Chen 2011, 78 f.
173 Bányai 2013, 74 mit Anm. 71.
174 Bányai 2013, 71 mit Anm. 67 und zuvor bereits Leahy 1984.
175 Bányai 2013, 63 mit Anm. 44 und 85 f.
176 el-Hawari 2010.
177 Bányai 2013, 70–74.
178 Bányai 2013, 78.
179 Bányai 2013, 78.
180 Redford 1994; Kahn 2006; Shea 1997; Revez 2003.
181 Bányai 2013, 66 f.
182 Bányai 2013, 78 und 85.
183 Depuydt 2001; Dallibor 2016, 266. Die Variante dieser Glosse im Manuskript Oxford Merton 315 nennt denselben getöteten Pharao Sebicho statt Sebio: *Tarachus Sebicho interfecto Aegyptiis regnavit.*
184 Zibelius-Chen 2011, 144 f.
185 Zibelius-Chen 2011, 232 f.
186 Kahn 2004.
187 Pope 2014 a; Dallibor 2005; Wolf 1990.
188 von Beckerath 1997, 41 und 84–88.
189 von Beckerath 1997, 91; 2001, 1.
190 Zibelius-Chen 2006 b.
191 Bányai 2013, 89–93.
192 Malanine/Posener/Vercoutter 1968, 146.
193 Mariette 1882, 191.
194 Bányai 2013, 93.
195 Gozzoli 2009.
196 Bányai 2013, 69.
197 Bányai 2013, 68, Anm. 59.
198 Pope 2014 a, Kap. III.3.
199 Kahn 2004; 2006; 2014.
200 Redford 1994.
201 Spalinger 1978.
202 Spalinger 2020, 17, Anm. 59.
203 Kahn 2004; 2006; 2014.
204 Onasch 1994, I: 15–59

205 Onasch 1994, I: 18.
206 Fecht 1958, 116 f.
207 Dietrich 1970, 39.
208 Onasch 1994, I: 24.
209 Onasch 1994, I: 19 f.
210 Onasch 1994, I: 26.
211 Onasch 1994, I: 12 f.
212 Dalley 1985.
213 Spalinger 2020, 92–98; Schrader et al. 2018.
214 Vernus 1975; Kahn 2004.
215 Morkot 2000, 265 und 323, Anm. 20; Meyrath 2012, 47, Anm. 8. M. E. ist es nicht sinnvoll, die Gesichtszüge auf der Stele mit den Statuen Taharqos zu vergleichen, um »Ähnlichkeiten« festzustellen.
216 Meyrath 2012.
217 Onasch 1994, I: 29.
218 Onasch 1994, I: 30–59, bes. 30–37.
219 Onasch 1994, I: 34.
220 Mattila 1983; Wasmuth/Creasman 2016.
221 Russmann 1974, 47 und 7–8.
222 Onasch 1994, I: 36–59; Fecht 1958. Aufgelistet werden: Necho (Nikû; Nkw), der König von Memphis (Mempi/Mn-nfr) und Sais (Sai/S₃w); Šarru-lū-dāri, der König von Pelusium (Ṣeʾnu/Sin); Pišanḫuru (P₃-sn-n(.i)-Ḥr(.w)), der König von Nathû (N₃i-n-t₃-ḫw.t; Tell el-Yehudiye); Paqruru (P₃-qrr), der König von Pišaptu (Pr(.w)-Špd.w; Saft el-Henna); Bukananiʾpi (B₃k-n-nfi), der König von Athribis (Ḫatḫiribi; Ḥw.t-t₃-ḫr.i-ib); Naḫkê (P₃-nhq/Nḫ-k₃), der König von Herakleopolis parva (Ḫininši; Pr(.w)-ḫr.i-š꜓f-nb-Nni-nsw; Tell Ayîd?); Puṭubišti/Petubastis (P₃-di-B₃st.t), der König von Tanis (Ṣaʾnu; Ḏʿnt; Sân el-Ḥagar); Unamanu (Wn-Îmn(.w)), König von Leontopolis (Nathû/N₃i-n-t₃-ḫw.t; Tell el-Moqdam); Ḥarsiešu/Harsiese (Ḥr(.w)-s₃-₃s.t), der König von Sebennytos (Ṣabnūti; Ṯb-nṯr; Sammanûd); Pûjama (P₃-im), der König von Mendes (Pinṭiṭi; Pr(.w)-B₃-nb-ḍd.t; Tell Rubʿ); Scheschonq (Susinqu), der König von Busiris (Puširu; Pr(.w)-Ws(i)r; Tell el-Kebir); Tapnaḫti (T₃꜓f-nḫ.t), der König von Punubu (Pr(.w)-inbw); Bukananiʾpi (B₃k-n-nfi), der König von Aḫni (Îḫnw); Eptimurṭiešu (Nfrtm-ir-di-sw), König von Terenuthis (Piḫatiḫurunpiki; Pr(.w)-Ḥw.t-Ḥr(.w)-nb.t-Mfk₃.t; Kôm Abu Billo); Naḫtiḫuruansini (Nḫ.t-Ḥr(.w)-n₃-šnw), König von Pišapdiʾa (Pr(.w)-Špd.w-n(i)-i₃.ti); Bokchoris/B₃k-n(.i)-rn꜓f (Bukurninip), der König von Paḫnuti; Sihâ (Ḏd-Ḥr.(w)), der König von Siut (Šiautu; Assiut); Nimlot/Nmrṯ (Lamintu), der König von Hermopolis (Ḥmnw; el-Ašmunein); Išpimâṭu (N(.i)-s(w)-p₃.mdw), der König von Thinis (Tayani; Thî) und Monthemhat/Mnṯw-m-h₃.t (Mantemeanḫê), der König von Theben (Neʾ; Nʾw.t; Luxor).
223 Onasch 1994, I: 147–158. Hier sind die beiden Textfassungen Prisma E und Late Egyptian Tablets (LET) historisch bedeutsam – die ein Vierteljahrhundert später redigierten Prismen C und A weniger.

224 In der Pi(anch)y-Stele ist davon die Rede, Nimlot habe einen »Uräus, der ihm Ansehen gibt« (i'r.t dd.w šf.tzf).
225 Spalinger 2020.
226 Hintze 1960.
227 Hintze 1960.
228 Pope 2014 a, Kap. IV.5.
229 Fales 1981.
230 Onasch 1994, I: 150.
231 Bányai 2013, Anm. 25 f.
232 Kendall 2008.
233 Bányai 2013, 79, bes. Anm. 88.
234 Fitzenreiter 2014.
235 Breyer 2003, 15 f.; Leahy 1984.
236 Zibelius-Chen 2011, 232 f.; Lohwasser 2001, 181.
237 Zibelius-Chen 2011, 133 f.; Lohwasser 2001, 178.
238 Breyer 2014.
239 Desroches-Noblecourt 1951, 60 f.
240 Breyer 2003, Kap. 4.2; Gestermann 2000.
241 Schneider 1988.
242 Breyer 2003, 311 f.
243 Brunner 1952–1953.
244 Spalinger 1981, 56.
245 Der Manuelian 1994, 297–321; Blöbaum 2016.
246 Breyer 2003, Kap. 4.6.
247 Breyer 2003, 327 f.
248 Zibelius-Chen 2011, 39–41.
249 Popko 2012.
250 Vgl. Rilly 2017, 120.
251 Raue 2019, 613 f.
252 Żurawski 1999, 157.
253 Nach Rilly 2017, 256 geht *Akine* (lat. *Acina*) jedoch auf den Namen Mirgissas zurück, *Ikn*.
254 Breyer 2015, 12 und 139.
255 FHN II, Nr. 142, Diodor 3.2.6.
256 Hofmann/Vorbichler 1979, 76 ff.
257 Zibelius-Chen 2011, 23 f.
258 Rilly 2017, 256.
259 Baud 2010 e.
260 Rilly 2017, 255.
261 Diskussion bei Breyer 2015, 145 und Zibelius-Chen 2011, 23 f.
262 Breyer 2015, 145; Zibelius-Chen 2011, 61 f.
263 Rilly 2017, 209.
264 Diskussion bei Breyer 2015, 145 und Zibelius-Chen 2011, 70 f.
265 Breyer 2015, 146; Zibelius-Chen 2011, 70 f. und 148 f.

266 Rilly 2017, 226.
267 Hölbl 1994, 113–116 und 135 ff.
268 Török 1997 a, 432 ff.
269 Diskussion bei Breyer 2015, 146 f.; Zibelius-Chen 2011, 266 f.
270 Rilly 2017, 228.
271 Winter 1978.
272 Zibelius-Chen 2011, 159.
273 Rilly 2017, 229 f.
274 Hofmann 1978, 43.
275 Török 1997 a, 445.
276 Rilly 2017, 230–235.
277 Rilly 2017, 236.
278 Rilly 2017, 236.
279 Ferrandino 2016 a–b
280 Rilly 2017, 237 f.
281 Török 1997 a, 447.
282 Rilly 2017, 241.
283 Rilly 2017, 241.
284 Sackho-Autissier 2010 b.
285 Locher 2002. Vgl. auch Rilly 2017, 249–251; Breyer 2015, 149–153; Sackho-Autissier 2010 c; Török 2009, 427–513.
286 Strabon, Geogr. XVII, 1, 54; Plinius, Nat.hist. VI, 181
287 Breyer 2015, 302–303.
288 Rilly 2017, 249.
289 Rilly 2017, 251.
290 Wolf/Rilly 2010.
291 So Rilly 2014 a, 1178; kritisch Breyer 2012 b, 146.
292 Hüneburg 2003.
293 Hofmann 1977; Breyer 2015, 149.
294 Matić 2014; Opper 2014.
295 Shinnie/Bradley 1981.
296 Rilly 2017, 243.
297 So Rilly 2017, 249 f.
298 Rilly 2017, 252.
299 Rilly 2017, 257.
300 Lohwasser 2001 b.
301 Rilly 2017, 262 f.
302 Rilly 2017, 263–267.
303 Rilly 2017, 267 f.
304 Breyer 2015, 151 f.; Zach 2001; FHN III, 901 f.
305 Gamer-Wallert/Zibelius 1983.
306 Roccati 2013.
307 Vrtal 2015.
308 Rilly 2017, 278.

309 Rilly 2017, 282.
310 Zach 1993.
311 Rilly 2017, 273.
312 Rilly 2017, 274.
313 Ausführlicher Rilly 2017, 287–290.
314 Rilly 2017, 290 f.
315 Török 1997 a, 468 f.
316 Rilly 2017, 293–295.
317 Rilly 2017, 310.
318 Hofmann 1978, 168.
319 FHN III, Nr. 267; Török 1978.
320 Rilly 2017, 310.
321 Łajtar/van den Vliet 2006.
322 Hallof 2003.
323 Rilly 2017, 321.
324 Edwards 2019.
325 Dijstra 2008.
326 Rilly 2017, 328.
327 Edwards 2019.
328 Breyer 2012 c.
329 Fuller 2014, 174.
330 Adams/Adams 2007.
331 Yvanez 2016.
332 Drzewiecki 2016.
333 Welsby/Anderson 2004, 196.
334 Dann 2009.
335 Obłuski 2014, 44.
336 Lassányi 2010.
337 Török 2009, 525.
338 Updegraff 1998.

# Ausblick

1 Dann 2013.
2 Rebillard 2012.

# Reihen- und Zeitschriftenkürzel

| | |
|---|---|
| ANM | Archéologie du Nil Moyen |
| BIFAO | Bulletin de l'Institut Français d'Archéologie Orientale |
| BSFE | Bulletin de la Sovieté Française d'Egyptologie |
| BzS | Beiträge zur Sudanforschung |
| CRAIBL | Comptes Rendus à l'Académie des Inscriptions et Belles-Lettres |
| DE | Discussions in Egyptology |
| JAEI | Journal of Ancient Egyptian Interconnections |
| JANER | Journal of Ancient Near Eastern Religions |
| JARCE | Journal of the American Research Center in Egypt |
| JEA | Journal of Egyptian Archaeology |
| JegH | Journal of Egyptian History |
| JSSEA | Journal of the Society for the Study of Egyptian Antiquities |
| LAAA | Liverpool Annals of Archaeology and Anthropology |
| LingAeg | Lingua Aegyptia |
| MIO | Mitteilungen des Instituts für Orientforschungen |
| MNL | Meroitic Newsletter |
| MittSAG | Mitteilungen der Sudanarchäologischen Gesellschaft |
| OBO | Orbis Biblicus et Orientalis |
| Or | Orientalia (Nova Series) |
| SAK | Studien zur Altägyptischen Kultur |
| StudAeg | Studia Aegyptia |
| SUGIA | Sprache und Geschichte in Afrika |
| ZÄS | Zeitschrift für ägyptische Sprache und Altertumskunde |

REM = Leclant, J./Heyler, A./Berger, C./Carrier, C./Rilly, C. 2000: Répertoire d'épigraphie méroïtique. Corpus des inscriptions publiées, I–III, Paris.

FHN = Eide, T./Hägg, T./Pierce, R.H./Török, L. 1994–2000: Fontes Historiae Nubiorum. Textual Sources for the History of the Middle Nile Region Between the Eighth Century BC and the Sixth Century AD, I–IV, Bergen.

# Bibliographie

Adams, W.Y. 1981: Ecology and Economy in the Empire of Kush, in: ZÄS 108, 1–11.
Adams, W.Y./Adams, N.K. 2007: The Kulubnarti Underclass, in: Gratien, B. (Hg.): Mélanges offerts à Francis Geus: Égypte, Lille, 11–16.
Adams, W.Y./Nordström, H.-Å. 1963: The Archaeological Survey of the West Bank of the Nile: Third Season, in: Kush 11, 10–46.
Adams, W.Y. 1977: Nubia: Corridor to Africa, London.
Ahmed, S.M. 1999: The Napato-Meroitic remains at Kerma, in: Sudan & Nubia 3, 39–46.
Ahrens, S. (in Vorbereitung): Die Bauornamentik des römischen Kiosks in Naga (non vidi).
Aldenhoven, K. 2014: Kushite Bark Stands, in: Anderson/Welsby 2014, 601–611.
Almagro, M./Blanco, C./Garcia-Guinea, M./Presedo, V./Francisco, J./Pellicer Catalán, M./Teixidor, J. 1965: Excavations by the Spanish Archaeology Mission in the Sudan, 1962–63 and 1963–64, in: Kush 13, 78–95.
Anderson, J.R./Ahmed, S.M. 2009: What are these doing here above the Fifth Cataract?!! Napatan Royal Statues at Dangeil, in: Sudan & Nubia 13, 78–86.
Anderson, J.R./Welsby, D.A. (Hgg.) 2014: The Fourth Cataract and Beyond, Leuven.
Andrews, F.W. 1948: Vegetation of the Sudan, in: Tothill, J.D. (Hg.): Agriculture in the Sudan, Oxford, 32–61.
Anstis, S. 2015: Meroitic Graffiti in the Mortuary Temple, in: Sudan & Nubia 19, 67–68.
Apelt, D. 1990: Bemerkungen zur Thronfolge in der 25. Dynastie, in: Meroitica 12, 23–31.
Armelagos, G.J. 1969: Disease in Ancient Nubia, in: Science 163, 255–259.
Arnold, D. 1999: Temples of the Last Pharaohs, Oxford.
Aston, D. 1996: Egyptian Pottery of the Late New Kingdom and Third Intermediate Period, Heidelberg.
Aston, D. 1999: Elephantine XIX. Pottery from the Late New Kingdom to the Early Ptolemaic Period, Mainz.

Ayad, A.F. 2009 a: God's Wife, God's Servant: The God's Wife of Amun (c. 740–525 BC), London.
Ayad, A.F. 2009 b: The Transition from Libyan to Nubian Rule in Egypt: Revisiting the Reign of Tefnakht, in: Broekman, G.P.F. et al. (Hgg.): The Libyan Period in Egypt. Historical and Cultural Studies into the 21$^{st}$ –24$^{th}$ Dynasties, Leuven, 139–148.
Balanda, B. 2014: Protecting the Mummy: A Reinterpretation of Shabtis in Napatan Funerary Customs, in: Anderson/Welsby 2014, 655–662.
Bányai, M. 2013: Ein Vorschlag zur Chronologie der 25. Dynastie in Ägypten, in: Journal of Egyptian History 6, 49–133.
Bashir, M.S./David, R. 2015: The Meroitic Cemetery at Berber. Recent Fieldwork and Discussion on Internal Chronology, in: Sudan & Nubia 19, 97–105.
Bates, R.D. 2001: Could Taharqa Have Been Called to the Battle of Eltekeh? A Response to William H. Shea, in: Near East Archaeological Society Bulletin 46, 43–63 .
Baud, M. 2008: The Meroitic Royal City of Muweis: First Steps into an Urban Settlement of Riverine Upper Nubia, in: Sudan & Nubia 12, 52–63.
Baud, M. (Hg.) 2010 a: Méroé. Un empire sur le Nil, Paris.
Baud, M. 2010 b: Méroé, un monde urbain, in: Baud 2010 a, 211–226.
Baud, M. 2010 c: La maison du roi: le palais, in: Baud 2010 a, 241–243.
Baud, M. 2010 d: La métallurgie méroïtique: fer et bronze, in: Baud 2010 a, 130–133.
Baud, M. 2010 e: Culture d'Afrique, modèles égyptiens et influences méditerranéennes, in: Baud 2010 a, 76–89.
Baud, M. 2015: Trois saisons a Mouweis: premier bilan archéologique, in: Zach, M. (Hg.): The Kushite World, Wien, 97–110.
Bechhaus-Gerst, M. 1996: Sprachwandel durch Sprachkontakt am Beispiel des Nubischen im Niltal, Köln.
Becker, M./Blöbaum, A.I./Lohwasser, A. (Hgg.) 2016: Prayer and Power. Proceedings of the Conference on the God's Wives of Amun in Egypt during the First Millennium BC, Münster.
von Beckerath, J. 1993: Die Nilstandsinschrift vom 3. Jahr Schebitkus am Kai von Karnak, in: GM 136, 7–9.
von Beckerath, J. 2001: Zur XXV. Dynastie, in: SAK 29, 1–6.
Behrens, P. 1984 f.: Wanderbewegungen und Sprache der frühen saharanischen Viehzüchter, in: SUGIA 6, 135–216.
Bellis, O.A. 2010: Rescue of Jerusalem from the Assyrians in 701 B.C.E. by the Cushites, in: Noll, K.L./Schramm, B. (Hgg.): Raising Up a Faithful Exegete (Fs. R.D. Nelson), Winona Lake, 247–260.
Bierbrier, M.L. 1979: More Light on the Family of Montemhat, in: Ruffle, J. et al. (Hgg.): Glimpses of Ancient Egypt: Studies in Honour of H.W. Fairman, Warminster, 116–118.

Blackman, A.M. 1916: Libations to the Dead in Modern Nubia and Ancient Egypt, in: JEA 3, 31–34.

Blöbaum, A.I. 2016: The Nitocris Adoption Stela. Representation of Royal Dominion and Regional Elite Power, in: Becker/Blöbaum/Lohwasser 2016, 183–204.

Bocoum, H. (Hg.) 2002: Aux origines de la métalurgie du fer en Afrique: une ancenneté méconnue, Paris.

Bökönyi, S. 1993: Two Horse Skeletons from the Cemetery of Kurru, Northern Sudan, in: Acta Archaeologica Scientiarum Hungaricae 45, 301–316.

Bonnet, C. 2011: Les destructions perpétrées durant la campagne de Psamétique II en Nubie et les dépots consécutifs, in: Valbelle, D./Yoyotte, D. (Hgg.): Statues égyptiennes et kouchites démembrées et reconstituées. Hommage à Charles Bonnet, Paris, 21–33.

Bonnet, C. 2015: Le temple circulaire de Doukki Gel, in: Zach, M. (Hg.): The Kushite World, Wien, 195–200.

Bonnet, C. 2019: The Religious Architecture of Kerma and Dokki Gel from the $3^{rd}$ to the $1^{st}$ Millennium BC, in: Raue 2019, 413–432.

Bonnet, C./ed-Din, M.A. 1991: A potter's workshop of the Napatan period and some Christian tombs, in: Genava 39, xi–xii.

Bonnet, C./et-Tayeb, M. 1991: Une tombe méroitique du cimitière de la ville antique, in: Genava 39, 29–34.

Bonnet, C./Valbelle, D. 1980: Un Prêtre d'Amon de Pnoubs enterré à Kerma, in: BIFAO 80, 1–12.

Bonnet, C./Valbelle, D. 2006: Pharaonen aus dem schwarzen Afrika, Mainz.

Bonnet, C./Valbelle, D. 2014: La ville de Kerma. Une capitale nubienne au sud de l'Egypte, Lausanne.

Borger, R. 1960: Das Ende des ägyptischen Feldherrn Sib'e = So, in: JNES 19, 49–53.

Bradley, R.J. 1992: Nomads in the Archaeological Record, Meroitica 13, Berlin.

Brass, M.J. 2014: The Southern Frontier of the Meroitic State: The View from Jebel Moya, in: African Archaeological Review 31, 425–445.

Breyer, F. 2003: Tanutamani. Die Traumstele und ihr Umfeld, Wiesbaden.

Breyer, F. 2005: Eine Statue des meroitischen Sonnengottes Masa?, in: MittSAG 16, 137–142.

Breyer, F. 2008: Das Napatanische. Eine ägyptomeroitische Kreolsprache und ihr Verhältnis zum Altnubischen, in: LingAeg 16, 2008, 323–330.

Breyer, F. 2009: »Nubien« und äg. nb.w »Gold« – eine Gegendarstellung, in: MittSAG 20, 173–176.

Breyer, F. 2012 a: ›Zwerg‹-Wörter, ägyptisch-kuschitischer Sprachkontakt bzw. -vergleich und die sprachliche Situation im mittleren Niltal des 3.–2. Jahrtausend v. Chr., in: SAK 41, 99–112.

Breyer, F. 2012 b, Die meroitische Sprachforschung. Gegenwärtiger Stand und richtungsweisende Ansätze, in: MittSAG 23, 1–33.

Breyer, F. 2012 c: Das Königreich Aksum. Geschichte und Archäologie Abessiniens in der Spätantike, Darmstadt.
Breyer, F. 2014: Kipkipi, ein soldatensprachlicher Somatismus oder: Wohin floh der letzte kuschitische Pharao vor den Assyrern?, in: Lohwasser, A./Wolf, P. (Hgg.): Ein Forscherleben zwischen den Welten (Fs. S. Wenig), Berlin, 21–24.
Breyer, F. 2015: Einführung in die Meroitistik, Berlin.
Breyer, F. 2016: Punt. Die Suche nach dem »Gottesland«, Leiden.
Breyer, F. 2019 a: Die Ägyptischen Namen und Wörter im Alten Testament, ÄAT 93, Münster.
Breyer, F. 2019 b: Keilschriftlich *uriṣṣu* = *paturesi* = hebr. *ptrws* = äg. *pȝ-tȝ-rsi* »Oberägypten«. Eine philologische crux und ihre Auswirkungen auf die Chronologie der ägyptischen Spätzeit. In: WZKM 109, 113–135.
Broekman, G.P.F. 2011: The Egyptian Chronology from the Start of the Twenty-Second until the End of The Twenty-Fifth Dynasty: Facts, Suppositions and Arguments, in: JEgH 4, 40–80.
Broekman, G.P.F. 2015: The order of succession between Shabaka and Shabataka. A different view on the chronology of the Twenty-fifth Dynasty, in: GM 245, 17–31.
Broekman, G.P.F. 2017 a: Genealogical considerations regarding the kings of the Twenty-fifth Dynasty in Egypt, in: GM 251, 13–20.
Broekman, G.P.F. 2017 b: Some consequences of the reversion of the order Shabaka – Shabataka, in: GM 253, 25–32.
Brunner, H. 1952–1953: Ein assyrisches Relief mit einer ägyptischen Festung, in: Archiv für Orientforschung 16, 253–262.
Budka, J. 2010 a: Bestattungsbrauchtum und Friedhofsstruktur im Asasif, Wien.
Budka, J. 2010 b: Kushite Tomb Groups in Late Period Thebes, in: Godlewski, W./Łajtar, A. (Hgg.): Between the Cataracts. Teil 2,1: Session Papers, Warschau, 503–518.
Budka, J. 2019: Nubians in the 1st Millenium BC in Egypt, in: Raue 2019, 697–712.
Bumbaugh, S. 2011: Meroitic worship of Isis at Philae, in: Exell, K. (Hg.): Egypt in its African context, Oxford, 66–69.
Burkhardt, A. 1985: Ägypter und Meroiten im Dodekaschoinos, Berlin.
Carrier, C. 2001: La stele méroïtique d'Abratoye (Caire, J.E. no 90008), in: MNL 28, 21–54.
Carter, P.L./Foley, R. 1980: A Report on the Fauna from the Excavations at Meroe, 1967–1972, in: Shinnie/Bradley 1980, 298–312.
Castiglioni, A./Castiglioni, A. 2004: Gold in the Eastern Desert, in: Anderson/Welsby 2004, 122–131.
Černý, J. 1954: Consanguineous Marriages in Pharaonic Egypt, in: JEA 40, 23–29.

Ciampini, E.M. 2015: The Italian Excavations at Gebel Barkal: A Royal Hammam (B 2200: Seasons 2008–2009) in: Zach, M. (Hg.): The Kushite World, Wien, 369–373.

Chaix, L./Grant, A. 1993: Palaeoenvironment and economy at Kerma, Northern Sudan, during the third millennium BC: archaeozoological and botanical evidence, in: Krzyzaniak, L./Kobusiewicz, M. (Hgg.): Environmental Change and Human Culture in the Nile Basin and Northern Africa until the Second Millennium BC, Posen, 399–404.

Choimet, G. 2018: Habitat et urbanisme méroïtiques en Nubie et au Soudan central: état des lieux, actualité et carences de la recherche, in: Actualités archéologiques françaises au Soudan 3, 78–102.

Clark, J.D./Stemler, A. 1975: Early domesticated sorghum from Central Sudan, in: Nature 254, 588–591.

Clapham, A.J. 2019: The Archaeobotany of Nubia, in: Raue 2019, 83–101.

Coppa, A./Palmieri, A. 1988: Changing dietary patterns at Geili, in: Caneva, I. (Hg.): El Geili. The History of a Middle Nile Environment 7000 B.C.–A.D. 1500, Oxford, 275–302.

Dalley, S.1985: Foreign chariotry and cavalry in the armies of Tiglat-pilesar III and Sargon II, in: Iraq 47, 31–48.

Dallibor, K. 2005: Taharqo – Pharao aus Kusch: ein Beitrag zur Geschichte und Kultur der 25. Dynastie, Berlin (Preprint zur 3. Auflage 2013).

Dann, R.J. 2009: The Archaeology of Late Antique Sudan: Aesthetics and Identity in the Royal X-Group Tombs at Qustul and Ballana, New York.

Darnell, J. 1993: Two Sieges in the Aethiopic Stelae, in: Mendel, D./Claudi, U. (Hgg.): Ägypten im afro-orientalischen Kontext. Gedenkschrift Peter Behrens, Köln, 73–79

David, R. (Hg.) 2018: Céramiques égyptiennes au Soudan ancien, Kairo.

David, R. 2019: Ceramic Industries of Meroitic Sudan, in: Raue 2019, 875–895.

Der Manuelian, P. 1994: Living in the Past, New York.

Dieleman, J. 2005: Priests, Tongues, and Rites: The London-Leiden Magical Manuscripts and Translation in Egyptian Ritual (100–300 CE), Leiden.

Dietrich, M. 1970: Die Aramäer Südbabyloniens in der Sargonidenzeit, Neukirchen-Vluyn.

Dijkstra, J.H.F. 2008: Philae and the End of Ancient Egyptian Religion: A Regional Study of Religious Transformation (298–642 CE), Leuven.

Depuydt, L. 1993: The date of Piye's Egyptian campaign and the chronology of the Twenty-fifth Dynasty, in: JEA 79, 269–274.

Depuydt, L. 2001: Glosses to Jerome's Eusebios as a Source for Pharaonic History, in: CdE 76, 30–47.

Desroches-Noblecourt, C. 1951: Deux grands obélisques précieux d'un sanctuaire à Karnak. Les égyptien ont-ils érigé des obleisques d'électrum?, in: RdE 8, 47–61.

ad-Din, M.S. 1997: The »Tirkeen«, Was it a Napatan dish?, in: Kush 17, 309–312.

Doll, S. 1982: Identity and Significance of the texts and decoration on the sarcophagi of Anlamani and Aspelta, in: Meroitica 6, 276–280.

Doll, S. 2014: The Royal Mortuary Cult at Nuri, 593–431 BC, in: JARCE 50, 191–219.

Donadoni, S. 1993: Excavations of the University of Rome at Natakamani Palace (Jebel Barkal), in: Kush 16, 101–115.

Drzewiecki, M. 2016: Mighty Kingdoms and their Forts – The Role of Fortified Sites in the Fall of Meroe and Rise of Medieval Realms in Upper Nubia, Warschau.

Dunham, D. 1950: El Kurru, Boston.

Dunham, D. 1957; Royal Tombs at Meroe and Barkal, Boston.

Dunham, D. 1963: South and West Cemeteries at Meroe, Boston.

Edwards, D.N. 1989: Archaeology and Settlement in Upper Nubia in the 1st Millenium A.D., Oxford.

Edwards, D.N. 1996: The Archaeology of the Meroitic State. New Perspectives on its Social and Political Organization, Oxford.

Edwards, D.N. 1999: Meroitic ceramic chronology: Exploring the Meroë West cemeteries, in: Azania 34, 25–44.

Edwards, D.N. 2004: The Nubian Past. An Archaeology of the Sudan, London.

Edwards, D.N. 2012: Napatan and Meroitic Settlement, in: Osman, A./Edwards, D.N. (Hgg.): The Archaeology of a Nubian Frontier. Survey on the Nile Third Cataract, Sudan, Leicester, 88–110.

Edwards, D.N. 2019: Post-Meroitic Nubia, in: Raue 2019, 953–964.

Eisa, K.A. 1999: Le mobilier et les coutumes funéraires koushites à l'époque méroïtique, Meroitica 16, Wiesbaden.

Emberling, G. 2013: Investigating the Settlement at El-Kurru, in: Sudan & Nubia 17, 2013, 43–47.

Emberling, G. 2015 a: Excavation of Pyramid Ku. 1, in: Sudan & Nubia 19, 60–62.

Emberling, G. 2015 b: A Mortuary Temple at El-Kurru, in: Sudan & Nubia 19, 65–66.

Evina, M. 2010: Une double tradition céramique, in: Baud 2010 a, 105–111.

Fales, M. 1981: A Literary Code in Assyrian Royal Inscriptions. The Case of Ashurbanipal's Egyptian Campaigns, in: Fales, M. (Hg.): Assyrian Royal Inscriptions: New Horizons in literary, ideologica, and historical analysis, Rom, 169–202.

Fecht, G. 1958: Zu den Namen ägyptischer Fürsten und Städte in den Annalen des Assurbanipal und der Chronik des Asarhaddon, in: MDAIK 16, 112–119.

Ferrandino, G. 2016 a: Studia dei testi reali meroitici (III a.C.–IV d.C). Approccio interdisciplinari per la comprehensione dell'evoluzione di una cultura dell' Africa Nera, Diss. Università degli studi di Napoli »L'Orientale«, Neapel.

Ferrandino, G. 2016 b: The Taneyidamani Stela (REM 1044): A New Study, Vortrag gehalten am 9. September 2016 auf der 12th International Conference for Meroitic Studies in Prag.

Fisher, M.M./Lacovara, P./Ikram, S./D'Auria, S. (Hgg.) 2012: Ancient Nubia. African kingdom on the Nile, Kairo.

Fitzenreiter, M. 1997: Geschichte, Religion und Denkmäler der Islamischen Zeit im Nordsudan. Teil I: Die Geschichte des Sudan in Islamischer Zeit, in: MittSag 6, 37–50.

Fitzenreiter, M. 2011: Piye son of Ra, loving horses, detesting fish, in: Rondot, V./Alpi, F./Villeneuve, F. (Hgg.): La pioche et la plume. Hommages archéologiques à Patrice Lenoble, Paris, 261–268.

Fitzenreiter, M. 2013: Wohn- und Bautradition zwischen Niltal und Savanne. Die Kleine Anlage von Musawwarat es Sufra, in: Wenig/Zibelius-Chen 2013, 285–299.

Fitzenreiter, F. 2014: Taharqo und Osiris. Fragmente einer Kapelle im Ägyptischen Museum der Universität Bonn, in: Lohwasser, A./Wolf, P. (Hgg.): Ein Forscherleben zwischen den Welten (Fs. S. Wenig), Berlin, 111–128.

Fitzenreiter, M. 2018: Piye's Conquest of Egypt (about 727 B.C.E.) and the Making of a Great Event (about 727 B.C.E. and beyond), in: Fitzenreiter, M. (Hg.): Allerhand Kleinigkeiten, London, 105–122.

Frame, D. 1999: The inscription of Sargon II at Tang-i Var, in: Or 68, 31–57.

Francigny, V. 2010: La statue-ba, in: Baud 2010 a, 259–261.

Francigny, V. 2011: Le prince Arakakhataror, in: Rondot, V./Alpi, F./Villeneuve, F. (Hgg.): La pioche et la plume autour du Soudan, du Liban et de la Jordanie. Hommages archéologiques à Patrice Lenoble. Paris, 403–411.

Francigny, V. 2016: Les coutumes funéraires dans le royaume de Méroé. Les enterrements privés, Paris.

Francigny, V./David, R./Voogt, A. de 2014: Soleb and Sedeinga, Paris.

Frend, W.H.C. 1974: The Podium Site at Qasr Ibrim, in: JEA 60, 30–59.

Fuchs, A. 1994: Die Inschriften Sargons II. aus Khorsabad, Göttingen.

Fuchs, A. 1998: Die Annalen des Jahres 711 v. Chr. nach Prismenfragmenten aus Ninive und Assur, The Neo-Assyrian Text Corpus Project, Helsinki.

Fuller, D. 2015: The Economic Basis of the Qustul Splinter State: Cash Crops, Subsistence Shifts, and Labour Demands in the Post-Meroitic Transition, in: Zach, M. (Hg.): The Kushite World, Wien, 33–60.

Fuller, D. 2014: Agricultural Innovation and State Collapse in Meroitic Nubia – The Impact of the Savannah Package, in: Stevens, C./Murray, M./Fuller, D. (Hgg.): Archaeology of African Plant Use, Walnut Creek, 165–177.

Galpaz-Feller, P. 1993: The Victory Stela of King Piye: The Biblical Perspective of War and Peace, in: Revue Biblique 100, 399–414.

Galpaz-Feller, P. 1995: The Stela of King Piye: A Brief Consideration of »Clean« and »Unclean« in Ancient Egypt and the Bible, in: Revue Biblique 102, 506–21.

Gamer-Wallert, I. 1983: Der Löwentempel von Naq'a in der Butana (Sudan) III: Die Wandreliefs, Wiesbaden.
Gamer-Wallert, I. 2013: Die Wandreliefs des Zweiten Lichthofes im Grab des Monthemhat (TT 34). Versuch einer zeichnerischen Rekonstruktion, Wien.
Gardiner, A.H. 1935: Piankhi's Instructions to his Army, in: JEA 21, 219–223.
el-Gayar, E./Jones, M.P. 1989: A possible source of copper ore fragments found at the Old Kingdom town of Buhen, in: JEA 75, 31–40.
Gestermann, L. 2000: Die Plünderung Thebens durch assyrische Truppen. Eine Randbemerkung aus ägyptologischer Sicht, in: Hallesche Beiträge zur Orientwissenschaft 28, 63–80.
Goebs, K. 2003: A Functional Approach to Egyptian Myth and Mythemes, in: JANER 2, 27–59.
Goedicke, H. 1996: Pi(ankh)y in Egypt: a Study of the Pi(ankh)y Stela, Baltimore.
Gozzoli, R.B. 2001: The Triumphal Stela of Piye as Sanctification of a King, in: GM 182, 59–77.
Gozzoli, R.B. 2003: Piye Imitates Thutmose III: Trends in a Nubian Historiographical Text of the Early Phase, in: Hawass, Z. (Hg.): Egyptology at the Dawn of the Twenty-first Century, Vol. III, Kairo, 204–212.
Gozzoli, R.B. 2009: Kawa V and Taharqo's *Byȝwt*: some Aspects of Nubian Royal Ideology, in: JEA 95, 235–248.
Gozzoli, R.B. 2010: Old Formats, New Experiments and Royal Ideology in the Early Nubian Period (ca. 721–664 BCE), in: Bareš, L./Coppens, F./Smoláriková, K. (Hgg.): Egypt in Transition. Social and Religious Development of Egypt in the First Millennium BCE, Prag, 183–207.
Gradel, C. 2008: Le commerce à longue distance dans le Royaume de Méroé. Échanges avec l'Égypte et le bassin méditerranéen, Diss. Lille.
Gradel, C. 2013: Verres d'époche hellénistique et romaine dans le royaume de Méroé, in: Annales de l'Association internationale pour l'histoire du verre 2009, Thessaloniki, 114–119.
Graefe, E. 1981: Untersuchungen zur Verwaltung und Geschichte der Institution der Gottesgemahlin des Amun von Beginn des neuen Reiches bis zur Spätzeit, Wiesbaden.
Gratien, B./Dissaux, R.-P./Evrard, J./Marchi, S./Nogara, G./El-Ghazafi, Y.I. 2015: Le Kordofan occidental pendant la période méroïtique. Prospections à Zankor et Abou Sofyan, in: Zach, M. (Hg.): The Kushite World, Wien, 423–429.
Griffith, F.Ll. 1922: The Oxford Excavations in Nubia, in: LAAA 9, 67–124.
Griffith, F.Ll. 1925: Oxford Excavations in Nubia, in: LAAA 12, 57–172.
Grimal, N.-C. 1981: La stèle triomphale de Pi('ankh)y au Musée du Caire, Kairo.
Grzymski, K.A. 2005: Meroe, the Capital of Kush: Old Problems and New Discoveries, in: Sudan & Nubia 9, 47–58.

Grzymski, K. 2008: Recent Research at the Palaces and Temples of Meroe: A Contribution to the Study of Meroitic Civilization, in: Godlewski, W./Łajtar, A. (Hgg.): Between the Cataracts, Teil 1: Main Papers, Warschau, 227–238.

Grzymski, K./Grzymska, I, 2008: Excavations in palace M7505 at Meroë, in: Sudan & Nubia 12, 47–51.

Guermeur, I. 2005: Les cultes d'Amon hors de Thèbes: Recherches de géographie religieuse, Turnhout.

al-Hakim, A.M.A. 1972: Meroitic settlement in the Butana (Central Sudan), in: Ucko, P. et al. (Hgg.): Man, Settlement and Urbanism, London 1972, 639–646.

Hakem, A.M.A. 1988: Meroitic Architecture. A Background of an African Civilization, Khartum.

Hallmann, A. 2007: The »Kushite Cloak« of Pekartror and Iriketakana: Novelty or Tradition?, in: JARCE 43, 15–27.

Hallof, J. 2003: Yesebokheaman – Der Löwe von Qasr Ibrim, in: JEA 89, 251–53, Taf. 43.

Hatke, G. 2013: Aksum and Nubia: Warfare, Commerce, and Political Fictions in Ancient Northeast Africa, New York.

el-Hawary, A. 2010: Wortschöpfung: die Memphitische Theologie und die Siegesstele des Pije – zwei Zeugen kultureller Repräsentation in der 25. Dynastie, OBO 243, Fribourg.

Haycock, B.G. 1972: Landmarks in Cushite History, in: JEA 58, 224–244.

Haycock, B.G. 1974: Philology and the use of written sources in reconstructing early Sudanese history. Reflexions on the administration of Lower Nubia in Meroitic times, in: Abdalla, A. (Hg.): Studies in Ancient Languages of the Sudan, Khartum, 32–36.

Haynes, J./Santini-Ritt, M. 2012: Women in Ancient Nubia, in: Fisher/Laccovara/Ikram/d'Auria 2012, 170–185.

Heidorn, L.A. 1991: The Saite and Persian Period Forts at Dorginarti, in: Davies, W.V. (Hg.): Egypt and Africa. Nubia from Prehistory to Islam, London, 205–219.

Heidorn, L.A. 1992: The Fortress of Dorginarti and Lower Nubia During the Seventh to Fifth Centuries B.C., Diss. University of Chicago, Chicago.

Heidorn, L.A. 1997: The Horses of Kush, in: JNES 56, 105–114.

Helmbold-Doyé, J. 2019: Tomb Architecture and Burial Custom of the Elite during the Meroitic Phase in the Kingdom of Kush, in: Raue 2019, 783–809.

Herbert, E. 1984: Red Gold of Africa: Copper in Precolonial History and Culture, Wisconsin.

Herzog, R. 1979: Ägypter, Nubier und Beja, in: Baumann, H. (Hg.): Die Völker Afrikas und ihre traditionellen Kulturen II, Wiesbaden, 599–619.

Herzog, R. 1988: Staaten der Frühzeit. Ursprünge und Herrschaftsformen, München.

Hinkel, W.F. 1982: An Ancient Scheme to Build a Pyramid at Meroë, in: van Moorsel, P. (Hg.): New Discoveries in Nubia, Leiden, 45–50.
Hinkel, W.F. 1984: Das Schaduf als konstruktives Hilfsmittel, in: Meroitica 7, 462–468.
Hinkel, W.F. 1989: Examination of Meroitic Mortar and Plaster, in: Meroitica 10, 827–834.
Hinkel, W.F. 1991: Proportion and Harmony: the Process of Planning in Meroitic Architecture, in: Davies, W. (Hg.): Egypt and Africa. Nubia from Prehistory to Islam, London, 220–233.
Hinkel, F.W. 2001: Der Tempelkomplex Meroe 250, Berlin.
Hinkel, F.W./Sievertsen, U. 2002: Die Royal City von Meroe und die repräsentative Profanarchitektur in Kusch, Berlin.
Hinkel, M. 2015: Die Hafire im Sudan. Eine Untersuchung zur Geschichte des frühen Wasserspeicherbaus, Berlin.
Hintze, F. 1959: Studien zur meroitischen Chronologie und zu den Opfertafeln aus den Pyramiden von Meroe, Berlin.
Hintze, F. 1960: Eine neue Inschrift vom 19. Jahre König Taharqas, in: MIO 7, 330–333.
Hintze, F. 1962 a: Die Inschriften des Löwentempels von Musawwarat es Sufra, Berlin.
Hintze, F. 1962 b: Preliminary Report on the Excavations at Musawwarat es Sufra 1960–1, in: Kush 10, 170–202.
Hintze, F. 1973: Meroitic Chronology: Problems and Prospects, in: Meroitica 1, 127–144.
Hintze, F./Hintze, U./Priese, K.-H./Stark, K. 1971: Musawwarat es Sufra I/2: Der Löwentempel. Tafelband, Berlin.
Hintze, F./Priese, K.-H./Wenig, S./Onasch, C./Buschendorf-Otto, G./Hintze, U. 1993: Musawwarat es Sufra I/1: Der Löwentempel. Textband, Berlin.
Hintze, U. 1979: The Graffiti from the Great Enclosure at Musawwarat es-Sufra, in: Meroitica 5, 135–150.
Hölbl, G. 1994: Geschichte des Ptolemäerreiches, Berlin.
Hof, C. 2009: Die Stadtmauer im Bereich der Royal Baths, in: Wolf, S./Wolf, P./Onasch, H.-U./Hof, C./Nowotnick, U. (Hgg.): Meroë und Hamadab – Stadtstrukturen und Lebensformen im afrikanischen Reich von Kusch. Die Arbeiten der Kampagnen 2008 und 2009, Archäologischer Anzeiger 2, 222–226.
Hoffmann, F./Quack, J.F. 2007: Anthologie der demotischen Literatur, Berlin.
Hoffmeier, J.K. 2003: Egypt's Role in the Events of 701 B.C. in Jerusalem, in: Vaughn, A.G./Killebrew, A.E. (Hgg.): Jerusalem in Bible and Archaeology: The First Temple Period, Atlanta, 219–233
Hofmann, B. 2004: Die Königsnovelle, »Strukturanalyse am Einzelwerk«, Wiesbaden.
Hofmann, I. 1967: Die Kulturen des Niltals von Aswân bis Sennar vom Mesolithikum bis zum Ende der christlichen Epoche, Diss. Hamburg.

Hofmann, I. 1975: Wege und Möglichkeiten eines indischen Einflusses auf die meroitische Kultur, Sankt Augustin.
Hofmann, I. 1977: Der Feldzug des C. Petronius nach Nubien und seine Bedeutung für die meroitische Chronologie, in: Endesfelder, E. (Hg.): Ägypten und Kusch (Fs. F. Hintze), Berlin, 189–205.
Hofmann, I. 1978: Beiträge zur meroitischen Chronologie, St. Augustin.
Hofmann, I. 1981: Material für eine meroitische Grammatik, Wien.
Hofmann, I. 1991: Steine für die Ewigkeit. Meroitische Opfertafeln und Totenstelen, Wien.
Hofmann, I./Vorbichler, A. 1979: Der Aethiopienlogos bei Herodot, Wien.
Hueneburg, M. 2003: Anmerkungen zur Geschichte und Vokalisation des Wortes Tjemeh(u), in: Göttinger Miszellen 192, 43–45.
Humphris, J./Bussert, R./Al-Shishani, F./Scheibner, T. (2016): The Ancient Mines of Meroe, in: Azania (DOI: 10.1080/0067270X.2018.1515922)
Humphris, J./Charlton, M.F./Keen, J./Sauder, L./Alshishani, F. 2018: Iron Smelting in Sudan: Experimental Archaeology at The Royal City of Meroe, in: Journal of Field Archaeology 43, 399–416.
Jacquet-Gordon, H./Bonnet, C./Jacquet, J. 1969: Pnubs and the Temple of Tabo on Argo Island, in: JEA 55, 103–111.
Jacquet, J. 1971: Remarques sur l'architectures domestique à l'époche Méroitique, in: Beiträge zur Ägyptischen Bauforschung und Altertumskunde 12, 121–131.
Jakob, B. 2019: Holocene Lithic Industries in Nubia, in: Raue 2019, 239–258.
James, T.G.H. 1991: Egypt: the Twenty-fifth and Twenty-sixth Dynasties, in: Boardman, J. et al. (Hgg.) The Cambridge Ancient History III.2., 2$^{nd}$ ed., Cambridge, 677–747.
Jansen-Winkeln, K. 1996: Amenirdis und Harwa, in: DE 35, 39–48.
Jansen-Winkeln, K. 2003: Alara und Taharka: zur Geschichte des nubischen Königshauses, in: Or 72, 141–158.
Jansen-Winkeln, K. 2007: Inschriften der Spätzeit. Teil II: Die 22.–24. Dynastie, Wiesbaden.
Jansen Winkeln, K. 2017: Beiträge zur Geschichte der Dritten Zwischenzeit, in: JEgH 10, 2017, 23–42
Janssen, J. 1975: Prolegomena to the study of Egypt's economic history during the New Kingdom, in: SAK 3, 127–185.
Jones, S. 1997: The Archaeology of Ethnicity, London.
Josephson, J. 2002: Sacred and Profane: The Two Faces of Mentuemhat, in: Eldamaty, M./Trad, M. (Hgg.): Egyptian Museum Collections around the World. Studies for the Centennial of the Egyptian Museum I, Kairo, 619–627.
Jurman, C. 2015: »Wenn das Fremde zum Eigenen wird«: Identitätsbilder und Repräsentationsstrategien im multiethnischen Milieu Ägyptens während der Dritten Zwischenzeit, in: Pülz, A/Trinkl, E. (Hgg.): Das Eigene und das Fremde, Wien, 33–49.

Jurman, C. 2017: The Order of the Kushite Kings According to Sources from the Eastern Desert and Thebes, Or: Shabataka was here first!, in: JEgH 10, 124–151.

Kahn, D. 1999: Did Tefnakht I rule as king?, in: GM 173, 123–125.

Kahn, D. 2001: The Inscription of Sargon II at Tang-i Var and the Chronology of Dynasty 25, in: OrNS 70, 1–18.

Kahn, D. 2003: Piankhy's conquest of Egypt in Greek sources: Herodotus II 137–140 revisited, in: BzS 8, 49–58.

Kahn, D. 2004: Taharqa, King of Kush and the Assyrians, in: JSSEA 31, 109–128.

Kahn, D. 2005: The Royal Succession in the 25th Dynasty, in: MittSAG 16, 143–163.

Kahn, D. 2005–2006: »I Swear to Pay (Only Part of) My Taxes«: Padiese's Oath to Piankhy, in: JARCE 42, 103–111.

Kahn, D. 2006: The Assyrian Invasions of Egypt (673–663 B.C.) and the Final Expulsion of the Kushites, in: SAK 34, 251–267.

Kahn, D. 2009: The Transition from Libyan to Nubian Rule in Egypt: Revisiting the Reign of Tefnakht, in: Broekman, G.P.F. et al. (Hgg.): The Libyan Period in Egypt. Historical and Cultural Studies into the 21st –24th Dynasties, Leuven, 139–148.

Kahn, D. 2014: Tirhakah, King of Kusch and Sennacherib, in: JAEI 6, 29–41.

Kákosy, L. 2002: King Piye in Heliopolis, in: Bács, T.A. (Hg.): A Tribute to Excellence (Fs. E. Gaál, U. Luft und L. Török), Budapest, 321–329;

Kendall, T. 1982: Kush. Lost Kingdom of the Nile. Brockton (MA).

Kendall, T. 1996, apud: Wildung, D. (Hg.): Sudan – Antike Königreiche am Nil, Tübingen, 270.

Kendall, T. 1999: The Origin of the Napatan State: El Kurru and the Evidence for the Royal Ancestors, in: Meroitica 16, 3–117.

Kendall, T. 2007: Evidence for a Napatan Occupation of the Wadi Muqaddam: Excavations at Al-Meragh in the Bayuda Desert (1999–2000), in: Gratien, B. (Hg.): Mélanges offerts à Francis Geus, Lille, 197–204.

Kendall, T. 2008: Why Did Taharqa Build his Tomb at Nuri?, in: Godlewski, W./Łajtar, A. (Hgg.): Between the Cataracts, Teil 1: Main Papers, Warschau, 117–147.

Kendall, T. 2018, Archaeological Explorations in the Bayuda Desert: Al-Meragh and the Wadi Muqaddam between Tamtam and Korti: 1999–2000, in: Lohwasser, A./Karberg, T./Auenmüller, J. (Hgg.): Bayuda Studies, Wiesbaden, 359–422.

Kendall, T./El-Hassan, A.M. 2016: A Visitor's Guide to the Jebel Barkal Temples, Khartum.

Kendall, T./Wolf, P. 2007: Excavations in the Palace of Aspelta at Jebel Barkal, in: Sudan & Nubia 11, 82–88.

Kessler, D. 1981: Zu den Feldzügen des Tefnachte, Namlot und Pije in Mittelägypten, in: SAK 9, 227–251.

Khidr A. A. 1984: Meroitic Settlement in the Central Sudan, Oxford.

Khidr, A. A. 1994: The Excavation of Tumulus KE5 at Kawa, Sudan, in: The Sudan Archaeological Research Society Newsletter 7, 26–29.

Kitchen, K.A. 1973: The Third Intermediate Period in Egypt, Warminster.

Kleinschroth, A. 1986: Die Verwendung des Hafirs im Meroitischen Reich, in: BzS 1, 79–97.

Knustad, J./Frey, R. 1998: Naga project (Sudan) – Egyptian Museum Berlin. The City Survey 1995–1996, Seasons 1 and 2, in: Archéologie du Nil Moyen 8, 193–202.

Kormysheva, E. 2010: Gott in seinem Tempel. Lokale Züge und ägyptische Entlehnungen in der geistigen Kultur des Alten Sudan, Moskau.

Kraus, T. 1964: Der Kiosk von Naga, in: Archäologischer Anzeiger 1964, 834–868.

Kroeper, K./Schoske, S./Wildung, D. (Hgg.) 2011: Königsstadt Naga, München.

Kruchten, J.M. 1989: Les annales des prêtres de Karnak, Leuven.

Kuckertz, J. 2019: Meroitic Temples and their Decoration, in: Raue 2013, 811–845.

Kuckertz, J. (in Vorbereitung): The Building Program of Natakamani and Amanitore (non vidi).

Kuckertz, J./Lohwasser, A. 2016: Einführung in die Religion von Kusch, Dettelbach.

Jansen-Winkeln, K. 2009: in: WiBiLex (Wissenschaftliches Bibellexikon), s. v. »Bokchoris«, https://www.bibelwissenschaft.de/stichwort/15621 (Stand: 15. 3.2019).

Jansen-Winkeln, K. 2016: Der Nubienfeldzug Psametiks II. und die Stele von Schellal, in: Lippert, S./Schentuleit, M./Stadler, M.A. (Hgg.): Sapientia Felicitas (Fs. G. Vittmann), Montpellier, 271–284.

Jurman, C. 2009: From the Libyan Dynasties to the Kushites in Memphis. Historical problems and cultural issues, in: Broekman, G. et al. (Hgg.): The Libyan Period in Egypt. Historical and Cultural Studies into the 21st –24th Dynasties, Leuven, 113–138.

Lassányi, G. 2010: Tumulus Burials and the Nomadic Population of the Eastern Desert in Late Antiquity, in: Godlewski, W./Łatjar, A. (Hgg.): Between the Cataracts, Teil 2,1: Session Papers, Warschau, 595–606.

Łatjar, A. 2008: Late Christian Nubia through Visitors' Inscriptions from the Upper Church at Banganarti, in: Godlewski, W./Łatjar, A. (Hgg.): Between the Cataracts, Teil 1: Main Papers, Warschau, 321–331.

Łajtar, A./van den Vliet, J. 2006: Rome – Meroe – Berlin. The Southernmost Latin Inscription Rediscovered (CIL II 83), in: Zeitschrift für Papyrologie und Epigraphik 157, 193–198.

Leahy, A. 1984: Tanutamon, son of Shabako?, in: GM 83, 43–45.

Leahy, A. 2011: Text and Image in Funerary Identity at Abydos in the Early Seventh Century BC, in: Imago Aegypti 3, 56–71.

Leahy, A. 2014: Kushites at Abydos: The Royal Family and Beyond, in: Pischikova, E./Budka, J./Griffin, J. (Hgg.): Thebes in the First Millennium BC. Art and Archaeology of the Kushite Period and Beyond, Newcastle upon Tyne, 61–95.

Leclant, J. 1954: Enquêtes sur les sacerdoces et les sanctuaires égyptiens à l'époque dite »éthiopienne« (XXVᵉ Dynastie), Kairo.

Leclant, J. 1961: Montouemhat, quatrième prophète d'Amon, prince de la ville, Kairo.

Leclant, J. 1963: Kashta, Pharaon, en Egypte, in: ZÄS 90, 74–81.

Leclant, J. 1965: Recherches sur les monuments Thébains de la XXVᵉ Dynastie dite Éthiopienne, Bibliotheque d'Étude 36, Kairo.

Lefebvre, M.G. 1925: Le grand prêtre d'Amon, Harmakhis, et deux reines de la XXVᵉ dynastie, in: ASAE 25, 25–33.

Lenoble, P. 1994: Une monture pour mon royaume: Sacrifices triomphaux de chevaux et de méhara d'el Kurru à Ballana, in: Archéologie du Nil Moyen 6, 107–130.

Lenoble, P. 1996: Les »Sacrifices Humains« de Meroë, Qustul et Ballana I. Le massacre de nombreux prisonniers, in: BzS 6, 59–97.

Lenoble, P. 2001: L'arsenal de Méroé et le monopole du fer dans l'Empire méroïtique, in: Descœvres, J.-P. (Hg.): Africa and the Mediterranean Basin. The Origins of the Iron Metallurgy, Sydney, 209–217.

Lenoble, P. 2004: Satyres extravagants, in: Kendall, T. (Hg.): Nubian Studies 1998, Boston, 332–340.

Lenoble, P. 2018: El Hobagi: une nécropole de rang impérial au Soudan Central, Kairo.

Lenoble, P./Rondot, V. 2003: À la redécouverte d'El-Hassa. Temple à Amon, palais royal et ville de l'empire méroitique, in: CRIPL 23, 101–115.

Lenoble, P./Sharif, Nigm ed-Din Mohammed 1992: Barbarians at the Gates? The Royal Mounds of El Hobagi and the End of Meroe, in: Antiquity 66, 626–635.

Locher, J. 2002. Die Anfänge der römischen Herrschaft in Nubien und der Konflikt zwischen Rom und Meroë, in: Ancient Society 32, 73–133.

Logan, T./Westenholz, J.G. 1971–1972: S$\underline{d}$m.f and S$\underline{d}$m.n.f Forms in the Pey (Piankhy) Inscription, in: JARCE 9, 111–119.

Lohwasser, A. 1997 a: Die Götterwelt im Reich von Kusch. Teil I: Götter aus dem ägyptischen Pantheon, in: MittSAG 6, 28–35

Lohwasser, A. 1997 b: Die Götterwelt im Reich von Kusch. Teil II: Die Meroitischen Götter, in: MittSAG 7, 32–38.

Lohwasser, A. 1999: Die Darstellung der Tracht der Kuschitinnen der 25. Dynastie, in: Meroitica 15, 586–603.

Lohwasser, A. 2000 a: Die Auswahl des Königs in Kusch, in: BzS 7, 2000, 85–102.

Lohwasser, A. 2000 b: König/Königin – Gott/Göttin: Zur Komplementarität von Männlichem und Weiblichem in napatanischer und meroitischer Zeit, in: Lohwasser, A. (Hg.): Geschlechterforschung in der Ägyptologie und Sudanarchäologie, Berlin, 63–74.

Lohwasser, A. 2001: Die königlichen Frauen im antiken Reich von Kusch, Meroitica 19, Wiesbaden.

Lohwasser, A. 2001 b: Der Thronschatz der Königin Amanishakheto, in: Arnst, C.-B./Hafemann, I./Lohwasser, A. (Hgg.): Begegnungen. Antike Kulturen im Niltal (Fs. E. Endesfelder, K.-H. Priese, W.F. Reineke und S. Wenig), Leipzig, 285–302.

Lohwasser, A. 2010: The Kushite Cemetery of Sanam, London.

Lohwasser, A. 2012 a: Aspekte der napatanischen Gesellschaft. Archäologisches Inventar und funeräre Praxis im Friedhof von Sanam – Perspektiven einer kulturhistorischen Interpretation, Wien.

Lohwasser, A. 2012 b: Haut als Medium im antiken Nordostafrika. Temporäre und permanente Modifikationen der Körperoberfläche, in: Berlejung, A./Dietrich, J./Quack, J.F. (Hgg.): Menschenbilder und Körperkonzepte im Alten Israel, in Ägypten und im Alten Orient, Tübingen, 527–559.

Lohwasser, A. 2013 a: Das »Ende von Meroë«. Gedanken zur Regionalität von Ereignissen, in: Feder, F./Lohwasser, A. (Hgg.): Ägypten und sein Umfeld in der Spätantike, Wiesbaden, 275–290.

Lohwasser, A. 2013 b: Tracks in the Bayuda Desert. The Project »Wadi Abu Dom Itinerary« (W.A.D.I.), in: Förster, F./Riemer, H. (Hgg.): Desert Road Archaeology in Ancient Egypt and Beyond, Köln, 425–435.

Lohwasser, A. 2014 a: Kush and her Neighbours beyond the Nile Valley, in: Anderson/Welsby 2014, 125–134.

Lohwasser, A. 2014 b: Neujahr in Nubien, in: Lohwasser, A./Wolf, P. (Hgg.): Ein Forscherleben zwischen den Welten (Fs. S. Wenig), Berlin, 229–236.

Lohwasser, A. 2018: Das Paneel der Katimala in Semna, in: MittSAG 29, 89–96.

Lohwasser, A./Becker, M./Blöbaum, A.I. 2018: Relationship between Religion and Politics in First Millennium BC Thebes: A Case Study on the Original Location of the Triumphal Stela of Piankhy, in: Pischikova, A./Budka, J./Griffin, K. (Hgg.): Thebes in the First Millennium BC. Art and Archaeology of the Kushite Period and Beyond, London, 394–404.

Lohwasser, A./Kendall, T. 2019: Napatan Necropoleis and Burial Customs, in: Raue 2019, 621–641.

MacAdam, M.L.F. 1949–55: The Temples of Kawa I–II, Oxford.

Maillot, M. 2016: Palais et grandes demeures du royaume de Méroé, Paris.

Malinine, M./Posener, G./Vercoutter, J. 1968: Catalogue des stèles du Sérapéum de Memphis, Paris, 146.

Manzo, A. 2006: Apedemak and Dionysos. Further Remarks on the »Cult of the Grape« in Kush, in: Sudan & Nubia 10, 82–94.

Mariette, A. 1882: Le Sérapeum de Memphis, Paris.

Matić, U. 2014: Headhunting on the Roman Frontier: (Dis)respect, Mockery, Magic, and the Head of Augustus from Meroe, in: Janković, M.A./Mihajlović, V. D./Babić, S. (Hgg.): The Edges of the Roman World, Cambridge, 117–134.

Mattila, R. 1983: Egyptiläiset henkilönnimet I vuosituhannen eKr. nuolenpääasiakirjoissa ja -kirjeissä, MA-Arbeit, Helsinki.
Matty, N.K. 2016: Sennacherib's Campaign Against Judah and Jerusalem in 701 B.C.: A Historical Reconstruction, Berlin.
Meyrath, P. 2012: Der Name des Kronprinzen Taharqas, in: ZÄS 139, 46–65.
Miller, E./Rose, P./Singleton, D. 2007: The Taharqo Wall Painting Rescue Project, in: Sudan & Nubia 11, 72–81.
Millet, N. 1984: Meroitic religion, in: Meroitica 7, 111–124.
Morenz, L.D. 2011: Die Genese der Alphabetschrift. Ein Markstein ägyptisch-kanaanäischer Kulturkontakte, Würzburg.
Morkot, R. 1991: Nubia in the New Kingdom: The limits of Egyptian Control, in: Davies, W.V. (Hg.): Egypt and Africa. Nubia from Prehistory to Islam, London, 294–301.
Morkot, R. 1993: Economic and Cultural Exchange between Kush and Egypt, Diss. University College London 1993.
Morkot, R. 1999: Kingship and Kinship in the Empire of Kush, in: Meroitica 15, 179–229.
Morkot, R. 2000: The Black Pharaohs. Egypt's Nubian Rulers, London.
Morkot, R. 2001: Egypt and Nubia, in: Alcock, S.E. et al. (Hgg.): Empires: Perspectives from Archaeology and History, Cambridge, 227–251.
Morkot, R. 2003 a: On the Priestly Origin of the Napatan Kings: The Adaptation, Demise and Resurrection of Ideas in Writing Nubian History, in: O'Connor, D./Reid, A. (Hgg.): Ancient Egypt in Africa, London, 151–168.
Morkot, R. 2013 b: From Conquered to Conqueror: The Organization of Nubia in the New Kingdom and the Kushite Administration of Egypt, in: Moreno Garcia, J.C. (Hg.): Ancient Egyptian Administration, HdO 1.104, Leiden, 911–963.
Morkot, R./James, P. 2009: Peftjauawybast, King of Nen-nesut: Genealogy, Art History, and the Chronology of Late Libyan Egypt, in: AO 7, 13–55.
Munro, P. 1973: Die spätägyptischen Totenstelen, Glückstadt.
Murnane, W.J. 1977: Ancient Egyptian Coregencies, Chicago.
Musso, S./Petacci, S. 2011: Kushite Shabtis with Basket on the Head: An Innovation from the Royal Burials of Kusch, in: MittSAG 22, 137–142.
Näser, C. 2011: Early Musawwarat, in: Rondot, V./Alpi, F./Villeneuve, F. (Hgg.): La pioche et la plume autour du Soudan, du Liban et de la Jordanie. Hommages archéologiques à Patrice Lenoble, Paris, 317–338.
Näser, C./Wetendorf, M. 2015: The Musawwarat Pottery Project 2014/2015, in: MittSAG 26, 35–74.
Naunton, C. 2000: The Priests and Officials at Thebes During the Twenty-fifth Dynasty in Egypt, MA-Arbeit University of Birmingham.
Naunton, C. 2004: Tebe durante la XXV dinastia, in: Einaudi, S./Tiradritti, F. (Hgg.): L'enigma di Harwa: Alla scoperta di un capolavoro del Rinascimento Egizio, Mailand, 77–102.

Naunton, C. 2010: Libyan and Nubians, in: Lloyd, A.B. (Hg.): A Companion to Ancient Egypt, London 120–140.
Nenna, M.-D. 2010 a: Les vases en verre, in: Baud 2010 a, 124–127.
Nenna, M.-D. 2010 b: Le gobelet peint de Sedeinga, in: Baud 2010 a, 128–129.
Nordström, H.-Å. 1962: Excavations and Survey in Faras, Argin and Gezira Dabarosa, in: Kush 10, 34–61.
Nordström, H.-Å. 2004: The Nubian A-Group: Perceiving a Social Landscape, in: Kendall, T. (Hg.): Nubian Studies 1998, Boston, 134–144.
Nowotnick, U./Wolf, P./Wöß, F./Büchner, S./Minow, M. 2014: Hamadab – Urban Living at the Nile in Meroitic Times, Berlin.
al-Nur, S. 1956: Two Meroitic Pottery Coffins from Argin in Halfa District, in: Kush 4, 86–87.
Obłuski, A. 2014: The Rise of Nobadia. Social Changes in Northern Nubia in Late Antiquity, Warschau.
O'Connor, D. (Hg.) 1993: Ancient Nubie. Egypt's Rival in Africa, Philadelphia.
Onasch, H.-U. 1994: Die assyrische Eroberung Ägyptens, Wiesbaden.
Onderka, P./Vrtal, V./Daskova, J./Dufkova, M./Gatzsche, A./John, R./Spindler, E./Vacek, F. 2013: Wad ben Naqa 1821–2013, Prag.
Onderka, P./Vrtal, V. et al. (2014): Núbie. Zem na k ižovatce kultur = Nubia. A Land on the Crossroads of Cultures. Wad Ben Naga 2014, Prag.
Opper, T. 2014: The Meroë Head of Augustus, London.
O'Rourke, P.F. 2010: The ꜥmꜥ-Male, in: ZÄS 137, 45–53.
Pamminger, P. 1992: Amun und Luxor – der Widder und das Kultbild, in: BzS 5, 1992, 93–140.
Payraudeau, F. 2014: Retour sur la succession Shabaqo–Shabataqo, Nehet 1, 115–127.
Perdu, O. 2002: De Stéphinatès à Néchao ou les débuts de la XXVIe dynastie, in: CRAIBL, 1215–1244.
Perdu, O. 2011: Les ›blocs de Piânkhi‹ après de discussions, in: Devauchelle, D. (Hg.): La XXVIe dynastie: continuités et ruptures, Paris, 225–240.
Peust, C. 1999: Das Napatanische, Göttingen.
Peust, C. 2011: Rezension von Meroitica 25, in: Lingua Aegyptia 19, 2011, 347–361.
Pomerantseva, N.A. 2006: Concept of Meroitic Ba Statues and Heads of the II–III Centuries, in: Caneva, I./Roccati, A. (Hgg.): Acta Nubica, Rome, 219–221.
Pope, J. 2008–9: The Demotic Proskynema of a Meroïte Envoy to Roman Egypt (Philae 416), in: Enchoria 31, 68–103.
Pope, J. 2014 a: The Double Kingdom under Taharqo. Studies in the History of Kush and Egypt c. 690–664 BC, Leiden.
Pope, J. 2014 b: Meroitic Diplomacy and the Festival of Entry, in: Anderson/Welsby 2014, 577–582.

Popko, L. 2011: Ammeris/Marrhos/Moiris: Herodot, Manetho, P.Lips. Inv. 590 und Diodors Neues Reich, in: JEgH 4, 99–117.

Popko, L. 2012: Das historische Vorbild des Menechpare Siamun: Die Diskreditierung kuschitischer Pharaonen in der spätzeitlichen Literatur, in: Archiv für Papyrusforschung 33, 84–100.

Priese, K.-H. 1970: Der Beginn der kuschitischen Herrschaft in Ägypten, in: ZÄS 98, 16–32.

Priese, K.-H. 1972: Zur Sprache der ägyptischen Inschriften der Könige von Kusch, in: ZÄS 98, 99–124.

Priese, K.-H. 1984: Orte des mittleren Niltals in der Überlieferung bis zum Ende des christlichen Mittelalters, in: Meroitica 7, 484–497.

Priese, K.-H. 1992: Das Gold von Meroe, Mainz.

Priese, K.-H. 1996: Die Götterwelt von Meroë, in: Wildung, D. (Hg.): Die Pharaonen des Goldlandes, Tübingen, 267–269.

Priese, K.-H. 2013: Die napatanische Periode des Reiches von Kusch (656 bis ca. 270 v. Chr.), in: Wenig/Zibelius-Chen 2013, 199–211.

Quack, J.F. 2006: Inaros, Held von Athribis, in: Rollinger, R. (Hg.): Altertum und Mittelmeerraum (Fs. P. Haider), Stuttgart, 499–505.

Radner, K. 2012: After Eltekeh: Royal Hostages from Egypt at the Assyrian Court, in: Baker, H. et al. (Hgg.): Stories of long ago (Fs. M.D. Roaf), AOAT 397, Münster, 471–477.

Raue, D. (Hg.) 2019. Handbook of Ancient Nubia, Berlin.

Raue, D./von Pilgrim, D. 2008: Elephantine. Deutsches Archäologisches Institut Abteilung Kairo, Rundbrief (Oktober), 1–5.

Rebillard, É. 2012: Christians and their many Identities in Late Antiquity, North Africa, 200–450 CE, Ithaca (NY).

Redford, D.B. 1985: Sais and the Kushite Invasions of the Eighth Century BC, in: JARCE 22, 5–15.

Redford, D.B. 1994: Taharqa in Western Asia and Libya, in: Eretz Israel 24, 188–191.

Redford, D.B. 1999: A Note on the Chronology of Dynasty 25 and the Inscription of Sargon II at Tang-i Var, in: Or 68, 58–60.

Redford, D.B. 2004: From Slave to Pharaoh: The Black Experience of Ancient Egypt, Baltimore.

Reinold, J. 2000: Archéologie ou Soudan. Les civilisations de Nubie, Paris.

Reisner, G.A. 1922: The Pyramids of Meroë and the Candaces of Ethiopia, in: SNR 5, 173–196.

Reisner, G.A. 1920: Note on the Harvard-Boston Excavations at El-Kurru and Barkal in 1918–1919, in: JEA 6, 61–64.

Revez, J. 2003: Une stèle inédite de la troisième période intermédiaire à Karnak: une guerre civile en Thébaidë?, in: Cahiers de Karnak 11, 534–569.

Revez, J. 2010: The Role of the Kings' Brothers in the Transmission of Royal Power in Ancient Egypt and Kush: a Cross-cultural Study. Unpublizierte Thesis ISNS, London.

Riedel, A. 2019: The Sacred Architecture of the Napatan Period, in: Raue 2019, 643–666.
Rilly, C. 1999: Une nouvelle lecture du singe méroitique Q, in: GM 169, 101–110.
Rilly, C. 2001: Une nouvelle interprétation du nom royal Piankhy, in: BIFAO 101, 351–368.
Rilly, C. 2007: La langue du royaume de Méroé, Paris.
Rilly, C. 2008 a: Enemy Brothers. Kinship and Relationship Between Meroites and Nubians (Noba), in: Godlewski, W./Łajtar, A. (Hgg.): Between the Cataracts, Teil 1: Main Papers, Warschau, 211–226.
Rilly, C. 2008 b: The Last Trace of Meroitic? A Tentative Scenario for the Disappearance of the Meroitic Script, in: Baines, J./Houston, S.D. (Hgg.): The disappearance of writing systems: Perspectives on literacy and communication, London, 185–205.
Rilly, C. 2010: Le méroïtique et sa famille linguistique, Leuven.
Rilly, C. 2014 a: Language and Ethnicity in Ancient Sudan, in: Anderson, J.R./Welsby, D.A. (Hgg.): The Fourth Cataract and Beyond, Leuven, 1169–1188.
Rilly, C. 2014 b, Fragment of the Meroitic Report of the War between Meroe and Rome, Vortrag gehalten am 4. September 2014 auf der 13th International Conference for Meroitic Studies in Neuchâtel.
Rilly, C. 2016: Du Nil à Port-Soudan: aux origines du peuple Bedja. https://blogs.mediapart.fr/gwenaelglatre/blog/250310/du-nil-port-soudan-aux-origines-du-peuple-bedja-par-claude-rilly (Stand: 12.4.2019).
Rilly, C. 2017: Histoire du Soudan des origines à la chute du sultanat Fung, in: Histoire et civilisation du Soudan de la préhistoire à nos jours, Paris 2017, 24–445 (https://hal.archives-ouvertes.fr/hal-03101849, Stand: 29.7.2021).
Rilly, C. 2019: The Languages of Ancient Nubia, in: Raue 2019, 129–151.
Ritner, R.K. 2008: Libyan vs. Nubian as the Ideal Egyptian, in: Thompson, S.E./Der Manuelian, P. (Hgg.): Egypt and Beyond: essays presented to Leonard H. Lesko, Providence, 305–314.
Ritner, R.K. 2009 a: The Libyan Anarchy: Inscriptions from Egypt's Third Intermediate Period, Atlanta.
Ritner, R.K. 2009 b: Fragmentation and Re-Integration in the Third Intermediate Period, in: Broekman, G.P.F. et al. (Hgg.): The Libyan Period in Egypt. Historical and Cultural Studies into the 21st –24th Dynasties, Leuven, 327–340.
Robertson, J.H./Hill, E.M. 2004: The meroitic pottery industry, in: Meroitica 20, 109–136.
Roccati, A. 2013: Der königliche Bezirk von Napata in meroitischer Zeit, in: Wenig/Zibelius-Chen 2013, 245–259.
Rocheleau, C.M. 2008: Amun Temples in Nubia, Oxford.
Romain David, R. 2019: Ceramic Industries of Meroitic Sudan, in: Raue 2019, 875–895.
Rose, P. 2007: The Meroitic Temple Complex at Qasr Ibrim, London.

Rose, P. 2008: Early Settlement at Qasr Ibrim, in: Godlewski, W./Łajtar, A. (Hgg.): Between the Cataracts, Teil 1: Main Papers, Warschau, 195–209.
Rose, P. 2019: Early Kushite Ceramics of the Earlier 1st Millennium BC in Lower and Upper Nubia, in: Raue 2019, 675–696.
Rowley-Conwy, P. 1988: The Camel in the Nile Valley: New Radicarbon Acceleratur (AMS) Dates from Qasr Ibrim, in: JEA 74, 245–248.
Russmann, E.R. 1974: The Representation of the King in the XXVth Dynasty, Brüssel.
Russmann, E.R. 1997: Mentuemhat's Kushite Wife (Further Remarks on the Decoration of the Tomb of Mentuemhat, 2), in: JARCE 34, 21–39.
Russmann, E.R. 2010: Late Period Sculpture, in: Lloyd, A.B. (Hg.): A Companion to Ancient Egypt, Oxford, 944–969.
Sackho-Autissier, A. 2005: Les représentations de Bès et de Satyres à l'époque méroïtique: syncrétisme ou confusion des ensèmbles?, in: Caneva, I./Roccati, A. (Hgg.): Acta Nubica, Rom 2005, 307–312.
Sackho-Autissier, A. 2010 a: Un aspect de la religion méroitique: vin et culte dionysiaque, in: Baud 2010 a, 202–207.
Sackho-Autissier, A. 2010 b: L'histoire de Méroé, in: Baud 2010 a, 67–72.
Sackho-Autissier, A. 2010 c: La guerre entre Méroé et Rome 25–21 a J.-C., in: Baud 2010 a, 73.
Sackho-Autissier, A. 2010 d: Natakamani et Amanitore: un »couple« de souverains bâtisseurs, in: Baud 2010 a, 74–75.
Sackho-Autissier, A. 2010 e: Les figurines d'argile, in: Baud 2010 a, 114–117.
Sackho-Autissier, A. 2010 f: Le thème de l'ennemi vaincu dans l'art méroïtique, in: Baud 2010 a, 182–185.
Sackho-Autissier, A. 2016: Les faïences d'époque méroïtique conservées au musée du Louvre. Technologie et production: les prémices d'une recherche, in: Dotawo 3, 29–39.
Sadr, K. 1991: The Development of Nomadism in Ancient Northeast Africa, Philadelphia.
Sakamoto, T. 2014: Chronology of Meroitic Graves in Northern Sudan: Agency, Power and Society, in: Anderson/Welsby 2014, 809–826.
Sakamoto, T. 2016: Soba and the Meroitic Southern Frontier, in: MittSAG 27, 125–132.
el-Sadiq, S.O. 2002: Some Fragments from a Statue of King Aspelta at Umm Dom (Khartoum Province), in: ANM 9, 89–93.
el-Sayed, R. 2004: r' n mḏ$\underline{3}$.iw – lingua blemmyica – tu-beḍawiɛ. Ein Sprachkontinuum im Areal der nubischen Ostwüste und seine (sprach-)historischen Implikationen, in: SAK 32, 351–362.
el-Sayed, R. 2011: Afrikanischstämmiger Lehnwortschatz im Älteren Ägyptisch, Leuven.
Scheibner, T. 2017: Wasserbauliche Infrastruktur und Wassermanagement in Musawwarat es-Sufra in kuschitischer Zeit, Diss. Universität Wien.

Schneider, T. 1988: Nahum und Theben. Zum topographischen Hintergrund von Nah. 3,8 f., in: Biblische Notizen 44, 69–70.

Schneider, T. 1994: Lexikon der Pharaonen, Zürich.

Schrader, S.A./Smith, S.T./Olsen, S./Buzon, M. 2018: Symbolic Equids and Kushite State Formation: A Horse Burial from Tombos, in: Antiquity 92, 383–397.

Schulz, R. 2009: Ein neuer Beleg des Kaschta und Amenirdis I., in: Kessler, D. et al. (Hgg.): Texte – Theben – Tonfragmente (Fs. G. Burkard), ÄAT 76, 370–376.

Seidlmayer, S. 2002: Nubier im ägyptischen Kontext im Alten und Mittleren Reich, in: Leder, S./Streck, B. (Hgg.): Akkulturation und Selbstbehauptung, Halle, 89–113.

Shaw, T./Sinclair, P./Andah, B./Okpoko, A. (Hgg.) 1993: The Archaeology of Africa. Food, Metals, and Towns, London.

Shea, W.H. 1997: The New Tirhakah Text and Sennacherib's Second Palestinian Campaign, in: Andrews University Seminary Studies 35, 181–187.

Shinnie, P. 1967: Meroe. A Civilization of the Sudan, London.

Shinnie, P. 1984: Excavations at Meroë 1974–1976, in: Meroitica 7, 498–504.

Shinnie, P./Anderson, J.R. (Hgg.) 2004: The Capital of Kush 2: Meroë Excavations 1973–1984, Meroitica 20, Wiesbaden.

Shinnie, P./Bradley, R.J. 1980: The Capital of Kush 1: Meroë Excavations 1965–1972, Meroitica 4/1, Berlin.

Shinnie, P./Bradley, R.J. 1981: The Murals from the Augustus Temple, Meroë, in: Simpson, W.K./Davis, W.M. (Hgg.): Studies in Ancient Egypt, the Aegean and the Sudan, Boston, 167–172.

Sievertsen, U. 2013: Die Profanarchitektur im Reich von Meroë, in: Wenig/Zibelius-Chen 2013, 261–283.

Smith, L.M. 1997: Study of clay sources for Meroitic finewares, in: Azania 32, 77–92.

Smith, S.T. 2007: Death at Tombos: Pyramids, Iron and the Rise of the Napatan Dynasty, in: Sudan & Nubia 11, 2–14.

Smith, S.T. 2008: Tombos and the Transition from the New Kingdom to the Napatan Period in Upper Nubia, in: Godlewski, W./Łajtar, A. (Hgg.): Between the Cataracts, Teil 1: Main Papers, Warschau, 95–115.

Spalinger, A.J. 1973: The year 712 BC and its implications for Egyptian history, in: JARCE 10, 95–101.

Spalinger, A.J. 1978: The Foreign Policy of Egypt Preceding the Assyrian Conquest, in: CdE 53, 26–28.

Spalinger, A.J. 1979 a: The Negatives ⌣ and ∩ in the Piye (Piankhy) Stela, in: RdE 31, 66–80.

Spalinger, A.J. 1979 b. The Military Background of the Campaign of Piye (Piankhy), in: SAK 7, 273–301.

Spalinger, A.J. 1981: Notes on the Military in Egypt during the XXV[th] Dynasty, in: JSSEA 11, (37–58) 56.

Spalinger, A.J. 2016: Pianchy/Piye. Between Two Worlds, in: Karlshauen, C./ Obsomer, C.O. (Hgg.): De la Nubia à Qadesh/From Nubia to Kadesh, Brüssel, 235–274.

Spalinger, A.J. 2020: The persistence of memory in Kush: Pianchy and his temple, Prag.

Spaulding, J. 1998: Medieval Nubian Dynastic Succession, in: Page, M. et al. (Hgg.): Personality and Political Culture in Africa, Boston, 7–14.

Strouhal, E. 1992: Palaeodemography of Kush, in: Meroitica 15, 323–365.

Szafrański, Z. 2006: Deir El-Bahari: Temple of Hatshepsut, Season 2005/2006, in: Polish Archaeology in the Mediterranean 18, 269–284.

Thill, F. 2007: Les réoccupations »(pré)napatéennes« dans le cimetière égyptien 8B5/SAC5 de Saï, in: Gratien, B. (Hg.): Mélanges offerts à Francis Geus, Lille, 353–369.

Thurman, C.C.M./Williams, B. 1979: Ancient Textiles from Nubia, Chicago.

Tiradritti, F. 2000: La tombe de Haroua (TT 37) et son importance pour la connaissance de l'Egypte ancienne, in: BSFE 147, 10–33.

Török, L. 1976: Traces of Alexandrian Architecture in Meroë: A Late Hellenistic Motif in History, in: StudAeg 2, 115–130.

Török, L. 1978: Two Meroitic Studies. The Meroitic Chamber in Philae and the Administration of Nubia in the 1$^{st}$ to 3$^{rd}$ Centuries A.D. in: Oikumene 2, 217–237.

Török, L. 1979: Economic Offices and Officials in Meroitic Nubia. A Study in Territorial Administration of the Late Meroitic Kingdom, Studia Aegyptiaca 5, Budapest.

Török, L. 1980: To the History of the Dodekadchoenos between c. 250 B.C. and 298 A.D., in: ZÄS 107, 76–86.

Török, L. 1984: Economy in the Empire of Kush: A Review of the Written Evidence, in: ZÄS 111, 45–69.

Török, L. 1986: Der meroitische Staat, Meroitica 9, Berlin.

Török, L. 1987: Meroitic Painted Pottery: Problems of Chronology and Style, in: BzS 2, 75–106.

Török, L. 1988: Geschichte Meroes. Ein Beitrag über die Quellenlage und den Forschungsstand, in: Haase, W./Temporini, H. (Hgg.): Aufstieg und Niedergang der Römischen Welt (ANRW) II.10.1, 107–341.

Török, L. 1990: The Costume of the Ruler in Meroe. Remarks on its Origins and Significance, in: Archéologie du Nil Moyen 4, 151–220.

Török, L. 1992: Ambulatory Kingship and Settlement History. A Study on the Contribution of Archaeology to Meroitic History, in: Bonnet, C. (Hg.): Études Nubiennes I, Genf, 111–126.

Török, L. 1995: The Birth of an Ancient African Kingdom: Kush and Her Myth of the State in the First Millennium BC, Lille.

Török, L. 1997 a: The Kingdom of Kush. Handbook of the Napatan-Meroitic Civilization (Handbuch der Orientalistik 31), Leiden.

Török, L. 1997 b: Meroe City. An Ancient African Capital. John Garstang's Excavations in the Sudan, London.
Török, L. 2002: The Image of the Ordered World in Ancient Nubian Art (Probleme der Ägyptologie 18), Leiden.
Török, L. 2004: Sacred Landscape, Historical Identity and Memory: Aspects of Napatan and Meroitic Urban Architecture, in: Kendall, T. (Hg.): Nubian Studies 1998, Boston, 157–175.
Török, L. 2009: Between Two Worlds: The Frontier Region Between Ancient Nubia and Egypt 3700 BC – 500 AD, Leiden.
Török, L. 2010: La royauté méroïtique, in: Baud 2010 a,165–172.
Török, L. 2011: Hellenizing Art in Ancient Nubia 300 BC – AD 250 and its Egyptian Models. A Study in »Acculturation« (Culture and History of the Ancient Near East 53), Leiden.
Török, L. 2015: The Periods of Kushite History from the Tenth Century BC to the AD Fourth Century, Budapest.
Trigger, B. 1965: History and Settlement in Lower Nubia, New Haven.
Tucker, G./Emberling, G. 2016: Settlement in the Heartland of Napatan Kush: Preliminary Results of Magnetic Gradiometry at El-Kurru, Jebel Barkal and Sanam, in: Sudan & Nubia 20, 50–56.
Ullmann, M. 2019: Egyptian Temples in Nubia during the Middle and the New Kingdom, in: Raue 2019, 511–540.
Valbelle, D. 2012: Les stèles de l'an 3 d'Aspelta, Kairo.
Valbelle, D./Bonnet, C. 2019: The Cache of Dukki Gel (Pa-nebes), in: Raue 2019, 667–674.
Veldmeijer, A.J./Skinner, L.-A. 2019: Nubian Leatherwork, in: Raue 2019, 491–509.
Vercoutter, J. 1961: Le Sphinx d'Aspelta de Defeia, in: Sainte Fare Garnot, J. (Hg.): Mélanges Mariette, Kairo, 97–104.
Vercoutter, J. 1962: Un palais des »Candaces« contemporain d'Auguste, fouille à Wad-ben-Naqa, 1958–1960, in: Syria 39, 263–299.
Vercoutter, J. 1959: The Gold of Kush, in: Kush 7, 120–153.
Vernus, P. 1975: Inscriptions de la troisième période intermédiaire I, in: BIFAI 75, 1–72.
Vincentelli, I. 1993: A Discharge of Clay Sealings from the Natakamani Palace, in: Kush 16, 116–141.
Vincentelli, I. 2007: Some Clay Sealings from Sanam Abu Dom, in: Gratien, B. (Hg.): Mélanges offerts à Francis Geus, Lille, 371–378.
Vincentelli, I. 2011: The Treasury and other Buildings at Sanam, in: Rondot, V./Alpi, F./Villeneuve, F. (Hgg.): La pioche et la plume autour du Soudan, du Liban et de la Jordanie. Hommages archéologiques à Patrice Lenoble, Paris, 269–282.
Vincentelli, I. 2015: An Administrative and Trading District in the Napata Region, in: Zach, M. (Hg.): The Kushite World, Wien, 319–328.

Vinogradov, A.K. 1992: On the supposed coregency of Irikeamannote with Talakhamani, in: Sesto Congresso Internazionale di Egitologia, Turin, 635–641.

Vinogradov, A. 2012: The Golden Cage: What is the ›dedication dtele‹ dedicated to?, in: MittSAG 23, 105–116.

Vittmann, G. 1978: Priester und Beamte im Theben der Spätzeit: Genealogische und prosopographische Untersuchungen zum thebanischen Priester- und Beamtentum der 25. und 26. Dynastie, Wien.

Vittmann, G. 2007: A Question of Names, Titles, and Iconography. Kushites in Priestly, Administrative and Other Positions from Dynasties 25 to 26, in: MittSAG 18, 139–161.

Vrtal, V. 2013: The Palace of Queen Amanishakheto (WBN 100), in: Onderka, P./Vrtal, V. (Hgg.): Wad ben Naga 1821–2013, Prag, 57–62.

Vrtal, V. 2015: Egyptian Inscriptions of Natakamani and Amanitore, in: Mynářová, J./Onderka, P./Pavúk, P. (Hgg.): There and back again – The Crossroads II, Prag, 465–492.

Wainwright, G.A. 1952: The Date of the Rise of Meroë, in: JEA 38, 75–77.

Wasmuth, M./Creasman, P. (Hgg.) 2016: People on the Move: Framework, Means, and Impact of Mobility Across the Eastern Mediterranean Region in the 8$^{th}$ to 6$^{th}$ Century BC, Tuscon.

Weippert, M. 2010: Historisches Textbuch zum Alten Testament, Göttingen.

Welsby, D.A. 1996: The Kingdom of Kush, London.

Welsby, D.A. 2000: The Medieval Kingdoms of Nubia, London.

Welsby, D.A. 2005: The Kingdom of Kush. Urban Defences and Military Installations, in: Crummy, N. (Hg.): Image, Craft, and the Classical World, Montagnac, 39–54.

Welsby, D.A. 2009: Houses and Pyramids at Kawa. Excavations 2008–09, in: Sudan & Nubia 13, 72–77.

Welsby, D.A. 2014: Kawa – The Pharaonic and Kushite Town of Gematon. History and Archaeology of the Site. http://www.sudarchrs.org.uk/fieldwork/fieldwork-kawa-excavation-project (Stand 10.9.2019).

Welsby, D.A. 2019: Settlements of the Early Kushite Period, in: Raue 2019, 591–620.

Welsby, D.A./Anderson, J.R. (Hgg.) 2004: Sudan. Ancient Treasures, London.

Welsby Sjöström, I.Y. 2010: Golden Accessories: A Link to the Outside World from the Pyramid at Site 4-F-71 (Fourth Cataract, SARS Concession), in: Sudan & Nubia 14, 45–47.

Wendrich, W. 1990: Recording the 1990 Qasr Ibrim Basketry: a Matter of Edging, in: Bonnet, C. (Hg.): Etudes Nubiennes II, 205–207.

Wendrich, W. 1999: The World According to Basketry, Los Angeles.

Wenig, S. 1967: Bemerkungen zur Chronologie des Reiches von Meroe, in: MIO 13, 1–44.

Wenig, S. 1974: Arensnuphis und Sebiumeker. Bemerkungen zu zwei in Meroe verehrten Göttern, in: ZÄS 101, 130–150.

Wenig, S. 1975: Die Kunst im Reich von Kusch zur Zeit der 25. Dynastie und der Herrscher von Napata, in: Vandersleyen, C. (Hg.): Das Alte Ägypten (Propyläen Kunstgeschichte 15), Frankfurt, 400–412.
Wenig, S. (Hg.) 1978: Africa in Antiquity, New York.
Wenig, S. 1979: Meroitic Painted Ceramics, in: Meroitica 5, 129–134.
Wenig, S. 1990: Pabatma – Pekereslo – Pekar-tror: Ein Beitrag zur Frühgeschichte der Kuschiten, in: Meroitica 12, 333–352.
Wenig, S. 2019: Art of the Meroitic Kingdom, in: Raue 2019, 847–873.
Wenig, S./Zibelius-Chen, K. (Hgg.) 2013: Die Kulturen Nubiens – ein afrikanisches Vermächtnis, Dettelbach.
Weschenfelder, J. 2015: Preliminary Report of the Second and Third Field Seasons at the Bronze Age Cemetery MOG034 on Mograt Island, Sudan, in: MittSAG 26, 153–168.
Weschenfelder, P. 2014: Who gets the Lion's Share? Thoughts on Meroitic Water Management and its Role in Royal Legitimization, in: Lohwasser, A./Wolf, P. (Hgg.): Ein Forscherleben zwischen den Welten (Fs. S. Wenig), Berlin, 335–350.
Winter, E. 1978: Der Herrscherkult in den ägyptischen Ptolemäertempeln, in: Maehler, H./Strocka, V.M. (Hgg.): Das ptolemäische Ägypten, Mainz, 147–158.
Wildung, D. (Hg.) 1996: Die Pharaonen des Goldlandes, Tübingen.
Wildung, D. 2013: Naga. Königsstadt in der Steppe, in: Wenig/Zibelius-Chen 2013, 415–428.
Wildung, D./Kroeper, K. 2006: Naga – Royal City of Ancient Sudan, Berlin.
Wildung, D./Kroeper, K. 2016: A Short Guide to the Ancient Site of Naga (Sudan), München.
Williams, B. 1990: Twenty-Fifth Dynasty and Napatan Remains at Qustul Cemeteries W and V, Chicago.
Wolf, P. 1990: Die archäologischen Quellen der Taharqozeit im nubischen Niltal, Diss. Humboldt-Universität Berlin.
Wolf, P. 2001: Die Höhle des Löwen. Zur Deutung der Großen Anlage von Musawwarat es-Sufra, in: Arnst, C.-B./Hafemann, I./Lohwasser, A. (Hgg.): Begegnungen. Antike Kulturen im Niltal (Fs. E. Endesfelder, K.-H. Priese, W.F. Reineke und S. Wenig), Leipzig, 473–508.
Wolf, P. 2006: Temples in the Meroitic South – Some Aspects of Typology, Cult and Function, in: Caneva, I./Roccati, A. (Hgg.): Acta Nubica, Rom, 239–262.
Wolf, P. 2011: Der Garten der Großen Anlage von Musawwarat es Sufra, Sudan, in: Loeben, C./Kappel, S. (Hgg.): Gärten im alten Ägypten und in Nubien 2000 v. Chr. – 250 n. Chr., Rahden, 29–37.
Wolf, P. 2014, Essay über den meroitischen Eklektizismus in Musawwarat es Sufra, oder: Woher stammt der meroitische Einraumtempel?, in: Lohwasser, A./Wolf, P. (Hgg.): Ein Forscherleben zwischen den Welten (Fs. S. Wenig), Berlin, 351–394.

Wolf, P. 2019: Settlement in the Meroitic Kindgom, in: Raue 2019, 711–782.
Wolf, P./Nowotnick, U. 2013: Hamadab eine urbane Siedlung im Mittleren Niltal, in: Wenig/Zibelius-Chen 2013, 429–451.
Wolf, P./Rilly, C. 2010: Les stèles de Hamadab, in: Baud 2010 a, 160–161.
Wolf, P./Schomacker, R./Nowotnick, U./Eichmann, V./Scheibner, T./Salamanek, N. 2015: The »Island of Meroe« and the Palaeo-Environment of the Greater Meroe Region, in: Finneiser, K.-K./Helmbold-Doyé, J. (Hgg.): Der andere Blick (Fs. K.-H. Priese), Berlin, 247–291.
Wolf, S./Onasch, H.-U.1998–2002: Investigations in the so-called Royal Baths at Meroë in 1999. A Preliminary Report, in: Kush 18, 191–203.
Wooley, C.L./Randall-MacIver, D. 1910: Karanòg: The Roman-Nubian Cemetery, Philadelphia.
Yellin, J. 1979: A Suggested Interpretaion of the Relief Decoration in the Type B Chapels at Begarawiyah Nord, in: Meroitica 5, 157–164.
Yellin, J. 1982: Abaton-style milk libation at Meroe, in: Meroitica 6, 151–155.
Yellin, J. 1990: The Decorated Pyramid Chapels of Meroe and Meroitic Funerary Religion, in: Apelt, D./Endesfelder, E./Wenig, S. (Hgg.): Studia in honorem Fritz Hintze, Meroitica 12, 361–374.
Yellin, J. 1996: Egyptian Religion and the Formation of the Napatan State (CRIPEL 17), Lille.
Yellin, J. 1995: Meroitic Funerary Religion, in: Haase, W./Temporini, H. (Hgg.): Aufstieg und Niedergang der Römischen Welt (ANRW) II.18.5, Berlin, 2869–2892.
Yellin, J. 2012: Nubian Religion, in: Fisher/Laccovara/Ikram/d'Auria 2012, 125–144.
Yellin, J. 2015: Meroitic Royal Chronology: The Conflict with Rome and its Aftermath, in: Sudan & Nubia 19, 2–15.
Yoyotte, J. 1971: Notes et documents pour servir à l'histoire de Tanis, in: Kêmi 21, 37–40.
Yurco, F. 1982: Sennacherib's Third campaign and the coregency of Shabaka and Shebitku, in: Serapis 6, 221–240.
Yvanez, E. 2016: Spinning in Meroitic Sudan: Textile Production Implements from Abu Geili, in: Dotawo 3, 153–178.
Žabkar, L.V. 1975: Apedemak, Lion God of Meroë, Warminster.
Zach, M. 1988: Die gestempelte meroitische Keramik, in: BzS 3, 121–150.
Zach, M. 1993: Nero und Meroë II: Sorakarora, in: GM 136, 89–98.
Zach, M. 2001: Gedanken zur *kdke* Amanitore, in: Arnst, C.-B./Hafemann, I./Lohwasser, A. (Hgg.): Begegnungen. Antike Kulturen im Niltal (Fs. E. Endesfelder, K.-H. Priese, W.F. Reineke und S. Wenig), Leipzig, 509–520.
Zamazalová, S. 2011: Before the Assyrian Conquest in 671 B.C.E.: Relations between Egypt, Kush and Assyria, in: Mynárová, J. (Hg.): Egypt and the Near East – the Crossroads, Prag, 297–328.
Zibelius, K. 1988: Die ägyptische Expansion nach Nubien. Eine Darlegung der Grundfaktoren, Stuttgart.

Zibelius, K. 1983: Der Löwentempel von Naq'a in der Butana (Sudan) IV: Die Inschriften, Wiesbaden.
Zibelius-Chen, K. 1996: Das nachkoloniale Nubien: Politische Fragen der Entstehung des kuschitischen Reiches, in: Gundlach, R./Kropp, M./Leibundgut, A. (Hgg.): Der Sudan in Vergangenheit und Gegenwart, Bern, 193–217.
Zibelius-Chen, K. 1999: Zu Entstehung und Endes eines Großreiches: Die 25. Dynastie in Ägypten, in: Meroitica 15, 700–718.
Zibelius-Chen, K. 2001: Zur Problematik von Herrschaft und Herrschaftsform im Mittleren Niltal vom 3. bis zum 1. Jt. v. Chr., in: MittSAG 12, 20–32.
Zibelius-Chen, K. 2005: Die nicht ägyptischsprachigen Lexeme und Syntagmen in den chapitres suppémentaires und Sprüchen ohne Parallelen des Totenbuches, in: Ling Aeg 13, 181–224.
Zibelius-Chen 2006 a: Zur Problematik der Lesung des Königsnamens Pi(anch)i, in: MittSAG 17, 127–134.
Zibelius-Chen, K. 2006 b: Nubian Kingdoms, Dyn. 25 through the Kingdom of Meroe, in: Hornung, E./Krauss, R./Warburton, D. (Hgg.): Ancient Egyptian Chronology, Leiden, 284–303.
Zibelius-Chen, K. 2011: »Nubisches« Sprachmaterial in hieroglyphischen und hieratischen Texten, Wiesbaden.
Zibelius-Chen, K. 2014: Sprachen Nubiens in pharaonischer Zeit, in: LingAeg 22, 267–309.
Żurawski, B. 1999: Dongola Reach. The Southern Dongola Reach Survey, 1998, in: Polish Archaeology in the Mediterranean 10, 149–160.

# Register

## Ortsregister

### A

Alwa 38, 129, 229
Aschdod 166, 171 f.
Assuan 20, 83, 200 f., 203, 213, 232
Assur 164, 174, 181, 184, 186, 188

### B

Butana 14, 17, 26, 45, 57 f., 60, 84, 100, 126, 220, 229, 233
Dongola 17, 25, 29, 57 f., 61, 75, 153, 198, 229

### E

Elephantine 15 f., 20, 94, 129, 147, 153, 165, 194, 213, 232
el-Hassa 55, 59, 225
el-Kurru 21 f., 40, 50 f., 57, 113–116, 125, 142–144, 147, 150, 159, 165, 168, 175, 178, 192 f., 197
Eltekeh 163, 172 f., 176

### G

Gebel Barkal 14, 50, 65, 97, 109, 142, 155–157, 162, 190, 193, 198, 211 f.
Gebel Queili 106, 109, 224

### H

Hamadab 54–56, 62 f., 67–69, 214, 216, 233
Heliopolis 159, 161
Hermopolis 159, 161, 256

### K

Karanog 49, 52 f., 67, 71, 76, 78, 204
Kawa 28, 51, 57, 60 f., 70 f., 76, 79, 85, 87, 104, 106, 108, 125, 129 f., 135, 142, 148 f., 170, 176, 180 f., 198, 200, 218, 220
Kerma 16 f., 25, 29, 38, 40 f., 44 f., 50, 54, 56, 61, 65, 69, 82, 87, 93, 97, 111 f., 114, 116, 124 f., 127, 129, 135 f., 200, 241

### M

Makuria 38, 47, 129, 229
Memphis 104, 128, 159, 161, 176, 179, 182 f., 186, 189, 191 f., 194 f., 198
Meroë 9, 13 f., 17, 20, 22, 28 f., 31, 33, 40, 43 f., 47, 50 f., 53–55, 57–59, 62, 65, 67, 69, 71, 76–79, 83–88, 98, 100, 103, 106–108, 113–121, 124 f., 129 f., 135–137, 139,

143–145, 198, 202, 204 f., 207, 209–216, 218, 220–223, 225–230, 232 f., 235
Musawwarat (es-Sufra) 28, 30, 64, 67, 71, 84, 88, 100, 102, 106, 205, 207, 222, 228, 233
Muweis 54 f., 65, 69, 218, 222
Naga 43, 55, 65, 79, 91, 97, 100–103, 107, 138, 208, 214, 218–222, 225, 233
Napata 13 f., 17, 22, 25, 33, 50 f., 57–59, 61, 66, 70 f., 76, 79, 95–100, 103, 106 f., 111, 113 f., 125, 129 f., 135–137, 143 f., 146, 149, 152, 156, 158 f., 162, 170, 193 f., 198, 200–202, 204, 210–212, 215, 217 f., 220, 222, 225–227, 229

## N

Ninive 167, 171, 174, 181, 188, 190, 195 f.
Nobattia 38
Nuri 50 f., 113 f., 116, 118, 192, 197 f., 202

## O

Obernubien 16 f., 44, 58, 74–76, 79, 126

## P

Pnubs 51, 76, 79, 97, 135, 200

## Q

Qustul 28, 30, 50, 113, 231, 233

## S

Sai 50, 60, 112 f., 120, 235
Sais 151, 158, 161, 163, 189 f., 196, 256

Sanam 49–51, 54, 60 f., 64, 73, 76, 79, 88, 104, 113, 116 f., 136, 162, 181, 198 f.
Sedeinga 60, 78 f., 85, 114, 211, 227
Soleb 60, 129, 204

## T

Theben 51, 59, 96 f., 99, 115, 119, 125 f., 147, 150 f., 159, 161, 177, 180, 189–192, 194–197, 206, 256
Tombos 60, 97, 113, 117

## U

Unternubien 16 f., 31 f., 45, 47 f., 58 f., 61, 67 f., 76, 78 f., 83 f., 94, 100, 113, 120, 126, 129, 145, 191, 201, 203 f., 206 f., 213, 227

## W

Wadi ben Naga 54 f., 65, 67, 88, 107, 218, 222

# Personenregister

## A

Abalo (Abar) 154 f., 251
Adichalamani 207 f.
Akinidada 76, 204, 214–218
Alara 134, 139, 142, 147–149, 153, 175, 180
Amanachabale 220 f., 223
Amanachareqerema 225 f.
Amanachatasene 226
Amanirenase 139, 214–217

Amanisacheto 66, 118, 139, 208, 216–220, 226
Amanislo (Amanisaraw) 204, 212
Amanitecha 204
Amanitenmomide 226
Amanitore 138 f., 205, 220–223, 230
Amenirdis I. 51, 150–152, 155, 167, 169, 175–177
Amenirdis II. 51, 152, 196 f.
Amesemi 91, 99, 101 f., 215, 218, 220
Amun 28, 40, 50 f., 63 f., 70 f., 79, 84, 87, 95–100, 104 f., 107, 109–111, 126 f., 130, 133, 135 f., 139, 142 f., 146, 148 f., 151, 155 f., 158 f., 162, 177, 184 f., 190 f., 193, 195–199, 201 f., 204, 207, 210–212, 218–222, 225, 252
Anlamani 51, 74, 115, 125, 136, 139, 198 f.
Apedemak 63 f., 86, 96, 98–104, 109, 202, 205, 211, 215, 218 f., 221, 229
Arensnuphis 99, 101 f., 106, 204, 206
Arike-amanote 49, 125, 130, 137, 149, 200
Ariteneyeseboche 226
Arkamani (Ergamenes II.) 203, 205–207, 210
Armani-tareqide 226 f.
Arnechamani 205
Arty 156, 174, 252
Ary 42, 142, 149
Ar-yesboche 228 f.
Asarhaddon 180–182, 186 f., 189
Aspelta 59, 74, 103, 115, 130 f., 136, 139, 144, 148, 155 f., 198–200
Assurbanipal 186, 188–192, 194, 196
Atlanersa 198, 222

**B**

Bányai, Michael 151–153, 158, 163, 167, 169, 252

**C**

Chaliut 139, 155 f., 199, 252
Chensa 154 f.

**D**

Dedun 94, 102
Dionysos 103

**E**

Ergamenes 131, 136, 202–204
Ezana 232

**H**

Harmachis 168, 177, 223, 252
Harsiyotef 28, 42, 45, 48 f., 98, 131, 149, 201, 210
Hathor 94, 96, 106 f., 221
Hel 156

**I**

Isis 78 f., 90, 96, 98–102, 106, 109–112, 116, 118–120, 141, 204, 222, 229

**K**

Kadimalo(ye) 141
Kaschta 134, 146 f., 150 f., 153–155, 162, 169, 175

**M**

Maloqorebar 228

Mandulis 48, 102
Masa 102
Mesbet 177

# N

Nahirqo 208, 210, 212, 219
Naparaye 156, 252
Naqyrinsan (Nadikenasene) 212
Nastasen 42, 48, 51, 87, 107, 131, 139, 149, 201
Natakamani 66, 73, 103, 139, 205, 218, 221–223, 225 f., 230
Nawidemaka 139, 219 f.
Nefru-ka-kaschta 154, 251

# O

Osiris 64, 96, 98, 103, 108, 111, 115 f., 119 f., 152, 167 f., 170

# P

Pa-abet-ta-meri 151–153
Pabatma 151, 153, 155
Pekar-tror 152 f., 175
Peksater 151, 154 f., 250
Pi(anch)y 21, 30, 40, 51, 65, 71, 95, 116, 134, 139, 146–165, 168–170, 175, 177, 193, 196 f., 199, 204, 210, 251 f.
Pianch-arti (-arhi) 193

# Q

Qalhata 115, 119, 156, 176–178, 193, 252

# R

Rilly, Claude 10, 38, 40 f., 43–48, 134, 154 f., 197, 208–210, 212, 214–217, 219 f., 241

# S

Sanakadachete 43, 139, 209, 219 f.
Sanherib 167, 171–173, 181
Sargon II. 164, 166, 170–172
Schabaqo 40, 116, 127, 134, 146, 151, 155, 158, 166–171, 174–178, 180 f., 192, 196, 198, 252
Schebitqo 40, 116, 146, 156, 158, 165–175, 192, 198, 252, 254
Schepenupet I. 167
Schepenupet II. 51, 152, 156, 170, 176, 196 f.
Sebiumeker 99, 101 f., 106
Senkamanisken 116, 136, 198, 220

# T

Tabekenamun 156
Tabirqa 207
Tabiry 147, 154 f., 250
Taharqo 28, 40, 49, 59 f., 71, 79, 86, 104, 111, 114, 116, 118, 128, 132, 136, 139, 142, 146, 148 f., 152, 155 f., 158, 160, 167–171, 173–182, 184–186, 188 f., 191 f., 195, 197 f., 204, 241, 251 f., 256
Takide-amani 226 f.
Talachide-amani 228
Tamelorade-amani (Tamalaqorade-amani) 228
Taneyidamani 208–210, 212
Tanutamani 22, 89, 115 f., 119, 132, 146 f., 160, 168, 175, 177 f., 192–197, 252
Tarekeniwal 226
Tekahatamani 156, 252
Teqoride-amani 24, 227 f.

# Y

Yamani 166 f., 171 f.
Yeseboche-amani 205, 228 f., 231

# Sachregister

## A

Adobe 67–69, *siehe auch* Lehmziegel
Adoption 51, 126, 151, 196, 251
ägypto-kuschitisch 95 f., 99, 125, 221
Altnubisch 35 f., 38, 46 f., 250
Ämter 51, 74–76, 78, 96, 126 f., 130, 136, 151, 167, 173, 186, 188, 196, 199, 206, 209, 217 f.
*apote* 78, 214

## B

Ba-Statue 90, 120
Beja 37, 45 f., 48, 50, 53, 199, 201
Berber 32, 37–39, 41, 60, 215, 241
Bestattung 21 f., 30, 33, 40, 49, 51 f., 59 f., 112–118, 136, 143 f., 153, 159, 165, 174 f., 178, 192, 197 f., 202 f., 206, 211 f., 217, 219 f., 223, 226, 228, 231, 233, 235, 251
Bestattungssitten 10, 35, 50, 93 f., 111, 113, 117, 199, 233, 235
Blemmyer 45, 47 f., 62, 102, 232, 234

## D

Deffufa 69, 93

## E

Elite 30, 33, 41, 50, 52, 75, 85, 89 f., 94, 103, 113, 120, 125, 127, 137, 159, 228, 231, 235

## F

Fayence 55, 85, 116, 118, 198, 204
Felstempel 101, 104, 106
Fingernägel 92

## G

Gau 78 f.
Gerste 26
Getreide 25 f., 58, 67, 87
Glas 55, 84 f., 88, 217
Gottesgemahlin 51, 96, 123, 126 f., 150 f., 155 f., 167, 169, 176, 196 f., 206, 251
Grabbeigabe 80, 87, 94, 103, 112, 121
Grabkammer 22, 113, 115, 118 f., 168, 252

## H

Hafir 26, 29, 54, 58, 79, 221
Handel 10, 20, 32, 56 f., 59, 61 f., 80, 87–89, 144 f., 178, 231
Handwerk 50, 55 f., 62, 71, 80, 96, 104, 117
Heirat 52, 127, 132, 137, 152, 155, 174, 176, 223, 228, 252
Hirse 26
Hütte 52, 56, 69, 107
Hypostyl 63 f., 104 f., 162, 221

## K

Kamel 29, 31 f., 57, 232
Kandake 9, 51, 134, 136–139, 202, 208–210, 214–221, 226, 228, 251, *siehe auch* Königsmutter
Keramik 50, 55, 64, 81 f., 84, 92, 110, 112, 121, 143, 233
– Feinware 81, 83 f.
– handgefertigt 82 f., 85
– scheibengedreht 82–85

kollateral 132, 134, 153
Königsmutter 50 f., 98, 123, 132, 134, 137, 193, 252
Königsschwester 50, 132 f., 151 f., 252
Königswahl 133 f., 149, 184, 198 f., 210 f., 222
Krönungsreise 75, 79, 97, 124, 135, 149, 160, 193, 200 f.
Kuschitischer Mantel 34, 89 f.

## L

Lehmziegel 56, 62, 69 f., *siehe auch* Adobe
Libation 100, 108, 110, 119, 121, 165, 208
linear (Schrift) 36, 42 f., 77, 205, 210, 221, 226 f.
Löwe 26, 71, 98–102, 105–109, 116, 118, 138, 202, 204 f., 208, 211, 215, 221 f., 229, 231
Luxusgüter 33, 73, 87 f., 103, 112, 125, 151, 153, 231

## M

matrilinear 49, 134
Meroitisch 14, 16, 24, 35–37, 40–44, 47–49, 53, 61, 73, 76–78, 98, 110 f., 119, 135, 137, 140–143, 145, 149, 152, 154 f., 204–206, 208, 210, 212, 215, 221 f., 226 f., 229, 231, 233 f., 241, 250–252
Metall 53, 62, 71, 80, 82, 85 f., 88, 110 f.
Mḫ 46–48
Militär 20, 34, 53, 58, 60, 74, 78, 123, 126, 130, 132 f., 144 f., 153, 160, 162, 191, 200, 203, 232
Mumie 34, 85, 115, 117, 158

## N

Napatanisch 35–37, 41–44, 46–48, 50, 131, 135, 139 f., 201, 204, 206, 210 f., 214, 241
Nekropole 13, 21 f., 49–51, 59 f., 77, 100, 113–117, 121, 137, 143 f., 192, 198, 205–208, 217, 226, 230
Neoramessiden 141, 149
nilo-saharanisch 16, 36, 38, 45, 214
*nob* 16, 47, 53
Noba 47
Nomade, Nomadismus 9, 26, 29–32, 37, 45, 48, 50, 54, 56, 71, 79, 97, 124, 129, 191, 199, 201, 232

## O

Opferkammer 116, 118 f., 121
Opferkapelle 72

## P

Palast 54 f., 57, 62 f., 65–67, 73 f., 76, 88, 103, 124 f., 129 f., 162, 183, 194, 196, 218, 222, 230
Palmblätter 70, 92, 105, 112, 119, 121, 212, 235
*paqara* 76, 214
*pelmos* 78 f.
Perlennetz 34, 85, 117
*peseto* 76, 78, 204, 206, 227
Pfeil und Bogen 30, 65, 86, 135, 183, 233
Pferd 29, 116, 145, 153, 159, 161, 164, 183 f., 188, 195
Podium 66, 107, 111, 119
Polygamie 50, 68
Priester 33, 51, 56, 74, 78, 96, 126 f., 131, 133, 136, 146, 159, 164, 168, 177, 188, 196, 199, 202, 204, 207
Proto-Meroitisch 37, 43, 45, 241

Pylon 63, 101, 104–106, 118, 137, 155, 157, 162, 208, 217, 219, 221 f.
Pyramide 9, 22, 28, 50, 60, 63, 69, 71 f., 77, 96, 103, 113–120, 147, 150, 155, 159, 165, 168, 175, 178, 192, 198 f., 202–204, 206–212, 217–220, 223, 226, 228, 230 f., 235

# R

Redistribution 33, 66, 73, 125
Relief 44, 71, 89, 94, 96 f., 102 f., 106–108, 118, 121, 136–139, 141, 156, 159, 190, 196, 211 f., 217, 219, 221, 223, 226
*Rhrhs* 45, 47, 201
Rind 29, 31 f., 46, 111, 116, 121, 183, 185, 226

# S

*schaduf* 25, 71, 117
Schaf 29, 31 f., 46, 183
Schmucknarben 91 f., 98, 102
Schriftsprache 36, 38, 41, 74, 124, 200 f.
Schwester 51, 131 f., 137, 139, 148, 151, 155, 169 f., 176, 178, 196, 251 f.
segmentärer Staat 33
Siegelung 73, 114, 121, 167, 174
Sonnentempel 43 f., 107
Sorghum 26 f., 82, 222
Staatskult 83, 94 f., 97, 99, 104, 108, 110
Stein 20, 43, 56, 60, 66 f., 69–71, 80, 86, 94, 105, 107, 111 f., 115, 117 f., 120, 147, 155, 207, 212, 229
Subsistenz 10, 33
Substrat 36 f., 39, 42, 241

# T

Tempel 14, 25 f., 43, 51, 54, 57, 60, 62–65, 69–71, 73, 75, 78 f., 83 f., 86, 93–96, 98, 100–102, 104–108, 110 f., 118, 135–138, 141, 146, 148, 151, 155–159, 161 f., 177, 180, 190, 193–195, 198, 200 f., 204–208, 210 f., 216, 218–222, 225, 227, 229 f., 233, 252
Titel 34, 41, 43, 51, 74 f., 78, 120, 128, 132, 135, 137, 139, 145, 147, 152 f., 155, 164, 166, 184, 186, 191, 193, 198, 206, 214, 220, 251, 253
Totenbett 112
Totenkult 120, 155
tu-Bedauiye 37, 45 f., 48

# U

Uschebti 34, 84, 112, 116, 165, 168, 175, 251

# V

Verwaltung 56, 62, 66, 73–76, 78 f., 126 f., 133
Verzierung 67, 81 f., 84 f., 89 f., 115, 218, 221
Viehzucht 29, 31
Vizekönig von Kusch 145

# W

Wahlkönigtum 130, *siehe auch* Königswahl
Wasser 20, 25 f., 29, 39 f., 55 f., 65, 81, 105, 108, 110, 112, 221
Wein 28, 40, 54, 83, 88, 103, 108

# Z

Ziege 29, 31 f., 46